Hermann von Müller

Die Entwicklung der Feld-Artillerie

In Bezug auf Material, Organsiation und Taktik, von 1815 bis 1870

EHV
HISTORY

Hermann von Müller

Die Entwicklung der Feld-Artillerie

In Bezug auf Material, Organsiation und Taktik, von 1815 bis 1870

ISBN/EAN: 9783955641689

Auflage: 1

Erscheinungsjahr: 2013

Erscheinungsort: Bremen, Deutschland

EHV
HISTORY

Die

Entwickelung der Feld=Artillerie

in Bezug auf

Material, Organisation und Taktik, von 1815 bis 1870.

Mit besonderer Berücksichtigung der preußischen Artillerie
auf Grund officiellen Materials

dargestellt

von

H. Müller,

Major à l. s. des Badischen Fuß-Artillerie-Bataillons Nr. 14; Adjutant der General-
Inspection der Artillerie.

Berlin,
Verlag von Robert Oppenheim.
1873.

Vorwort.

Ein Blick auf die Verhältnisse der Feld-Artillerie zu Anfang und am Ende des Zeitabschnittes, dessen Darstellung in der vorliegenden Arbeit versucht worden ist, läßt den Umfang und die Bedeutung dieser Aufgabe, sowie die Schwierigkeiten ihrer Lösung erkennen.

Der Verfasser ist sich beider Verhältnisse bewußt gewesen und erhebt nicht den Anspruch, die Aufgabe zur eigenen völligen Befriedigung, noch weniger zu der eines größeren Leserkreises gelöst zu haben.

Wenn er sich trotzdem zur Veröffentlichung des seit fast 10 Jahren gesammelten Materials entschlossen hat, so geschah es in der Voraussetzung, daß die Arbeit der Waffe und den Kameraden von Nutzen sein könne, sowie ferner in der Meinung, der jetzige Zeitpunkt sei für den Abschluß der Arbeit vornehmlich geeignet.

Die seit mehreren Jahrzehnten andauernden umfassenden Aenderungen und mächtigen Fortschritte auf dem Gebiete des Artillerie-Wesens haben eine Fülle des zu beherrschenden Materials geschaffen, welche die Geschichte der Artillerie trotz des kurzen Zeitraums zu einer ungemein reichhaltigen, wechselvollen und vielseitigen gemacht hat.

Insbesondere ist der Uebergang vom Systeme der glatten zu dem der gezogenen Geschütze als eine der interessantesten, bedeutsamsten und lehrreichsten Perioden in der Entwickelung der Artil-

lerie anzusehen. Und diese Entwickelung darf noch nicht abgeschlossen, ein Stillstand derselben nicht in Aussicht gestellt werden.

Die vielen Fragen, welche während derselben aufgeworfen,
gelöst worden oder offen geblieben sind, wirken in der Zukunft
fort, und werden dieselbe theilweis beherrschen. Oft wird auf jene
Fragen und auf das Gewesene sowie auf den Weg, den das Bestehende genommen, zurückgegangen werden müssen, um die Gegenwart zu verstehen und das Werdende mit Erfolg zu bearbeiten.

Die Orientirung in der Vergangenheit wird aber von Jahr
zu Jahr, man kann sagen, von Tag zu Tag schwieriger; sie erfordert jetzt schon die Bewältigung ganzer Haufen von Akten und
Büchern. Selbst die älteren Offiziere, welche großentheils die
Umwandlung erlebt und die damit zusammenhängende geistige Bewegung durchlebt haben, vermögen sich nur mit Mühe in dem
gänzlich zerstreuten oder unzugänglichen Material über eine bestimmte Frage zu orientiren.

Für die jüngere Generation und noch mehr für eine zukünf-
tige wird die Arbeit eine kaum zu bewältigende und nur mit großem
Aufwand von Zeit und Kraft zu lösende.

Das hierin begründete mühsame und schwierige Eindringen
in die Entwickelung der Artillerie ist die Ursache zu zahlreichen
falschen Ansichten, oberflächlichen Urtheilen und irrthümlichen Schlußfolgerungen; zu verfehlten schon früher gemachten Vorschlägen und
vergeblichen Arbeiten, wodurch die Entwickelung wichtiger Zeitfragen getrübt und verwirrt, die Entscheidung über dieselben erschwert und verzögert wird.

Klarheit über den Ausgangspunkt der Arbeiten, Sicherheit
über den einzuschlagenden Weg, unentwegtes Fortschreiten auf demselben dem gesteckten Ziele entgegen, können nur erlangt werden
durch historische Studien und durch Kenntniß der betreffenden
Aufgaben.

Die Erreichung großer Ziele verlangt genaue Kenntniß des
Bodens, auf man dem steht, des Punktes, von dem man weiter

will; gründliches Studium des Weges, dessen Endpunkt man zum eigenen Ausgangspunkte zu machen gedenkt, sowie der Mittel, mit denen jener Weg gebahnt worden ist.

Die vorliegende Arbeit versucht es, in diesen Beziehungen dem historischen Studium und den auf die Zukunft gerichteten Arbeiten eine Erleichterung zu gewähren.

Das augenblickliche Stadium in der Entwickelung der Feld-Artillerie erscheint für einen gewissen Abschluß der Arbeit besonders geeignet.

Nachdem das System der gezogenen Geschütze allgemein eingeführt ist und in zwei großen Kriegen seine Probe bestanden, sind seine Stärken wie seine Schwächen genau bekannt. Es läßt sich übersehen, in welchen Beziehungen es verbesserungsbedürftig, in welchen Richtungen es verbesserungsfähig, und bis zu welchem Grade die Vervollkommnung möglich ist.

Die Erkenntniß dieser Verhältnisse hat augenblicklich ein zweites Stadium für die Entwickelung des Systems angebahnt; das erste kann als abgeschlossen betrachtet werden und gestattet ein Erfassen und Betrachten seines gesammten Umfanges und Inhaltes.

In Betreff der benutzten Quellen wird bemerkt, daß abgesehen von den im Anhange angegebenen Büchern für die preußische Artillerie das Material fast durchweg aus den Akten der Königlichen General-Inspection der Artillerie und denen der Artillerie-Prüfungs-Commission entnommen worden ist.

Während hier die Richtigkeit der Angaben verbürgt werden kann, ist dies für die Angaben über die fremden Artillerien nicht absolut der Fall. Die Quellen hierüber fließen sehr spärlich; viele Angaben konnten nur aus den militairischen Zeitschriften entnommen werden und waren einander oft widersprechend, so daß es schwer, wenn nicht unmöglich war, das Richtige herauszufinden. — Wenn daher Irrthümer in den Angaben über thatsächliche Einrichtungen fremder Artillerien nicht ausgeschlossen sind, so wird der Verfasser jede Berichtigung auf dem Wege der öffentlichen

Kritik oder dem der privaten Mittheilung mit Dank entgegen nehmen.

Ueber die Bezeichnungen bleibt noch Folgendes zu bemerken. Die Benennung der Geschütze ist die in den betreffenden Artillerien gebräuchliche; für die preußischen gezogenen Feldgeschütze ist vom Zeitpunkte ihrer Einführung ab (1860) die jetzt officielle Bezeichnung gewählt worden.

Die Maße und Gewichte sind sämmtlich in das jetzige System übertragen und mehrfach sind, behufs leichteren Vergleichs, die alten und neuen Zahlen nebeneinander gesetzt worden.

Berlin, im März 1873.

Der Verfasser.

Inhalts-Verzeichniß.

Erster Abschnitt.

Die Entwickelung von 1815 bis 1850.

~~~~~~~~

Erstes Kapitel.

Die Feld-Artillerie-Systeme.

Nach den Kriegen, welche mit der Schlacht von Belle-Alliance ihren Abschluß fanden, waren die Artillerien in die Nothwendigkeit versetzt, entweder ihr Material zu ersetzen oder die während der Kriege an demselben hervorgetretenen Mängel zu beseitigen.

Im ersten Falle befand sich vornehmlich die französische Artillerie, welche ihr Feld-Material zum großen Theile verloren hatte.

Im letzteren Falle waren die meisten Artillerien, da sie die Kriege mit einem Material geführt hatten, welches aus früheren Zeiten herrührend, den Ansprüchen der neuen Taktik nicht mehr entsprach.

Die preußische Artillerie war zum Beispiel zur Benutzung von altem und sogar von fremdem Material gezwungen gewesen.

Die Anforderungen der Taktik drängten vor Allem nach Erleichterung des Materials. Die taktischen Formen und Verbände der Truppen, sowie die schärfere Erkenntniß der Hauptgrundsätze der Taktik ließen eine Vereinfachung der Systeme in Bezug auf die Kaliber angezeigt erscheinen.

Bei der fast allgemeinen Erschöpfung der Staaten war der Ersatz oder die Neubeschaffung des Feld-Artillerie-Materials im Wesentlichen eine Geldfrage. Demnächst handelte es sich aber um ein genaues Studium und das sorgfältige Sichten der reichen Kriegs-Erfahrungen, um die Grundbedingungen für die Neu-Conſtructionen ober Berbeſſerungen ſcharf unb klar ſtellen zu können. Dieſe Berhältniſſe bebingten eine größere oder geringere Energie in ben Berſuchen zur Herſtellung ber neuen Feld - Artillerie-Syſteme unb eine verſchiebene Eile zur Einführung berſelben. Im Allgemeinen waren bie Syſteme erſt um baß Jahr 1840 neu ge= ſchaffen ober in ber Einführung begriffen. Eine Friebenßzeit von ſeltener Dauer begünſtigte bie ſachgemäße Entwidelung unb gründ= liche Durchbilbung in einer Weiſe, welche ben ſpäteren Syſtemen nicht mehr zu Theil werben ſollte.

Die nachſtehenbe kurze, ungefähr ber Zeit nach georbnete Ueberſicht wirb ben Entwidelungßgang ber meiſten Artillerie-Syſteme erkennen laſſen *).

Englanb.

In Englanb hatten ſchon ſeit Anfang bieſeß Jahrhunbertß Berſuche zur Herſtellung eineß neuen Feld = Artillerie = Materialß ſtattgefunben. Sie kamen 1822 zum Abſchluß. Daß neue Syſtem beſtanb auß 18pfbg., 12pfbg., 9pfbg. unb 6pfbg. Kanonen unb 24pfbg. (15 Em.) unb 12pfbg. (12 Em.) langen Haubitzen. Die Laffeten waren Blodlaffeten. Daß Syſtem war ſolibe, zwedmäßig unb vornehmlich ſehr beweglich, ſo baß eß gleichſam alß ein Muſter betrachtet[1], von vielen fremben Artilleriſten begehrt unb von mehreren Artillerien auch mit geringen Aenberungen angenommen wurbe.

Die Batterien führten 6 Geſchütze, worunter je eine (ſchwere ober leichte) Haubitze.

Einige Angaben barüber, wie über bie folgenben Syſteme, enthält bie Tabelle I.

Frankreich.

In ben Kriegen war ber größte Theil beß franzöſiſchen Feld= Artillerie = Materialß verloren gegangen. Die Herſtellung eineß neuen Syſtemß wurbe baher gleich nach ben Kriegen mit großer Energie in Angriff genommen.

Während ber Kriege hatte bie Feld=Artillerie zeitweiſe 7 Ka-

---

*) Die folgenben Angaben ſinb theilweiſe bem Werke entnommen: „Be= ſchreibung beß gegenwärtigen Zuſtanbeß ber europäiſchen Feld-Artillerie von Jacobi; 1835—1843; theilweiſe auß Original=Berichten geſchöpft, welche in ben Akten ber General=Inſpection ber Artillerie vorhanben unb von preußi= ſchen Offizieren ober ben betreffenben Geſanbten unb Militär=Bevollmächtigten herrühren.

über geführt (12Pfbr., 8Pfbr., 6Pfbr., 4Pfbr. 24pfbg. [15 Cm.] unb 6pfbge. [16 Cm.] Haubiten von zweierlei Gewicht). Eine Vereinfachung bes Systems stanb baher in erster Linie; es wurbe beschlossen, ben 12Pfbr. unb 8Pfbr., bie 15 Cm. unb 16 Cm. Haubite beizubehalten. Da eine große Neigung für bie langen Haubiten vorhanden war, so begannen Versuche zur Aufklärung ber Haubitfrage 1819, welche 1828 mit befinitiver Annahme einer 10 Kaliber langen Haubite enbeten.[2]

In ber Laffeten Construction fanb bas englische System viele Anhänger. Ausgebehnte Vergleichs-Versuche zur Feststellung ber anzunehmenden Construction fanben auf ben Artillerieschulen 1824 bis 1826 statt. Es wurben Versuchs-Batterien aus 3 Zügen formirt, in benen bas mobificirte englische System mit bem im Kriege gebrauchten (Gribeauval'schen) unb mehrfach geänberten System zum Vergleich kam.

Daneben war ber General Allix mit einem noch mehr vereinfachten Systeme aufgetreten (1825—1826), welches inbeß heftig angefochten unb als eine unwesentliche Mobification bes Gribeauval'schen Systems erklärt wurbe, so baß es nicht zur Annahme gelangte. General Allix sah sich barauf veranlaßt, im Jahre 1827 ein gegen bas Artillerie-Comité gerichtetes Buch zu veröffentlichen (Système d'artillerie de campagne), in welchem er sein System zu vertheibigen suchte.

Das neue im Jahre 1828 zur Einführung gelangenbe System, nach bem General Vallée benannt, war im Wesentlichen ein mobificirtes englisches. Es hatte·nur 2 Laffeten, eine für 8Pfbr. unb 15 Cm. Haubite, eine für 12Pfbr. unb 16 Cm. Haubite. Das System war im Allgemeinen schwer; bas leichteste Geschütz war ber 8Pfbr. Die Opposition gegen basselbe bauerte noch jahrelang fort.

Auch· bie Beseitigung bes von ber Artillerie getrennten Bespannungswesens gelang im Jahre 1829 nach Ueberwinbung eines großen Widerstanbes.

An bas englische System lehnten sich bie Systeme folgenber Staaten an.

Nieberlanbe.

In ben Nieberlanben hatte 1817 ber Oberst-Lieutenant Paravacini einen Constructions-Entwurf für Felb-Laffeten aufgestellt, ber im Wesentlichen bas englische System nachahmte. Darauf

1*

wurden 6 Jahre lang Vergleichs-Versuche mit diesem, dem reinen englischen und dem älteren niederländischen Systeme angestellt, aus denen 1823 das neue System hervorging, bestehend aus 6pfdg. und 12pfdg. Kanonen und einer kurzen 15 Duim-Haubitze, die indeß schon 1825 durch eine gleichnamige lange ersetzt wurde.

Im Jahre 1834 wurde das System für „fahrende Artillerie" eingerichtet. Die Batterien führten 8 Geschütze, worunter bei den 6pfdg. je 2 Haubitzen. Das im Allgemeinen schwere System führte 1841 zu längeren Versuchen, welche die Herstellung eines erleichterten Systems bezweckten.

Belgien.

Nach der Trennung von den Niederlanden nahm Belgien ebenfalls 6Pfdr., 12Pfdr. und 7pfdg. Haubitzen an.

Hannover.

Wie die hannöverschen Heeres-Einrichtungen sich überhaupt auf das Engste an die englischen anschlossen, so auch das Artillerie-Material.

Das Feld-Artillerie-System war das englische Blocklaffeten-System. Die Feld-Batterien führten leichte 6Pfdr., 9Pfdr. und kurze 7pfdg. (15 Cm.) Haubitzen. Für die Reserve-Batterien wurde der leichte englische 12Pfdr. bereit gehalten.

Im Jahre 1835 wurde die lange englische 7pfdg. Haubitze versucht, welche 1838 neben der kurzen zur Einführung gelangte.

Die reitenden Batterien bestanden aus 5—6Pfdrn. und einer kurzen Haubitze; die 9Pfdr. Batterien aus 4—9Pfdrn. und je einer kurzen und langen Haubitze.

Nassau.

Unmittelbar nach den Kriegen wurde der damalige Oberst-lieutenant von Habeln mit der Construction eines neuen Materials beauftragt. Dasselbe lehnte sich ebenfalls ganz unmittelbar an das englische an und bestand aus einem 6Pfdr. und einer kurzen 7pfdg. Haubitze.

Die Schweiz.

In der Schweiz war man im Begriff das französische Material mit den in Aussicht genommenen Aenderungen einzuführen, als das englische Material bekannt wurde. Darauf wurde im Jahre 1822 das Blocklaffeten-System fast unverändert angenommen. Die Kaliber waren 12pfdg. und 6pfdg. Kanonen, 24pfdg. (15 Cm.) und 12pfdg. (12 Cm.) Haubitzen.

Die südbeutschen Artillerien, welche während der Kriege mit französischem Material gefochten, behielten dasselbe nach dem Kriege mit geringen Aenderungen bei.

Württemberg.

Dies System bestand aus 12pfbg. und 6pfbg. Kanonen, und 10pfbg. (16 Cm.) und 7pfbg. Haubitzen. Die Batterien führten 8 Geschütze, worunter zwei Haubitzen. Später wurde das englische Blocklaffeten-System angenommen und die 10pfbg. Haubitze aus der Feld-Artillerie entfernt.

Großherzogthum Hessen.

Im Jahre 1828 wurde ein neues Wandlaffeten-System eingeführt, bestehend aus 6pfbg. und 12pfbg. Kanonen und 7pfbg. (15 Cm.) kurzen Haubitzen. Die Batterien führten 8 Geschütze, darunter 2 Haubitzen.

Das System war verhältnißmäßig leicht, aber zu schwach bespannt.

Baiern.

In Baiern bestand bis 1836 das 1800 eingeführte Gribeauvalsche System, welches indeß im Jahre 1811 durch General Manson modificirt war, und 6pfbg., 12pfbg. Kanonen und 7pfbg. (15 Cm.) kurze Haubitzen führte.

Im Jahre 1829 wurde ein Blocklaffeten-System in Vorschlag gebracht, gegen welches der Generallieutenant von Zoller mit einem eigenen modificirten Gribeauval'schen Systeme auftrat. Dasselbe gelangte zur Annahme, hatte aber noch lange Zeit hindurch viele Gegner. Unter anderen wurde dasselbe im Jahre 1842 in der Allgemeinen Militair-Zeitung sehr scharf kritisirt und dabei im Detail nachgewiesen, daß die Verbesserungen unwesentliche seien und das System kein eigenthümlich neues wäre, das anderen Artillerien zur Nachahmung empfohlen werden könne. General von Zoller antwortete auf diese Kritik ziemlich derb.

Das System war allerdings ziemlich schwer und andererseits zu schwach bespannt, so daß es viele Artilleristen nie recht befriedigte. Die geringe Beweglichkeit machte sich besonders nach dem Jahre 1850, der beweglichen Taktik gegenüber immer unangenehmer fühlbar.

Die angenommenen Kaliber waren 12pfbg. und 6pfbg. Kanonen und 7pfbg. (15 Cm.) lange Haubitzen in zwei Arten (leichte und schwere); für die Reserve-Batterien bestand noch eine 10pfbg. (16 Cm.)

Haubitze. Die Batterien führten 8 Geschütze, worunter je 2 schwere oder leichte Haubitzen.

Baden.

In Baden bestand das Gribeauval'sche System bis 1838. Darauf wurde probeweise ein Wand-Laffeten-System des Capitain Ludwig eingeführt *), welches später durch ein Blocklaffeten-System verdrängt wurde. Das System bestand aus 6pfdg., 12pfdg. Kanonen und 7pfdg. (15 Cm.) kurzen Haubitzen.

Kurfürstenthum Hessen.

Das während der Kriege bestandene französische (westphälische) System wurde beibehalten, bis das preußische Material c/42 angenommen wurde.

Piemont.

Hier wurde das französische Material angenommen. Das System bestand aus 12pfdg. und 8pfdg. Kanonen, 16 Cm. und 15 Cm. Haubitzen.

Einen eigenthümlichen Entwickelungsgang nahm die Feld-Artillerie in

Schweden.

Das seit 1804 bestandene System Helvig wurde im Jahre 1815 durch den General Cardell modificirt.

Im Jahre 1821 schlug der General Schröderstjerna ein Wand-laffeten-System vor, welches zwar versucht wurde, aber durch ein Projekt des Hauptmanns von Wrede verdrängt wurde, welches nach längeren Versuchen im Jahre 1831 zur Einführung gelangte. Die Geschützröhre waren aus Gußeisen. Das System bildete eine „fahrende Artillerie" und bestand aus 12pfdg. und 6pfdg. Kanonen und 24pfdg. (15 Cm.) und 12pfdg. (12 Cm.) Granatkanonen. Diese zum Ersatz der Haubitzen bestimmt, kamen erst im Jahre 1838 zum Abschluß. Die Batterien hatten 8 Geschütze.

Dänemark.

Die dänische Artillerie war nach den Kriegen in dürftiger Verfassung; die vorhandenen Geschütze (meist 6Pfdr.) waren englischer Construction. Nachdem seit 1827 neue bronzene Röhre projectirt waren, wurden in Anlehnung an das schwedische System 1841

---

*) Beschreibung dieses Systems im 8. Bande (Jahrgang 1839) des Archivs für die Offiziere der Königl. Preußischen Artillerie u. s. w.

eiserne 12Pfdr., 6Pfdr., 24pfdg. (15 Cm.) und 12pfdg. (12 Cm.)
Granatkanonen angenommen.

Rußland.

Nach den Kriegen wurde das seit 1805 bestehende System
beibehalten. Wesentlichere Aenderungen desselben traten erst
1838 ein. Die Kaliber waren 12Pfdr., 6Pfdr., ¹/₂ und ¹/₄ pudige Einhörner. Die Granaten der Letzteren wogen 8,16 und 4,08 Kil.
Die Batterien führten theils 12, theils 8 Geschütze. Die
schweren bestanden aus 6 12Pfdrn. und 6 ¹/₂ pudigen Einhörnern;
ebenso waren die leichten aus den betreffenden Kalibern zusammen-
gesetzt.

Oesterreich.

Das österreichische Feld-Artillerie-System blieb ohne erhebliche
Aenderungen auf dem Standpunkte, den es im Jahre 1753 durch
den Fürsten Liechtenstein erhalten hatte.[3] Es wurde selbst nach
den Erfahrungen der Kriege für genügend solide, beweglich und
wirksam erachtet, und bestand aus 3Pfdrn., 6Pfdrn. (ordinaire und
Cavallerie-) 12Pfdrn. und 18Pfdrn. und 7pfdg. (ebenfalls ordinaire
und Cavallerie-) und 10pfdg. Haubitzen.

Die reitende Artillerie war durch sogenannte Cavallerie-Batterien vertreten (6Pfdr. und 3Pfdr.). Die Batterien hatten 6 Geschütze.

Im Jahre 1829 wurden die 6Pfdr. in fahrende Geschütze umgewandelt; im Jahre 1832 folgten hierin die 7pfdg. Haubitzen.

Nach Jacobi bestand das System 1843 aus: 18Pfdrn., 12Pfdrn.,
6Pfdrn., 3Pfdrn., kurzen und langen 7pfdg. Haubitzen und 10pfdg.
Haubitzen. Die Batterien führten 6 Geschütze, darunter 2 Haubitzen, die 10pfdg. Haubitze war in den 18pfdg. Batterien. Die
3Pfdr. wurden 1842 abgeschafft. In demselben Jahre wurden die
langen 7pfdg. Haubitzen für die 12pfdg. Batterien eingeführt. Im
Jahre 1851 wurden die Batterien zu 8 Geschützen formirt und
geringe Aenderungen des Materials vorgenommen.

Nachdem die Fortschritte der anderen Artillerien, sowie die
gesteigerte Wirkung der gezogenen Handfeuerwaffen endlich zu einer
Umbildung des Systems zwang, erhielt im Jahre 1850 der damalige Oberst Baron Smola den Auftrag im Verein mit Major
Plöchinger ein neues Feldgeschützsystem aufzustellen. Das darauf
entworfene Laffeten- und Fuhrwerksystem war sehr erleichtert und
vervollkommnet. Die Versuche gingen nur langsam vorwärts und

das neue System kam im Wesentlichen erst bei Annahme der gezogenen Geschütze zur Einführung.

Sachsen.

Die sächsische Artillerie war im Jahre 1810 reorganisirt worden und führte seitdem 12Pfdr., 6Pfdr. und 8pfdg. Haubitzen (von
7 Kaliber Länge).

Die Rohrgewichte betrugen 14 Centner, 7 Centner und $5\frac{1}{3}$
Centner (sächsisch).

Die Bespannung bestand aus nur 6 resp. 4 Pferden. Die
Batterien waren gemischte (6 Kanonen und 2 Haubitzen). — Da
bei den leichten Röhren die Laffeten sehr angegriffen wurden, so
wurden letztere nach dem Kriege wieder verstärkt.

Preußen.

Die allgemeine Erschöpfung des Staates ließ unmittelbar
nach den Kriegen die Einführung eines ganz neuen Systems nicht
zu. Das vorhandene Feld-Artillerie-Material bestand zum Theil
aus fremden Geschützen und Fahrzeugen (englische, französische,
russische). Zunächst wurde das fremde Material im Jahre 1816
aus der Feld-Artillerie entfernt; indeß blieben viele eroberte französische Munitionswagen in den Beständen.

An der Construction des bisherigen preußischen Materials
wurde wenig geändert. Die Geschützröhre wurden etwas leichter
und kürzer gemacht; die Laffeten erleichtert. Es wurden eiserne
Achsen und verbesserte Richtvorrichtungen angenommen; die Beschirrung neu geschaffen.

Das so modificirte Material, eigentlich 1819 eingeführt, erhielt die Bezeichnung c/16. Es trat an die Stelle des aus-
scheidenden fremden. Die Umformung wurde 1820 beendet.[4] Die
Batterien bestanden aus 8 Geschützen (6 6Pfdr. und 2 7pfdg.
Haubitzen oder 6 12Pfdr. und 2 10pfdg. Haubitzen, oder 8 Haubitzen).

Während der nothdürftigen Verbesserung des Materials wurden von vorn herein Stimmen laut, welche eine Erleichterung nach
dem Vorgange anderer Artillerien auf das Dringendste verlangten.

Mit Rücksicht auf die reitende Artillerie und vornehmlich von
dieser Waffe wurde das Bedürfniß nach einem leichteren 6Pfdr.
geltend gemacht. Der preußische 6Pfdr. der reitenden Artillerie wog

1835,5 Kil. *); der der Fuß-Artillerie 1877,5 Kil., das Geschütz war für eine stärkere als ⅓ kugelschwere Ladung (⁹⁄₂₄) construirt und daher allerdings den entsprechenden Neuconstructionen der anderen Artillerien gegenüber sehr schwer.

Die Wünsche richteten sich vielfach auf die Annahme des leichten englischen 6Pfdrs., der mit einem Gewicht von 1305 Kil. eine sehr zweckmäßige Construction verband und über welchen, wie später Radowitz in einem Aufsatz erklärte, „eine maßlose Bewunderung entstand, welche wenig gerechtfertigt gewesen sei, da diese Construction nicht etwa die absolut beste sei, sondern nur den Beweis liefere, daß die Aufgabe zur Herstellung eines guten Feldgeschützes auch auf einem anderen als dem bisher eingeschlagenen Wege glücklich gelöst werden könne." Der englische 6Pfdr. wurde jetzt allgemein bekannt, da er nach dem Kriege mehrfach in die Bestände der preußischen Artillerie übergegangen war, und außerdem für ihn mehrere Offiziere eintraten, welche ihn im Kriege geführt hatten; unter anderen in der englischen Armee während der Kriege auf der spanischen Halbinsel. (Der spätere Oberst von Scharnhorst).

So wurden schon 1821 mehrere Anträge zur Prüfung dieses Geschützes gestellt. Im Oktober desselben Jahres richtete der damalige Major Jenichen an den Prinzen August einen Antrag auf Annahme eines erleichterten 6Pfdrs. Derselbe solle nur für ¼ kugelschwere Ladung construirt und gegen 1120 Kil. schwer sein. Zu diesem Behufe solle zuerst der leichte englische 6Pfd. geprüft werden. Jenichen motivirte seinen Antrag hauptsächlich durch den Hinweis, daß die reitende Artillerie mit dem jetzigen 6Pfdr. in Fesseln gelegt werde und ihre auf offensives Auftreten gehende geistige Richtung nicht praktisch zur Ausführung bringen könne.

Dem Antrage Jenichen's wurde keine Folge gegeben, da die finanzielle Lage des Staates vorläufig die Annahme eines ganz neuen Geschützes verbot. Dagegen ordnete Prinz August 1822 Versuche mit erleichterten Laffeten nach dem Vorschlage des Majors Krämel an. Zugleich beantragte er Versuche mit 6pfdg. Röhren, welche auf 7 Centner (360 Kil.) Gewicht abgedreht werden sollten. Dieser Antrag wurde höheren Orts abgelehnt.

---

*) Das Geschütz der reitenden Artillerie hatte 10 Schüsse weniger als das der Fuß-Artillerie (60 resp. 70).

Im Jahre 1825 fand endlich ein Vergleichs-Versuch zwischen einem preußischen und einem englischen 6Pfdr. statt, der aber ohne günstiges Resultat für letzteren blieb.

Im Jahre 1826 legte der damalige Major von Peucker dem Prinzen August einen Vorschlag zur Erleichterung des 6Pfdr. vor. Das Rohr, auf ¼ kugelschwere Ladung konstruirt, sollte allein 140 Kil. leichter, als das bisherige werden. Die Artillerie-Prüfungs-Commission befürwortete den Vorschlag und das Kriegs-Ministerium genehmigte die Anstellung von Versuchen. Sie geschahen Anfangs mit einem abgedrehten 6Pfdr., dann mit 4pfdg., auf das 6pfdg. Kaliber ausgebohrten Röhren. Die Resultate der mehrere Jahre fortgesetzten Versuche waren nicht ungünstig, blieben aber in sofern ohne Erfolg, als sich mehr und mehr die Ansicht geltend machte, daß mit bloßen Aptirungen des Systems kein wirklicher Fortschritt zu erreichen sei. Gegen diese Ansicht beantragte im Frühjahr 1832 Prinz August bei Sr. Majestät dem Könige allerdings die Vornahme von Versuchen mit einem aptirten 6Pfdr. nach den mit den Peucker'schen Geschützen erhaltenen Ergebnissen. Von anderen Seiten aber wurde nun jene Ansicht auf das Klarste und noch entschiedener ausgesprochen. Im Juni 1832 trat der damalige Hauptmann du Vignau in der Artillerie-Prüfungs-Commission mit einem Projekt zu einem neuen leichten 6Pfdr. hervor, derselbe sollte ein 6spänner sein, vollständig ausgerüstet, ohne Futter nicht über 30 Centner (1542 Kil.) wiegen, in der Protze mindestens 40 Schuß führen, für 2 Pfd. (0,95 Kil.) Ladung konstruirt sein. Im Gefecht sollten 3 Mann auf der Protze, 3 Mann auf den Handpferden aufsitzen. Du Vignau beantragte die Herstellung zweier Laffeten, einer Block- und einer Wand-Laffete.

Die Artillerie-Prüfungs-Commission befürwortete diese Vorschläge und erhielt die Genehmigung zur Herstellung eines Geschützes mit Block-Laffete.

Prinz August wollte, wie erwähnt, mit dem zu construirenden Geschütz ein nur aptirtes in Vergleich stellen und nach den Resultaten entscheiden, ob letzteres wesentlich zurückstehen würde. Womöglich wollte er dasselbe vorläufig zur Einführung bringen, da mit Rücksicht auf die Kosten dies am schnellsten möglich war, wobei die spätere Annahme eines ganz neuen, erheblich verbesserten Systems durchaus nicht ausgeschlossen sein sollte.

Zu gleicher Zeit fand auf Befehl des Prinzen August ein Vergleichs-Versuch zwischen einem französischen 8Pfbr. und je einem preußischen 6Pfbr. und 12Pfbr. statt, um einerseits die etwaige Ueberlegenheit des ersteren Geschützes in Bezug auf Wirkung über den 6Pfbr. in Bezug auf Beweglichkeit über den 12Pfbr. festzustellen. Die Resultate dieses Versuchs*) waren für den 6Pfbr. durchaus nicht ungünstig, so daß er als Basis für die weiteren Arbeiten beibehalten wurde. — Für den 12Pfbr. wurde indeß jetzt auch eine Erleichterung angestrebt.

Das nach den Angaben du Vignau's construirte Geschütz kam 1834 zum Versuch; es wog 1592 Kil. und mit 3 Mann rund 1850 Kil.

Auf Grund der Versuchs-Ergebnisse stellte die Artillerie-Prüfungs-Commission im März 1835 ein Promemoria zur Herstellung eines neuen Feldgeschützsystems auf. Sie entwarf darin folgende Grundsätze:

1. die 10pfdg. Haubitze scheidet aus;
2. ein 8Pfbr. ist nicht erforderlich;
3. die Ladung für die Kanonen ist $1/3$ kugelschwer;
4. das Rohrgewicht ist das 150fache des Kugelgewichts;
5. die Mannschaften werden bei langen Bewegungen auf Protzen und Wagen transportirt.

In Betreff des anzunehmenden Laffetensystems gingen die Ansichten aber weit auseinander. Dem du Vignau'schen Blocklaffeten-System trat der Major von Strotha auf das Schärffte entgegen; er entwarf ein Wandlaffeten-System.

Auch über das erforderliche Maß der Beweglichkeit des neuen Systems waren die Ansichten sehr getheilt.

In Folge jenes Promemorias beauftragte Prinz August im Mai 1835 die Artillerie-Prüfungs-Commission mit Erörterung der Grundsätze über die Construction des neuen 6Pfbrs. Der Versuchs-Entwurf wurde im August eingereicht. Es wurden für den Versuch beantragt:

ein bisheriger preußischer 6Pfbr.; ein 6Pfbr. nach du Vignau's Angaben (Blocklaffete, gleich hohe Räder); ein 6Pfbr. nach Strotha's Construction (Wandlaffete); und endlich ein 6Pfbr. nach Angabe von Radowitz, welcher ohne Aenderung der Con-

---

*) Siehe Archiv Bd. 9.

ſtructions = Grundſätze nur möglichſte Erleichterung des bis=
herigen Geſchützes (für $^7/_{24}$ Ladungsquotienten) anſtrebte.

Die Verſuche fanden 1836 ſtatt. Das Ergebniß war, daß
das Blocklaffeten= und aptirte Syſtem verworfen wurden, und das
Strotha'ſche Geſchütz der Hauptſache nach als Grundlage für die
nunmehr definitiv zu entwerfende Conſtruction angenommen wurde.
Zur Löſung dieſer Frage trat im Frühjahr 1838 unter Vorſitz des
Prinzen Auguſt eine beſondere Commiſſion zuſammen, welche ihre
Arbeiten ſchnell beenden konnte.

Sie entſchied die Principienfrage über Kaliber, Ladung, er=
leichterte Fahrbarkeit, Lenkbarkeit, Biegſamkeit, Vereinfachung und
Erleichterung der Bedienung, Reducirung der Vorrathsſachen u. ſ. w.
Darauf entwarf die eigentliche Conſtructions=Commiſſion die Con=
ſtructionen im Detail. Im Jahre 1839 wurde ſchon das erſte
Probe=Geſchütz bei der Artillerie=Prüfungs=Commiſſion verſucht.

Nachdem die Geſchütze noch einem ſtarken Dauer=Schießver=
ſuche unterworfen waren, und eine Verſuchs=Batterie vom Auguſt
bis zum November 1839 einen längeren Marſch durch das ſchle=
ſiſche Gebirge gemacht, wurden die Geſchütze in größerer Zahl den
Truppen im Jahre 1840 zum Verſuch übergeben. Als auch hier=
bei die Haltbarkeit und Beweglichkeit des Syſtems zweifellos darge=
than war, wurde durch Allerhöchſte Cabinets=Ordre vom 24. Februar
1842 die Einführung genehmigt. Das Syſtem erhielt die Bezeich=
nung c/42. Es beſtand aus einem 12Pfdr., 6Pfdr. und einer
7pfdg. (15 Cm.) Haubitze.

Die Rohrgewichte waren herabgeſetzt: bei den Kanonen um
20 reſp. 21 Kil., bei der Haubitze vermehrt um 51$_{,5}$ Kil.

Die Laffeten=Gewichte waren vermindert um 152 Kil., 316,5
Kil. und 93,5 Kil.; die Totalgewichte um 267 Kil. (6Pfdr.), 310,5
Kil. (12Pfdr.) und 254,5 Kil. (7pfdg. Haubitze).

Das Balancir=Syſtem wurde beibehalten; der Druck des Laf=
fetenſchwanzes auf den Protzſattel von 146,5 reſp. 220,5 Kil. auf
circa 93,5 Kil. rebuzirt.

Die Vorderräder waren einen Fuß (31,3 Cm.) niedriger, als
die Hinterräder; alle Räder wurden gegen früher um 2″ (7,6 Cm.)
erhöht.

Das Stubium der über dieſe langen Verſuche und Arbeiten
vorhandenen Akten gewährt einen tiefen und wahrhaft erfreuenden
Einblick in die große Gründlichkeit, den unermüdlichen Fleiß, das

reiche Wissen und das ganze Können aller betheiligten Artillerie-Offiziere. Da war kein Verhältniß, kein Gegenstand, die nicht auf das Gründlichste geprüft und erwogen worden wären. Ueberall wurde der Maßstab einer gesunden, kriegserfahrenen Praxis angelegt, und nicht etwa der grau-theoretische einer verknöcherten Friedens-Anschauung. Auf die taktischen Bedürfnisse und alle Momente, welche auf die dazu erforderliche Beweglichkeit von Einfluß sind, wurde bei den Constructionen eher zu viel als zu wenig Rücksicht genommen. Der Gedanke, daß ein Feldgeschütz nicht als ein bloßes „Fuhrwerk", sondern als eine entscheidende „Kriegs-waffe" zu betrachten sei, trat in allen Verhandlungen klar hervor, und wurde mehrfach auf das Schärffte ausgesprochen.

Ein Irrthum ist es daher, wenn, wie es öfter geschehen, das Wesen jener Zeit und der leitenden Persönlichkeiten charakterisirt wird als verknöcherter Pedantismus und todter Formalismus. Das Wissen und Können vieler Artilleristen stand relativ weit über dem Durchschnittsmaße des in dieser Hinsicht heute Vorhandenen.

Die durchgängige Bewaffnung der Batterien mit dem Material von 1842 nahm in Folge der damaligen sehr langsamen Arbeit geraume Zeit in Anspruch. Die letzten Geschütze alter Construction schieden erst in den Jahren 1852 und 1853 aus der Feld-Artillerie.

Der Gebrauch des neuen Materials ergab bald mehrfache Schwächen, welche den Beweis lieferten, daß man mit der Erleichterung über die zulässige Grenze hinausgegangen war. Auf Grund genauer Ermittelungen und lang fortlaufender Berichte wurde im Jahre 1856 wieder die Verstärkung einzelner Theile, vornehmlich der Laffetenwände und Beschläge angenommen.

Das Gewicht der Geschütze wurde dadurch wieder etwas erhöht und zwar beim 12Pfdr. um 86,5 Kil., beim 6Pfdr. um 131,5 Kil., bei der 7pfdg. Haubitze um 128 Kil.

Man könnte geneigt sein, die Construction und Annahme des neuen Systems als eine sehr verzögerte anzusehen. Es darf aber nicht übersehen werden, daß die beschränkten Mittel des Staates an eine Neuconstruction lange Zeit nicht denken ließen, und darum die Versuche zu Aptirungen lange fortgesetzt wurden. Nachdem die Erkenntniß gewonnen, daß damit kein entschiedener Vortheil zu erreichen sei, und nachdem die Principien der Neuconſtruction erörtert und beſtimmt waren, ging die Conſtruction ſo ſchnell vorwärts, wie es unter den damaligen Verhältniſſen überhaupt möglich war, und wie ſie ſchneller in anderen Artillerien auch nicht ſtattgefunden hatte. Das Beſtreben nunmehr ein ganz auf der Höhe der Zeit ſtehendes Syſtem zu ſchaffen, welches auch befähigt wäre, den Anforderungen einer entfernteren Zukunft noch zu genügen, führte allerdings zu einer außerordentlich gründlichen Prüfung aller einſchlägigen Verhältniſſe. Der dadurch vielleicht hervorgerufene Aufenthalt im Abſchluß der Verſuche konnte damals aber wenig ins Gewicht fallen, da die Conſtellationen der politiſchen Verhältniſſe friedlich waren, und bei keinem fremden Artillerie-Syſteme eine entſchiedene Ueberlegenheit vorhanden war, ſo daß in der Verzögerung der Conſtruction eine ernſtliche Gefahr nicht erblickt werden konnte.

Der Ueberblick über die vorſtehend erwähnten Syſteme zeigt Folgendes:

Abgeſehen von den für beſondere Zwecke (Gebirgskrieg) beſtimmten Geſchützen waren überall zwei Kanonen-Kaliber — ein ſchweres 12pfdg. (in England noch 9Pfdr.) und ein leichtes 6pfdg. (in Frankreich 8Pfdr.) angenommen worden. Mit dieſen Kanonen correſpondirend waren vielfach vorhanden 2 Haubitzen, von denen die ſchwere, die 10pfdg. auch 6zöllige (16 Cm.), die leichte die 7pfdg., 5¹⁄₂zöllige (15 Cm.) war. — In mehreren Artillerien war nur die leichte vorhanden.

In Bezug auf Rohrlänge waren 2 Arten der Haubitzen (kurze und lange) vorhanden, worüber noch ſpäter geſprochen werden wird.

Die Zahl der Kaliber war alſo auf 4 oder nur 3 reduzirt; die bisher vorhandenen leichteſten Kaliber (4Pfdr. und 3Pfdr.) waren ausgeſchieden.

Die aus dieſen Kalibern gebildeten Batterien waren ſchwere, leichte und reitende reſp. Cavallerie-Batterien. Sie beſtanden entweder aus einer Geſchützart oder aus beiden (gemiſchte Batterien). Die letztere Zuſammenſetzung war die vorherrſchende. Die Haubitzen waren neben den gemiſchten Batterien mehrfach auch in eigene Batterien für beſondere Zweck formirt.

Ueberwiegend waren die Batterien 8 Geſchütze ſtark; 6 Geſchütze führten ſie in England, in Oeſterreich bis 1851 und in Frankreich.

Durch zweckmäßige Construction waren die Geschützsysteme gegen die älteren zum Theil erheblich erleichtert und in den Details vereinfacht. Zum großen Theile war die Erleichterung erreicht durch Herabsetzung der Rohrlänge und der Metallstärken in Folge der verminderten Gebrauchsladung, (auf $^1/_3$ bis $^1/_4$ kugelschwer) durch Verminderung der Abmessungen und der Beschläge an den Laffeten u. s. w. Beim preußischen 6Pfdr. war durch die Herabsetzung der Protzausrüstung mit Munition eine wesentliche Gewichts-Verminderung erreicht worden (reitende Artillerie 1 Centner, Fuß-Artillerie 2 Centner). Im Jahre 1828 war die Ausrüstung auf 60 Schuß, im Jahre 1836 auf 50 herabgesetzt worden.

Diese Umwandelungen waren durch lange gründliche Versuche festgestellt und erprobt. Sie stellten einen erheblichen Fortschritt der Artillerie auf materiellem Gebiete dar. Mit welcher geistigen Bewegung und welchen Kämpfen auf theoretischem Gebiete dieser Fortschritt zusammenhing, soll später betrachtet werden.

Zweites Kapitel.

Die Munition.

Bei Beginn der Periode waren für die Feld-Kanonen die Vollkugeln und die Kartätschen; für die Haubitzen die Granaten und Kartätschen die einzigen Geschoßarten. Von den Granaten war eine geringe Zahl in mehreren Artillerien als Brandgeschosse zubereitet. Später traten für beide Geschützarten die Shrapnels hinzu.

1. Die Vollkugeln.

Die Vollkugel war das Hauptgeschoß für die Feld-Kanonen. In den Abmessungen (Durchmessern) und den mittleren Gewichten wichen die Vollkugeln der verschiedenen Artillerien nicht unbedeutend von einander ab.

Auch in jeder einzelnen Artillerie waren die darin gegebenen Toleranzen ziemlich bedeutend. Durch Herabsetzung derselben, in Verbindung mit Verringerung der Spielräume war man bemüht gewesen, die Trefffähigkeit möglichst zu steigern.

Das Nominalgewicht der Vollkugeln würde nach jetzigem Gewichte betragen müssen: beim 12Pfdr. 5,61 Kil., beim 6Pfdr. 2,805 Kil. In Wirklichkeit schwankte es beim 12Pfdr. zwischen 5,95 Kil. (Schweden) und 4,699 Kil. (Baiern), beim 6Pfdr. zwischen 3,04 Kil. (Nassau) und 2,5 Kil. (Großherzogthum Hessen).

Die mittleren Gewichte der preußischen Vollkugeln waren 5,66 Kil. und 2,8 Kil., sie kamen also den Nominalgewichten ziemlich nahe.

2. Die Kartätschen.

Bisher waren für die meisten Kaliber in allen Feld-Artillerien mehrere nach dem Gewicht verschiedene Sorten (oft 3) Kartätschenkugeln benutzt worden.

Scharnhorst, der auf allen Gebieten der Artillerie Bahn gebrochen, hatte durch ausführliche Versuche auch Licht in die Kartätschfrage gebracht und war in gewissem Sinne Urheber der vorerwähnten Maßregel. — Die Bemerkungen, die er bei den, über die Kartätschenversuche zusammengestellten Tabellen [5] über diese Schußart macht, sind höchst interessant.

Er stellte fest, daß theoretisch für jede Entfernung e i n e b e s t e Sorte der Kartätschkugeln bestehen müsse. Durch die Versuche fand er diese Sorten für den 6Pfdr. als 12löthige (175,3 Gr.), 6löthige (87,6 Gr.), 2löthige (29,2 Gr.); 12 Pfdr. als 1pfd. (467 Gr.), 12löthige (175,3 Gr.), 6löthige (87,8 Gr.) und 3löthige (43,8 Gr.).

Diese Resultate, die man allgemein adoptirt hatte, wurden indeß nach den Kriegen für die Praxis dahin modificirt, daß meistens nur 2 Sorten Kugeln und zwar für den 12Pfdr. 12löthige (175,3 Gr.) und 3löthige (43,8 Gr.); 6Pfdr. 6löthige (87,6 Gr.) und 2löthige (29,2 Gr.) Kugeln angenommen wurden.

Die Annahme der kleineren Kugeln, besonders der 2löthigen (29,2 Gr.) für kleinere Entfernungen war eine Folge des zerstreuten Gefechts gewesen. [6] Sie sollten auch nur bis 500 [x] (375 M.) angewendet werden. Aus Gründen der Einfachheit und da sie bei Friedens-Versuchen keine besonderen Vortheile zeigten, wurden später die kleineren Kugelsorten fast überall allmählig abgeschafft und es blieb für jedes Kaliber nur eine Sorte bestehen (für 12Pfdr. = 12löthige [175,392 Gr.], für 6Pfdr. = 6löthige [87,6 Gr.]).

Zwei Sorten bestanden 1840 noch in England, Schweden, Oesterreich und in Württemberg für den 12Pfdr. In der preußischen Artillerie hatte beim Material von 1816 die Kartätschbüchse bei

dem 12Pfdr. $\begin{cases} 164 \text{ Stück } 3\text{löthige} \quad (43,8 \text{ Gr.) Kugeln,} \\ 79 \quad \text{″} \quad 6\text{löthige*}) \ (87,6 \text{ Gr.)} \quad \text{″} \\ 41 \quad \text{″} \quad 12 \ \text{″} \quad (175,3 \text{ Gr.)} \quad \text{″} \end{cases}$

dem 6Pfdr. $\begin{cases} 126 \quad \text{″} \quad 2 \ \text{″} \quad (29,2 \text{ Gr.)} \quad \text{″} \\ 41 \quad \text{″} \quad 6 \ \text{″} \quad (87,6 \text{ Gr.)} \quad \text{″} \end{cases}$

der 10pfdg. Haubitze 56 Stück 12löthige (175,3 Gr.) Kugeln,
der 7pfdg. ″ 70 Stück**) 6 ″ (87,6 Gr.) ″

Im Jahre 1841 wurden die 2- und 3löthigen Kugeln abgeschafft.

Beim Material von 1842 blieben nur die 12löthigen (175,3 Gr.) und 6löthigen (87,6 Gr.) bestehen; die ersteren für den 12Pfdr., die letzteren für den 6Pfdr. und die Haubitze.

3. Die Granaten.

Die Granaten waren mit dem einfachen Säulen- (Brenn-) Zünder versehen. Derselbe war für die größte Entfernung tempirt, da die Geschosse fertig gemacht ins Feld mitgenommen werden mußten, und es somit nicht möglich war, den Zünder erst im Momente des Gebrauchs für eine bestimmte Entfernung zu tempiren. Die Sprengwirkung der Granaten kam daher beim flachen Bogenwurf für gewöhnlich nicht am Ziele selber, sondern erst dahinter, zur Geltung.

Was die Trefffähigkeit der Granaten betrifft, so war dieselbe eine sprichwörtlich sehr schlechte, wofür die nachstehenden Zahlen einen schlagenden Beweis liefern.[7] Die Differenzen in den Wurfweiten betrugen bei den österreichischen Haubitzen und zwar bei den

7pfdg. und 24 Loth (420 Gr.) Ladung 1120 M. — 735 M. = 385 M.
10pfdg. ″ 24 ″ (420 Gr.) ″ 1194 M. — 803 M. = 391 M.
10pfdg. ″ 36 ″ (630 Gr.) ″ 1418 M. — 891 M. = 527 M.

---

*) Die 6löthigen Kugeln wurden für den 12Pfdr. 1818 abgeschafft.
**) Später nur 56 Stück 6löthige.

Bei der preußischen 7pfdg. Haubitze bei:

900ˣ (675 M.) Wurfweite = 433 M. Längenstreuung,
1200ˣ (900 M.) „ = 512 M. „
1500ˣ (1130 M.) „ = 636· M. „

Die langgesuchte Ursache für diesen Mangel wurde endlich in dem Nichtzusammenfallen des Schwerpunktes und Mittelpunktes — in der sogenannten Excentricität der Geschosse — gefunden. Die Entdeckung und genaue Erkennung dieser Ursache forderte sehr umfassende und langdauernde Versuche, die nachstehend kurz angedeutet werden sollen *).

Die Granaten waren früher fast durchweg absichtlich excentrisch gefertigt, indem der dem Mundloch gegenüberliegende Theil verstärkt wurde, um dem Stoße der Ladung besser widerstehen zu können. Die concentrisch sein sollenden Granaten waren bei der mangelhaften Fertigung meist excentrisch. Die excentrische Schwerpunktslage, deren Einfluß auf die Flugbahn noch unbekannt war, und die in Folge dessen beim Werfen keine Berücksichtigung fand, verursachte ganz bedeutende Streuungen.

Nach Angaben Borkensteins[8] gaben z. B. auf 100ˣ (75 M.) die Haubitzen nur e i n e n Treffer von 12 Schüssen, während beim 3Pfdr. der fünfte Schuß ein Treffer war.

In anderen Büchern von 1825 wurde gesagt, die directen Granatschüsse geben 3 bis 5 Mal weniger Treffer, als die Kugelschüsse der Kanonen.[9]

In dem Scharnhorst'schen Handbuche wurde schon 1816 angedeutet, vielleicht sei die Umwälzung der Geschosse die Ursache jener großen Abweichungen. Scharnhorst constatirte durch Versuchs-Ergebnisse, daß excentrische Bomben größere Abweichungen geben, als concentrische.

In Preußen wurde bei Aufstellung der Schuß- und Wurftafeln diese Frage schärfer in's Auge gefaßt und seit 1827 durch rationelle Versuche ihre Ergründung und Aufklärung auf das Energischste betrieben. Bald fand sich, daß bei excentrischen Granaten die Abweichung nach der Seite der größeren Eisenstärke hin erfolge. — Die nächste Erkenntniß und Folgerung war, daß die

---

*) Ausführlich ist die Frage behandelt in: „Die Rotation der runden Artillerie-Geschosse ꝛc. von H. Müller II, Premier-Lieutenant in der Brandenburgischen Artillerie-Brigade. 1862.

Excentricität wirklich die erste Ursache der Rotation sei. — Darauf wurde die Excentricität der Geschosse durch Abwiegen in Quecksilber bestimmt, und mit den bezeichneten Geschossen, bei verschiedener Lage des Schwerpunkts im Rohre, eine Reihe von Versuchen angestellt, aus denen die Gesetzmäßigkeit in den Wirkungen der Schwerpunktslage und der dadurch bedingten Umdrehung deutlich erkannt wurde. Die wesentlichsten Resultate waren:

a) der Einfluß der Excentricität überwiegt alle anderen Einwirkungen auf die Flugbahn;

b) mit der Größe der Excentricität nehmen — bei bestimmter Lage des Schwerpunktes im Rohre — die Abweichungen der Geschosse ab;

c) die Lage des Geschosses im Rohre mit Schwerpunkt nach unten, gibt bessere Treffresultate als die umgekehrte.

Weitere Versuche in den Jahren 1829 und 1830 constatirten zweifellos die den concentrischen überlegene Trefffähigkeit der excentrischen Granaten. Durch Annahme einer bestimmten Excentricität war es mithin möglich die Rotation zu beherrschen und somit die Trefffähigkeit zu steigern. Demgemäß wurden im Juli 1831 die excentrischen Hohlgeschosse definitiv eingeführt. Die vortheilhafteste Größe der Excentricität für die einzelnen Kaliber wurde genau bestimmt. Für die vorhandenen concentrischen Granaten bestimmte man durch Abwiegen in Quecksilber die Schwerpunktslage, bezeichnete die Geschosse entsprechend und suchte so die Rotation zu beherrschen.

Auch in Belgien wurden umfassende Versuche in dieser Richtung in der zweiten Hälfte der dreißiger Jahre angestellt. Sehr gründlich prüfte man auch die Frage in Württemberg 1840.

Die Trefffähigkeits-Steigerung, welche durch die Einführung der excentrischen Geschosse erreicht wurde, war nicht unbedeutend. Die preußische 7pfdg. Haubitze gab z. B. im hohen Bogenwurfe gegen das gleiche Ziel auf 1300^x (975 M.) 41% Treffer gegen 31% früher.

Im flachen Bogenwurf gab sie auf 750 M. 54% gegen früher 15%, auf 1200 M. 33% gegen 12% früher.

Nach nassauischen Versuchen (1830—38) stellten sich die Treffverhältnisse (nach Jacobi) zwischen ungepolten und gepolten Granaten wie folgt: es trafen von 100 Granaten

	ungepolt		gepolt	
	ein Quadrat von			
	75 M.	38 M.	75 M.	38 M.
	Seitenlänge		Seitenlänge	
auf 600 M.	45	20	66	33
„ 900 M.	9	3	54	14
„ 1200 M.	6	3	31	6
„ 1356 M.	Null	Null	33	13

Durch Benutzung der Schwerpunktslage nach oben war die 7pfdg. Haubitze befähigt circa 700 ˣ (525 M.) weiter zu werfen als mit concentrischen Granaten möglich war.

Diejenigen Artillerien, welche die Rotationsfrage praktisch lösten (Preußen, Sachsen, Rußland ꝛc.) behielten auch ferner die kurzen Haubitzen bei; während diese da fielen, wo man an jener Frage scheiterte (Frankreich, England).

Durch die Benutzung der excentrischen Granaten in Verbindung mit Anwendung kleiner Ladungen war der Werth der kurzen Haubitzen erheblich gestiegen, da sie nun erst im Stande waren, einen wirklichen hohen Bogenwurf auf verschiedenen Entfernungen zu erzielen.

Was endlich die Abmessungen und Gewichte der Granaten betrifft, so gilt von den Differenzen dasselbe, was bei den Vollkugeln gesagt worden.

Das mittlere Gewicht lag bei den verschiedenen Artillerien für die 10pfdg. Granate zwischen 10,28 Kil. und 9,11 Kil., für die 7pfdg. Granate zwischen 7,66 Kil. und 6,14 Kil. In Preußen war es bei letzterem Geschoß 6,9 Kil. Die schwedischen 12pfdg. Granatkanonen schossen Granaten von 3,97 Kil. Die Granaten gaben im Mittel 15—17 Sprengstücke, von denen nur 7—8 als wirksam, selbst beim Einschlagen der Granate in eine Colonne, angesehen wurden.

4. Die Schrapnels.

Zu den vorerwähnten Geschossen traten in der zweiten Hälfte dieser Periode noch die Schrapnels.

Die Schrapnelfrage hat wie keine andere alle Artillerien bis auf den heutigen Tag unausgesetzt und im weitesten Umfange beschäftigt. Bei den sehr bedeutenden Wirkungen, welche der Schrapnelschuß der Theorie nach geben muß, und unter normalen Verhältnissen auch wirklich giebt, wurden auf das Schrapnel von vornherein die größten Hoffnungen gesetzt und so oft sie auch getäuscht werden mochten, immer wieder von Neuem aufrecht gehalten und belebt. — Die großen Schwierigkeiten, welche vor Allem die Herstellung und Aufbewahrung eines brauchbaren Schrapnelzünders immerfort darbot und welche trotz aller Mühen, Versuche und Verbesserungen stets zu wachsen schienen, schreckten nicht von der Anstellung fortgesetzter Versuche ab, welche bezweckten, die Beherrschung dieser schwierigen Geschoßart zu erringen und damit das Ideal einer artilleristischen Schußart zu erreichen.

Die bezüglichen Akten in den Bureaus der preußischen Artillerie — und wahrscheinlich auch in denen anderer Artillerien — sind weitaus die umfangreichsten. Es erscheint nach vorstehenden Andeutungen erforderlich, die Entwickelung der Schrapnelfrage an dieser Stelle ausführlich zu behandeln.

Schon im 16. und 17. Jahrhundert waren Granaten mit Bleikugeln und einer Sprengladung gefüllt worden. Da sie erst nach dem Aufschlage am Boden krepiren sollten und der Zünder-Einrichtung nach auch dort krepirten, so war ihre Wirkung keine eigenthümliche, sondern nur die der gewöhnlichen Granaten.

Englische Versuche.

Im Anfang dieses Jahrhunderts (1803) ergriff der englische Oberst Shrapnel die Idee, Geschosse der vorstehend erwähnten Art herzustellen, aber sie mit einem derartig bemessenen (tempirten) Zünder zu verschießen, daß sie in geringer Entfernung vor dem Ziele in gewisser Höhe über dem Erdboden krepiren und die Bleikugeln von oben herab in das Ziel werfen konnten. Die Versuche fanden 1803 bis 1805 statt. Es wurde dabei schon gegen drei Scheibenwände von 54′ (17 M.) Länge und 9′ (2,8 M.)

Höhe geschossen, welche mit 50 Yards (45 M.) Distance hintereinander standen. Nach diesen Versuchen wurde das Geschoß eingeführt. Der Erfinder, der dasselbe spherical-case-shot nannte,
beschrieb es in einer kleinen Schrift: „The gunners guide or a
pocket companion for noncommissioned officers and privates
in the artillery and mariners. London, 1806." Schrapnel
sagt darin: „Durch diese Erfindung ist das Artilleriefeuer ebenso vernichtend und wirksam auf einer Meile (englisch) Entfernung, oder 2000 bis 3000 Yards (1830 bis 2950 M.), wie es
bisher auf 200 bis 300 Yards (180 bis 300 M.) war." — Er
verglich ferner schon den Schrapnelschuß mit dem Kartätschschusse
und hob auch seine Unabhängigkeit vom Terrain hervor.

Die Engländer gebrauchten darauf die Schrapnels vielfach in
dem spanischen Kriege auf Entfernungen von 600 bis 1700× (450
bis 1275 M.) (Schlacht von Vimiera 1808, von Talavera 1809;
bei den Belagerungen von Badojoz 1812, von San Sebastian
1813). Bei letzterer Belagerung sollen 4500 Schrapnels mit sehr
gutem Erfolge verfeuert worden sein. Der Herzog von Wellington
und die englischen Generale waren in Folge dessen sehr für diese
Geschosse eingenommen*). Die Franzosen indeß läugneten die
gute Wirkung der Schrapnels oder sprachen doch gar nicht davon.
Erst Belmas, der die Geschichte der Belagerungen in Spanien
schrieb, hob auf Grund der Akten hervor, die Schrapnels hätten
bei den oben erwähnten Belagerungen sehr große Verluste verur-
sacht. Dafür spricht auch indirect der Umstand, daß die Franzosen
in Spanien schon die Schrapnels nachzuahmen suchten.

In Folge weiterer in England seit 1819 angestellter Versuche
waren indeß die meisten englischen Artilleristen wenigstens bis in
die zwanziger Jahre nicht sehr günstig für das Schrapnel gestimmt.
Sie hoben schon damals als Haupt-Uebelstände hervor: daß die
schwierige Distanceschätzung das Bestimmen der richtigen Tempirung sehr erschwere, und daß die Schrapnels in Folge dessen nur
selten richtig und mit gutem Erfolge wirksam würden.

Mit größerem Eifer wurden die Versuche in England wieder

---

*) In seiner Schrift: The shrapnel shell in England and in Belgium
1859, giebt Bormann (Note F.) Briefe englischer Offiziere an, wonach in
Spanien und auch bei Waterloo die Schrapnels sehr mörderisch gewirkt
haben sollen.

seit 1850 aufgenommen. 1852 wurden die Boxer'schen Schrapnels versucht; 1855 angenommen. [10]

Der Schwerpunkt der ganzen Frage lag offenbar in der Herstellung eines gleichmäßig funktionirenden Zünders. Die Zünderfrage aber lag damals sehr im Argen; es gab nur den alten Säulen- (Holz-) Zünder, wie er seit beinahe 150 Jahren für die Granaten und Bomben bestand. An seiner Vervollkommnung versuchten sich die nächsten Arbeiten. Er wurde bei den Schrapnel-Versuchen seit 1825 in Preußen und in Schweden angewendet (Helvig'scher Zünder) und ist später mit Modifikationen versucht und eingeführt worden in den Niederlanden 1846 (Splingard'scher Zünder), in Italien 1847 (Zünder Serra), in England 1855 und 1863 (Boxer'scher Zünder).

Mit der weiteren Ausdehnung der Schrapnel-Versuche in den verschiedenen Artillerien tauchten aber immer neue — man kann sagen — zahllose Zünder-Constructionen auf. Kein Gebiet der Artillerie-Technik ist so reich an Erfindungen in allen möglichen Variationen, als das der Schrapnelzünder.*)

Schrapnel-Versuche in anderen Artillerien.

Die Versuche mit Schrapnels begannen bei den Artillerien des Kontinents in den Jahren 1825 bis 1835, nachdem die eigentlichen Geschützfragen der Hauptsache nach erledigt waren. Wie schon erwähnt, kamen anfänglich nur Säulenzünder zur Anwendung.

Folgende Notizen mögen zur Orientirung über die Entwickelung der Schrapnelfrage dienen.

In Schweden waren schon 1825 Versuche im Gange.

In Norwegen wurden sie 1827 aufgenommen, 1834 und 1835 wurden dort 6- und 12pfdg. Schrapnels mit hölzernen Zündern geprüft. Die Resultate waren mangelhaft. Eine große Zahl der Geschosse ging blind oder krepirte im Rohre. 1849 wurde in Norwegen das Princip des Splingard'schen Zünders zur Verbesserung des vorhandenen Helvig'schen Zünders benutzt. [11]

---

*) Die Zünderfrage ist in gründlichster Weise behandelt in dem Buche: „Der Entwickelungsgang und die darauf gegründete Systematik des Zünderwesens 2c. von W. v. Breithaupt, Oberstlieutenant 1868.

In Rußland*) fanden seit 1835 Versuche mit Schrapnels statt. Bei den im September und Oktober dieses Jahres in Moblin abgehaltenen Versuchen fand sich auch der Kaiser ein, dem natürlich glänzende Resultate vorgeführt wurden. Indeß war die Schußart den Offizieren doch noch sehr fremd. Die Geschosse waren einfache zu Schrapnels aptirte Granaten.

In Sachsen begannen ebenfalls im Jahre 1835 Versuche. [12] Die Zünder waren von der norwegischen Artillerie entlehnt und nach einem Gutachten der preußischen Artillerie-Prüfungs-Commission ziemlich mangelhaft, so daß der preußische Zünder vorgezogen wurde.

Als in Hannover 1839 ein Schießen mit Schrapnels vor dem Prinzen August von Preußen stattfand, krepirten von 16 7pfdg. Schrapnels 11 im oder dicht vor dem Rohre und 3 gingen blind.

In Frankreich begannen die Schrapnel-Versuche gleichfalls 1835. Es kam der Parisot'sche Zünder zur Anwendung, der nach einem Gutachten der preußischen Artillerie-Prüfungs-Commission (1837) ebenfalls noch sehr unvollkommen war.

Die Schräpnelfrage wurde indeß in Frankreich bis zum Jahre 1850 sehr vernachlässigt. Zu dieser Zeit nahm man sie bei den Versuchen bei dem canon-obusier mit Eifer auf. Man behielt einen Holzzünder mit 3 Tempirlängen.

In Oesterreich wurden die Schrapnels seit 1836 versucht und 1845 für den 12Pfdr. und die lange Haubitze, 1848 für den 6Pfdr. und die kurze Haubitze angenommen. 1852 wurde der Breithaupt'sche Zünder eingeführt.

In Württemberg begannen die Schrapnel-Versuche um das Jahr 1836; anfänglich mit Holzzündern und mit dem 12Pfdr. und der 7pfdg. Haubitze. 1838 wurde eine Modification des Bormann'schen Zünders versucht. Der Zünder bestand aus einer Composition von Blei und Zink.

---

*) Diese Nachrichten sind aus Berichten entnommen, die aus jenen Jahren datirt, in den Akten der General-Inspection der Artillerie vorhanden und durch preußische Offiziere oder durch die betreffenden Gesandten eingeschickt worden sind. Meistentheils war den Berichten ein Exemplar des betreffenden Zünders beigefügt, welches durch die Artillerie-Prüfungs-Commission begutachtet wurde. Die Offiziere waren theilweise in den verschiedenen Ländern bei den Versuchen anwesend.

In Baiern wurden Schrapnel-Versuche seit 1838 betrieben; in Nassau seit 1839.

In Piemont[13] fanden Versuche statt 1837, 1838, 1839. Es wurden die Zünder von Helvig, Parisot, später auch der von Bormann geprüft. Endlich wurde 1847 der Säulenzünder von Serra construirt und 1850 angenommen. Die Schrapnels wurden für die 15 Cm. Haubitze und den Feld 12Pfdr. eingeführt; sie sollten über 600 M. hinaus bis zu 1200 M. den Kartätschschuß ersetzen.

In den Niederlanden machte man seit 1853 noch Versuche mit Splingard'schen Säulenzündern.[14] Es krepirten dabei im Rohre 20% beim 12Pfbr., 39% beim 6Pfbr., während nur 3,92% Blindgänger eintraten.

In Preußen wurden die Schrapnel-Versuche 1825 aufgenommen; sie sollen später im Zusammenhange behandelt werden.

Während die Schrapnel-Versuche fast überall im Gange waren, und das Interesse für diese Schußart ein sehr lebhaftes wurde, machte die Zünderfrage einen sehr wesentlichen Fortschritt durch Construction eines neuen Zünder-Systems. Der damalige belgische Hauptmann Bormann erfand 1835 den Metallzünder (fusée metallique), einen Zünder, dessen Hauptkörper aus Metalllegirung bestand und dessen Satzsäule eine horizontale, ringförmige war. Die Länge der Satzsäule und somit die Brennzeit des Zünders war nun nicht mehr durch den Durchmesser des Geschosses bedingt. Ein Zünder-Modell war für alle Kaliber brauchbar und dessen Tempirung war leicht und bequem.

Diese erheblichen Vorzüge drängten den Säulenzünder bald in den Hintergrund. Die Schrapnelfrage erhielt dadurch zugleich einen neuen Impuls, und von der Zeit des Bekanntwerdens dieses Ringzünders datirt eigentlich die energische Aufnahme und Fortsetzung der Schrapnel-Versuche.

Der Bormann'sche Zünder wurde zunächst in Belgien selbst noch im Jahre 1835 umfassenden Versuchen aus langen 15 Cm. Haubitzen unterworfen. Bormann veröffentlichte die Resultate in einer Schrift: „Considérations sur le tir des obus à balles. 1836." Die Resultate wurden darin als sehr günstig geschildert, sogar so günstig (ein Schrapnel sollte auf 750 M. so viel wirken, wie 176 Mann Infanterie), daß sie mehrfach stark angezweifelt wurden. So heißt es in der Zeitschrift: Für Kunst 2c. des

Krieges 1837: „Wer Dinge, wie diese berichtet, muß entweder keinen Glauben ansprechen, oder von seinem Publikum eine' sehr üble Meinung hegen."

Der damalige General von Decker hielt in einem 1842 erschienenen Werke einfach die Bormann'schen Angaben für übertrieben und wenig Vertrauen erweckend.

In Belgien kamen die Schrapnels mit diesem Zünder 1843 zur Einführung. Bormann arbeitete fortwährend in dieser Frage und hat einen sehr großen Einfluß insofern ausgeübt, als er unausgesetzt bis auf den heutigen Tag*) als eifriger Verfechter der Schrapnels aufgetreten und dadurch sehr viel beigetragen hat, die Frage zu klären und das Interesse dafür zu beleben und zu erhalten. Sein Zünder wurde sofort in vielen anderen Artillerien geprüft und bald traten Modifikationen desselben unter anderem Namen an vielen Stellen auf. — So entstand der Siemens'sche Zünder (Hannover), der Wrede'sche (Schweden), der Habeln'sche (Nassau), der von Delobel 2c.

Nach Preußen gelangten die ersten genaueren Angaben über den Bormann'schen Zünder 1837. Demnächst gingen specielle Berichte darüber 1839 ein. Die Artillerie-Prüfungs-Commission hielt ihn für sehr complicirt. Dennoch wurden Versuche 1839 angeordnet, deren Resultat wenig befriedigte.

Schrapnel-Versuche in Preußen**).

Das Bestehen der Schrapnels in England war der preußischen Artillerie zwar bekannt, aber sie wußte um das Jahr 1820 so gut wie Nichts von der Einrichtung und dem Gebrauch dieser Geschosse.

Im Jahre 1822 reichte ein Premier-Lieutenant Bahn der 5. Artillerie-Brigade einen Aufsatz über Schrapnels ein und schlug Versuche mit diesen Geschossen vor. Die Artillerie-Prüfungs-Commission lehnte die Vorschläge ab; das Project war zu unreif.

Im Jahre 1824 schlug der damalige General Braun Ver-

---

*) General Bormann ist vor Kurzem gestorben.

**) „Auszug aus den in den Jahren 1825 bis 1847 ausgeführten Versuchen mit Schrapnels, nebst einer Anleitung für den Gebrauch dieser Geschosse im Feldkriege. Berlin 1848. — Eine officielle, nur zum Dienstgebrauch bestimmte Schrift."

suche mit spherical-case-shot vor. Der Prinz August von Preußen
war geneigt Versuche anstellen zu lassen, um die vorerwähnte geringe Kenntniß über die Einrichtung und Wirkung der Schrapnels
zu erweitern und Aufklärung darüber zu gewinnen. Die Artillerie-Prüfungs-Commission zum Gutachten aufgefordert, sprach sich
für Versuche erst dann aus, wenn man genauere Nachrichten über
das Geschoß habe. Sie betonte die Schwierigkeit der richtigen
Distanceschätzung, der genauen Tempirung, welche auf dem Schlachtfelde nicht zu erwarten wären, und berief sich dabei auf das ungünstige Urtheil der englischen Artillerie über das Geschoß. Inzwischen lief das Modell eines englischen Schrapnels, sowie die
oben erwähnte Schrift des Erfinders ein, und die Artillerie-Prüfungs-Commission erhielt 1825 den Befehl zur Anstellung von
Versuchen. Dieselben begannen mit 12pfdg. und 7pfdg. Schrapnels.
Nach einigen Vorversuchen wurde im Herbst 1827 gegen Scheibenwände geschossen. Die Resultate waren günstig. Der 12Pfdr.
lieferte auf 900 M. gegen 3—2,8 M. hohe Wände per Schuß
41,5 scharfe Treffer.

Die Commission sprach sich nunmehr für ausgedehnte Versuche aus, welche 1828 mit 6pfdg. und 10pfdg. Schrapnels fortgesetzt wurden.

Auf Grund der guten Resultate erklärte die Artillerie-Prüfungs-Commission:

a) den Haubitzen wird durch die Schrapnels eine Bedeutung
gegeben, welche weit über der früheren steht;

b) bei den Kanonen vermögen sie die Wirkung zwar nicht so
sehr zu steigern, aber sie werden hier eine Ergänzung der
Kartätschen bilden.

Auf den Bericht der Artillerie-Prüfungs-Commission wurde
durch Seine Majestät den König eine Immediat-Commission für die
Schrapnel-Versuche gebildet. Die Kommission war der Ansicht,
daß die Haubitzen vor allen Feld-Geschützen der Steigerung der
Wirkung am Meisten bedürften, daher sollten die Versuche mit
der 7pfdg. Haubitze beginnen. — Vor Allem sollten die Zünder
verbessert werden, die bisher sehr ungleiche Brennzeiten ergeben
hatten. — Der Versuch wurde 1829 begonnen. Viele Geschosse
krepirten in oder kurz vor dem Rohre. Die Zünder waren gut,
sie gaben Differenzen in den Intervallen bis zu 150ˣ (110 M.)
1830 wurden Versuche mit 10pfdg. Schrapnels aufgenommen, auch

sie hatten günstige Resultate. In Folge dessen wurden durch Allerhöchste Cabinets-Ordre vom 8. Februar 1831 die Constructionen der Schrapnels für die Haubitzen genehmigt und die sofortige Einführung befohlen. Die Versuche für die anderen Kaliber der Feld- und Festungs-Artillerie sollten fortgesetzt werden.

Es ist hieraus zu erkennen, daß man in Preußen mit der Entwickelung und dem Abschluß der Schrapnelfrage den anderen Artillerien entschieden vorauseilte. Der erreichte Abschluß war allerdings in gewissem Sinne leicht geworden. Die Schrapnels selber erhielten nämlich eine lose zwischen die Kugeln eingeschüttete Ladung.

Die Zünder waren Säulenzünder von verschiedener Länge, jeder für 2 bis 3 Entfernungen tempirbar, so daß es möglich war Tempirungen für 400 bis 1200^x (300 bis 900 M.) herzustellen. — Auch dies war eine ziemlich einfache Lösung des Problems, welche indeß für die Bedienung und Ausrüstung der Geschütze eine nicht wünschenswerthe Complicirtheit mit sich führte. Dennoch wurden diese Zünder bis zur Einführung der gezogenen Geschütze ununterbrochen beibehalten, da sie den großen Vorzug der Einfachheit hatten, sich verhältnißmäßig gut conservirten und in Folge dessen auch eine relativ sehr befriedigende Regelmäßigkeit der Brennzeiten besaßen.

Die Versuche mit den Kanonen-Schrapnels begannen 1832 und zwar zunächst bis 1834 mit den 12pfdg., dann 1835 mit den 6pfdg.

Im Jahre 1836 wurden Transport-Versuche mit diesen Schrapnels vorgenommen, in welche die Sprengladung ebenfalls lose eingeschüttet war. Das Resultat war sehr ungünstig, indem die Ladungen völlig zerrieben wurden.

Darauf kam die schon 1834 angeregte Idee, für die Sprengladung eine besondere Kammer anzubringen, im Jahre 1837 zur Ausführung. Die bezüglichen Versuche machten sehr viele Schwierigkeiten in Folge der Zertrümmerung der Kammer beim Schuß. Erst 1840 wurde ein befriedigender Abschluß erreicht, und darauf durch Allerhöchste Cabinets-Ordre vom 13. Januar 1841 „das Kammerschrapnel" für die 6- und 12pfdg. Feld-Kanonen eingeführt. Daran schlossen sich wieder Versuche mit 7pfdg. Kammerschrapnels von 1839 bis 1842. Sie führten zu keinem günstigen Abschluß, da sich der schon seit längerer Zeit beobachtete Uebelstand, das frühzeitige Krepiren der Geschosse im oder kurz vor dem Rohre in einem unvermuthet großem Umfange herausstellte. Dieser Uebelstand, der auch in anderen Artillerien sich mehr und mehr fühlbar machte, wurde in seinem ganzen Umfange erst jetzt erkannt, da seit einigen Jahren (seit 1837) bei den Schießübungen der Artillerie-Regimenter Schrapnels verfeuert wurden, wodurch der Kreis der Erfahrungen ein größerer wurde.

Anfänglich wurde der Gegenschlag der lose eingefüllten Kugeln, und die Reibung der ebenso eingeschütteten Sprenglabung an den inneren Wänden des Geschosses, oder der Kammer für die Ursache des Krepirens gehalten. Zahlreiche zur Beseitigung dieses Uebelstandes angestellte Versuche und vorgenommenen Modificationen führten zu keinem Resultat, bis endlich 1845 der Vorschlag gemacht wurde, die Sprenglabung in einem Cambraibeutel mitzuführen und erst beim Gebrauch in das Geschoß zwischen die Bleikugeln zu schütten. Die damit vorgenommenen Versuche gaben gute Resultate, und wurde darauf im Jahre 1847 dieser Modus definitiv eingeführt.

Es bestanden nunmehr

			für Entfernung von
7pfdg. Schrapnels	mit 115 bis 130⎫ Infanterie-		300 M. bis 900 M.
10pfdg. „	mit 200 bis 215⎭ Kugeln		300 M. bis 900 M.
6pfdg. „	mit 46 bis 53⎫ Karabiner-		375 M. bis 750 M.
12pfdg. „	mit 98 bis 110⎭ Kugeln		525 M. bis 750 M.

Das Schrapnel sollte einen guten Kartätschschuß für mittlere und große Entfernungen abgeben. Das war die Hauptregel für den Gebrauch. Welchen Werth man damals schon auf die Schrapnels legte, geht aus der Ausrüstung der Geschütze mit diesem Geschoß hervor. Es hatten in Preußen an Schrapnels: der 6Pfdr. 16,4%, der 12Pfdr. 25%, die 7pfdg. Haubitze 25% der Gesammt-Ausrüstung.

Die Annahme, daß nun endlich das Schrapnel zu einem befriedigenden Abschlusse gelangt sei, wurde wieder getäuscht.

Im Jahre 1849 kamen bei den Schießübungen der Regimenter zum ersten Male Kammer-Schrapnels zur Anwendung, welche bei den mobilen Batterien längere Zeit transportirt worden waren. Sie ergaben fast durchweg sehr kleine, oder negative Intervalle; die Brennzeiten waren demnach verlängert. Damit wurde zuerst die Unzuverlässigkeit des Zünders nach längerer Aufbewahrung schlagend dargethan, wodurch wiederum lange Versuche hervorgerufen wurden, die eigentlich nie zum Abschluß gelangt sind.

Bei den Schießübungen im Jahre 1852 stellte sich wieder eine große Zahl von Blindgängern heraus. Die Ursache wurde wieder im Zertrümmern der Kammer beim ersten Stoß im Rohre erkannt, und als Grund hierzu wurde der Schlag der Kugeln gegen die leicht construirte Kammer angesehen. Nach 4jährigen Versuchen beseitigte man ihn 1856 durch Festlegen der Bleikugeln in Schwefel-Einguß.

Damit waren aber die Versuche noch nicht am Ende. Es stellte sich mehr und mehr das Bedürfniß heraus, statt der Zünder von verschiedener Länge einen Zünder zu besitzen, der, wie der Bormann'sche, oder der inzwischen von Breithaupt erfundene, schon fertig im Geschoß transportirt werden konnte, für alle Entfernungen ausreichte und leicht zu tempiren war.

Aus diesem Bedürfniß entsprang der Bartsch'sche Zünder, ein Säulenzünder, der alle jene Bedingungen erfüllen sollte, von höchst einfacher Construction. Die damit von 1856 bis 1861 fortgesetzten Versuche gaben von vornherein keine ungünstigen Resultate. Die Zünder wurden 1861/62 um so lieber eingeführt, als für die Granaten des kurzen 12Pfdrs. die versuchten Zünder Breithaupt'scher Construction kein befriedigendes Resultat ergeben hatten, und mit der Einführung dieser Granaten bei Annahme des kurzen 12Pfdrs. nicht länger gezögert werden konnte.

Trotzdem war der Zünder noch nicht fehlerfrei. Dies zeigte sich schon bei den Schießübungen im Jahre 1862, so daß neue Untersuchungen 1863 stattfanden, welche ihre Erledigung durch das schließliche Ausscheiden des kurzen 12Pfdrs. fanden, bei dessen Granaten allein der Zünder angenommen war.

Hiermit ist die Schrapnelfrage für die glatten Geschütze in Preußen geschlossen. Zu erwähnen ist nur noch, daß neben all' diesen besprochenen Versuchen hin und wieder kurze Versuche mit Ringzündern stattfanden.

So wurde der Siemens'sche Zünder einer kurzen Prüfung unterworfen.

1855 kam auch der Breithaupt'sche Zünder zum Versuch, über welchen der Erfinder im Dezember 1854 dem Kriegs-Ministerium Mittheilungen gemacht hatte. Ueber diesen Zünder sind noch einige Notizen mitzutheilen:

Mit seiner Erfindung im Jahre 1854 begann die dritte Haupt-Periode in der Geschichte des Zünderwesens. Der Zünder, eine Modification und Verbesserung des Bormann'schen, wurde vom Erfinder „Rotations-Zeitzünder" genannt, da der Theil, welcher die Satzsäule enthält, drehbar ist, wodurch die Tempirung leicht und schnell ohne schwierige Manipulation im Momente des Gebrauchs hergestellt werden kann. — Dieses Princip ist später bei den Richter'schen Zeitzündern ebenfalls angenommen und ist augenblicklich das fast allgemein herrschende.

Die Vorzüge des Zünders, dem Bormann'schen gegenüber waren so evident, daß alle Artillerien, die den letzteren angenommen oder versuchten, sofort zu dem Breithaupt'schen übergingen, der dabei in den Details vielfach geändert wurde. So wurde der Zünder geprüft und eingeführt in Kurhessen, in Sachsen, in Oesterreich (1854 bis 1858), in Baden, in Württemberg (1856), in Rußland, in Baiern (1860) und in der Schweiz (1863). Breithaupt selber verbesserte die erste Construction und trat 1857 mit einem Zünder mit großer Satzlänge, und mit einem sogenannten „Etagen-Zünder" hervor.

Diese zahllosen Zünderprojecte und endlosen Schrapnel-Versuche führen unmittelbar zu dem Gedanken, daß die Schrapnelfrage am Ende der Periode noch bei Weitem nicht gelöst, vielmehr noch in der vollen Entwickelung begriffen, der Fortschritte fähig und bedürftig war. So sehr daher die Anhänger der Schrapnels diese Geschosse lobten und so große Hoffnungen sie darauf setzten, so hatten doch die Gegner wenig Vertrauen zu dem Geschoß, und wenig Zuversicht auf eine befriedigende Verwendung der Schrapnels. Trotzdem wurde die Frage mit erneutem Eifer seit 1850 betrieben, als die allgemeine Benutzung gezogener Gewehre gebieterisch eine Steigerung der Geschützwirkung forderte, welche möglicherweise durch das Schrapnel in erwünschtem Maße zu erreichen war.

In Preußen wurde daher zunächst die Schußweite der Schrapnels für die Feld-Kanonen, die bisher nur bis 750 M. und 825 M. reichte, für den 6Pfdr. bis 900 M., für den 12Pfdr. bis 1050 M. ausgedehnt.

Es ist nun noch ein Moment zu betrachten, welches auf die Entwickelung der Schrapnelfrage nicht ohne Einfluß, und zwar nicht ohne ungünstigen, geblieben ist, das ist die Geheimnißkrämerei, die mit dieser Frage in weitestem Sinne getrieben worden ist.

Unter dem überwältigenden Eindrucke der großen Wirkung, welche ein normaler Schrapnelschuß ausübt, und von welcher die Artillerie bis dahin keine Ahnung gehabt, war es natürlich, daß nach den ersten Versuchen die übermäßigsten Hoffnungen auf die Verwendung dieser Geschosse gesetzt wurden. Jede Artillerie glaubte darin ein Element der Ueberlegenheit über andere Artillerien und ein untrügliches Mittel zur Erlangung des Sieges gefunden zu haben. Der Werth des Schrapnels wurde anfänglich in der Construction des Geschosses und in der des Zünders gesucht. Darum mußte in dieser Hinsicht das Geheimniß gewahrt werden, und daher überall die größte Heimlichkeit bei den Versuchen; daher aber auch die Menge von Zünder-Constructionen und Modificationen. Die Zünder fremder Artillerien wurden nämlich auf genaue und nicht genaue Angaben hin nachgeahmt, geändert und verbessert. Fast jede Artillerie hatte eine besondere Construction und jede glaubte die beste zu besitzen.

Und doch wurde durch die Geheimhaltung der Zweck nicht erreicht, vielmehr, wie fast immer in solchen Fällen, das Gegentheil herbeigeführt.

Das Spüren nach dem Fremden, in dem etwas Besonderes vermuthet ward, wurde dadurch erst angestachelt und hatte auch meist Erfolg.

So hatte, wie oben bemerkt, die preußische Artillerie um die Mitte der dreißiger Jahre Kenntniß und Berichte über die Schrapnels der meisten Artillerien. Die Berichte sind noch in den Akten vorhanden. Aus einzelnen Ländern erhielt sie fortlaufend periodische Berichte über diese Angelegenheit.

In Preußen wurde die Sache auch als Geheimniß behandelt. — Bei der Einführung der Schrapnels im Jahre 1831 erhielten nur die Brigadiers der Artillerie eine Instruction über die Beschaffenheit und den Gebrauch der Schrapnels mit der Verpflichtung zur Geheimhaltung auf ihren Diensteid. Die Truppen schossen nicht mit Schrapnels und bekamen diese Geschosse gar nicht in die Hände.

Ein wahres Entsetzen entstand, als schon 1832 aus den Beständen in Magdeburg 2 Zünder und später in Berlin einige Zünder gestohlen wurden. — Im Jahre 1839 kamen in Magdeburg sogar 207 10pfdg. Schrapnelzünder abhanden. Die streng geführten Untersuchungen hatten kein Resultat.

Erst im Jahre 1837 setzte der Prinz August durch, daß die Truppen bei den Schießübungen Schrapnels verfeuern konnten. Er motivirte dieß durch den Hinweis, daß dieses schwierige Geschoß genaue Bekanntschaft und reiche Uebung verlange, wenn es erfolgreich angewendet werden solle; darum dürfe es den Truppen nicht unbekannt bleiben, sonst würde im Kriege unmöglich etwas damit erreicht werden können. Durch eine besondere Cabinets-Ordre wurde der Antrag genehmigt, und im Jahre 1837 wurde zum ersten Male bei den Schießübungen mit Schrapnels geschossen.

Als der damalige Oberst von Decker im Jahre 1841 eine bildliche Darstellung von den bei den Schießübungen von 1839 mit 12pfdg. Schrapnels erlangten Ergebnissen einreichte mit dem Gesuch, dieselbe in den Kreisen der Artillerie-Offiziere bekannt machen zu dürfen, wurde der Antrag abgelehnt. Decker konnte es denn auch nicht unterlassen in seinem 1842 über die Schrapnels erschienenen Buche sich bitter über die Geheimniß-Krämerei auszusprechen. Er meinte, der Austausch der Ideen in dieser Frage sei das am meisten fördernde, daher müsse über die Theorie der Schrapnels möglichst viel geschrieben und gesprochen werden. In Folge der Unbekanntschaft mit dem Schrapnel seien die Ansichten über dasselbe seltsam verschieden. Der Gipfel der Lächerlichkeit sei es aber, wenn sogar aus der Ausrüstung der Geschütze mit Schrapnels ein Geheimniß gemacht werde.

Im Jahre 1848 wollte der damalige Oberst du Vignau in ähnlicher Weise allgemeine Angaben über die Schrapnels und die Schießresultate veröffentlichen. Der Prinz August befürwortete den Antrag, indem er hervorhob, die Ueberlegenheit der Schrapnels sei nur bei zweckmäßiger Anwendung derselben zu erwarten, und hierzu sei eine freie Discussion und Kritik in den Kreisen der Offiziere nöthig. Dennoch wurde der Antrag mit der Bemerkung abgelehnt, die Grundsätze für den Gebrauch der Schrapnels dürften nicht bekannt werden.

Langsam wurden die Ansichten in dieser Beziehung freier, besonders durch die Ueberzeugung, daß das Geheimniß doch nicht zu wahren und im großen Ganzen schon bekannt sei.

Im Jahre 1856 wurden die Grundsätze über das Schießen mit Schrapnels zum ersten Male in einer kleinen Abhandlung erörtert und veröffentlicht, welche der damalige General-Lieutenant Encke bearbeitet hatte.

Während die Geheimthuerei also irgend einen Vortheil für keine Artillerie brachte, war sie andererseits höchst nachtheilig, indem sie den Fortschritt der Zünderfrage hemmte. Die Kräfte und Arbeiten wurden zersplittert, die nämlichen Versuche wurden mehrfach in den verschiedenen Artillerien wiederholt, da die Verheimlichung der Resultate eine allgemeine Ausnutzung derselben unmöglich machte. Dadurch wurden viel Zeit und Kräfte auf die Ausbildung von Details verschwendet, während man die großen Principien der Constructionen aus den Augen verlor und eine planvolle Arbeit nirgends stattfand.

Das Gesammt-Resultat, welches in den funfziger Jahren nach dreißigjährigen Bestrebungen erreicht war und der Stand der Schrapnel-Angelegenheit um jene Zeit läßt sich ungefähr in folgenden Sätzen zusammenfassen:

a) die Construction des Geschosses an sich war im Wesentlichen abgeschlossen;

b) die Zünderfrage war noch in voller Entwickelung. Eine allgemein angenommene Basis für die Construction bildete endlich der Breithaupt'sche Ringzünder, der theilweise auch später für die Schrapnels der gezogenen Vorderlader beibehalten wurde;

c) die Conservirung der Zünder (Schutz derselben gegen die Einflüsse der Witterung) war eine völlig offene Frage;

d) in Folge dessen wurde die Brauchbarkeit der Schrapnels vielfach angezweifelt, und der Werth der Geschosse sehr verschieden geschätzt.

5. Die Stärke und das Verhältniß in der Munitions-Ausrüstung.

Bis zur Einführung der Schrapnels war nur das Verhältniß der Kartätschen zu den Kugeln oder Granaten zu regeln.

Wie schon erwähnt, wurde nach den Kriegen die Stärke der Kartätsch-Ausrüstung nicht unerheblich herabgesetzt. Aus folgender Zusammenstellung geht das Stärke-Verhältniß in den neuen Systemen und zugleich die Verschiedenheit in den Ansichten über die Bedeutung des Kartätschschusses hervor.

Staat	12Pfdr.	6Pfdr.	schwere Haubitze	leichte Haubitze	Bemerkungen
England	$^1/_{10}$	$^1/_{12}$	$^1/_{12}$	$^1/_{10}$	daneben aber schon Schrapnels
Niederlande	$^3/_{10}$	$^1/_3$	.	$^1/_3$	
Frankreich	$^1/_{10}$	$^1/_7$	$^1/_{10}$	$^1/_{11}$	
Württemberg	$^1/_4$	$^1/_6$	$^1/_7$	.	
Hessen-Darmstadt	$^1/_6$	$^1/_5$	.	$^1/_5$	
Schweden	$^1/_5$	$^1/_3$	$^1/_5$—$^1/_4$	$^2/_5$	der reitende 6Pfdr.: $^3/_8$
Baiern	$^1/_7$	$^1/_7$—$^1/_8$	$^1/_7$	$^1/_6$	
Oesterreich	$^1/_3$—$^1/_4$	circa $^1/_6$	.	$^1/_5$—$^1/_6$	
Preußen c/16	circa $^1/_5$	circa $^1/_5$	.	circa $^1/_5$	
„ c/42	$^1/_6$	$^1/_6$	.	$^1/_9$	daneben $^1/_6$—$^1/_4$ Schrapnels

Das Verhältniß schwankte zwischen $^1/_3$ und $^1/_{11}$; im Mittel kann die Ausrüstung der Kartätschen auf $^1/_4$—$^1/_6$ der ganzen Schußzahl angenommen werden.

Mit der Einführung der Schrapnels wurden die Aufgaben des Kartätschschusses (über 375 M.), ebenso die Aufgaben des Kugelschusses und Granatwurfs theilweise auf jene Schußart übertragen. Bei den sehr getheilten Ansichten über die Bedeutung der Schrapnels kamen auch in der Ausrüstung größere Differenzen zum Vorschein.

Einige Verhältnisse der Ausrüstung gegen Ende der Periode enthält folgende Zusammenstellung:

3 *

Staat	12Pfbr.		6Pfbr.		7pfbg. Haubitze		Bemerkungen
	Kartätschen	Schrapnels	Kartätschen	Schrapnels	Kartätschen	Schrapnels	
England	$1/8$	$1/4$—$1/8$	$1/11$	$1/7$	.	.	
Preußen	$1/6$	$1/4$	$1/7$—$1/8$	$1/6$	$1/9$	$1/4$	
Frankreich	$1/11$--$1/12$	.	8Pfbr. $1/8$	.	$1/11$	.	Schrapnels fehlten

Die Munitions-Ausrüstung der preußischen Geschütze c/42 geht aus folgender Tabelle hervor:

Es waren vorhanden:	beim 6Pfbr.			beim 12Pfbr.			bei der 7pfbg. Haubitze		
	Kugeln	Schrapnels	Kartätschen	Kugeln	Schrapnels	Kartätschen	Granaten	Schrapnels	Kartätschen
In der Geschützprotze	34	8	8	15	7	6	14	6	4
	ober nach Procenten der Gesammtzahl in der Protze:								
	68%	16%	16%	53%	25%	22%	59	25%	17%
In einem Munitions- wagen	100	25	25	51	21	12	47	18	7
In den 4—6pfbg., resp. 10—12pfbg., resp. 10 Granatwagen einer Batterie	400	100	100	510	210	120	470	180	70
Mithin pro Geschütz noch in den Wagen der Batterie	$66^2/_3$	$16^2/_3$	$16^2/_3$	$63^6/_8$	$26^2/_8$	15	$58^6/_8$	$22^4/_8$	$8^6/_8$
Das Geschütz hatte also in Summa bei der Batterie	$100^2/_3$	$24^2/_3$	$24^2/_3$	$78^6/_8$	$33^2/_8$	21	$72^6/_8$	$28^4/_8$	$12^6/_8$
	ober in Procenten der Gesammtzahl								
	66%	17%	17%	59%	25%	16%	64%	25%	11%
Die beiden Haubitzen der leichten Batterien, für die je ein Wagen vorhanden, hatten je	.	.	.	.	.	.	61	24	11
	ober in Procenten								
							63%	25%	12%

Die Gesammtzahl der bei den Batterien mitgeführten Schüsse beträgt demnach *):

	Kugel-Schüsse	Schrap-nelschüsse resp. Würfe	Kar-tätsch-schüsse resp. Würfe	Granat-Würfe	Summa
bei den 6pfdg. Batterien	604	196	170	132	1002
bei den 12pfdg. Batterien	630	266	168	.	1064
bei den 7pfdg. Batterien	.	228	102	582	912

Hier sind
behufs späterer Beachtung noch aufzunehmen.

Die französischen 12Pfdr. Batterien (4 Kanonen, 2 16 Cm. Haubitzen)	861	.	112	276	1249
Die 8Pfdr. Batterien à 4 Kanonen 2 15 Cm. Haubitzen	812	.	146	300	1258
Die sächsischen 6Pfdr. Batterien à 4 6Pfdr. und 2 7¹/₂pfdg. Haubitzen)	480	212	144	196	1082

*) Für das Material c/16 war in der letzten Zeit seines Gebrauchs, b.'h. in den vierziger Jahren die Ausrüstung mit Muniton möglichst in Ueberein-stimmung mit der des Materials c/42 gebracht worden, und dazu eine Ver-mehrung der Kartuschwagen eingetreten.

Drittes Kapitel.
Die Wirkung und Beweglichkeit der Systeme.

I. Die Wirkung der verschiedenen Schuß- und Wurfarten.

Die Schußarten der Kanonen waren der Bogenschuß, der Rollschuß und der Kartätschschuß; die Wurfarten der Haubitzen: der flache und der hohe Bogenwurf (für kurze Haubitzen), der Rollwurf und der Kartätschwurf. — Für alle Geschütze trat später der Schrapnelschuß resp. Wurf hinzu.

1. Der Bogenschuß und der flache Bogenwurf.

Ueber die Maximal-Entfernungen, auf denen diese Schußarten überhaupt oder noch mit einiger Wirkung anwendbar sein sollten, wurden von den Schriftstellern sehr von einander abweichende Angaben gemacht.

Scharnhorst meinte, die Wahrscheinlichkeit des Treffens im flachen Bogenschusse höre völlig auf beim 6Pfdr. auf 1130 M., beim 12Pfdr. auf 1350 M. Eine sichere Wirkung habe man nur unter 900 M. Entfernung.[16]

Für die österreichische Artillerie wurden 1825 in den betreffenden Büchern als brauchbare größten Schußweiten angegeben: für den 6Pfdr. 1200 M., für den 12Pfdr. 1350 M., für die 7pfdg. Haubitze 1280 M., für die 10pfdg. Haubitze 1500 M.

Decker war der Ansicht[17]: der 6Pfdr. solle nicht über 1100 bis 1350 M., der 12Pfdr. auf diesen Entfernungen nur sehr langsam feuern. Auf 830 bis 900 M. seien die Schüsse des 6Pfdrs. noch sehr ungewiß, sie würden erst auf 450 bis 525 M. gut; hier müßten dann die Geschütze geschwinder feuern.

An einer anderen Stelle bemerkte Decker[18]: der 12Pfdr. dürfe das Feuer auf 900 M., der 6Pfdr. erst auf 750 M., die Haubitzen auf 1050 M. eröffnen.

Nach Borkenstein[19] war es Verschwendung, mit dem 12Pfdr. über 980 M. zu feuern, da dann nur $^1/_7$ der Kugelzahl träfe.

Grävenitz meinte, über 900 M. höre jede Beobachtung der Kugel-Aufschläge auf.

Breithaupt bemerkte[20]: „Ein Geschützkampf ist selbst mit dem 12Pfdr. auf 750 und 900 M. Entfernung schwer zur Entscheidung zu bringen. Der Bereich der leichten Artillerie beschränkt sich auf 600 M."

An anderer Stelle sagte er[21]: „Die Gewißheit des Treffens zu erhöhen, dazu führt hauptsächlich das Beschießen des Feindes auf geringer Entfernung. Darum soll die Entscheidung auf 450 bis 600 M. herbeigeführt werden.

Endlich sagte Breithaupt[22]: „Nach den neuesten Kriegs-Erfahrungen ist man zu der Ueberzeugung gekommen, daß gegenseitige Kanonaden auf Entfernungen über 900 M. den Angriff weder vorbereiten, befördern, noch wirksam unterstützen können."

Nach Oelze[23] und nach officiellen Vorschriften sollte der Bogenschuß beim 6Pfdr. bis 900 M., beim 12Pfdr. bis 1050 M. gebraucht werden, da hier nur 25% Treffer zu erwarten seien. Der flache Bogenwurf der Haubitzen sollte bis 1130 M. und 1200 M. Anwendung finden.

Im französischen Aide mémoire von 1856 wird angegeben, auf 1200 M. seien selbst beim 12Pfdr. die Treffresultate gleich Null.

Nach diesen Urtheilen wurden angenommen als größte Schußweiten die Entfernungen von durchschnittlich 1150 bis 1350 M.; als brauchbare Entfernungen, auf denen das Feuer für gewöhnlich eröffnet werden könne, 900 M., allenfalls 1100 M. (beim 12Pfdr.); als Entfernungen, auf denen ein entscheidender Kampf zu führen sei, höchstens 750 M., besser 600 M. und darunter.

Die in den verschiedenen Artillerien aufgestellten Schußtafeln (Tabelle II.) reichten theilweise über die genannten Maximal-Schußweiten hinaus, hielten sich aber auch vielfach in den Grenzen der zulässigen Gebrauchs-Entfernungen.

Ueber die Trefffähigkeit des Bogenschusses liegen unter anderen folgende Angaben vor:

Quelle	Ziel	Kaliber	800' (600 M.)	1000' (750 M.)	1200' (900 M.)	1600' (1200 M.)	Bemerkungen
Decker	Scheiben 100' (31 M.) lang 6' (1,9 M.) hoch	12 Pfdr.	50%	40%	29%	.	
		6 Pfdr.	42%	33%	27%	.	
Grävenitz Theil II. Seite 150	Scheibe 100' (31 M.) lang, 6' (1,9 M.) hoch	12 Pfdr.	.	.	35%	25%	die Resultate aus einer größeren Schußzahl der jährlichen Schießübungen
		6 Pfdr.	36%	.	33%	.	
Oelze Lehrbuch	Scheibe 96' (30 M.) lang 6' (1,9 M.) hoch	12 Pfdr.	55	.	36	25	} wie vorstehend
		6 Pfdr.	50	.	32	16	
Handbuch für die Offiziere der Artillerie 2c.	do.	12 Pfdr.	60	48,3	40	25	} wie vorstehend
		6 Pfdr.	53,2	43,5	32,8	15,5	
Abhandlung über das Schießen und Werfen (officiell)	do.	12 Pfdr.	55	47	36	1500' 25	
		6 Pfdr.	50	42	32	16	

Beim flachen Bogenwurf der 7pfdg. Haubitze erhielt man gegen eine Scheibe von vorstehenden Dimensionen auf 1050 M. 17 bis 19% Treffer.

Wird in Betracht gezogen, daß diese Resultate unter den günstigen Bedingungen des Schießplatzes erreicht worden sind, und wird andererseits, wie dies damals in den officiellen Vorschriften auch geschah, die durchaus gerechtfertigte Forderung gestellt, daß die Eröffnung des Feuers nur geschehen sollte, wenn Aussicht auf Erreichung von 25% Treffern vorhanden ist, so kann es keinem Zweifel unterliegen, daß für den Bogenschuß die Entfernung von 1200 M. im Durchschnitt schon über der vortheilhaften oder zulässigen Gebrauchsgrenze lag, und daß für den 6Pfdr. die letztere entschieden nur 900 M. sein durfte. Die schon vorher erwähnten Urtheile, welche im Allgemeinen sich in diesem Sinne aussprechen, haben eine besondere Grundlage darin, daß sie von Männern herrühren, welche den Krieg kannten und im klaren Bewußtsein der auf dem Schlachtfelde sehr verminderten Geschützwirkung die Herbeiführung einer Entscheidung auf Entfernungen von nur 600 M. und darunter verlangten.

2. Der Rollschuß und Rollwurf.

Ueber den Werth und die Anwendbarkeit dieser Schußart waren die Ansichten sehr scharf getheilt. Scharnhorst, der darüber sehr gründliche Untersuchungen angestellt und die Theorie dieser Schußart so zu sagen entwickelt hatte, hielt sehr viel vom Rollschusse. Er ließ sich dabei vornehmlich von dem Gedanken leiten, daß es sehr wichtig sei, möglichst viel Raum zu bestreichen und dadurch den Einfluß der Schätzungsfehler in den Entfernungen zu vermindern. — An seine Aussprüche und Gedanken sich kritiklos anklammernd, haben bis in die jüngste Zeit die Vertheidiger der glatten Geschütze den Rollschuß in den Himmel erhoben und seinetwegen über die Abschaffung der glatten Geschütze gejammert.

Jedenfalls wurde nach den Kriegen — wenigstens in Preußen — dem Rollschusse und Wurfe eine große Aufmerksamkeit gewidmet. — Bei den Schießübungen gab er auch ganz günstige Resultate, von denen folgende anzuführen sind:

Quelle	Ziel	Geschütz	Entfernung: Schritte (Meter)				Bemerkungen
			1300 (980)	1500 (1130)	1600 (1200)	1800 (1350)	
Decker, Taschen-Artillerist	Scheibe 25 M. lang 1,9 M. hoch	6Pfdr.	24%	23	23	.	
		12Pfdr.	26	23	20	22	Mittelzahlen aus den bei den Schieß-übungen er-haltenen Er-gebnissen
Oelze, Hand-buch ꝛc.	Scheibe 25 M. lang 1,9 M. hoch	6Pfdr.	24	.	20	.	
		12Pfdr.	24	.	22	.	
		7pfdg. Haubitze	.	.	.	.	
Handbuch für die Offi-ziere der Artillerie ꝛc.	Scheibe 25 M. lang 1,9 M. hoch	6Pfdr.	24,5	24	.	24	
		12Pfdr.	25	26,5	.	21,6	
		7pfdg. Haubitze	40,7	33,9	.	21	

Diese nicht ungünstigen Resultate, welche auf den größeren und größten Entfernungen eine gewisse Ueberlegenheit des Rollschusses über den Bogenschuß zeigten, machen es erklärlich, wenn eine Vorliebe für den Rollschuß bestehen blieb, über welchen die bedeutendsten Artilleristen mehrfach in günstiger Weise geurtheilt hatten.

So hatte Scharnhorst[24] betont, daß auf großen Entfernungen stets der Rollschuß, wenn das Terrain es gestatte, anzuwenden sei, da der Bogenschuß nur unter 900 M., jener aber auf doppelten Entfernungen noch sichere Wirkung gäbe.

Decker[25] hatte bemerkt, der Rollschuß fände in der Schlacht die häufigste Anwendung und sei derjenige Schuß, der der Artillerie die meisten Vortheile brächte.[26] Sie könne durch ihn unter Umständen ihre Wirkung auf das Doppelte oder Dreifache erhöhen.[27]

Borkenstein hatte verlangt,[28] dem Rollschusse besondere Aufmerksamkeit zuzuwenden, da die Wahrscheinlichkeit des Treffens für ihn größer als für den Bogenschuß sei, der über 750 M. überhaupt Nichts leiste.

So blieb denn der Ruf des Rollschusses vielfach unangetastet. Noch 1858 erklärte das französische Aide mémoire ihn für vortheilhafter als den Bogenschuß. — Man betonte immer die größeren mit ihm erreichbaren und noch brauchbaren Schußweiten, die zum Beispiel Oelze für die beiden Feld-Kanonen zu 1350 M. und 1660 M. angiebt.

Es gab aber auch Artilleristen von großer Kriegs-Erfahrung und Bedeutung, welche von vornherein den Cultus des Rollschusses bekämpften. Grävenitz machte die Wirkung desselben vornehmlich vom Terrain abhängig und hoffte daher nicht sehr viel von ihm.

Auch Breithaupt[29] sprach ihm die Wirkung des Bogenschusses bei Weitem nicht zu, welchem Urtheil in der Militair-Literatur-Zeitung von 1832 beigestimmt wurde.

Monhaupt[30] trat noch schärfer mit folgenden Worten gegen ihn auf: „Die Lehre vom Rollschuß ist ein Theorem auf glattem Papier construirt und auf ebenen Uebungs-Plätzen versucht. Nach unserer Ueberzeugung ist die Vorliebe für diesen Schuß eine von den Haupt-Ursachen, weshalb die Artillerie im letzten Kriege im Allgemeinen schlecht geschossen und nur dann etwas Nennenswerthes geleistet hat, wenn sie so nahe an den Feind kam, daß er gar nicht angewendet werden konnte. Wo man ihn angewendet hat, stand das Resultat mit der Masse der verwendeten Munition in gar keinem Verhältniß."

Hiernach hatte der Rollschuß sich während der Kriege zweifellos einer großen Beliebtheit erfreut. Es liegt die Vermuthung nahe, daß seine häufige Anwendung ihren Grund in der Neigung zum frühzeitigen Eröffnen des Feuers hatte. Oft mochte man so weit geschossen haben, als eben die Kugeln laufen wollten, man hatte so zu sagen in das Blaue hineingeschossen und das „Rollschuß" benannt. Die bittere Aeußerung Monhaupt's dürfte auf einen solchen Geschützgebrauch zu beziehen sein, denn sein Ausspruch enthält sicher eine gewisse Wahrheit.

Die besprochenen Verhältnisse in der Anwendung des Rollschusses machen seine Beliebtheit nach den Kriegen noch erklärlicher. Seine Anwendung war so sehr bequem und einfach. Wenn obendrein in den Lehrbüchern stand: „Für den Rollschuß ist jede Höhenrichtung zulässig, bei welcher das Geschoß nach einem oder mehreren Aufschlägen das Ziel trifft," so mußte das offenbar für den praktischen Artilleristen der damaligen Zeit eine außerordentlich verlockende Aufforderung sein*).

Wenn die Friedens-Resultate des Rollschusses weniger gegen ihn sprachen, so machte doch allmählig die gesunde Anschauung sich geltend, daß es ein Unding sei im Felde auch nur annähernd die Bedingungen für die gute Wirkung dieser Schußart erwarten zu wollen, und daß demnach der Bogenschuß die Hauptbedeutung haben müsse.

3. Der hohe Bogenwurf.

Diese Wurfart war eine Eigenthümlichkeit und das Hauptmotiv für die Construction der kurzen Haubitzen. Sie war zum Bewerfen verdeckter Ziele bestimmt, wobei die Granate am Ziele liegen bleiben sollte. Da die hierzu erforderliche Elevation im Durchschnitt nicht geringer als 15° und nicht größer als 22° sein konnte, so war dieser Wurf erst durch Anwendung verschiedener und kleiner Ladungen völlig zu verwerthen.

Nach österreichischen Angaben war der hohe Bogenwurf mög-

---

*) Eine beißende Kritik des Rollschusses findet sich bei Maresch Seite 173 u. ff.

lich bei der 7pfdg. Haubitze bis 1580 M., bei der 10pfdg. Haubitze bis 1800 M.

Nach Oelze sollte er anwendbar sein auf 1430 bis 2100 M. (Granaten mit Pfeil unten).

Die Treffresultate waren bei Anwendung excentrischer Granaten nicht schlecht. Gegen ein Quadrat von 56 M. Seitenlänge wurden erzielt mit der preußischen 7pfdg. Haubitze:[31] auf 600 M. 48%, auf 750 M. 44%, auf 900 M. 37,8%, auf 1050 M. 26% Treffer.

Diese Resultate sind als sehr günstige anzusehen, jedoch mit Rücksicht auf die günstigen Bedingungen der Schießplätze zu beurtheilen.

Für diejenigen Artillerien, welche auf Benutzung excentrischer Geschosse und kleiner Ladungen verzichteten, war allerdings der Werth des hohen Bogenwurfs, und damit der der kurzen Haubitze ein sehr fraglicher und es war sehr erklärlich, wenn die letzte Consequenz ihrer Anschauungen die Abschaffung der kurzen Haubitzen war.

4. Der Kartätschschuß.

Wie schon erwähnt, war durch Scharnhorst das Verständniß über das Wesen, den Werth und die Anwendung des Kartätschschusses eröffnet worden. Scharnhorst, der von dieser Schußart viel erwartete, war auch wohl mittelbar die Veranlassung, daß in den Kriegen von 1813 bis 1815 in der preußischen Artillerie eine sehr starke Kartätsch-Ausrüstung mitgeführt wurde. Sie variirte allerdings bei den unter den verschiedensten Umständen mobil gemachten Batterien erheblich, betrug aber im Durchschnitt sowohl für die Kanonen, wie für die Haubitzen $1/3$ bis $1/4$ der ganzen Schußzahl.[32] Eine reitende Batterie hatte sogar für die 7pfdg. Haubitze fast $2/5$ Kartätschen.

Während der Kriege stellte sich der Verbrauch an Kartätschen aber im Allgemeinen erheblich niedriger. In einzelnen Fällen gebrauchten zwar reitende Batterien nahezu $1/3$ der ganzen Schußzahl an Kartätschen; in den meisten übrigen Fällen aber nur $1/5$ bis $1/7$ und $1/8$. Im Durchschnitt stellte sich der Gesammt-Verbrauch bei den reitenden Batterien auf $1/8$, bei den 12pfdg. noch geringer.[33]

Ueber die Entfernungen, bis zu denen der Kartätschschuß anwendbar, gingen die Ansichten weit auseinander. Decker sagte:[34] „Die Kartätschen sind höchstens von einiger Wirkung beim 12Pfdr. bis 750 M. (mit 12löthigen Kugeln), beim 6Pfdr. bis 450—600 M. (mit 6löthigen Kugeln).

Grävenitz[35] sowie Borkenstein[36] wollten den Kartätschschuß höchstens bis 750 M. resp. 600 M., bei Haubitzen nur bis 450 M. anwenden. Monhaupt wollte den Kartätschschuß des 6Pfdrs. höchstens bis 450 M. gebrauchen. Ebenso sprach sich Breithaupt aus.[37]

Oelze sagt: der Kartätschschuß sei wirksam beim 12Pfdr. auf 600 bis 675 M., beim 6Pfdr. auf 525 M., und im ungünstigen Falle 150 bis 225 M. weniger.

Nach officieller Vorschrift sollte er nicht über 450 und 600 M. angewendet werden.

Favé[38] hielt den Kartätschschuß bei günstigem Boden bis zu 500 M. (650ˣ), bei ungünstigem nur bis zu 400 M. (530ˣ) anwendbar. Im Aide mémoire von 1858 wurde nur die letztere Entfernung angegeben.

Griesheim[39] schlug sogar als größte Entfernung nur 300 M. vor.

In den Angaben aus der ersten Zeit dieser Periode ist offenbar das Bestreben vorhanden, die Wirkungssphäre der Kartätschen möglichst weit hinauszuschieben (750 resp. 600 M.), während die späteren Urtheile mehr davon zurückkommen, indem sie die Grenzen um 150 bis 225 M. verringerten.

Aus den Zahlen der Tabelle II. geht in gleicher Weise hervor, daß die officiell aufgestellten Schußtafeln der meisten Artillerien den Gebrauch der Kartätschen im Durchschnitt auf höchstens 600 M. beschränkten.

Bei der Eigenthümlichkeit des Kartätschschusses und seiner großen Abhängigkeit vom Terrain, waren die Ansichten und Angaben über seine Treffresultate sehr von einander abweichend. Es ist nicht ohne Interesse, einige darüber gegebene Zahlen in folgender Zusammenstellung zu vergleichen:

Quelle	Ziel	Geſchütz	Treffer per Schuß auf Schritte (Meter)						
			400 (300)	500 (375)	600 (450)	700 (525)	800 (600)	900 (675)	1000 (750)
Scharnhorſt I. Band II. Seite 426.	Scheibe 160' (50M.) lang 8' (2,5 M.) hoch	6Pfbr.	16	.	13	.	7	.	.
		12Pfbr.	.	.	.	.	12,7	13	.
Decker, Artillerie für alle Waffen, und Leitfaden für den Unterricht in der Artillerie.	Scheibe 30 M. lang 1,9 M. hoch	6Pfbr.	.	13	10	8	6	.	.
		12Pfbr.	.	.	13	11	9	.	7
		7pfdg. Haubitze	(17) 30	14	12	.	6—7	.	.
Grävenitz II. Seite 156	Scheibe 100' (31,4 M.) lang 6' (1,9 M.) hoch	6Pfbr.	.	8	.	4	.	.	.
		12Pfbr.	.	.	.	7	.	3	.
Oeſterreichiſche Militair-Zeitſchrift.1831. (Boden ſehr günſtig.)	Nicht angegeben	6Pfbr.	7	5	.	.	.	.	.
		12Pfbr.	5	3	2	.	.	.	.
		7pfdg. Haubitze	10	6	6	.	.	.	.
Oelze, Handbuch.	Scheibe 96' (30 M.) lang 6' (1,9 M.) hoch	6Pfbr.	13	.	10	8	.	.	.
		12Pfbr.	15	.	11	9	.	.	.
		7pfdg. Haubitze	16	.	10	5	.	.	.
Handbuch für die Offiziere der Artillerie 2c. Seite 495.	Scheibe 96' (30 M.) lang 6' (1,9 M. hoch	6Pfbr.	13	12	10	7,5	.	.	.
		12Pfbr.	14,5	14	12	10,5	9	.	.
		7pfdg. Haubitze	16	13	10	7,5	5	.	.
Mareſch Seite 219.	6' (1,9 M.) hoch 50' (15 M.) lang	bayriſcher 6Pfbr.	10	11	12	.	.	.	.
	6½' hoch 33' (10 M.) lang	franzöſiſcher 8Pfbr.	11	11	10	6	.	.	.

Die Kugelzahl ist hier überall für den 12Pfdr. 41 12löthige (175,3 Gr.), für den 6Pfdr. 41 6löthige (87,6 Gr.), für die Haubitze 56 6löthige (87,6 Gr.).

Aus der Tabelle ist zu entnehmen, daß die Angaben Scharnhorst's ziemlich hoch gegriffen sind. Sie geben ein Maximum der Wirkung an, nicht aber eine mit Rücksicht auf das Terrain ermittelte Durchschnittsleistung. Dieser Umstand erklärt die später vorkommende vielfach zu günstige Beurtheilung des Kartätschschusses, welche zu ihrer Zeit auch gegen die Kartätschwirkung der gezogenen Geschütze in ebenso maßloser als haltloser Weise geltend gemacht werden sollte.

Das Durchschnittsmaß der Angaben liefert eine erträgliche Wirkung, für den 6Pfdr. bis zu 450 M., für den 12Pfdr. bis 525 M. und höchstens 600 M., für die Haubitze bis gegen 525 M.

Unter 225 M., in der wirksamen Gewehrschußweite, wurde die Anwendung des Kartätschschusses nur in seltenen Fällen für möglich erachtet. [40]

Bedeutsam für dieses Verhältniß ist der nach der Schlacht bei Groß-Görschen vom Prinzen August gegebene Befehl, daß die Artillerie nicht unter 300 bis 225 M. an feindliche Infanterie herangehen sollte. In einer Cabinets-Ordre von 1816 wurde sogar bestimmt, das Herangehen solle nur bis 450—375 M. stattfinden.

Daß der Kartätschschuß in den Kriegen nicht das geleistet, was hier und da wohl angenommen wurde, geht aus einigen charakteristischen Bemerkungen hervor, welche ein eigenthümliches Licht auf die Gebrauchsweise dieser Schußart werfen.

Decker bemerkte nämlich: [41] „Man will bemerkt haben, daß man auf 450 bis 600 M. mit Kartätschen mehr als sonst trifft, wenn man circa $1/_3$ bis 1 Zoll Aufsatz nimmt." Und Borkenstein sagte: [42] „Viele Artilleristen haben noch keine Ahnung davon, daß die Elevation beim Kartätschschuß von Einfluß auf die Trefferzahl ist."

Bezeichnend für die Unklarheit der Ansichten über die Wirkung des Kartätschschusses an sich, wie im Vergleich zu der des Kugelschusses ist noch folgende Thatsache.

Nach den Kriegen waren die Meinungen über diese Frage sehr verschieden, besonders auch über die Wirkung, welche mit beiden Schußarten gegen Truppen zu erreichen ist, die entweder in Massen oder in Linien formirt sind. Die Kriegs-Erfahrungen waren in dieser Hinsicht einander sehr widersprechend und gaben kein klares Bild darüber, so daß Prinz August sich veranlaßt sah, einen umfassenden Vergleichs-Versuch anzuordnen, welcher bei allen Artillerie-Brigaden in den Schießübungen 1819 zur Ausführung kam. Das Ziel bildeten 4 Bretterwände, über welche und an deren Seiten noch Leinwand ausgespannt war, um die Wirkung gegen eine Masse möglichst scharf zum Ausdruck bringen zu können.

Die Versuchs-Resultate waren:

a) die Kartätschen geben gegen eine Masse mehr Treffer, als gegen eine in Linie formirte Truppe;

b) der Kugelschuß giebt gegen jene ebenfalls mehr Treffer als gegen letztere.

Die Kartätschwirkung wies aber wiederum große Widersprüche auf. So gaben die 2löthigen Kartätschen bei erheblich größerer Kugelzahl auf 300 Meter Entfernung viel weniger Treffer, als die 6löthigen und 12löthigen Kartätschen, auf 375 Meter viel mehr als letztere.

Die Ansichten über diese Schußart wurden dadurch nicht klarer. Allmählig wurden aber die Zweifel über ihre große Wirkung allgemeiner und begründeter.

Decker, der die Sache mit dem durchaus gesunden Auge eines praktischen Artilleristen betrachtete, machte darüber folgende Bemerkungen:[43] „Die Kartätschschüsse vereinigen alle Arten von Schüssen in sich und das mit bewunderungswürdigen Variationen, so daß eigentlich hierbei alle Theorie schweigen muß und beinahe jeder Versuch die Resultate des Vorigen widerlegt." An einer anderen Stelle bemerkte Decker, daß die Kartätschen meist in Gefechtsmomenten gebraucht würden, in denen große Aufregung herrsche (Cavallerie-Angriffe), daß dann schlecht gerichtet werde und der Effect Null sei.

Ferner sagte er: „Man halte daran fest, daß Vollkugeln mehr Schaden thun als Kartätschen. Diese taugen nur auf nahen Entfernungen gegen entwickelte Truppen."

Und endlich:[44] „Die Wirksamkeit der Kartätschen im Kriege ist gar keiner Berechnung unterworfen."

Borkenstein äußerte sich hingegen sehr günstig: „Die Kartätschen find unserer Aufmerksamkeit ganz besonders würdig, denn sie sind es hauptsächlich, welche der Waffe der Artillerie in einer Bataille einen gewissen Glanz geben."

Es läßt sich diesen widersprechenden Urtheilen kaum Etwas hinzufügen. Sie sind der Ausdruck für die so verschiedene und oft unzuverlässige Wirkung des Kartätschschusses. Daß er oft die letzte Rettung der Artillerie war, ist nicht zu läugnen. Vielfach ist es constatirt und ausgesprochen worden, daß durch die Vollkugel feindliche Truppen sich nicht aufhalten ließen und daß dann der Kartätschschuß in sein Recht trat. Ebenso wenig ist zu bestreiten, daß er auch beim Angriffe mit großem Vortheil anzuwenden war und angewendet wurde. Der Kartätschschuß hatte in der Hand eines energischen Führers eine entschiedene Offensivkraft. Man denke nur an das Auftreten der Artillerie unter Sénarmont bei Friedland.

Das Entscheidende für den Werth des Kartätschschusses war zweifelsohne seine Verwendung auf naher Entfernung, das heißt, auf 325 M. und selbst noch darunter, da selbst hier die Artillerie durch das Gewehrfeuer noch sehr wenig gefährdet war. Bei der nur geringen Wirkung der Vollkugeln gegen entwickelte Linien und Tirailleurs griff denn auch die Artillerie verhältnißmäßig oft zum Kartätschschusse, um Angriffe abzuschlagen. Das war eine Ueberlieferung aus dem 7jährigen Kriege, welche bei der verhältnißmäßig unbeweglichen Taktik und wenig ausgebildeten Infanterie sehr richtig war, deren Richtigkeit aber mit der Zeit mehr und mehr schwinden mußte.

5. Der Schrapnelschuß.

Der Charakter als Streugeschoß ließ das Schrapnel bald mit den Kartätschen vergleichen. Der Schrapnelschuß wurde als eine Ergänzung des Kartätschschusses betrachtet; später hieß der Schrapnelschuß „der Kartätschschuß für große Entfernungen". Damit hing die hier und dort gebräuchliche Bezeichnung „GranatKartätschen" oder „Bomben-Kartätschen" zusammen. Der Gebrauch sollte an der Grenze des wirksamen Kartätschschusses anfangen, also auf 300 bis 375 M. Die obere Gebrauchsgrenze wurde, abgesehen von den für die Trefffähigkeit nöthigen Bedingungen, gegeben durch die Zünderlänge und das Maß von lebendiger

Kraft, welches die frei gewordenen Bleikugeln gegen lebende Ziele besitzen mußten. Die größte Gebrauchs-Entfernung wurde anfänglich zu 900 M. angenommen, später aber beim Auftreten der gezogenen Gewehre auf 1050 bis 1130 M. ausgedehnt. Die in einigen Artillerien gebräuchlichen noch größeren Entfernungen waren von ganz zweifelhaftem Werthe.

Die Gebrauchs-Entfernungen waren bei Einführung der Schrapnels in Preußen demgemäß festgesetzt beim 6Pfdr. auf 375 bis 750 M., beim 12Pfdr. auf 525 bis 825 M., bei der 7pfdg. Haubitze auf 300 bis 900 M. Sie wurden zu Anfang der funfziger Jahre ausgedehnt für die beiden ersten Geschütze auf 900 resp. 1050 M., später wieder auf 750 und 900 M. herabgesetzt.

Decker nahm 1842 900 M. als größte Entfernung an, besonders auch mit Rücksicht auf Beobachtung und Correctur. In demselben Sinne sprach sich General von Peucker in einem 1843 gehaltenen Vortrage aus.

Die Wirkung des einzelnen Schusses wurde neben den sonstigen dafür maßgebenden Bedingungen, durch die Zahl der eingefüllten Bleikugeln bedingt.

Selbstverständlich hatten hierbei die größeren Kaliber die entschiedenste Ueberlegenheit, und daher wurden für diese die Schrapnels fast überall zuerst eingeführt.

Decker nannte den 12Pfdr. das beste Schrapnelgeschütz, demnächst komme die lange Haubitze. Der 6Pfdr. und die 7pfdg. Haubitze seien weniger vortheilhaft.

Es würde zwecklos sein, hier von den zahllos erschossenen Treffresultaten Zahlen anzuführen. *)

Sie sind auf dem Schießplatze und unter günstigen Bedingungen immer sehr bedeutend gewesen. 30 bis 40 Treffer pro Schuß beim 6Pfdr. und 70 bis 80 Treffer pro Schuß beim 12Pfdr. sind nichts Seltenes; bei den preußischen Geschützen rechnete man auf 750 M. für den 6Pfdr. 15 Treffer, für den 12 Pfdr. 34 Treffer, für die 7pfdg. Haubitze 26 Treffer.

General von Peucker gab schon 1843 an: die gute Wirkung

---

*) Resultate siehe: Archiv für die Offiziere aller Waffen von Schmölzl. VII. 1850. Band 4 Seite 28 über holländische und schwedische Versuche. — Ergänzungs-Waffenlehre 1851. Seite 67. — Decker in seinem Buche 1842; ferner über bayrische Versuche. — Maresch: Seite 193 u. ff. — Nicaise Seite 29 u. ff.

von Schrapnels sei je nach der Entfernung 5 bis 7 Mal so groß, als die des Kartätsch-, und 8 bis 15 Mal so groß als die des Kugelschusses. Dieses für die Schrapnels so günstige Urtheil wurde mit der Vervollkommnung der Zünder noch mehr befestigt. Zur Erreichung dieser großen Wirkungen mußte aber noch eine Hauptbedingung erfüllt werden: die Lage des Sprengpunktes vor dem Ziele (das Intervall) und über dem Erdboden (die Spreng-höhe) mußte sich in gewissen, durch Versuche ermittelten Grenzen bewegen. Die günstigste Größe des Intervalls war bestimmt auf 60 bis 75 M., die des Sprengpunktes auf $1/2$ bis 3 Mannes-höhen (1 bis 5,5 M.) je nach der Entfernung. — Von Einfluß auf die Regelmäßigkeit in diesen Maßen ist bekanntlich die Brenn-zeit des Zünders und die Regelmäßigkeit der Flugbahnen. In beiden Beziehungen blieb stets viel zu wünschen übrig und hier knüpften denn auch die Gegner der Schrapnels ihre Angriffe an.

Beim Gebrauch im Felde wurden die zu überwindenden Schwierigkeiten noch vermehrt durch die Distanceschätzung, die Be-obachtung und die darauf vorzunehmende rationelle Correctur. — Zur Beseitigung dieses Uebelstandes schlug schon Borkenstein das Einschießen mit Vollkugeln vor. Decker aber meinte, er sei nur durch Uebung zu überwinden. — Es gehörte indeß hierzu auch das volle Verständniß für die Eigenthümlichkeiten des Schrapnel-schusses und die Kenntniß seiner Theorie. Den ersten Grund zu letzterer legte Bormann, der in seinem 1836 erschienenen Buche auch in glücklicher Weise die bildliche Darstellung zu Hülfe nahm. In gründlichster Weise wurden demnächst die Theorie und alle auf den Schrapnelschuß einwirkenden Kräfte durch Decker in seinem 1842 erschienenen Buche erläutert.

Die erste Anwendung im Felde fand das Schrapnel in den Jahren 1848 und 1849 von Seiten der Oesterreicher in Italien und unter anderen von Seiten der hannöverschen Artillerie in Schleswig. In beiden Fällen sollten die Resultate gut gewesen sein. Nicht so günstig sprach man von den Erfolgen, welche die Franzosen und Engländer im Krimkriege mit Schrapnels erzielt haben sollten.

Es läßt sich aus dem Vorstehenden leicht erkennen, daß die Urtheile über den Werth des Schrapnels im freien Felde sehr schwanken und zum Theil sehr weit auseinander gehen mußten. Nicht ohne Interesse ist es, den Wechsel und den Kampf der

Ansichten in seinen Hauptzügen zu verfolgen, wozu die nachfolgenden Angaben dienen mögen.

In Preußen wurden in Folge der gleich bei den ersten Versuchen (1829) erlangten günstigen Resultate sehr vortheilhafte Urtheile über die Schrapnels gefällt. Vom Gebrauch derselben wurde
in vielen Gefechtsfällen geradezu die Entscheidung des Kampfes
erwartet. Kurz nach der Einführung der Schrapnels trat indeß
im Jahre 1831 der damalige General von Barbeleben in einem
an den Prinzen August gerichteten Schreiben sehr entschieden gegen
die ausgedehnte Einführung der Schrapnels auf, indem er die
großen Schwierigkeiten der richtigen Distanceschätzung, der genauen
Tempirung und Beobachtung hervorhob. Er meinte, das seien
noch ungelöste Fragen, von deren Lösung erst die Brauchbarkeit
der Schrapnels abhängig zu machen sei.

Die sehr günstigen Angaben Bormann's in seiner 1836
veröffentlichten Schrift, über die belgischen Versuche, riefen allgemein große Hoffnungen über die Wirkungen der Schrapnels wach.

General Okounef sagt in einem 1836 veröffentlichten Buche: [45]
Schrapnels und Raketen müßten der Artillerie eine vernichtende
Wirkung verleihen, wodurch sie die wahre Geißel der Menschheit
werden könne und das Loos der künftigen Schlachten entscheiden werde.

Decker, der 1840 eine Zusammenstellung der bei den Schießübungen 1839 erlangten Schrapnel-Ergebnisse bearbeitet hatte,
sprach sich auf Grund des umfangreichen Materials hierbei und
in seinem Buche von 1842 sehr klar, richtig und ausführlich über
die Schrapnels ungefähr wie folgt aus:

Das Schrapnelfeuer sei noch mit vielen Eigenthümlichkeiten
behaftet, so daß man sich hüten müsse, ihm weder zu viel noch zu
wenig zuzutrauen. Einzelne Schüsse könnten, wenn Glück und
Zufall zusammentreffen, außerordentliche Wirkung haben. Die
Trefffähigkeit sei aber immer noch so mangelhaft, daß man im
Felde viel geringere Wirkung erhalten werde, als im Frieden.
Große Schwierigkeit biete die Distanceschätzung und die Beobachtung. Der richtige Gebrauch der Schrapnels verlange außerdem
ein tiefes Studium. Den Schrapnels werde es daher schwer fallen im nächsten Kriege ihr Renommé zu behaupten. Die Ansichten seien daher auch noch sehr getheilt; theilweise würde das

Geschoß für sehr wirksam gehalten, theilweise Nichts von ihm erwartet. — Thöricht sei es jedenfalls vom Schrapnel jetzt schon
Alles zu erwarten, wie man dies in Belgien thue.

Das Ziel für die Schrapnels könne nur ein stehendes sein,
gegen Linien sei die Anwendung zu verbieten. Den Kartätschschuß könne das Schrapnel nicht entbehrlich machen. Vorläufig sei
der Einfluß der Schrapnels auf das Moralische der Truppen
höher zu veranschlagen, als der physische Effect.

General von Peucker sprach sich in einem Vortrage, den er
1843 hielt, dahin aus, daß die Artillerie durch die Schrapnels die
Wirkung des Flintenfeuers auf die Schußweiten der Kanonen aus-
dehnen könne.

Dwyer sprach sich 1856 sehr günstig für die Schrapnels aus
und meinte, die Artillerie werde durch diese Geschosse auch dem
neuen Gewehre gegenüber wieder so wirksam, daß ein schweres
Kaliber nicht nöthig sei.

In den funfziger Jahren war indeß doch eine starke Strö-
mung gegen die Schrapnels eingetreten. Dagegen trat wieder
Bormann 1859 in einer Schrift auf: The shrapnel shell in
England and Belgium, in der er sagte, in der Krim hätten die
Alliirten große Erfolge mit Schrapnels erzielt. Wenn daher die
Ansichten jetzt noch getheilt seien, so sei doch das Schrapnel das
werthvollste Geschoß der Zukunft.

Das Journal des armes spéciales bemerkt hierzu: „Diese
Frage ist noch lange nicht ausgefochten." — Das war ein wahres
Wort, wie der Verlauf der nächsten 10 Jahre bewiesen hat.

Ohne Widerrede wurde der hohe Werth erkannt und anerkannt, der dem Schrapnel der Theorie nach zukommt. — Daß
dieses Geschoß unter normalen Verhältnissen sehr viel mehr leisten
muß, als die Vollkugel, das brauchte nicht mehr bewiesen zu werden. Wie weit aber die Wirkung im Ernstfalle herabgemindert
wurde, das lag vorläufig noch im Dunkeln und war der Grund
der verschiedenartigen Urtheile.

Die enthusiastischen Naturen, vornehmlich nach den Resultaten der Schießplätze urtheilend, übertrugen diese unverändert auf
den Ernstfall. Die kühler Denkenden verlangten hierbei aber eine
starke Reduction der Wirkung. Nach ihrer Ansicht mußte erst noch
bewiesen werden, wie mit aufbewahrten Zündern unter den schwierigen Verhältnissen des Schlachtfeldes die Sache sich gestalte.

Nirgends stehen — so wurde behauptet — Theorie und Praxis, Friedens- und Kriegs-Verhältnisse einander so schroff und unvermittelt gegenüber, als in dieser Frage.

Die schwierige Herstellung und Conservirung gleichmäßiger Brennzeiten trat erst im Laufe der Zeit immer klarer zu Tage. Pessimistische Charaktere sprachen sogar die Unmöglichkeit aus, diese Schwierigkeiten zu überwinden. Solche Urtheile mehrten sich, als trotz aller Energie, Einsicht und Kenntniß nach 20 und mehr Jahren die Herstellung zuverlässiger Zünder noch lange nicht erreicht worden war.

Die auf das Schrapnel gesetzten übertriebenen Hoffnungen waren mit der näheren Bekanntschaft des Geschosses und der ihm innewohnenden Eigenthümlichkeiten entschieden gesunken.

Wenn seit dem Jahre 1850 dem Schrapnel eine erneute Aufmerksamkeit gewidmet wurde, so lag dies in der Nothwendigkeit einer Wirkungssteigerung, welche der Artillerie durch die gezogenen Gewehre auferlegt wurde.

Eine solche war damals nur noch durch Verbesserung und möglichste Ausbeutung des Schrapnelschusses erreichbar. Dabei war von großem Einflusse für die weiteren Bestrebungen der allgemein anerkannte Satz, daß die größeren Kaliber (vornehmlich der 12Pfdr.) den kleineren im Schrapnelschusse erheblich überlegen seien. Theilweise erkannte man dem 6Pfdr. gar nicht die Berechtigung als Schrapnel-Geschütz zu.

Jener Vorzug der größeren Kaliber war wiederum von entschiedenem Einflusse auf die Bestrebungen, welche damals auf die Herstellung von Granatkanonen gerichtet wurden und auf die endliche Annahme dieser Geschütze in mehreren Artillerien.

6. Rückblick.

Das Gesammtbild der Wirkung der Feld-Geschütze möchte nach Vorstehendem sich ungefähr folgendermaßen gestalten:

Beim Gebrauch der Kugeln oder Granaten im flachen Bogen konnte im Felde die größte Entfernung, auf der noch ein nennenswerthes Resultat zu erwarten war, für die schweren Kaliber auf circa 1200 M., für die kleinen Kaliber ungefähr auf 1050 M. angenommen werden.

Die etwas weiter ausgedehnte Wirkungssphäre des Roll-

schusses und Rollwurfs kann, mit Rücksicht auf die dazu erforderlichen nur ganz ausnahmsweise vorkommenden günstigen Bedingungen nicht in Betracht gezogen werden.

Die mit Vortheil anwendbaren Entfernungen für die genannten Schuß- und Wurfarten lagen unter 900 M., resp.
1100 M., die entscheidenden Entfernungen lagen unter
600 M.

Der hohe Bogenwurf der kurzen Haubitzen bildete eine
sehr wünschenswerthe und vortheilhafte Ergänzung der directen
Geschützwirkung, zum Bewerfen verdeckter Ziele. Vortheilhaft war
seine Verwendung, selbst bei Benutzung excentrischer Granaten nur
bis gegen 1200 M. Die langen Haubitzen, deren im flachen
Bogen geworfene Granaten, nur wie Vollkugeln gegen das eigentliche Ziel wirkten, hatten darum den Kanonen gegenüber weder
eine eigenthümliche, noch eine überlegene Wirkung. In Bezug
auf lebendige Kraft standen ihre Geschosse denen der Kanonen
immer nach.

Der Kartätschschuß war unter günstigen Verhältnissen bis
600 M. resp. 450 M. brauchbar.

Unter ungünstigen Verhältnissen und zur wirklichen Entscheidung sanken die brauchbaren Entfernungen auf 450 M. resp.
300 M.

Die äußersten Grenzen der Schrapnelwirkung waren 1125 M.
und 900 M. Mit Rücksicht auf die Mangelhaftigkeit der Zünder
und die Trefffähigkeit der Geschütze können die wirksamen Entfernungen auf 900 M. und 750 M. reduzirt werden.

Die Grenzen des Gebrauchs für die glatten Geschütze waren
mithin bei Anwendung von Kugeln, Granaten und Shrapnels
1200 M.; die brauchbaren Entfernungen lagen unter 900 M.,
die entscheidenden Entfernungen unter 600 M.

Bei Anwendung von Kartätschen war die Grenze 600 M.,
die brauchbaren Entfernungen gingen bis 450 M., die entscheidenden Entfernungen bis 300 M.

Das schwere Kaliber war dem leichteren in allen Beziehungen
(lebendige Kraft der Geschosse, Trefferprocente) überlegen. Auf
Entfernungen von 450 bis 525 M. glich beim Gebrauch der Einzelgeschosse die Trefffähigkeit sich allerdings beinahe aus, weshalb
für den Kampf leichter Batterien gegen schwere es wohl empfohlen
wurde, auf diese Entfernungen an letztere heranzugehen.

Als eine gewisse Bestätigung der vorstehenden Ansichten über die Gebrauchsschußweiten, können die Entfernungen angesehen werden, auf denen bei den jährlichen Schießübungen der preußischen Artillerie die verschiedenen Schuß= und Wurfarten angewendet wurden. Die Zusammenstellung dieser Entfernungen vom Jahre 1822 bis 1848 ergiebt nämlich Folgendes:

Die Bogenschüsse und flachen Bogenwürfe wurden höchstens auf 1130 M., die Rollschüsse und Rollwürfe höchstens bis 1200 M., die Kartätschschüsse des 12Pfdrs. auf höchstens 600 M., die der anderen beiden Kaliber bis 525 M. angewendet. In den allererften Jahren kam es noch einige Male vor, daß die Schuß= arten auf 75 bis 150 M. größeren als den genannten Entfer= nungen angewendet wurden. Dann aber trat deutlich das Be= streben hervor, die Gebrauchs=Entfernungen zu verringern. Erst in der Mitte der vierziger Jahre trat wieder die Neigung ein, jene etwas auszudehnen.

Die Schrapnels wurden nie über 825 M., meist aber unter 750 M. Entfernung verschossen.

Es erscheint zweckmäßig, hier kurz die Wirkung der glatten Gewehre anzugeben. Die Grenze ihrer wirksamen Schußweite wurde allgemein zu 225 M. angegeben.

Nach einigen Angaben lieferten sie gegen eine 1,9 M. hohe 2,5 M. breite Scheibe auf: 150 M. Entfernung 66% Treffer, auf 225 M. 34% Treffer.

Nach Decker traf: auf 225 M. circa $\frac{1}{4}$ (25%), auf 300 M. circa $\frac{1}{9}$ (11%), auf 375 M. circa $\frac{1}{20}$ (5%), auf 450 M. circa $\frac{1}{100}$ (1%) der Kugeln.

Hierzu macht Decker diese charakteristische Bemerkung: „Wird eine Kugel im Bogen geschossen, so kann sie über 750 M. weit gehen. Die Franzosen sind Meister darin und haben uns damit zuweilen Leute blessirt."

Nach obigen Zahlen war die Artillerie auf 300 M. Entfer= nung durch das Gewehrfeuer nur auf das Mäßigste gefährdet, und hatte sie auch die Entfernung von 225 M., besonders mit Rücksicht auf die Langsamkeit des Gewehrfeuers wenig zu fürchten.

Es ist wohl zweifellos, daß bei der damaligen mangelhaften Ausbildung im Schießen mit den glatten Gewehren eine nur un= bedeutende Wirkung erreicht wurde. Delvigne sagte noch 1836:

„es ist Thatsache, daß die Infanterie Europas in Betreff des Flintenfeuers noch in der Kindheit ist."

II. Die Lastverhältnisse und die Beweglichkeit.

Bei Beurtheilung der Beweglichkeit der Feld-Artillerie-Systeme kommen folgende Verhältnisse in Betracht:

1. die Zweckmäßigkeit der Construction in Bezug auf Fahrbarkeit und Lenkbarkeit;
2. das absolute Gewicht der Geschütze;
3. das Verhältniß in der Zahl der schweren, zu der der leichten Geschütze;
4. die Stärke (Geschützzahl) der Batterien.

1. Die Zweckmäßigkeit der Construction in Bezug auf Fahrbarkeit und Lenkbarkeit.

Für die Herstellung der neuen Systeme waren in dieser Beziehung alle Hülfsmittel, welche die Technik bot, benutzt worden. Die Fahrbarkeit wurde besonders durch Annahme eiserner Achsen, bessere Vertheilung der Last auf Vorder- und Hinterachse ꝛc. gesteigert. In gleicher Weise wurde eine größere Lenkbarkeit der Fahrzeuge erstrebt und auch erreicht. Es genügt den Fortschritt zu erwähnen, der hierin durch die preußischen Wagen c/42 gegen die älteren nach dem Lenkscheitsystem construirten Fahrzeuge gemacht wurde.

2. Das absolute Gewicht der Geschütze.

Neben der zweckmäßigen Detailconstruction, welche unter Benutzung aller technischen Hülfsmittel nach der Reducirung der todten Last auf das zulässig geringste Maß streben muß, bedingt in erster Linie das Verhältniß des Ladungsquotienten das absolute Gewicht der Geschütze. Derselbe war nach den Kriegen für die Construction fast durchweg auf $1/3$ bis $1/4$ herabgesetzt worden. In Frankreich war er zu $1/4$, in Schweden zu $2/7$ angenommen. Das zunächst davon abhängige absolute Rohrgewicht war trotzdem in Frankreich relativ hoch ausgefallen, wie denn überhaupt das französische System gegen das frühere nicht unerheblich schwerer geworden war.

Beim preußischen 12Pfdr. c/42 war das Ladungs-Verhältniß $^1/_{3,4}$.

Für die Haubitzen, in deren Constructions-Grundsätzen viel Unklarheit und Willkür herrschte, schwankten die Ladungsquotienten sehr bedeutend. Für die langen Haubitzen betrugen sie meist $^1/_6$ bis $^1/_8$, für die kurzen $^1/_{10}$ bis $^1/_{16}$.

Werden die abnormen englischen Constructionen außer Betracht gelassen, so betrug das Rohrgewicht beim 12Pfdr. das 156- bis 138fache (im Mittel das 144fache), beim 6Pfdr. das 165- bis 139fache (im Mittel das 146fache) des Geschoß-Gewichts. (In Preußen das 146- resp. das 143fache.)

In den Gewichten der Haubitzen waren die Differenzen relativ größer. Das preußische 7pfdg. Haubitzrohr wog das 52fache des Geschoß-Gewichts.

Bei Betrachtung und Vergleichung der Total-Gewichte der Geschütze sind geringe Unterschiede, besonders in den auf jedes Pferd entfallenden Lasten von untergeordneter Bedeutung, da hierbei die Beschaffenheit der Pferde, und die günstige Vertheilung der Last auf Vorder- und Hinterachse von größerem Einfluß, als jene geringen Unterschiede sind.

Aus den Zahlen der Tabelle I. geht Folgendes hervor:

Das Mittel aus den Gewichtszahlen aller Constructionen (ohne Mannschaft und Gepäck und Futter) beträgt beim 12Pfdr. 2075 Kil., beim 6Pfdr. 1520 Kil.

Werden hierbei die abweichend relativ schweren Constructionen (niederländischer 12Pfdr., der französische 8Pfdr.) und die relativ leichten (russischer und österreichischer 12Pfdr. und 6Pfdr.) weggelassen, so stellen die Mittelzahlen sich für den 12Pfdr. auf 2115 Kil., für den 6Pfdr. auf 1570 Kil.

Demgemäß läßt sich zwischen diesen und jenen Mittelzahlen als zutreffendes Mittel annehmen für den 12Pfdr. 2093 Kil., für den 6Pfdr. 1548 Kil., oder bei 8 resp. 6 Pferden Bespannung pro Pferd 261,6 Kil. und 256 Kil. Die Differenz in den Mittel-Gewichten beider Constructionen würde sonach circa 550 Kil. betragen.

Wird zu den letzteren Zahlen, die fast überall für schnelle Bewegungen angenommene Belastung der Protzen mit 3 Mann zu je 225 Kil., sowie die Belastung mit 24 Kil. Futter beim schweren, mit 18,5 Kil. beim leichten Geschütz (wie in Preußen) hinzugerechnet, so würde sich für den 12Pfdr. das Durchschnitts-Gewicht von rund 2340 Kil., für den 6Pfdr. von rund 1785 Kil. ergeben.

Bei den vorerwähnten Gewichten würden bei einer Bespannung von 8 resp. 6 Pferden die Lasten pro Pferd betragen 292,5 Kil. resp. 297,5 Kil., wobei aber noch für jedes Pferd ein Reiter hinzuzurechnen ist.

Die in den Systemen wirklich vorhandenen Gewichte weichen von den erwähnten Durchschnittsgewichten oft erheblich ab. Die auf ein Pferd fallenden Lasten wurden mehrfach durch eine zu schwache Bespannung (12Pfdr. mit 6 Pferden, 6Pfdr. mit 4 Pferden) bedeutend erhöht.

Der 6Pfdr. der reitenden Artillerie blieb in den meisten Artillerien hinter jener Mittelbelastung von 297,5 Kil. zurück.

Der Vergleich der auf je 1 Pferd fallenden Lasten bei den verschiedenen Kalibern läßt erkennen, daß fast in allen Artillerien dem Erfahrungssatze, wonach das Pferd eines 8Spänners resp. 6Spänners weniger leisten kann, als das eines 6= resp. 4Spänners, keine bedeutende Rechnung getragen war.

3. Das Verhältniß der Zahl der schweren zu der der leichten Geschütze.

In den Kriegen war das vorgenannte Verhältniß fast überall gewesen ½ schwere Geschütze, ¼ leichte und ¼ reitende.

Nach den Kriegen änderte es sich zu Gunsten der Beweglichkeit in ¼ schwere, ½ leichte Fuß-, ¼ reitende resp. fahrende Geschütze.

Nachstehende Zahlen mögen zur Orientirung hierüber dienen:

	Preußen	Frankreich	Oesterreich	Rußland
Fuß-Artillerie:	$^8/_{11}$ (73%)	$^7/_9$ (77%)	($^4/_7$ 58%)	$^3/_4$ (75%)
reitende Artillerie:	$^3/_{11}$ (27%)	$^2/_9$ (23%)	$^3/_7$ (42%)	$^1/_4$ (25%)
leichte Geschütze:	$^8/_{11}$ (73%)	$^5/_6$ (84%)	$^3/_4$ (75%)	$^5/_8$ (62%)
schwere Geschütze:	$^3/_{11}$ (27%)	$^1/_6$ (16%)	$^1/_4$ (25%)	$^3/_8$ (38%)

4. Die Geschützzahl der Batterien.

Die Stärke der Batterie betrug mit wenigen Ausnahmen 8 Geschütze. In Oesterreich, Frankreich und England betrug sie nur 6 Geschütze. Der Vortheil der größeren Manövrirfähigkeit dieser kleineren Batterien wurde nirgends verkannt. Ihre Feuerwirkung wurde aber um so weniger für genügend angesehen, als die Batterie, als taktische Einheit, fast immer, man kann sagen prinzipiell, vereinzelt auftrat, mithin einer gewissen Feuerkraft in höherem Grade bedurfte, als heute.

Viertes Kapitel.

Die Strömung in den Ansichten über das Verhältniß von Wirkung und Beweglichkeit der Feld-Geschütze.

In den Ansichten über die Wechselwirkung dieser beiden Elemente zu einander bei den verschiedenen Arten der Artillerie (Feld-, Festungs- und Belagerungs-Artillerie) war ebenfalls durch Scharnhorst einige Klarheit verbreitet worden. Thatsächlich war jene Wechselwirkung schon früher mehrfach zur Geltung und zum Ausdruck in der Beschaffenheit der Artillerie-Systeme gekommen.

So hatte Friedrich der Große nach dem ersten schlesischen Kriege die zu schwere Artillerie theilweise abgeschafft und viele 3Pfdr., leichte 6- und 12Pfdr. eingeführt. Die Röhre waren leicht und hatten theilweise nur das 110- bis 115fache Gewicht der Kugel. Im 7jährigen Kriege war dieses System dem wirksamen österreichischen gegenüber nicht genügend; daher trat eine Vermehrung der schweren 12Pfdr. (Brummer) ein, und die preußische Artillerie ging im Allgemeinen aus diesem Kriege schwerer hervor, als sie hineingegangen war.

Am Schlusse des Jahrhunderts standen fast überall in der Reserve-Artillerie die 6Pfdr., in der sogenannten Linien-Artillerie die 12Pfdr. (neben 3Pfdrn. ꝛc.)

Während der Kriege bis zum Jahre 1815 blieben diese Kaliber fast allgemein bestehen. Nach 1815 schieden, wie schon erwähnt, die leichten Kaliber (3Pfdr. und 4Pfdr.) überall aus und es trat eine überraschende Uebereinstimmung in den Systemen ein, welche als ein Zeichen gelten konnte, daß die Entwickelung eine richtige war und die herrschenden Ansichten über Wirkung und Beweglichkeit fest bestimmte und allgemein anerkannte sein mochten.

1. Ansichten über Werth und Wirkung der Kanonen-Kaliber.

In dieser Beziehung sind folgende, theils sehr interessante, theils bedeutsame Urtheile und Ansichten zu verzeichnen.

Decker sagte[46]: Das 12pfdg. Kaliber ist als die Grenze des Feldgeschützes anzunehmen; es ist gegen feste Ziele nöthig. 3Pfdr. taugen nicht für das Feld. 8Pfdr. können den 12Pfdr. nicht ersetzen. Von dem Werthe dieses herrlichen Geschützes wird man im Lauf eines Feldzuges fast täglich durch den Augenschein überzeugt. Die Erfahrungen der letzten Kriege haben bewiesen, daß es oft Verläumdung ist, wenn man sagt, die 12Pfdr. können nicht mit."

An einer anderen Stelle sagte Decker: „In der Wirkung liegt die Ursache zu dem Vertrauen, welches die eigenen Truppen zu ihrer Artillerie haben; und ferner[48]: „Die schwere Artillerie hat Mühe an den bestimmten Ort zu kommen, dann aber ist sie preiswürdig. — Das Maß der Wirkung und Beweglichkeit bedingt 2 Kaliber."

Grävenitz sagte über den 12Pfdr.[49]: „Den Soldaten anderer Waffen ist der 12Pfdr. ein sehr geehrtes, werthes Geschütz, welches stets mit einem fröhlichen Hurrah begrüßt wird. Es ist hier der moralische Eindruck, der wirkt, denn in Summa ist der 12Pfdr. dem 6Pfdr. so bedeutend nicht überlegen."

Borkenstein bemerkte[50]: „Die Ueberlegenheit der schweren Kanonen über die leichten beruht vornehmlich im Kartätschschuß. Hier sind 10 schwere 12Pfdr. = 21 schweren 6Pfdrn. = 22,6 7pfdg. Haubitzen = 9 leichten Granatstücken. Darum muß die Artillerie statt der 6Pfdr. einen 9Pfdr. haben, und die 3Pfdr. und 4Pfdr. müssen verschwinden. Solche Granatstücken oder kurzen 24Pfdr. werden ihren Widersacher in Grund und Boden schießen und dieses ist der Grundstein meines Lehrgebäudes."

An einer anderen Stelle sagte Borkenstein[51]: „Wenn also eine Artillerie das Geheimniß entdeckt hat, schwere Kanonen zu haben, während selbige wegen zweckmäßiger Einrichtung der Laffeten

und Protzen ebenso geschwind als die leichteren Kanonen des Feindes fortkommt, so wird eine solche Artillerie die feindliche in Grund
und Boden schießen."

Ferner führte Borkenstein aus, daß man zuerst mit Rücksicht
auf Wirkung die Rohrlänge 2c. bestimmen und dann erst mit
Rücksicht auf Beweglichkeit erleichtern müsse.

Breithaupt, der die Anwendung naher Entfernungen betonte,
forderte dazu allerdings mehr Beweglichkeit, fügte indeß hinzu[52]:
„Man bemerkt hier und da, daß man bei der Bildung der Feld-
Artillerie auf Extreme gekommen ist. Während früher möglichste Wirkung bezweckt wurde, ist jetzt der Grundsatz allgemein anerkannt, mit möglichster Beweglichkeit nur nothwendige Wirkung zu vereinigen. Die leichte Artillerie muß
nicht möglichste, sondern nur die nöthige Beweglichkeit mit
möglichster Ausdauer und Wirkung haben."

Die Literatur-Zeitung, welche das Buch 1832 kritisirte, stimmte
dem bei.

Ferner bemerkte Decker[53][54]: „Höchste Schießfertigkeit ist die glänzendste und wichtigste Eigenthümlichkeit der Artillerie; eine Artillerie, die nicht zu schießen versteht, ist gar Nichts werth, sie trete
noch so brillant auf. . . Schlechte Artillerie kann niemals durch
die Menge ersetzt werden.

Grävenitz sagte[55]: „Der erste Grundsatz für die Artillerie
bleibt die Wirkung;" und an einer anderen Stelle: „todt reiten
und todt fahren kann keine Artillerie den Feind, wohl aber muß
sie ihn todt schießen können."

Es ist unschwer zu erkennen, daß die alten kriegserfahrenen
Artilleristen sich ganz überwiegend und großentheils sehr entschieden für das Prinzip der Wirkung aussprachen, und daß die Beweglichkeit, wie sie gegen das Jahr 1830 in dem Satze betont
wurde: möglichste Beweglichkeit bei nur nothwendiger Wirkung",
erst allmählig mehr bevorzugt wurde.

Während also nach der Seite der Maximal-Wirkung hin der
12Pfdr. als nothwendig und, mit Rücksicht auf Beweglichkeit als
zulässig angesehen wurde, war zur Befriedigung der größeren Be-
weglichkeits-Ansprüche und besonders für die reitende Artillerie ein
leichtes Kaliber, fast durchweg der 6Pfdr., für nöthig gehalten und
angenommen worden. Seine Wirkung wurde als das zulässige

Minimum angesehen, wofür das Ausscheiden der kleineren Kaliber (4Pfdr., 3Pfdr.) den Beweis liefert.

2. Ansichten über die Wirkung und den Werth der Haubitzen.

Ueber die Haubitzen gingen die Ansichten schon bei Beginn dieser Periode weit auseinander. Die Haubitze war ein Mittelgeschütz zwischen Kanone und Wurfgeschütz, bestimmt, vermöge des größeren Kalibers Hohlgeschosse zu benutzen, und diese im flachen, vornehmlich aber im höheren Bogen zu werfen. Ihre Länge war daher stets eine relativ geringe, die Ladung klein gewesen.

Wie schon erwähnt, war ihre Trefffähigkeit in Folge der mangelhaften Fertigung der Granaten und der Nichtbeachtung der Excentricität gering. Die Benutzung kleiner Ladungen machte den Gebrauch der Haubitzen complicirt. Der Kartätschschuß stand bei der relativ geringen Ladung gegen den der Kanonen zurück. Diese Ursachen erklären es, daß die kurzen Haubitzen vielfach verworfen wurden. Sollten sie eine Berechtigung zur Existenz behalten, so mußte zur Verbesserung der Trefffähigkeit etwas geschehen. Mehrere Artillerien, besonders die preußische, suchten durch Einführung excentrischer Granaten die Rotation zu beherrschen und erreichten eine genügende Steigerung der Trefffähigkeit. Dieser Weg war der rationelle, denn er ließ das Princip der Geschütz-Construction unangetastet.

Andere Artillerien construirten eine lange Haubitze, welche die Trefffähigkeit des flachen Bogenwurfs steigern sollte, aber auf die Anwendung des hohen Bogenwurfs ganz oder theilweise verzichtete.

Dieses Aufgeben des eigensten Constructions-Princips des Geschützes legte den Keim zu einem Kampfe der Ansichten, welcher erst mit der gänzlichen Abschaffung der glatten Geschütze enden sollte und aus dem wir einige Momente herausheben wollen.

Schon Scharnhorst bemerkte[56], mit Rücksicht auf Wirkung sei eine 9 Kaliber lange Haubitze (ohne Kammer) der kurzen vorzuziehen. Er hob zugleich hervor[57], daß die Haubitzen, je länger sie seien, desto mehr den Kanonen glichen und besser für den Gebrauch im freien Felde geeignet seien.

Borkenstein sprach sich über die Haubitzen sehr ausführlich ungefähr folgendermaßen aus[58]: „Die kurzen Haubitzen stehen in der Wirkung den Kanonen und den langen Haubitzen nach; letztere leisten mit flacher Elevation und starken Ladungen mehr als jene. Außerdem ist das Problem, die Ladung und Elevation so zu combiniren, daß die Granate jede gegebene Distance des Feindes erreicht und hier liegen bleibt, viel zu verwickelt und gelehrt, um im Felde Anwendung zu finden.

Lange Haubitzen können auch verdeckte Ziele beschießen und von größter Wichtigkeit ist ihr bedeutender Effect im Kartätschschuß. Selbst die kurzen 20pfdg. Haubitzen leisten bei dreifacher Zahl an Kartätschkugeln nur so viel wie der 6Pfdr. im Kartätschschuß.

Auch im Kugelfeuer leistet der 6Pfdr. so viel, wie 3 bis 4 Haubitzen im Granatfeuer. Die jetzigen kurzen Haubitzen sind daher gänzlich verunglückte Geschütze, Zwerggeschütze, hermaphrobitisch kleine Ungeheuer, welche länger gemacht werden müssen."

Schließlich wird die lange Haubitze die „Königin der Feuerschlünde genannt, womit Borkenstein seine Vorliebe für die Granatkanonen ausdrückt, wovon noch die Rede sein wird.

Plümicke[59] bemerkte, die Haubitzen seien für das Feld unentbehrlich.

Grävenitz hob hervor[60]: fast in allen Artillerien herrschten gegen die Haubitzen wegen der, allerdings nicht guten Treffresultate Vorurtheile.

Decker[61] betonte die Vortheile der Haubitzen für die Offensive der großen Wurfweiten wegen, wobei aber ausgedehnte Ziele erforderlich seien.

An einer anderen Stelle[62] hatte Decker sich schon ausführlicher über die Haubitzen ausgesprochen, indem er bemerkte, sie seien Stiefkinder neben den Kanonen. Sie müssen überall in Masse gebraucht werden, aber nicht in „gemischten" Batterien.

Nach Einführung der excentrischen Granaten und der Schrapnels war Decker für die Haubitzen ganz außerordentlich eingenommen. Er erklärte sie für „ein furchtbares Element" und meinte, ihre Vervollkommnung streife an das Wunderbare.

Im Jahre 1842 bei Besprechung einer Schrift: Notice sur les obusiers vom General Marion sagte Decker: „Unter den Artilleristen herrscht jetzt viel Bewegung über die Haubitzen, ein Vorbote eines neuen Kampfes über diese Frage, die beiläufig gesagt, 30 Jahre zu spät kommt: ob lange oder kurze Haubitzen für die Feld-Artillerie?"

Timmerhans[63] sprach sich 1843 entschieden für die lange Haubitze aus.

Favé[64] sprach 1845 den Haubitzen eine große Rolle zu.

In der Allgemeinen Militair-Zeitung von 1844, sowie im Journal des armes speciales 1851 wurden die Haubitzen und zwar die kurzen, für unentbehrlich gehalten. Aehnlich sprachen sich Schmölzl 1853[65] und das Archiv für die Artillerie und Ingenieur-Offiziere 1855 aus.

In der Zeitschrift für Geschichte, Kunst und Wissenschaft des Krieges 1853 wurden die kurzen Haubitzen, auf Grund der in den Feldzügen in Baden, Posen und Schleswig erreichten Resultate aufs Wärmste vertheidigt und für unentbehrlich gehalten.

Dwyer[66] verwarf 1856 die Haubitzen kurzweg. Dahingegen fanden sie an Streubel 1858 wieder einen lebhaften Vertheidiger.

So blieben denn die Ansichten über dieses Geschütz getheilt bis 1858 die Militair-Literatur-Zeitung sogar erklärte: „niemals ist eine gründliche Diskussion über die langen und kurzen Haubitzen eröffnet worden. Man verdammt einfach die kurzen."

Man kann wohl sagen, daß dieser Ausspruch den Nagel auf den Kopf traf. Wäre man auf das eigentliche Constructions-Princip der kurzen Haubitzen — ein Wurfgeschütz zu sein — zurückgegangen und hätte dann klar ausgesprochen, ein solches Geschütz ist im Felde nicht nöthig, so war die Construction der langen Haubitze genugsam motivirt. Aber man blieb meist auf halbem Wege stehen. Dazu kam, daß viele Artillerien bei der Neuconstruction ihrer Systeme sich nicht die Mühe gegeben hatten, die kurze Haubitze zu verbessern; sie hatten sie einfach verworfen und, auf zum Theil sehr unklarer Grundlage dafür die langen angenommen, deren Schuß ihnen einfacher und bequemer war, als der Wurf der kurzen Haubitze mit kleinen Ladungen.

Um das Jahr 1850 hatten in der größeren Zahl der Artillerien die langen Haubitzen gesiegt. Die kurzen Haubitzen waren nach den Kriegen eigentlich nur von den deutschen Artillerien mit dem ernstlichen Bestreben beibehalten, sie zu cultiviren. Hier war von jeher der Wurf mehr und gründlicher studirt und ausgebildet, als in den anderen Artillerien. Ueberall, wo die kurze

Haubitze vorgezogen und beibehalten wurde, betrieb man auch die Lösung der Rotationsfrage und die Steigerung der Haubitzwirkung durch Annahme excentrischer Geschosse.

Es muß indeß bemerkt werden, daß dadurch die kurzen Haubitzen doch nicht den Werth erlangten und die Werthschätzung erfuhren, die ihnen gebührte. Einmal war die complicirte Bedienung und das Studium, welches das Verständniß des Haubitzwurfs verlangte, vielen Artilleristen sehr unbequem, und ferner trug die Einstellung der Haubitzen in die Kanonen-Batterien entschieden zu einem oft mangelhaften oder falschen Gebrauch dieses Geschützes und zu seiner Vernachlässigung bei.

Mit der hohen Ausbildung der Infanterie-Taktik und besonders mit der Zunahme der Ortsgefechte gewannen die kurzen Haubitzen an Bedeutung durch ihr indirectes Feuer. Diese Erkenntniß wurde in den funfziger Jahren vielfach ausgesprochen und daher wurde damals auch, wenigstens in der preußischen Artillerie, dem Gebrauch der Haubitzen eine erhöhte Aufmerksamkeit zugewendet.

Die meisten deutschen Artillerien hielten darum mit Zähigkeit an den kurzen Haubitzen auch dann noch fest, als Granatkanonen und kurze 12Pfdr. eingeführt wurden. Selbst nachdem die Einführung der gezogenen Kanonen im Gange war, wurde über das Ausscheiden der Haubitzen beinahe in letzter Linie erst entschieden.

Die langen Haubitzen verdienten streng genommen den Namen „Haubitzen" nicht, denn das einfache Schießen von Granaten, deren Sprengwirkung nicht am Ziele, sondern in zufälliger Weise irgendwo hinter demselben zur Geltung kam, berechtigte nicht dazu. In der Trefffähigkeit leisteten sie immer noch weniger als die Kanonen. Die Hauptmotive, welche in letzter Instanz für ihre definitive Annahme vielfach maßgebend wurden, war die den kurzen Haubitzen und dem leichten Feldkaliber überlegene Kartätsch- und Schrapnelwirkung, die sie haben sollten und in Folge der größeren Kugelzahl sowie des stärkeren Ladungsquotienten zum Theil auch wirklich hatten. Am wenigsten von Bedeutung war hierbei wohl, mit Rücksicht auf die dazu aufgewendeten Mittel die Ueberlegenheit des Kartätschschusses.

Mit dem Aufgeben der kurzen Haubitzen dokumentirten die betreffenden Artillerien, daß sie auf das indirecte Feuer keinen Werth legten oder dasselbe für ganz entbehrlich hielten. Dieser

Ideengang mußte auf die spätere Entwickelung der einzelnen Artillerien von Einfluß werden. Wenn man den eigentlichen Wurf überhaupt schon aufgegeben hatte, so konnte man leichter zu einer neuen Geschützconstruction übergehen und schneller eine solche ausführen, wenn dabei wiederum auf die Ausführung des Wurfs verzichtet wurde.

In diesem Sinne begünstigte das Vorhandensein der langen Haubitzen in Frankreich die Annahme der sogenannten Granatkanone. Man könnte sogar nachweisen, daß die langen Haubitzen in den betreffenden Artillerien, die schnellere Durchführung der Bewaffnung mit gezogenen Geschützen beförderten. Wenigstens wurde dieselbe in Preußen dadurch verzögert, daß man die kurzen Haubitzen nicht eher aufgeben zu können meinte, bevor nicht ihr Wurf durch eine entsprechende Schußart der gezogenen Kanonen ersetzt sei. Diese Bedenken lagen damals bei den Artillerien, die den Wurf früher schon aufgegeben, nicht mehr vor.

3. Ansichten über das Maß und die Bedeutung der Beweglichkeit.

Das oben berührte Ausscheiden der leichtesten Feld-Geschütze (4Pfdr. und 3Pfdr.) deutete schon frühzeitig an, in welchem Sinne das später viel gebrauchte Schlagwort: „nur nothwendige Wirkung" aufzufassen sei, indem dadurch wenigstens eine untere Grenze gegeben wurde, innerhalb deren der Begriff sich zu bewegen hatte. An dieser Grenze stand aber nach allgemein und unbestrittener Ansicht das 6pfdg. Kaliber. — Nur innerhalb seiner Construction wurde hie und da das Princip der Beweglichkeit noch möglichst auszubeuten gesucht. In dieser Beziehung galt der englische 6Pfdr. vielfach als ein begehrenswerthes Muster, nach welchem in Preußen besonders auch Monhaupt verlangte, der den 12Pfdr. überhaupt als für das Feld gänzlich verwerflich bezeichnete.

Zweifellos waren schon in den zwanziger Jahren die Anforderungen an die Beweglichkeit der Feld-Artillerie gesteigert. Einerseits geschah dies durch die beweglicher gewordene Taktik der Infanterie. Der Prinz August von Preußen hob schon im Jahre 1823 in einem Schreiben an den König hervor, wie die Infanterie eine so große Beweglichkeit erlangt habe, daß, wenn die Fuß-

Artillerie ihr folgen solle, die Mannschaften zum Gefechte aufsitzen müßten. Dies Bedürfniß, das sich auch in anderen Artillerien geltend machte, führte zu der reglementarischen Einführung des Aufsitzens zum Gefecht, (Preußen, Oesterreich) oder zur Einführung einer reinen fahrenden Artillerie (Schweden).

In zweiter Linie wurde ein größeres Maß der Beweglichkeit auf Grund der besseren Ausbildung der Artillerie in der Elementar-Taktik verlangt, wodurch mehr und mehr das Streben nach schnellem Manövriren geweckt wurde, dem mit dem alten Material nicht genügt werden konnte. In diesen Bestrebungen stand die reitende Artillerie an der Spitze; ihrem Einflusse waren die ersten und vornehmlichsten Anregungen zur Herstellung eines leichteren Feld-Artillerie-Materials zuzuschreiben.

Wie schon oben bei der Entwickelung des preußischen Geschützsystems erörtert worden, begann die Strömung zu Gunsten einer erhöhten Beweglichkeit im Jahre 1820, unmittelbar nach Annahme des Materials c/16. Während der 12Pfdr. und damit das Princip der höchsten Wirkung unangetastet blieb, concentrirten sich die Wünsche und Bestrebungen auf das Geschütz, welches das Element der höchsten Beweglichkeit repräsentirte: auf den 6Pfdr. Einige Artillerien (England, Oesterreich) hatten diesen Bestrebungen im erhöhten Maße Rechnung getragen durch Construction eines besonders leichten, entsprechend bespannten 6Pfdrs., der nur für die reitende oder fahrende Artillerie bestimmt war. Dieser Vorgang mußte besonders für die reitende Artillerie Preußens, welche den relativ schwersten 6Pfdr. führte, ein Sporn zur Erlangung einer ähnlichen Begünstigung werden.

Im Jahre 1821 richtete der damalige Major Jenichen einen Antrag an den Prinzen August, worin er unter Anderem betonte, wie die Beweglichkeit die Artillerie dreister, unternehmender und braver machen müsse, da ihr dadurch für viele Verwendungsfälle die Fesseln abgenommen würden. Sie würde durch eine gesteigerte Beweglichkeit sogar meist befähigt sein, eine etwaige geringere Wirkung des Geschützes (wenn solches für schwächere Ladung construirt sei) auszugleichen. Von diesen Vorzügen könne vor Allem die reitende Artillerie Gebrauch machen, sie müsse ein leichtes Geschütz erhalten.

Diese Ansichten gewannen bald viele Anhänger. In vielen Vorschlägen wurden sie an die Spitze der Erörterungen gestellt.

Man verzichtete dabei auf die Wirkung des jetzigen 6Pfdrs. und wollte ihn nur für $1/4$ oder $7/24$ kugelschwere Ladung construiren. Wie erwähnt, begannen auch bald die Versuche zur Erleichterung des 6Pfdrs. Die erste thatsächliche Erleichterung trat durch die Verminderung der Protzmunition ein, welche beim neuen Material später noch vermindert wurde.

Die Vermuthung, daß schon damals die Strömung über das zulässige Maß hinausging, wird durch den schon angeführten Ausspruch Grävenitz's bestätigt, welcher lautet: „Todtfahren und todtreiten kann keine reitende Artillerie den Feind . . . aber todtschießen muß sie den Feind können, daher nie aufhören, Artillerie zu sein." Das war ohne Zweifel eine Warnung gegen das Betonen das kavalleristischen Elements der reitenden Artillerie.

Die Bewegung blieb indeß im Wachsen. Die fast allgemeine Losung wurde: „höchste Beweglichkeit bei nur nothwendiger Wirkung." Sie machte sich bei der Neuconstruction des Materials mehr und mehr geltend und schließlich wurde die „nur nothwendige Wirkung", die man denn doch für erforderlich hielt, auf Kosten einer zu schwachen Construction erreicht, welche, wie oben erwähnt, wieder eine Gewichtsvermehrung erheischte.

Jedenfalls war das Princip der höchsten Beweglichkeit bis an die äußerste Grenze verfolgt worden.

So blieb die Situation, bis eine erfolgreiche Reaktion dagegen durch die gesteigerte Wirkung der gezogenen Gewehre ins Leben gerufen wurde. Der Begriff „nur nothwendige Wirkung" wurde dadurch geändert und das mußte auch das Maß der Beweglichkeit modificiren.

Um das Maß der Beweglichkeit zu bestimmen, mußte es eine gewisse Einheit, eine bestimmte Größe der Last geben, welche einem Artillerie-Zugpferde auf die Dauer zugemuthet werden konnte. Ein solches Maß hatte zuerst Scharnhorst angegeben[67]. Unter der Annahme hölzerner Achsen bestimmte er es (ohne Futter) pro Pferd bei der reitenden Artillerie auf rund 250 Kil., bei der Fuß-Artillerie auf 327 Kil. Dieses Maß war selbst nach Einführung der eisernen Achsen immer noch ziemlich hoch gegriffen und wurde zum Beispiel beim preußischen Material von 1816 nur vom 6Pfdr. der reitenden Artillerie überschritten.

Migout und Bergerie[68] berechneten indeß die Leistungsfähigkeit des Zugpferdes wiederum auf 320 Kil. Auch das ist ein

'Maximum, welches in den neuen Systemen, selbst bei aufgesessener Mannschaft nur bei den Geschützen erreicht oder überschritten wurde, bei denen die Bespannung eine irrthümlich zu schwache war.

Die oben pro Pferd bestimmten Mittelzahlen blieben hinter diesem Maximum zurück beim 12Pfdr. um 37,5 Kil., beim 6Pfdr. um 32,5 Kil.

Aus dieser Thatsache konnte man ableiten, daß in den neuen Systemen die Maximal-Last pro Pferd bei der Fuß-Artillerie auf circa 300 Kil., bei der reitenden Artillerie auf circa 265 Kil. angenommen wurde.

Das preußische Material von 1842 hielt diese Grenzen fast genau inne. Nachdem es sich dabei aber als zu schwach erwiesen, überstiegen der 6Pfdr. der Fuß- und der reitenden Artillerie, sowie die 7pfdg. Haubitze dieselben nicht unbedeutend.

Es läßt sich nicht behaupten, daß man in dieser Hinsicht zu allgemein anerkannten Grundsätzen gelangt wäre. Die Thatsache indeß, daß das nach reiflicher Ueberlegung hergestellte System, als durchaus rationell construirt betrachtet werden konnte und das höchstmögliche Maß von Beweglichkeit erreicht hatte, verschaffte den bei ihm obwaltenden Lastverhältnissen den Charakter von beachtenswerthen Erfahrungssätzen von allgemeiner Gültigkeit.

In den funfziger Jahren galten daher vielfach als die pro Pferd zu überwältigenden Maximal-Lasten folgende: beim 12Pfdr. (8Spänner) 300 Kil., beim 6Pfdr. (fahrenden) 330 Kil., beim 6Pfdr. (reitenden) 270 bis 275 Kil.

Ziemlich nahe kommt diesen Zahlen zum Beispiel Dwyer[69] auf Grund der in den funfziger Jahren bei den meisten Artillerien thatsächlich vorhandenen Last-Verhältnisse. Dwyer hält dieselben für durchaus günstig und betonte immer noch den Grundsatz: „größte Beweglichkeit bei nur nothwendiger Wirkung."

Diese Last-Verhältnisse waren gültig für längere Bewegungen (Eilmarsch-Formation). Bei den Bewegungen im Gefecht selber, bei denen noch Leute auf die Handpferde gesetzt wurden, gestaltete die Manövrir-Belastung sich selbstverständlich ungünstiger.

Man war übrigens bei diesen Verhältnissen in Preußen mit der Beweglichkeit des neuen Systems völlig zufrieden. Selbst die reitende Artillerie verlangte nicht mehr nach einem leichteren fremden Geschütz.

Fünftes Kapitel.

Die reitende Artillerie.

Im Anschluß an die vorstehenden Betrachtungen über die Beweglichkeit der Feld-Artillerie-Systeme, erscheint es zweckmäßig, hier
die reitende Artillerie in den Kreis der Betrachtung zu ziehen, da
sie das Prinzip der höchsten Beweglichkeit vertreten sollte, und sich
in bemerkenswerther Weise, sowohl auf praktischem wie theoretischem
Gebiete eine Rolle in jenem Sinne aneignete.

Als Friedrich der Große 1759 die reitende Artillerie schuf,
folgte er dem Gebote einer Nothwendigkeit. — Nachdem er in den
siebenjährigen Krieg mit einer verhältnißmäßig leichten Artillerie
eingetreten und durch die wirksame österreichische Artillerie schon
1758 gezwungen war, seine schwere Artillerie (die Brummer) zu
vermehren, fehlte es an leichter Artillerie, welche befähigt war, bei
dem offensiven Charakter der preußischen Kriegführung der Armee
auf schnellen längeren Märschen zu folgen. Diese Aufgabe sollte
die reitende Artillerie erfüllen.

Die Vorzüge der neuen Truppe waren so unverkennbar, daß
sie bald Anerkennung fand. Oesterreich richtete 1779 auf Vorschlag des General-Feldzeugmeisters von Rouvroy Cavallerie-
Batterien ein. —

Frankreich führte 1791 die reitende Artillerie ein und widmete
ihr stets die größte Aufmerksamkeit.*) Rußland und England
folgten mit der Einführung im Jahre 1793.

Hierdurch wurde das allgemeine Verlangen nach höherer Beweglichkeit und die Befähigung der reitenden Artillerie zur Er-
füllung desselben constatirt. Das besondere Element, das sie somit vertrat, verlangte als Voraussetzung eine besondere Organisation
und Ausbildung, als Folgerung, eine besondere taktische Verwendung. Diese Folgerung wurde entweder gar nicht oder
nicht scharf genug gezogen. Die reitende Artillerie hatte weder
ein Reglement noch einen besonderen Chef. Der leitende Gedanke
bei der Formation der reitenden Artillerie war eben nur der ge-

*) Nach einer Note in Favé: „Histoire et tactique des trois armes."
Seite 410, gab Lafayette, 1790 aus Preußen kommend, die erste Anregung
zur Einführung der reitenden Artillerie.

wesen, neben der schwerfälligen Fuß-Artillerie ein bewegliches Element für längere schnelle Märsche zu schaffen. Eine vorwiegend offensive Verwendung der reitenden Artillerie auf dem Schlachtfelde selber wurde nirgend in den Vordergrund gestellt, der Gedanke dazu nirgend klar ausgesprochen. Wo er etwa zur That wurde, geschah es aus eigener Initiative eines energischen Kommandeurs und wo seine Ausführung gelang, geschah es unter günstigen Umständen. Im Gefecht waren daher die Leistungen der reitenden Artillerie nicht besonders gegen die der Fuß-Artillerie hervorstechend.

Sehr bezeichnend ist für diese Verhältnisse eine Bemerkung in einem offiziellen Schriftstücke vom Jahre 1789, welche heißt: „Man kann bis auf den heutigen Tag noch kein einziges Beispiel anführen, daß im 7jährigen Kriege die Artillerie der angreifenden Truppen sich den feindlichen Batterien und Bataillonen bis zum Kartätschfeuer nähern und durch dasselbe die feindlichen Batterien zum Schweigen bringen und die dahinter stehenden Bataillone in Unordnung bringen konnte. Die preußische Artillerie hat im 7jährigen Kriege nur Versuche dazu gemacht, aber sie nie ausführen können." —

Man darf dieses Urtheil auch auf die Verwendung der reitenden Artillerie beziehen.

Im Feldzuge von 1806 leistete die reitende Artillerie ebenfalls nichts Hervorragendes, weil sie vereinzelt und nicht im Sinne einer besonderen Organisation auftrat. [70])

1809 hatte die reitende Artillerie an der Reorganisation Theil genommen und einen besonderen Brigadier erhalten. Strotha sagt über diese neue Organisation: „Unerachtet der Mängel war diese Formation nicht nur die beste der bis dahin in's Leben getretenen, sondern auch aller später versuchten und wenn sie nicht erfüllte, was sich von ihr erwarten ließ, so lag dies weniger in jenen Mängeln, als vielmehr in einigen Grundübeln der Artillerie, sowie in den beschränkten Mitteln und den damaligen Verhältnissen des Staates."

Im Jahre 1809 erhielt die reitende Artillerie eine besondere, der der Dragoner ähnliche Uniform und besondere Instructionen für die Ausbildung, welche mit dem größten Eifer betrieben wurde und sich zu großer Höhe emporhob. [71]

Ein neues Exerzir-Reglement wurde 1812 herausgegeben; es

war hauptsächlich vom damaligen Premier-Lieutnant Monhaupt verfaßt und geradezu musterhaft.

Darauf nahmen 3 reitende Batterien 1812 am Feldzuge gegen Rußland Theil. Sie fanden auch hier keine charakteristische Verwendung[72], wurden fast überall wie Fuß-Artillerie verwendet, verzettelt und leisteten nichts Hervorragendes. Diese Fehler pflanzten sich in den Feldzügen von 1813 und 1814 fort.

Die Zutheilung der reitenden Artillerie zu den Infanterie-Brigaden begünstigte die Verzettelung, so daß jene nie vereinigt auftreten konnte.[73]

Jenichen sprach in einem Schreiben an den Prinzen August 1821 sich offen dahin aus, daß die reitende Artillerie im letzten Kriege nicht ihrer Bestimmung gemäß gebraucht worden sei. Sie sei von vorn herein fast immer in Kanonaden auf weiten Entfernungen verwickelt und nie zur Entscheidung verwendet worden.

Durch die Reorganisation vom 16. Februar 1816 wurden die reitenden Batterien wieder den drei Fuß-Abtheilungen zugetheilt; die selbstständige Stellung ging also wieder verloren. Die Avancirten mußten auch als Festungs-Artilleristen ausgebildet werden. Die Güte der reitenden Artillerie sank dadurch und dies war theilweise die Ursache für die mehr und mehr auftretende Idee, die fahrende Artillerie sei geeignet, die reitende Artillerie zu ersetzen.

Als nach Beendigung der Kriege die Leistungen der Truppen einer genaueren Kritik unterzogen wurden, wollte man erkennen daß die reitende Artillerie nicht das geleistet, was zu erwarten man berechtigt gewesen sei.

Der oben erwähnte Ausspruch Jenichens zeigt, wie selbst vorurtheilsfreie reitende Artilleristen diese Ansicht theilten.

Bei der Friedens-Organisation sank, wie oben erwähnt, die reitende Artillerie gegen früher, während die erleichterte Fuß-Artillerie, die sich hie und da schon in eine „fahrende" verwandelte, sich mehr hob. Alle diese Umstände weckten allmählig eine Opposition gegen die reitende Artillerie. Es entstand eine fortlaufende, theilweise sehr heftige literarische Fehde, welche durch die Prätension, mit der die reitende Artillerie im Allgemeinen auftrat, scharf zugespitzt wurde.

Zunächst richteten sich die Angriffe gegen den der reitenden Artillerie zugeschriebenen hohen Werth der großen Beweglichkeit, insofern derselbe zum Zurücklegen langer Wege in Betracht kam.

Scharnhorst hatte mit Rücksicht hierauf die reitende Artillerie als vorzüglich zur Reserve geeignet erklärt.[74]

In gleichem Sinne hatte sich Decker ausgesprochen und den größten Vorzug der reitenden Artillerie in der Befähigung zum schnellen Zurücklegen langer Wege erblickt.[75] Er meinte, hierin könne keine fahrende und keine Fuß-Artillerie sich mit jener messen.

Ferner hatte Plümicke erklärt, die fahrende Artillerie der Oesterreicher bleibe weit hinter der reitenden zurück.

Auch in französischen Schriften trat eine ähnliche Auffassung hervor.[76]

Dieser für die reitende Artillerie in Anspruch genommene Vorzug war während der Kriege nur in wenigen Fällen zur Geltung gekommen. In dem Archiv für Offiziere aller Waffen vom damaligen Hauptmann Schmölzl, Jahrgang 1847, ist eine Zusammenstellung aller hervorragenden Leistungen der reitenden Artillerie seit dem 7jährigen Kriege bis zur Einnahme von Warschau enthalten. Darunter befinden sich 30 bis 35 Fälle, in denen die reitende Artillerie ihre Beweglichkeit zum Zurücklegen längerer Wege in entscheidender Weise zur Geltung gebracht hat, während nur 12 Fälle für das entscheidende Eingreifen der reitenden Artillerie in das Gefecht selber sprachen.

Dwyer führte 1856 dergleichen Fälle 18 an. An diese geringen Zahlen hielten sich die Gegner und negirten die besondere Bedeutung der reitenden Artillerie überhaupt.

Einer der ersten hierauf bezüglichen Aufsätze erschien im Militair-Wochenblatt 1818: „Die fahrende Artillerie en grande tenue." Es hieß darin, die reitende Artillerie leiste bei Weitem nicht das, was sie leisten könne; eine gute, zweckmäßig organisirte fahrende Artillerie könne mit geringerem Kraft-Aufwand und mehr Einfachheit das Gleiche wie jene leisten. Die hierdurch angeregte Controverse zog sich im Militair-Wochenblatt längere Zeit hin.

In einer in demselben Jahre erschienenen Schrift: „Die reitende Artillerie, was sie ist, sein sollte und sein könnte", (von Monhaupt), wurde jener Vorwurf der mangelhaften Organisation zugeschrieben.

Die einmal angeregte Frage erregte mit der gesteigerten Beweglichkeit der Fuß-Artillerie die Geister im höheren Grade.

In einer kleinen Schrift vom Jahre 1826: „Die reitende

und die fahrende Artillerie. Eine Parallele." — kam der Verfasser zu folgenden Schlüssen:

    a) die reitende Artillerie ist besser für lange und schnelle Bewegungen;

    b) sie ist gewandter und manövrirfähiger;

    c) sie hat mehr moralische Stärke und Wirkung als fahrende Artillerie.

Aus diesen Gründen könne sie durch letztere nie ersetzt werden. Diesen Fehdehandschuh ergriff vornehmlich die österreichische Artillerie, in der die eigentliche reitende Artillerie durch fahrende ersetzt war.

In der österreichischen Militair-Zeitschrift von 1827 erschien eine Kritik jenes Buches. Unter Hinweis darauf, daß der österreichische Cavallerie-6Pfdr. circa 360K. leichter als der preußische 6Pfdr. sei, wurde die Beweglichkeit des ersteren, als die des letzteren überragend angenommen.

In einem anderen Aufsatze derselben Zeitschrift wurde die Ueberlegenheit des österreichischen Cavallerie-Geschützes über die der anderen reitenden Artillerien darzuthun versucht.

Decker hingegen erklärte 1828 wiederum die fahrende Artillerie für eine Zwittergeburt.[77].

Die oben besprochenen Angriffe wurden von der reitenden Artillerie mit einer gewissen Geringschätzung behandelt und das mit Recht, denn es konnte nicht bestritten werden, daß sie für längere schnelle Bewegungen geeigneter war, als die damalige unbewegliche Fuß-Artillerie.

In der reitenden Artillerie entwickelte sich aber damals ein Streben nach noch höheren Zielen. Das Bewußtsein eines besonderen Werthes wurde in ihr in höherem Maße lebendig und immer fester begründet. Die Hauptursache hierzu lag in dem stetig steigenden Werthe, welchen das Princip der Beweglichkeit in der Taktik überhaupt annahm. Die beweglich gewordene Infanterie-Taktik, welche Prinz August schon zu Anfang der zwanziger Jahre anerkannte, zwang auch die Artillerie zu größeren Leistungen.

Sie konnte diese selbst mit dem älteren Material bis zu einem gewissen Grade erreichen, da die elementare Ausbildung der Truppe von Jahr zu Jahr besser wurde, die Offiziere die Formen der Elementartaktik mehr beherrschten, als früher, und das geschickte Manövriren mehr zur allgemeinen Routine wurde.

Viel größere Leistungen standen aber mit einem neuen er-

leichterten Material in Aussicht, wie es einige Artillerien schon
besaßen.

Mit welchen Augen man die höhere Beweglichkeit der Artillerie
ansah und wie man sie geradezu mit der höheren taktischen Bedeutung der Artillerie identificirte, geht unter Anderem daraus
hervor, daß Grävenitz schon 1824 erklärte[78]: „seit die Artillerie so
beweglich geworden, ist sie vermöge ihrer großen Wirkung die
allein entscheidende Waffe."

Dieser Ausspruch wurde selbstverständlich in potenzirtem
Grade auf die Bedeutung der reitenden Artillerie angewendet. —
Breithaupt erklärte sie nun für eine „vorzügliche" Waffe.[79]

Decker aber sprach das große Wort aus: „Die reitende Artillerie ist die Königin der Waffen"[80]), welches von nun an im
wahren Sinne des Wortes von vielen reitenden Artilleristen als
eine Offenbarung angesehen wurde. Welche glänzenden Eigenschaften Decker dieser „Königin" zuschrieb, das kann man auf Seite
119 und 120 seiner Taktik nachlesen. In blühender Sprache führt
er Eigenschaften auf, welche eigentlich von jeder guten Truppe gefordert werden müssen, aber doch in besonderer Weise von der
reitenden Artillerie verlangt wurden.

Mit dieser Verherrlichung begann eine Periode der Selbst-
vergötterung der reitenden Artillerie. Dieser Ausdruck mag gewagt
erscheinen, aber wir halten ihn für völlig zutreffend. Nannte man
doch in Hannover die Offiziere der reitenden Artillerie lange Zeit
„die Göttlichen."

Es galt nun der, von der reitenden Artillerie beanspruchten
höheren Stellung eine Grundlage zu geben und das Recht der
Ansprüche zu begründen. Das Princip und das Maß der höchsten
Beweglichkeit, auf welche in letzter Instanz alle Vorzüge zurück-
zuführen waren, mußten in anderer Weise als bisher theoretisch und
praktisch ausgebeutet werden.

So lange nur die Befähigung zum schnellen Zurücklegen
längerer Wege außerhalb des Schlachtfeldes in Betracht kam,
konnte von einer eminenten taktischen Bedeutung der reitenden
Artillerie nicht die Rede sein, dazu war vielmehr nothwendig, die
höchste Beweglichkeit auf dem Schlachtfelde selbst zur vollen
Geltung zu bringen. Die Beweglichkeit und Schnelligkeit der
Bewegungen mußte ähnlich wie bei der Cavallerie zu einem Element für die kräftigste Offensive werden. — Es galt die reitende

Artillerie zu einer Offensivwaffe par excellence zu machen, deren blanke Waffe, statt des Säbels, der Kartätschschuß sein mußte. — Hierdurch ist die geistige Bewegung und das praktische Bestreben gezeichnet, welche mehrere Jahrzehnte hindurch innerhalb der reitenden Artillerie thätig waren. Neben Phantomen verfolgte und erreichte man praktische Ziele, so daß die Bestrebungen wirkliche Verdienste hatten.

Die eigenthümliche Strömung wurde begünstigt durch die besseren Dotirungs-Verhältnisse, in denen die reitende Artillerie sich im Vergleich zu der Fuß-Artillerie befand; die Bewegung wurde geleitet durch besonders geeignete und befähigte Männer, die aus der reitenden Artillerie hervorgegangen, oder an ihrer Spitze standen. Das Ziel der Bewegung war für die reitende Artillerie im Gefecht eine Rolle und Aufgaben zu schaffen, die eben nur durch sie zu lösen sein konnten. Dieser besondere Zweck mußte sie zu einer besonderen Waffe stempeln. Für seine Erreichung war eine besondere Lehre: eine Taktik der reitenden Artillerie zu construiren. —

Die Mittel zur praktischen Lösung der Aufgabe bestanden in einer gründlichen Detail-Ausbildung von Mann und Pferd und in einer überlegenen Fertigkeit der Offiziere zum Evolutioniren und Manövriren.

Die erste Aeußerung über den besonderen Charakter der reitenden Artillerie findet sich in einem Schreiben des damaligen Majors Jenichen vom Jahre 1821 an den Prinzen August. Sie lautet: „Es muß die allgemeine Idee Grundsatz werden, die reitende Artillerie ist eine Angriffswaffe wie die Cavallerie, und ist nur im Nothfalle wie Fuß-Artillerie zu verwenden." —

Dieser Ausspruch charakterisirt die ganze Bewegung. Es lag ihm der richtige Gedanke zu Grunde, daß die Artillerie in genügender Zahl verwendet, unter Umständen eine große Offensivkraft besitzt, welche geeignet ist den Feind niederzuwerfen. Aber die Anhänger dieses Gedankens forcirten ihn, so zu sagen, wenn sie ihn zum allgemeinen Grundsatz machen wollten. Der bedeutendste Vertreter desselben war der damalige Brigadier der 3. Artillerie-Brigade-Oberst Monhaupt. In ihm war, wie in keinem anderen Artilleristen, die Idee einer rücksichtslosen Offensive zu Fleisch und Blut geworden. Und er verfolgte sie bis in die äußersten Consequenzen. Seine daraus gezogenen Schlüsse und darauf basirten Rathschläge finden größtentheils jetzt nicht nur die vollste Anerkennung, sondern auch die thatsächliche Verwirklichung für den Gebrauch der Artillerie im Allgemeinen.

Monhaupt übte sowohl durch seine praktische Thätigkeit bei Ausbildung der Truppe, als auch durch schriftstellerische Thätigkeit in theoretischer Richtung einen sehr bedeutenden Einfluß auf die Bestrebungen der Zeit aus. In letzterer Beziehung war es ihm darum zu thun, der reitenden Artillerie wirklich den Rang einer besonderen Offensiv-Waffe zu erringen, zur Behauptung einer solchen Ausnahme-Stellung die erforderlichen Wege anzudeuten und die Mittel dazu vorzuschlagen.

Monhaupt veröffentlichte 1823 anonym ein Buch: „System der reutenden Artillerie.“ Darin beklagte er sich, daß die reitende Artillerie in den Lehrbüchern der Artillerie und in der Taktik als Stiefkind behandelt und ihre besondere Bestimmung nirgends erwähnt werde. Sie habe aber die Stellung einer besonderen Waffe. — Man spreche immer nur von der Verwendung der reitenden Artillerie bei der Avant- und Arrièregarde; von ihrem Hauptzweck: die Entscheidung zu geben, sei nirgends die Rede. Sie müsse aber im Gefecht durch heftigen Angriff die Entscheidung herbeiführen, sie allein könne es; sie sei durchaus nur als Angriffswaffe zu betrachten. Die Hauptsache sei für sie Anwendung des Kartätschschusses auf nahen Entfernungen. Die durch sie gegebene Entscheidung sei dann von der Cavallerie auszunutzen.

Monhaupt construirte sich für diesen Zweck eine ganz besondere Artillerie, an welche die höchsten Anforderungen gestellt werden sollten. Vom System verlangte er: höchstmögliche Beweglichkeit bei nur nothwendiger Wirkung. Am besten sei der englische 6Pfdr. Die Organisation sollte eine besondere sein; es sollten Artillerie-Regimenter à 4 Batterien (32 Geschütze) bestehen und im Frieden vollständig und zwar ausgewählt bespannt sein. Die Offiziere sollten gute Taktiker, ihre artilleristisch-wissenschaftliche Bildung könne von geringerer Bedeutung sein. Mit der Fuß-Artillerie sollte somit die reitende Nichts weiter gemein haben, als die Kanonen.

Diese Vorschläge kamen im Wesentlichen auf die vor 1816 bestehende Organisation der reitenden Artillerie zurück.

Das Buch enthält entschieden einen guten Kern, viele Wahrheiten und werthvolle Ansichten; seine Tendenz ist in vielen Hauptzügen durchaus anzuerkennen. — Aber daneben enthält es auch übertriebene Forderungen und unhaltbare Ansichten, besonders über den Werth und die Bedeutung der reitenden und der Fuß-Artillerie. Die letztere wurde geradezu mit Verachtung behandelt. Es war dies aber der charakteristische Ton, den die reitende Artillerie damals schon und, in Folge der Monhauptschen Schriften später in erhöhtem Grade gegen die Fuß-Artillerie anschlug. Derselbe hat mehr oder weniger bis auf den heutigen Tag fortbestanden und zuweilen zu einer unglaublichen Ueberhebung geführt.

Das Buch rief natürlich eine lebhafte Bewegung hervor. Es fand ebenso warme Vertheidiger wie scharfe Angreifer.*)

Die erste gründliche, dabei objectiv und anständig gehaltene Kritik erschien schon 1823: „Betrachtungen über das System der reutenden Artillerie." Es heißt darin, wer die Kriegskunst kenne, werde nicht behaupten, daß die reitende Artillerie allein die Entscheidung zu geben vermöge. Die Art, wie Monhaupt seinen Angriff ausführen wolle, sei gewagt, fehlerhaft, unausführbar. So grell, wie Monhaupt, habe noch Niemand dem wissenschaftlich gebildeten Manne seinen Werth abgesprochen. —

In einer anderen ausführlichen Kritik (Oesterreichische Militair-Zeitschrift 1824 Heft 10) hieß es: „die Ideen des Verfassers gehören in das Reich der Phantasie." —

Monhaupt fühlte sich bewogen, im Jahre 1825 eine zweite Schrift herauszugeben: „System der Feld-Artillerie zu Fuß." Darin ließ er dieser Waffe allerdings mehr Gerechtigkeit widerfahren, aber in den sonstigen Vorschlägen bewegte er sich wieder auf eigenthümlichen Wegen. Auch die Fuß-Artillerie sollte nun wirksamer und beweglicher werden, ebenfalls den leichten englischen 6Pfdr. und daneben die 7pfdg. Haubitze — nur zum Wurf — erhalten. Die 12Pfdr. sollten ganz abgeschafft werden, da ihre Vorzüge im Felde, dem 6Pfdr. gegenüber ohne Werth seien. Kartätschen seien nur eine Sorte für 225 m. Entfernung zu führen.**)

Monhaupt drang mit seinen Ansichten nicht durch. Die Schroffheit, mit der er sie hinstellte, verursachte ihm selber manche

---

*) Interessant sind die Randbemerkungen, welche von den Lesern in den, in den Bibliotheken vorhandenen Exemplaren des Buches pro und contra Monhaupt gemacht wurden. Sie zeugen von dem heftigen Meinungskampfe, den es hervorrief.

**) Eine Kritik dieser Schrift ist in österreichischen Militair-Zeitschrift 1825 Heft 10.

Unannehmlichkeit. Er arbeitete indeß auf dem Gebiete rastlos weiter und hinterließ noch ein 1837 veröffentlichtes Werk: Taktik der reitenden Artillerie." Dasselbe enthielt hauptsächlich ein Reglement für die Bewegung einer oder mehrerer Batterien, welches sehr gründlich und auf eine reiche Erfahrung basirt war. Ferner erörterte es die Formen, in denen die reitende Artillerie mit den großen Reiter-Corps verbunden werden sollte.

Als einen sehr wahren Satz sprach Monhaupt gleich Anfangs aus: „Die reitende Artillerie wird erst durch die Güte der Bespannung zu dem gemacht, was sie sein soll!" —

Welche schädlichen Früchte und Verirrungen Monhaupts Schriften durch ihre schroffe absprechende Form hervorriefen, das beweist unter Anderem ein Aufsatz „Ueber den Geist der Ausbildung der reitenden Artillerie", welcher in der Zeitschrift für Kunst, Wissenschaft und Geschichte des Krieges von 1831 (Heft 5) erschien. Nach allgemeinen, die reitende Artillerie in überschwänglicher Weise verherrlichenden Redensarten, wurden darin die Grundsätze für die Detail-Ausbildung besprochen, die im Großen und Ganzen klar und richtig sind, und noch heute verdienen, gelesen zu werden. Dann heißt es in lobenswerther Absicht: „Die reitende Artillerie muß von dem obersten Grundsatze ausgehen, daß ihr Nichts unmöglich fällt, was überhaupt noch erreichbar ist. Sie muß sich berufen fühlen, Alles zu leisten, was überhaupt irgend eine Artillerie leisten kann." Darauf wird von der Offensive der reitenden Artillerie gesprochen; die letztere wird die „Königin der Waffen" genannt, zu welchem Titel „kein ängstliches Verkriechen und Schutzsuchen gegen feindliche Kugeln" passe. „Das überlasse sie der Positions-Artillerie, die auf stundenlange Kanonaden angewiesen ist und vollkommen Recht hat, wenn sie sich nach Deckung umsieht."

Es ist keine größere Beleidigung denkbar, die ein Offizier derselben Waffe seinen Kameraden zurufen könnte.

Aus Monhaupts Schriften spricht ganz einseitig der Taktiker, der in seinen Angriffs-Ideen sich durch die Beigabe eines Geschützes gebunden fühlt und dieses Hemmniß sowohl im Gewicht, als in der Wirkung auf ein Minimum reduzirt wissen möchte. Er versuchte den Charakter des Reitergefechts auf den Artilleriekampf zu übertragen. Die schnelle Angriffs-Bewegung war ihm kaum mehr Mittel zum Zweck, als vielmehr Selbstzweck. — Dieses Ueberschreiten der Grenzen der Artillerie-Taktik rief an entscheidender Stelle den Widerstand gegen seine Ideen und Vorschläge wach. In der 1851 erschienenen Schrift: „Ueber Führung und Gebrauch der Feld-Artillerie" heißt es hierüber (Seite 15): „Monhaupt schadete seinen Ansichten durch die scharfe, schneidende Form. Er nahm zu sehr für die reitende Artillerie Parthei, und führte eine Polemik herbei, die schließlich dahin führte, daß seine Grundsätze von der höchsten Artillerie-Behörde verworfen wurden. Seine Vorschläge waren überhaupt zu radikal."

Strotha bemerkte in dieser Beziehung Folgendes [81]: „Monhaupts Ideen sind oft mißverstanden, vielfach angefochten, am Meisten aber von den Waffengefährten getadelt worden und er unterlag dem bitteren Geschick derjenigen, welche gegen das Hergebrachte vergeblich ankämpfen. Wie immer ist auch hier die Zeit vermittelnd eingeschritten, und dem Hingeschiedenen wird die Anerkennung zu Theil, welche man dem Lebenden oft versagt."*)

Immerhin war Monhaupts Einfluß, besonders auf die taktischen Bestrebungen der Artillerie ein bedeutender. — Unter günstigeren Organisations-Verhältnissen der Artillerie würde er sicher Hervorragendes auch in weiteren Kreisen geleistet haben, worüber die Schärfe seines Urtheils und die Klarheit in den Ansichten über die Taktik der Artillerie keinen Zweifel entstehen lassen können.

Auf dem Wege, den Monhaupt mit seinem letzten Buche eingeschlagen, eine Taktik der reitenden Artillerie zu bearbeiten, waren ihm schon andere vorangegangen. Den Anfang auf diesem Gebiete hatte Decker 1819 mit seiner „Gefechtslehre der beiden verbundenen Waffen, Cavallerie und reitende Artillerie" gemacht. Er hatte zuerst eine Trennung der reitenden von der Fuß-Artillerie und eine engere Verbindung der ersteren mit der Cavallerie verlangt. — Dieses Verlangen ging aus dem richtigen Gedanken hervor, daß die reitende Artillerie vor Allem zu längeren schnellen Bewegungen und Märschen befähigt sei.

Die aber weiter daran anknüpfende und sich allmählig entwickelnde Lehre von der Taktik der reitenden Artillerie im Gefechte

---

*) Monhaupt war 1790 eingetreten, 1816 Brigadier der 3. Artillerie-Brigade geworden, hatte 1834 den Abschied genommen und war 1835 gestorben. Nach Strotha verband er mit einer imponirenden Persönlichkeit alle höheren Eigenschaften eines Soldaten und gehörte zu den ausgezeichnetsten Offizieren, die aus der Artillerie hervorgegangen sind.

selber, hatte keinen Grund und Boden. Sie bestand nur in einer ungewöhnlichen Ausnutzung des Princips der Beweglichkeit. — Der Kern dieser Lehre war: „schnell und kühn an den Feind heranfahren und durch ein schnelles überraschendes Kartätschfeuer die Entscheidung auf einem gegebenen Punkte herbeiführen."

Dieser Gedanke war nur zu billigen und verdiente die vollste Beachtung. Aber die reitende Artillerie verrannte sich geradezu in demselben, ließ Nichts daneben gelten und jagte einem Phantom auch dann noch nach, als die gezogenen Gewehre die Durchführung jenes Gedankens längst unmöglich gemacht hatten. Das künstliche Gebilde, das auf dem Papier geschaffen wurde, ist denn auch niemals in die Wirklichkeit getreten.

Wie schon erwähnt, bot die reitende Artillerie Alles auf, um jene Taktik durch eine vorzügliche Detail-Ausbildung möglich zu machen.

Die Ansicht, daß die reitende Artillerie eine besondere Waffe werden müsse, wenn sie mehr leisten solle, als in den Kriegen geschehen, führte zunächst zu einer Ausbildung, die darauf hinzielte, die stets betonte hohe Beweglichkeit auch zur Geltung zu bringen. Man ging darauf aus, die reitende Artillerie geradezu als das verkörperte Prinzip der Beweglichkeit herauszubilden. Die Wirkung wurde als etwas Gegebenes hingenommen, die Beweglichkeit aber konnte ausgebildet werden.

Die höchste Leistung wurde in dem lebhaften Manövriren auf dem Schießplatze erblickt. Allmählig bildete sich ein System von kunstvollen und complicirten Bewegungen aus, welches hauptsächlich darin bestand, auf einem engen Platze die Batterien mit Gewandtheit und Sicherheit herumzutummeln. Hierin wurde allerdings Bewundernswerthes geleistet, aber es war fehlerhaft diese Leistungen zum Zweck zu machen; diese Kunst an sich als das höchste Ziel für die Ausbildung der reitenden Artillerie hinzustellen. Das war leider der Fall. Das cavalleristische Element überwog in den dreißiger Jahren; die Geschütze waren eigentlich Ballast, das Schießen war Nebensache. Man verlor den weiten Blick für die artilleristischen Interessen und die allgemein taktischen Verhältnisse. Die reitende Artillerie löste sich auch in taktischer Beziehung von den anderen Waffen los, sie suchte ihre Hauptleistung bei den Manövern in häufigem schnellen Herumjagen, — das war der Friedens-Ausdruck der sogenannten neuen Taktik.

Das Beste, was die reitende Artillerie durch diese Bestrebungen für das Wohl der gesammten Artillerie rettete, war das Streben nach gründlicher Detail-Ausbildung, der Sinn für gewandtes und lebhaftes Manövriren, welcher bei der Fuß-Artillerie hauptsächlich in Folge ihrer mangelhaften Organisation fast ganz verloren ge= gangen war, und das Verständniß für eine energische, rücksichtslose Offensive. In diesem Sinne äußerte sich auch gegen uns mündlich der General von Strotha, nachdem er seine Geschichte der reiten= den Artillerie beendet, indem er ausdrücklich hinzufügte, vergeblich habe er in der Kriegs-Geschichte nach den bedeutenden Leistungen der reitenden Artillerie geforscht, die man im Frieden angestrebt und erwartet habe.

Es konnte nicht ausbleiben, daß von der reitenden Artillerie um so mehr gefordert wurde, je höher sie selber sich stellte. Das mochte ihr zuweilen unbequem werden und mußte einen Rückschlag herbeiführen. So hieß es in einer 1838 erschienenen Schrift: „Die reitende Artillerie im Cavalleriegefecht", „man fordert von der reitenden Artillerie immer mehr, als sie leisten kann. Ihre Rolle bei einem Cavallerie=Gefecht ist zum Beispiel eine sehr beschränkte." Das war allerdings ein eigener Wider= spruch zu der Behauptung: die reitende Artillerie kann Alles leisten.

Wenn nach Einführung der neuen erleichterten Systeme sich wieder Stimmen erhoben, welche den Werth der reitenden Artillerie im Vergleich zu dem der Fuß-Artillerie herabzudrücken suchten[82], so entstand doch zu gleicher Zeit ein Gegengewicht in der stetig zunehmenden Beweglichkeit der Taktik überhaupt. Damit trat der Werth der reitenden Artillerie immer wieder in den Vordergrund.

So erschien in dem vom Hauptmann Schmölzl herausgegebenen Archiv für die Offiziere aller Waffen 1848 ein Aufsatz: „Betrachtungen über das Bedürfniß reitender Artillerie," worin dieselbe wieder sehr hoch gestellt wurde. Vor Allem wurde das offensiv=taktische Element betont. — Aus einem Vergleiche der Einrichtungen und Gewichte der meisten reitenden und fahrenden Artillerien wies der Verfasser nach, daß bei letzteren die Pferde immer erheblich stärker belastet seien.

Auch in anderen Zeitschriften wurde von Neuem die hohe Beweglichkeit der reitenden Artillerie betont.[83]

Mit dem 6Pfdr., den die reitende Artillerie damals fast überall führte, war sie wohl befähigt, allen Anforderungen zu ge=

nügen, welche an ihre Beweglichkeit gestellt wurden. Es schien
eine neue Zeit des Glanzes für sie hereinzubrechen. Diese Hoffnung
sollte sich aber nicht erfüllen. Die Wirkung der gezogenen Gewehre, die zu derselben Zeit sich allgemein Geltung verschaffte,
ließ den 6Pfdr. bald als ein völlig unwirksames Feldgeschütz erkennen und entzog damit der reitenden Artillerie momentan ganz
ihren Boden. Auf den hierdurch hervorgerufenen Zwiespalt werden
wir später zurückkommen.

Rückblick auf die Lösung des Kampfes zwischen Beweglichkeit und Wirkung.

Wenn auf Grund der Darlegungen der vorstehenden Abschnitte
ein Urtheil über die Lösung gefällt werden soll, welche der Conflict der beiden Factoren: „Wirkung und Beweglichkeit" in den
neuen Feld-Artillerie-Systemen gefunden hatte, so wird vor Allem
festzuhalten sein, daß die Ausdrücke nur „nothwehdige Wirkung" und „größtmögliche Beweglichkeit" keine bestimmten
Größen repräsentiren, die etwa mit mathematischer Zuverlässigkeit
berechnet werden könnten. Dieselben waren und sind vielmehr
dehnbare Begriffe, welche der Vertheidiger, oder Gegner des einen
oder des andern Factors, nach Neigung und subjectiver Anschauung
nach einer oder der andern Seite zu dehnen oder zu beschränken sucht.

Der Artillerist als solcher wird den Hauptwerth auf „Wirkung", nicht auf „nur nothwendige" legen, sondern so viel
Wirkung fordern, als er bekommen kann.

So urtheilten die meisten älteren Artilleristen nach den Kriegen.
Sie hatten die überlegene Wirkung des schweren Kalibers kennen
und schätzen gelernt und ihr, so zu sagen „artilleristisches" Urtheil
wurde durch die während der Kriege ziemlich unbewegliche Infanterie-Taktik beeinflußt. Das Urtheil des Taktikers hingegen
lief immer auf Förderung der größten Beweglichkeit hinaus. Auch
er wünschte davon so viel, als er nur haben konnte. In diesem
Sinne sprachen sich daher die eigentlichen Vertreter der Artillerie-
Taktik, wie Monhaupt, Decker u. s. w. aus. Sie berücksichtigten
in höherem Grade die Wandelungen der Infanterie-Taktik.

Der Compromiß mußte also geschlossen werden zwischen den
Artilleristen und den Taktikern.

Jenen wurde der Beibehalt des schweren Kalibers (12Pfdr.)

in geringerer Zahl zugestanden, dessen Bedeutung mit der Einführung der Schrapnels zunahm. Diese errangen sich das leichte
Kaliber in erheblich größerer Zahl und davon wieder einen Theil
für höchste Beweglichkeit — bei der reitenden Artillerie — berechnet. Hier befand sich, so zu sagen, das Reich der Ultra-
Taktiker.

Die Systeme repräsentirten daher nicht ein Maß von Beweglichkeit und von Wirkung, sondern in ersterer Beziehung drei
Arten, in letzterer zwei Maße.

Hierin hatte der Dualismus seinen praktischen Ausdruck gefunden, der in jenem Satze: „höchste Beweglichkeit bei nur nothwendiger Wirkung" enthalten ist.

Die Zwecke und Ziele des Feldkrieges sind nicht so einheitlicher Natur, daß überall eine Wirkung genügt. Ebensowenig
gestatten die taktischen Verhältnisse mit dem ganzen Feld-Artillerie-
Systeme unter ein gewisses Minimum von Beweglichkeit hinabzu-
gehen.

Das Vorhandensein von zwei Kalibern in allen Systemen
lieferte den Beweis, daß die Aufgabe in einem Kaliber nicht zu
lösen war.

Abweichungen waren möglich durch Annahme eines verschiedenen
Verhältnisses in der Zahl der schweren zu der der leichten Geschütze, innerhalb des Systems. In dieser Beziehung herrschte keine
genaue Uebereinstimmung in den verschiedenen Systemen. — Das
Verhältniß der schweren zu den leichten Geschützen war ungefähr
wie $^1/_4 - ^1/_8$ zu $^3/_4 - ^7/_8$, das der Fuß-Artillerie zu der reitenden
wie $^3/_4 - ^7/_9$ zu $^1/_4 - ^2/_9$.

Diese Zahlen bilden den Ausdruck für die in den einzelnen
Systemen herrschenden mehr taktischen oder artilleristischen Tendenzen,
ihr Verhältniß weist für die vorliegende Periode das allgemeine
Ueberwiegen der taktischen Tendenzen nach, welches noch durch die
Erleichterung des Materials der neuen Systeme verstärkt wurde.

Bei der verhältnißmäßig geringen Zahl, in der das schwere
Kaliber vertreten war, kann man sagen, daß das Streben nach
größtmöglicher Beweglichkeit eine Lösung der Aufgabe nicht
innerhalb des ganzen Systems, sondern nur innerhalb der Construction des leichten Kalibers für Fuß- oder reitende Artillerie,
versucht und in gewissem Sinne erreicht hatte. Wenigstens in
Preußen hatte die Rücksicht auf die reitende Artillerie zur Con-

struction eines Geschützes geführt, das an der Grenze der Haltbarkeit stand.

Die für besondere Zwecke nothwendige Wirkung war in
der geringen Zahl der schweren Geschütze auf ein nothwendiges
Minimum beschränkt worden.

Sechstes Kapitel.

Organisation, Stärke-Verhältniß und Ausbildung der Artillerie.

1. Die Friedens-Organisation.

Preußen. Die neue Organisation, welche sich an die von
1809 anschloß, trat nach dem Kriege durch Allerhöchste Kabinets-
Ordre vom 29. Februar 1816 in Kraft. Sie war folgende:
9 Artillerie-Brigaden zu 12 Fuß- und 3 reitenden Compagnien.
Dieselben wurden formirt in je 3 Abtheilungen zu 4 Fuß- und
1 reitenden Compagnie.

Im Frieden wurden bei der Fuß-Compagnie 2 Geschütze, bei
der reitenden Compagnie 4 Geschütze bespannt.

Im Jahre 1819 bekamen die 12pfdg. Batterien 4 bespannte
Geschütze, wogegen abwechselnd 1 Fuß-Compagnie per Abtheilung
ihre Geschütze verlor und zum Festungsdienste verwendet wurde.
Prinz August war principiell und energisch gegen die Trennung
der Feld- und Festungs-Artillerie.

Im Kriege wurden 3 12pfdg., 5 6pfdg., 1 7pfdge. Haubitz-
und 3 reitende Batterien formirt, mit zusammen 48 6Pfdrn.,
18 12Pfdrn., 2 47pfdg. Haubitzen und 6 10pfdg. Haubitzen. Diese
letzteren sollten nach einer Bestimmung von 1836 bei der Mobilmachung
zu einer besonderen Batterie zusammengezogen werden. Da sie 1845
ausschieden, so wurden die 12Pfdr. Batterien zu 8 12Pfdrn. formirt.

Die Verhältnißzahlen waren also: schwere zu leichten Geschützen = 1 : 3, Fuß- zu reitenden Geschützen = 1 : 4, Haubitzen
zu Kanonen — 1 : 2,2.

Diese Formation bestand bis zum Jahre 1849, wo unter dem
12. Oktober befohlen wurde, daß pro Fuß-Compagnie 4 Geschütze
bespannt bleiben sollten. [84]

Innerhalb dieser Organisation waren bis zum Jahre 1848 die Etats und die Dotirungen höchst dürftige. Im Jahre 1820 trat sogar eine Reduction der früher normirten Etats ein.[85] Die Capitains verloren ihre Ration, die reitenden Compagnien verloren je 6 Reitpferde, die Geschützführer der Fuß-Artillerie wurden unberitten gemacht.

1823 wurden die Etats an Mannschaften und Pferden wiederum vermindert. Die Verhältnisse waren nun so dürftig, daß die Batterien sich für die Feldmanöver mit Pferden gegenseitig aushelfen und selbst Pferde von der Cavallerie leihen mußten. Bei den Feldmanövern im Jahre 1825 wurden sogar 12 Geschütze der 3. Artillerie-Brigade zeitweise durch Landpferde bespannt.[86]

Dieser Modus scheint damals allgemein gebräuchlich gewesen zu sein.

In Folge wiederholter Gesuche des Prinzen August wurden erst im Jahre 1831 die Etats wieder etwas verstärkt.

Der Hauptübelstand dieser Organisation war die Universalität, welche sie für die Fuß-Artillerie, behufs gleichzeitiger Verwendung als Feld- und Festungs-Artillerie anstrebte.

Diese Doppelseitigkeit erfüllte nach beiden Seiten hin den Zweck unvollkommen, da sie keine gründliche und einheitliche Ausbildung zuließ. Die letztere mußte besonders schlecht für die Feld-Artillerie ausfallen, deren geringe Etats nicht einmal das Exercitium einer vollen Friedensbatterie gestatteten. Vom Kriegsstande waren vorhanden an Mannschaften nur $\frac{1}{2}$, an Pferden $\frac{1}{6}$, an bespannten Geschützen $\frac{1}{4}$.

Die Hauptleute konnten eine bespannte Batterie nur mit Zuhülfenahme von fremden Pferden und Fahrern kommandiren. Aehnlich war das Verhältniß für die Stabs-Offiziere, wenn sie mehrere Batterien kommandiren wollten.

Die reitende Artillerie, in Folge ihrer besseren Dotirung von diesen Uebelständen unberührt, mußte in der Detail-Ausbildung die Fuß-Artillerie überholen. Bald erhob sie sich hoch über die letztere.

Dieser Umstand macht es erklärlich, daß die reitende Artillerie die Eigenschaften und die allgemeinen Grundsätze, welche der Artillerie als Kriegswaffe überhaupt angehören sollten, besser bewahrte, als die Fuß-Artillerie. Es war in gewissem Sinne gerechtfertigt, wenn sie sich besser dünkte als letztere, und es war begreiflich, wenn sie zuletzt jene Eigenschaften und allgemeinen Grundsätze als „ihr eigenthümliche" betrachtete, sich demnach als besondere Waffe erklärte, und endlich ihre eigene Taktik beanspruchte.

Noch verderblicher wurden die Mängel der Organisation für die taktische Ausbildung der Fuß-Artillerie. Es war nicht möglich, den Batterie-Chefs Routine in der Führung der Batterien zu verschaffen. Die höheren Offiziere konnten kaum eine Anschauung von der Führung und dem Gebrauch größerer Artilleriemassen gewinnen.

Bezeichnend für diese wahrhaft trostlosen Verhältnisse ist es, daß der damalige Oberst von Decker im Jahre 1835 dem Prinzen August erklärte: „Ich bin 8 Jahre Brigadier und habe niemals Artillerie bei einem Feldmanöver in Person befehligt, bin also ohne jede Uebung. Man bleibt dem kommandirenden General völlig fremd und ist in Bezug auf den Gebrauch der Artillerie einzig auf theoretische Studien angewiesen." —

Die Mängel der Organisation wirkten um so verderblicher, je länger sie wirksam waren. Das war eine lange Reihe von Friedensjahren hindurch der Fall. Alles Streben nach einer anderen Organisation blieb fruchtlos. Erst der Krieg konnte das Uebel in seinem ganzen Umfange offenbaren und Hülfe bringen. — Das geschah durch die Kriege in Baden und Schleswig und besonders durch die allgemeine Mobilmachung im Herbste 1850, wodurch endlich im Jahre 1851 eine günstigere Organisation herbeigeführt wurde.

Die Organisation von 1816 war bei der Erschöpfung des Staates wesentlich mit durch den Kostenpunkt bestimmt worden. Mit geringen Mitteln sollte viel geleistet werden. — Die großen Schwächen wurden selbstverständlich von vornherein nicht vorausgesehen, und später führte die durchaus friedliche Zeitströmung zu einer vielfach nachlässigen Beurtheilung und Behandlung militairischer Verhältnisse, in Folge deren manche nothwendige Verbesserung unterblieb, bis der Ernst der Zeit ihre Durchführung gebieterisch forderte.

2. Die Organisation einiger anderer Artillerien.

Oesterreich. In Oesterreich wurden 1815 fünf Artillerie-Regimenter formirt. Die Bespannung lag einem besonderen Train ob.[87]

Frankreich. In Frankreich fanden sehr viele Organisations-Veränderungen statt, worüber das Wesentlichste in Folgendem:
1815 wurden formirt: [88]

8 Regimenter à pied zu 16 Compagnien, 4 Regimenter à cheval zu 6 Compagnien; dazu kam die Garde-Artillerie mit einem Regiment à pied zu 8 Compagnien und einem Regiment à cheval zu 4 Compagnien. 1825 wurden die Linien-Regimenter à pied zu 20 Compagnien, die Regimenter à cheval zu 4 Compagnien formirt.

Mit Annahme des neuen Materials traten wesentliche Aenderungen ein. Unbespannte Batterien kamen auf den Etat. Die reitenden Regimenter wurden als solche aufgelöst und den Fuß-Regimentern zugetheilt. Es wurden formirt: 10 Linien-Regimenter zu 6 bespannten, 7 unbespannten und 3 reitenden Batterien; 1 Garde Regiment zu 5 Fuß und 3 reitenden Batterien. 1830 wurde noch ein 11. Regiment formirt. 1833 wurden 14 Regimenter zu 12 Fuß-Batterien gebildet.

Die ersten 4 hatten daneben je 3 reitende Batterien; die anderen 10 nur 2 dergleichen.

Der bis dahin bestehende besondere Train wurde aufgehoben, (1829) und bald darauf kamen Klagen, daß die Offiziere sich gar zu viel um die Pferde bekümmern müßten. Im Jahre 1843 wurden 15 Regimenter gebildet.

Rußland. In Rußland [89] traten im Jahre 1834 größere Aenderungen in der Organisation ein. Jedes Infanterie-Corps zu 3 Divisionen à 16000 Mann erhielt für jede Division eine Artillerie-Brigade, welche bestand aus 2 12pfdg. und 2 6pfdg. Batterien. Die Cavallerie-Division erhielt 2 reitende Batterien. Im Ganzen wurden für die Feld-Armee formirt: 41 Fuß- und 5 reitende 12pfdg. Batterien, 68 Fuß- und 34 reitende 6pfdg. Batterien.

Einige unwesentliche Aenderungen dieser Organisation traten 1850 ein. Eine durchgreifende Reform fand aber 1855 statt.

England. In England sollten im Jahre 1833 für ein Armee-Corps von 24000 Mann Infanterie und 3000 Mann Cavallerie formirt werden 7 9pfdg. Fuß- und 3 9pfdg. reitende Batterien.

Baden. In Baden bestand 1839 eine Brigade Feld-Artillerie zu 2 leichten Fuß-Batterien (6 9Pfdr., 2 15Cm. Haubitzen), einer schweren Fuß-Batterie (4 12Pfdr., 2 15 Cm. Haubitzen) und einer reitenden Batterie (6 6Pfdr., 2 15 Cm. Haubitzen).

Baiern besaß 2 Fuß-Regimenter zu 7 Feld-Batterien; 1 reitendes Regiment zu 4 reitenden Batterien.

Sachsen hatte 1850 eine reitende Brigade zu 2, und 3 Fuß-Brigaden zu 3 und 4 Batterien.

3. Das Stärke-Verhältniß der Artillerie in der Armee.

Das Stärke-Verhältniß der Artillerie in der Armee kann kein willkürliches sein. Dasselbe wird bedingt durch die Funktionen, welche die Artillerie im Heeres-Organismus übernehmen kann oder übernehmen muß.

Je tüchtiger an innerem Gehalt eine Artillerie ist, und je wirksamer ihr Geschützsystem, desto mehr Funktionen kann sie übernehmen, desto stärker kann sie in der Armee vertreten sein. Je mehr das Gegentheil der Fall ist, desto schwächer darf sie sein. Decker bemerkt in dieser Beziehung: „niemals kann der Mangel einer guten Artillerie durch ihre größere Zahl ersetzt werden."

Andererseits ist die Gestaltung des Kriegs-Theaters, die Beschaffenheit der übrigen Truppen, die Zahl und Güte der feindlichen Artillerie von Einfluß auf die Stärke, welche die eigene Artillerie haben muß. In letzterer Beziehung wird und muß jede Armee darnach streben in der Geschützzahl hinter den fremden Armeen nicht zurückzustehen. — Darum hat in dem Stärkeverhältniß der Artillerie in den meisten Armeen stets eine gewisse Uebereinstimmung geherrscht; es hat sich in den verschiedenen Epochen eine bestimmte Norm herausgebildet. Für diese ist in erster Linie immer der augenblickliche Standpunkt der Feld-Artillerie, das heißt das Geschützsystem maßgebend.

Ein schwerfälliges Artillerie-System wird, wie es im vorigen Jahrhundert der Fall war, zu einem Impediment für die Armee, und beeinträchtigt ihre Märsche außerhalb des Schlachtfeldes so wie die Bewegungen auf demselben. Die Geschützzahl wird daher auf das zulässige Minimum beschränkt werden. Ein bewegliches System mit entsprechender Wirkung wird also große Vorzüge haben und in größerer Stärke mitgeführt werden können.

Hierin liegt die große Bedeutung eines Systems, dessen Beweglichkeit sich im Einklange mit den Formen und den Anforderungen der Taktik befindet. Ermöglicht dazu das System durch die Art und Einrichtung seiner Geschosse eine vielseitige Wirkung, so ist es auch zur Uebernahme mehrfacher Aufgaben befähigt; es wird öfter Verwendung finden und bedarf weniger der Unterstützung anderer Truppen. Die Artillerie wird mit einem Worte selbstständiger; die größere Befähigung zu selbstständigem Auftreten giebt ihr erhöhte Bedeutung, steigert ihr Werth-Verhältniß zu den anderen Waffen, und muß folgerichtig ihre Vermehrung veranlassen.

Wenn also die Feld-Artillerie am Beginne dieser Periode nur 2 Geschoßarten führte, die innerhalb beschränkter Entfernungen nur eine einseitige Wirkung hatten, und dagegen jetzt die Artillerie drei Geschoßarten besitzt, von denen zwei auf erheblich größeren Distancen gegen Ziele jeder Art, in jeder Formation eine vielseitige und höchst intensive Wirkung hervorbringen, und wenn dazu das gegenwärtige System an Beweglichkeit das ältere weit überragt, so werden hierdurch die Bestrebungen erklärt, welche jetzt allgemein auf Vermehrung der Feld-Artillerie gerichtet sind.

Diese principiellen Fragen sind von jeher vielfach discutirt worden.

Napoleon sprach sich dahin aus[90]: die Stärke der Artillerie müsse im umgekehrten Verhältniß zur Güte der Infanterie stehen. Bei guten Truppen genügten 2 Geschütze auf 1000 Mann. Andererseits müsse man aber ebenso viel Geschütze als der Gegner haben. Wäre dies nicht der Fall, so würde auch der beste General am entscheidenden Tage einer allgemeinen Schlacht die Unterlegenheit seiner Artillerie schmerzlich empfinden. Napoleon verlangt daher für gewöhnlich 4 Geschütze auf 1000 Mann.

In den Kriegen von 1813 bis 1815 hatte das Verhältniß sehr geschwankt. Die preußische Armee hatte im Durchschnitt 2 bis $2^2/_3$ Geschütze auf 1000 Mann gehabt. Die Russen weit mehr. Im Allgemeinen war der Durchschnitt 3 bis $3^1/_2$ Geschütze auf 1000 Mann gewesen.

Mit Rücksicht auf das geringe Maß der Beweglichkeit der damaligen Feld-Artillerie bemerkte Decker[91]: zu großer Ueberfluß an Feld-Artillerie könne für die Bewegungen der Armee nachtheilig werden. Je weniger Artillerie man brauche, je besser diese sei, besto leichter führe sich der Krieg. Auf 1000 Mann Infanterie seien drei Geschütze erforderlich.

Clausewitz sagte in seinem Werke „Vom Kriege“: „Man stelle die Frage so: wieviel Artillerie kann man ohne Nachtheil haben?“

Wenn nach den Kriegen die gewünschte Stärke an Artillerie in den meisten Armeen nicht vorhanden war, so hatte dies theilweise seine Ursache in finanziellen Gründen.

In Preußen waren vorhanden auf 1000 Mann Infanterie 3 Geschütze; in Frankreich nur 2 Geschütze[92]; in Oesterreich ungefähr $2^{1}/_{2}$, in Rußland 2,1 Geschütze. In England war 1816 die Geschützzahl auf $2^{1}/_{2}$ pro 1000 Mann bestimmt worden. Am Ende dieser Periode verlangten die meisten englischen Artilleristen $3^{1}/_{3}$ Geschütz auf 1000 Mann. In den kleineren deutschen Armeen schwankte das Verhältniß zwischen 1,5 und 2,2 Geschützen.[93]

Am Schlusse der Periode galt fast allgemein als Grundsatz: es sei nicht wünschenswerth, über 3 Geschütze für 1000 Mann hinauszugehen.

Dieses Verhältniß wurde thatsächlich auch nirgends oder doch nur unbedeutend überschritten.

Es ist bekannt, daß das für die normalen Kopfstärken berechnete Verhältniß der Geschütze sich in den Kriegen bald zu Gunsten der Artillerie ändert, da die Effectivstärken der Truppen bald bedeutend sinken, während die Geschützzahl durch Verluste in den Schlachten wenig oder gar nicht vermindert wird. Hierdurch finden die während der Kriege auftretenden, oft sehr großen Verschiedenheiten in dem Verhältniß der Geschützzahl zur Armee ihre Erklärung.

4. Die Ausbildung der preußischen Artillerie.

An der Spitze dieser Betrachtungen müssen in der Kürze die außerordentlichen Verdienste angedeutet werden, welche der Prinz August von Preußen sich um die Entwickelung der Artillerie erworben hat. Der Prinz hat seit den Kriegen bis zu seinem Tode im Jahre 1843 an der Spitze der Artillerie gestanden. Die ihm zugefallene Aufgabe war eine ebenso schwere und umfassende, als dankbare; man möchte sagen, eine für einen schöpferischen Geist verlockende. Es galt eine Truppe neu zu schaffen und sie zu einer Waffe zu erheben.

Was in Betreff des Materials geschehen mußte und endlich geleistet wurde, das ist oben schon besprochen.

Nicht minder schwierig waren die Personal-Verhältnisse. Durch die von 3 auf 9 Brigaden erweiterte Formation der Artillerie, wobei viele Offiziere anderer Waffen übertraten, war momentan der innere Gehalt des Personals ein vielen Verhältnissen wenig genügender. Es galt eine gründliche fachwissenschaftliche Ausbildung zu schaffen und zu fördern. Zu diesem Zwecke wurden die Artillerie- und Ingenieurschule, sowie die Oberfeuerwerkerschule ins Leben gerufen. Für die praktische Elementar-Ausbildung der Truppe mußte mit Benutzung der Kriegs-Erfahrungen und, auf Grund der Friedens-Formation eine neue Grundlage gewonnen werden. In letzterer Beziehung waren, wie schon erwähnt, die Grenzen leider sehr eng gesteckt, so daß in dieser Hinsicht die zu überwindenden Schwierigkeiten am bedeutendsten waren. Neue Reglements, Dienstvorschriften, Lehrbücher u. s. w. wurden entworfen, um die letztgedachte Ausbildung in feste Formen zu bringen und zu fördern.

Die reiche Fülle der Kriegs-Erfahrungen mußte mit kritischem Blicke gemustert werden, um das Werthvolle, Brauchbare vom Unbedeutenden, nicht Benutzbaren zu sondern. Demnächst war davon das specifisch Artilleristische auszubeuten, um vor Allem Klarheit über die Wirkung der Waffe zu gewinnen und möglichst zu steigern. Dann aber galt es, aus den Erfahrungen des Krieges die Regeln und Grundsätze für die Verwendung der Artillerie zu abstrahiren, dieselben in Einklang zu bringen mit den Formationen der größeren Truppen-Verbände und sie endlich bei dem Offizier-Corps zum vollen und richtigen Verständniß zu bringen.

Neben diesen inneren Angelegenheiten waren die Bestrebungen und Fortschritte der fremden Artillerien im Auge zu behalten und zu prüfen. Es waren die einschlägigen Fortschritte der Zeit, die auftauchenden Entdeckungen und Erfindungen behufs etwaiger Verbesserung des Artillerie-Wesens stetig zu verfolgen oder selbstständig weiter zu bilden und zu verwerthen. Einerseits wurden zu diesem Zwecke fortlaufende Nachrichten über fremde Armeen von den betreffenden Gesandten eingezogen und Berichte von Offizieren geliefert, welche Reisen nach anderen Staaten unternahmen.

Andererseits wurde als prüfende, weiterbildende und neu-schaffende Behörde die Artillerie-Prüfungs-Commission errichtet, von deren höchst bedeutsamem Wirken, besonders auf materiellem Gebiete noch öfter die Rede sein wird.

Zahlreiche in den Akten vorhandene Erlasse und Verfügungen bezeugen die nie rastende Thätigkeit des Prinzen August auf allen vorstehend angedeuteten Gebieten der Artillerie. Ueberall regte er die geistige Bewegung an, hielt sie im Flusse und förderte sie.

Seine Erlasse geben Zeugniß von einer großen Klarheit und Schärfe des Verstandes in der Erkenntniß aller bedeutenden Verhältnisse, von einem feinen Verständniß für theoretisch-wissenschaftliche Fragen, von einem weiten Gesichtskreise bei der Anschauung und Beurtheilung der wichtigen Zeitfragen.

Von vornherein war es das Bestreben des Prinzen, die so nothwendige geistige Selbstständigkeit der Offiziere zu fördern. Nicht im Geringsten beschränkte er die Selbstständigkeit des Urtheils, er anerkannte sie vielmehr, wo er sie fand, und forderte sogar oft zu einer ganz freien Meinungs-Aeußerung auf. Wichtige Berichte schickte er zum Beispiel vielfach an höhere Artillerie-Offiziere, um deren Urtheil darüber zu vernehmen.

Wenn die Artillerie die großen Vorzüge ihres erhabenen Chefs anerkannte, so gaben doch zuweilen die höheren Offiziere selbst ohne dazu aufgefordert zu sein, ihre abweichenden Ansichten über Maßregeln und Einrichtungen kund, gegen deren Anordnung sie gewichtige Bedenken zu haben meinten. Der Prinz diskutirte die streitigen Punkte stets mit ruhiger Objectivität und mit jener Wahrung der äußeren Form, welche in keiner Weise etwa den verletzten höheren Vorgesetzten erkennen läßt, sondern den feingebildeten Mann kennzeichnet, der den Gegner als gleichberechtigt anerkennt.

Der Prinz fand kräftige Unterstützung für seine Bestrebungen und bei Durchführung seiner Anordnungen durch eine Anzahl geistig hochstehender, praktisch viel erfahrener Männer. Es seien hier genannt: Holtzendorff, Grävenitz, Decker, Monhaupt, Peucker, Jenichen, Radowitz und später Strotha, welche drei letzteren einst sogar in die Stellung des Kriegs-Ministers berufen wurden.

Diese und die meisten höheren sowie niederen Offiziere waren nach dem Kriege verhältnißmäßig jung in ihre Stellen eingerückt.

Mit ihren reichen Kriegs-Erfahrungen verbanden sie geistige Frische im Ergreifen und Verarbeiten neuer Ideen, und rege Thatkraft bei Verwerthung derselben für den Dienst.

Ein tiefer geistiger Strom ging durch die Artillerie. Wie er auf dem materiellen Gebiete Alles trieb und bewegte, ist schon oben besprochen. Wie er in der personellen Ausbildung und auf den geistigen Gebieten sich geltend machte, wird noch erörtert werden. — Wenn er nicht alle Verhältnisse der Waffe gleichmäßig durchdrang und nicht alle Formen ausfüllte, so lag dies großentheils an der Dürftigkeit vieler Verhältnisse nnd an der Mangelhaftigkeit der Formen, welche das frische Leben und die freie Bewegung beengten und hemmten. Wenn schließlich eine Stagnation der Strömung und ein allmähliges Versiegen derselben eintrat, so trugen die inneren Verhältnisse der Waffe und die allgemeinen Verhältnisse der damaligen Zeit daran die Hauptschuld.

Auf allen Gebieten des öffentlichen Lebens und der Wissenschaften trat ein gewisser Stillstand ein, ein ruhiges schwächliches Genießen des Vorhandenen. Die friedensselige Politik forderte keine Expansivkraft des Staates nach Außen und wirkte besonders erschlaffend auf alle militairischen Verhältnisse.

Die dürftigen Verhältnisse der Artillerie beschränkten die Selbstständigkeit und den Wirkungskreis des Einzelnen ungemein. Das, Jahrzehnte hindurch andauernde Einerlei des Friedensdienstes, mußte endlich geisttödtend wirken, dies umsomehr, als bei den immer schlechter werdenden Avancements-Verhältnissen die Offiziere nicht vorwärts kamen, sondern in derselben Stellung und demselben Wirkungskreise älter und älter wurden. Da mußte der Dienstbetrieb zur geistlosen, pedantischen Routine, zum todten Formalismus werden, denn nur wenige bevorzugte Naturen besitzen geistige Elasticität, sich dauernd über dem Niveau einer solchen erdrückenden Einförmigkeit zu erhalten.

Die nachtheiligen Wirkungen dieser Verhältnisse erreichten ihren Höhepunkt in den vierziger und funfziger Jahren. Die älteren, aus dem Kriege stammenden Offiziere schieden um diese Zeit großentheils aus. Die übrigen rückten im vorgeschrittenen Lebensalter in höhere Stellungen, denen sie nun kein Interesse mehr abgewinnen konnten. Die nachstehenden Alters-Angaben aus den officiellen Ranglisten gestatten einen Rückschluß auf die Abnahme der geistigen Frische in den einzelnen Chargen. Das Alter der älteſten Offiziere jeder Charge bewegte ſich nämlich in folgenden Grenzen:

Im Jahre	Brigadiers (Oberſten)	Abtheilungs-Commanbeure (Majors)	Hauptleute
1829/30	48 bis 53 Jahre	46 bis 52 Jahre	36 bis 41 Jahre
1833/34	48 bis 56 Jahre	48 bis 56 Jahre	38 bis 43 Jahre
1844/45	52 bis 58 Jahre	49 bis 54 Jahre	47 bis 53 Jahre
1850/51	53 bis 57 Jahre	52 bis 57 Jahre	51 bis 55 Jahre
1855	56 bis 61 Jahre	53 bis 57 Jahre	53 bis 56 Jahre

Hiernach waren die Anciennetäts-Verhältniſſe bis zum Jahre 1830 ebenſo günſtig oder ſogar günſtiger als ſie augenblicklich ſind. Die erhebliche Verſchlechterung derſelben trat erſt in den vierziger Jahren ein und nahm bis in die nächſte Periode hinein zu. Das Durchſchnitts-Alter nahm zu vom Jahre 1830 bis zum Jahre 1845, bei den Regiments-Commanbeuren um 4 bis 5 Jahre, bei den Abtheilungs-Commanbeuren um 2 bis 3 Jahre, bei den Hauptleuten aber um 11 bis 12 Jahre. Bis zum Jahre 1855 betrug die Zunahme in den vorgenannten Chargen 8 und 5 bis 7, und 15 bis 17 Jahre. Wie nachtheilig dieſe gerade für die Hauptleute ſo ungünſtigen Verhältniſſe auf den Dienſt und den Geiſt der Waffe wirken mußten, bedarf keiner Erörterung.

Es geziemt der gegenwärtigen Generation indeß nicht, verächtlich auf Jene herabzublicken, welche im jahrelangen troſtloſen Einerlei des Friedensdienſtes, ohne Ausſicht auf Beförderung, alt und ſtumpf wurden. Die Geduld und Entſagung, die ſie üben mußten, hat ihr Leben zu keinem angenehmen gemacht.

Gehen wir nach dieſen Betrachtungen zu dem Verlaufe über, den die Ausbildung ſowohl im Detail und in den elementaren Richtungen, als auch in höherer Beziehung auf taktiſchem Gebiete nahm.

Die Detail-Ausbildung.

Im Jahre 1809 war ein neues Exerzir-Reglement für alle Waffen eingeführt, welches in jeder Beziehung vorzüglich war.
Dazu waren die reglementariſchen Vorſchriften für die Aus-

bilbung ber Krümper berechnet, gekommen, bie aber nach bem Kriege nicht mehr genügten. [94])

Das eigentliche Exerzir-Reglement für bie Artillerie war 1812 aufgestellt worden.

Für bie Leitung ber Ausbildung nach höheren allgemeinen Gesichtspunkten blieb ber Initiative bes Brigabiers bas Meiste überlassen. Man mußte, so zu sagen, mit bem ABC, mit ben Elementar-Bewegungen ber Batterie anfangen. In ber Detail-Ausbilbung unb in ber Heranbilbung ber Batterien zur Ausführung geschickter unb schneller Evolutionen leistete Monhaupt Hervorvorragenbes. Er erkannte, baß nur auf biesem Wege bie „angewandte Taktik" für bie Artillerie zu erreichen sein könne. Er stieß babei auf vielfachen Mangel an Einsicht, Grundbilbung unb Kenntniß, so baß es jahrelanger Anstrengungen beburfte, um Befriebigenbes zu leisten. Das Manövriren kam sehr langsam in bie Truppe.

Die Fuß-Artillerie blieb hierbei von vornherein bebeutenb gegen bie reitenbe zurück, weil sie in Folge ber schwächeren Etats mit viel größeren Schwierigkeiten zu kämpfen hatte, weniger praktisch burchgebilbete Offiziere zugetheilt erhielt unb fast burchweg von ben höheren Offizieren gegen bie reitenbe Artillerie zurückgesetzt wurbe. [95] Monhaupt speciell ließ sich von ber Ansicht leiten, bie reitenbe Artillerie müsse ein Vorbild für bie Fuß-Artillerie werben. Für bie reitenbe Artillerie hatte biese Ansicht besonbers gute Folgen.

So hatte, nach Strotha, bie reitenbe Artillerie ber 3. Artillerie-Brigabe schon 1823 eine solche Schnelligkeit unb Sicherheit ber Bewegungen erlangt, baß Nichts zu wünschen übrig blieb.

Man wirb biesem Umstanbe eine besonbere Anerkennung um so weniger versagen bürfen, als erst im Jahre 1826 bie Fahr-Instruction für bie Artillerie neben ber Reit-Instruction für bie Cavallerie erschien, unb im Jahre 1828 zum ersten Male bie umgearbeitete Vorschrift für bie Bewegung einer ober mehrerer Batterien zur Anwendnng kam.

Die Monhaupt'schen Ibeen über bie Ausbildung, welche barin einseitig waren, baß sie fast ausschließlich für bie reitenbe Artillerie unb beren Verwenbung im Sinne Monhaupt's berechnet waren, fanben nicht überall Anklang unb Zustimmung. Besonbers trat ihnen der Prinz August entgegen, der seiner Stellung entsprechend, die gleichmäßige Ausbildung der ganzen Artillerie im Auge haben mußte. [96] Zum Theil wurde die Abneigung durch die Schroffheit hervorgerufen, mit der Monhaupt seine Ansichten aufzustellen liebte.

Für die Fuß-Artillerie gestalteten sich die Ausbildungs-Verhältnisse so ungünstig, daß überall und von allen Seiten, allerdings ohne Erfolg, gegen die mangelhafte Dotirung und Organisation Klagen erhoben wurden. Es wurde oft mit einer Schärfe und Rücksichtslosigkeit darüber geurtheilt, welche mit Rücksicht auf die damaligen Verhältnisse, frappiren muß.

Ein derartiger Aufsatz erschien in der Zeitschrift für Kunst, Wissenschaft und Geschichte des Krieges von 1831 (Heft 9) und 1832 (Heft 5) unter der Ueberschrift: Ueber den Geist der Ausbildung der Fuß-Artillerie*). Darin wird zunächst hervorgehoben, wie es unmöglich sei, für die Fuß-Artillerie den Geist der Ausbildung unter den Gesichtspunkt der Einheit zu bringen, da diese Einheit in der Organisation fehle. Der sogenannte Universalismus sei das Grab aller kriegerischen Tüchtigkeit; daran leide die Fuß-Artillerie. Darauf heißt es: „Hier gilt es einen unerhörten Widerspruch zu vereinigen, eine organisatorische Sünde abzubüßen und gut zu machen, und dies ist nur auf dem einzigen Wege möglich, nämlich dem Wege der edelsten und uneigennützigsten Selbstverläugnung. Uebe Selbstverläugnung und Duldung, heißt das Motto der Fuß-Artillerie." Darauf hebt der Aufsatz alle diejenigen Gründe, welche in neuerer Zeit für die Trennung der Offizier-Corps der Feld- und Festungs-Artillerie geltend gemacht worden, in noch schärferer Weise hervor. Als die Hauptschwierigkeiten für die gute Ausbildung wurden genannt: die außerordentlich schwachen Friedensetats; die Form des sogenannten Abtheilungs-Verbandes, als verunglückter Repräsentant des Universalismus; die Vermischung von Feld- und Festungs-Artillerie; das Nichtberittensein der Unteroffiziere im Frieden; das Vertauschen der Bespannungen beim alljährlichen Wechseln der Compagnien in den Festungen; der Mangel an eigenen Zeug- und Arbeiter-Compagnien, wodurch die Feld-Artillerie den Charak-

---

*) Die blühende Sprache des Aufsatzes läßt annehmen, daß Decker der Verfasser war.

ter der Frohne des Zeugwesens und den des Tagelöhnerthums erhält; die zahllosen gelehrten Beschäftigungen, Commissionen u. s. w., zu denen die Offiziere verwendet werden.

Alsdann wurden die einzelnen Ausbildungszweige klar, richtig und oft sehr scharf besprochen. Die Schwächen, Fehler und der Pedantismus der Ausbildung wurden in einer Weise kritisirt, die heute noch Gültigkeit hat. Endlich sei noch folgende Stelle erwähnt, welche in überschwänglicher Sprache, jedenfalls den Kern der Sache trifft: „Die Artillerie im Kriege und die Artillerie im Frieden: Ungeheure, unmeßbare Kluft, himmelschreiender Widerspruch, entsetzliche Gegensätze von höchster Anerkennung und schwärzestem Undank, von wohlverdienter Gerechtigkeit und ungerechter Gleichgültigkeit. Wenn die Artilleristen von Prag, Leuthen, Zorndorf und wie alle die redenden Felder ihrer rühmlichen Eisensaaten heißen, ja wenn selbst die kaum verraseten von Leipzig und Belle Alliance aus ihren Heldengräbern emporstiegen, blutige Thränen würden aus ihren versunkenen Augenhöhlen hervorbrechen, wenn sie die Enkel im Schweiße taktischer Dürftigkeit sich baden und ihre sparsamen Hilfsmittel aus allen Winkeln sich zusammenbetteln sähen! — So fahre sie denn fort, die fast überall unverdient niedergehaltene Fuß-Artillerie, den ihr in der Eingangsrede empfohlenen Wahlspruch: „Lerne Duldung und übe Selbstverläugnung!" zu beherzigen, denn ihre Bußezeit ist noch nicht abgelaufen, die Morgenröthe ihrer taktischen Wiedergeburt noch nicht angebrochen . . . .; es ist klar, daß über eine Fuß-Artillerie, welche heute vierspännig und morgen sechsspännig aufzutreten gezwungen ist, auch der ganze bittere Fluch verkrüppelten Daseins und zerstörter Einheit mit allen verdammnißreichen Folgen ausgegossen ist. Eine solche unglückselige Waffe lege Trauer an, thue Buße in Sack und Asche und verhülle ihr Antlitz, wenn andere Truppen, in denen die Einheit lebt, an ihr porüberziehen."

Dieser Aufsatz drückt gewiß die ganze Misère der damaligen Verhältnisse aus und zeigt zugleich, daß dieselbe tief und schmerzlich empfunden, ihre Nachtheile richtig erkannt wurden. Es liegt darin auch die klare Andeutung, daß die taktische Ausbildung und die Taktik der Artillerie völlig zu Grunde gehen mußte. Was man in letzterer Beziehung verlangen mußte, dessen war man sich klar bewußt, wie sogleich gezeigt werden wird. Ebenso genau

mußte man, was auf dem Spiele stand, wenn jenes Verlangen
nicht erfüllt wurde.

Die taktische Ausbildung.

Dieselbe mußte die augenblicklich gültigen Grundsätze und
Regeln der Taktik zur Grundlage haben.

Die Artillerie-Taktik hatte sich in den Kriegen, weniger auf
Grund klarer Bestimmungen, als vielmehr empirisch entwickelt.
Ueber ein niedriges Durchschnittsmaß war die Entwickelung nicht
hinausgekommen.

Die Verwendung der Brigade-Batterien hatte sehr oft zur
Zersplitterung geführt. Der Gebrauch der Reserve-Artillerie zur
Herbeiführung einer wirklichen Entscheidung war äußerst selten
vorgekommen.

Die Vertheilung der Artillerie in der Ordre de bataille war
nach den Kriegen die nämliche geblieben.

Die Verwendung der Brigade-Batterien konnte bei den Feld-
Manövern noch zur Anschauung gebracht werden. Bald stellte
sich aber eine vielfach falsche Verwendung derselben heraus. Vor
Allem klebten die Batterien zu sehr an den zugehörigen Brigaden
und versäumten es, zu gemeinsamen Zwecken ihr Feuer zu con-
centriren. Prinz August bestimmte daher im Jahre 1831 ausdrücklich, daß die Verbindung der Brigade-Batterien mit den Infanterie-Brigaden durchaus nicht als unauflöslich betrachtet werden solle.

Ungemein ungünstig waren die Verhältnisse für die taktische
Verwendung größerer Artilleriemassen und speciell der Reserve-
Artillerie. Bei dieser allein konnten die Abtheilungs-Commandeure
oder höheren Artillerie-Offiziere die Führung übernehmen und
Uebung darin erlangen, wozu sich aber sehr selten Gelegenheit
fand, da die Zahl der bespannten Geschütze eine viel zu geringe
war. Dieser Uebelstand wurde auf das Tiefste empfunden und
von allen höheren Offizieren zur Sprache gebracht. Prinz August,
der sich die taktische Ausbildung der Offiziere außerordentlich angelegen sein ließ, bot alles Mögliche auf, jenen Uebelstand zu beseitigen. Unter dem 14. Mai 1821 beantragte er beim Könige
die Bildung einer Reserve-Artillerie bei den größeren Waffen-
übungen. Da dem ganzen Armee-Corps überhaupt nur 30 be-

spannte Geschütze zur Verfügung standen, so bemerkte Prinz August, die höheren Artillerie-Offiziere fänden dabei gar keine Gelegenheit zur Verwendung größerer Artilleriemassen, und es sei
ganz unmöglich den Gebrauch der Reserve-Artillerie wirklich zu
zeigen. Es sei daher durchaus nöthig, wenigstens für die größeren
Uebungen, eine größere Zahl von Geschützen zu bespannen.

Erst im Jahre 1831 wurde in dieser Beziehung angeordnet,
daß für die Manöver die Geschütze mit nur 4 Pferden bespannt
werden sollten, um eine größere Zahl von Geschützen bespannen zu
können, womit der Prinz August natürlich sehr unzufrieden war.
Unter diesen Umständen verdient besonders hervorgehoben zu werden,
daß bei den Manövern von 1823 es Monhaupt gelang, durch
eine schnelle Entwickelung der Reserve-Artillerie die Entscheidung
des Gefechts herbeizuführen.

Neben diesen Bestrebungen zur Förderung der Ausbildung
sind die Schriften zu nennen, die in theoretischer Hinsicht den
gleichen Zweck anstrebten.

Den Anfang machte Decker mit dem Buche: „Die Artillerie
für alle Waffen" 1816. — Dann folgte 1819 sein Buch: „Die
Gefechtslehre der beiden verbundenen Waffen, Cavallerie und rei-
tende Artillerie", in welchem er als der Erste die eigenthümlichen
Vorzüge und Zwecke der reitenden Artillerie beleuchtete und den
Grund zu einer besonderen Taktik der reitenden Artillerie legte.

Grävenitz sprach sich 1824 ebenfalls klar über die Ziele aus,
die für die taktische Ausbildung der Artillerie im Frieden zu verfolgen seien. Er bemerkte, die Artillerie müsse im Frieden in
großen Massen für den Krieg vorgebildet werden und fährt sehr
treffend fort: „Einige wenige Geschütze, welche bei den meisten
Friedens-Manövern ganzen Treffen beigegeben werden, ihnen in
hüpfender Bewegung vorangehen, geben nur ein zu treues Bild,
wie die Artillerie nicht gebraucht werden soll. ... 6Pfdr.-Ge-
schütze, durch irgend eine Unterscheidung in der Beschirrung (z. B.
mit aufgebundenen Futtersäcken) als 12Pfdr. zu bezeichnen, ist ein
Surrogat, welches eher die Begriffe verwirrt, als erweitert."
Und ferner: „Wo man im Frieden nicht für den Krieg organisirt
und gearbeitet hat, keine größeren Massen bildet u. s. w. werden
vielfach Fälle eintreten, wo man einzelne Batterien nach und nach
in's Feuer bringt."

Grävenitz schlug die Bildung von Brigaden zu 3 Batterien à 6 Geschütze von gleichem Kaliber vor.

Außerordentliche Verdienste um die Förderung der Ansichten auf taktischem Gebiete erwarb sich Decker. In seinem Buche: „Die Artillerie für alle Waffen von 1816" und demnächst durch: „die Gefechtslehre der beiden verbundenen Waffen Cavallerie und reitende Artillerie, 1819" legte er den ersten Grund für die Artillerie-Taktik. Ausführlicher entwickelte er die Lehre in dem 1828 erschienen Werke: „Die Taktik der 3 Waffen, Infanterie, Cavallerie und Artillerie", worin er unter Anderem sagt: „Die Wirksamkeit der Artillerie im freien Felde hängt großentheils von ihrer taktischen Ausbildung ab." Dabei erkennt Decker an, daß seit den Kriegen die Artillerie ‚Riesen-Schritte' gemacht habe.

Noch wichtiger für die unmittelbare Ausbildung der Artillerie war Decker's „Ergänzungstaktik der Feld-Artillerie von 1834." Das ungemein lehrreiche Buch ist noch heute sehr empfehlenswerth. Es giebt in Form eines Reglements die Bewegung mehrerer Batterien und in den Beilagen Notizen über Märsche, Marschtiefen, taktische Aufgaben 2c. Für die damalige Zeit befriedigte das Buch ein sehr großes Bedürfniß. — Ferner ist zu nennen Deckers: „Ansichten über den Gebrauch der Artillerie bei den Feldmanövern der Linientruppen, 1839." Darin sprach er von Neuem aus, daß es wünschenswerth sei, unter allen Umständen eine Reserve-Artillerie zu formiren, sei sie auch noch so schwach. Bei einem Armee-Corps seien 6 Fuß- und 3 reitende Batterien (36 Geschütze), mit denen schon etwas anzufangen sei. Man solle jeder Infanterie-Brigade 1 Batterie zu 4 Geschützen, jeder Division eine Batterie zur Reserve geben, dann blieben 12 Geschütze für die allgemeine Reserve.

Das Wirken Monhaupts auf diesem Gebiete war ebenfalls sehr bedeutsam. Seine Ansichten und Lehren finden sich vornehmlich in der hinterlassenen Schrift: „Taktik der reitenden Artillerie, 1837."

Dieselbe enthält ebenfalls der Hauptsache nach ein Reglement für die Bewegung einer oder mehrerer Batterien, welches sehr klar, gründlich und auf den Erfahrungen eines reichen militairischen Lebens basirt ist. In der Vorrede (Seite XI) spricht sich Monhaupt über den Gebrauch der Artillerie im Allgemeinen und im Hinblick auf die damaligen organisatorischen Verhältnisse der Artillerie in einer Weise aus, welche man klassisch nennen könnte, und deren ganze Wahrheit und Richtigkeit erst in der Gegenwart zur allgemeinen Erkenntniß geworden ist. Die Stelle lautet folgendermaßen: „Es ist unsere entschiedene Ueberzeugung, daß die Artillerie, wo sie auftritt, wenn es die Umstände nur irgend gestatten, stets in Masse gebraucht werden müsse. Es ist wahr, daß die jetzigen Organisationsformen der Waffe diesem Gebrauch sehr hinderlich sind, aber diese Formen sind auch ursprünglich für etwas Anderes bestimmt gewesen, als für das Auftreten in Masse und sie passen deshalb nicht mehr für unser Bedürfniß.... Die vereinzelte Fechtart der Artillerie bietet manche wirkliche und manche illusorische Vortheile... aber die Schwächen und Nachtheile der Vereinzelung überwiegen die Vortheile vollständig... Wir halten die bisherige Vereinzelung der Artillerie für den Hauptgrund, weshalb diese Waffe noch so wenig Entscheidendes geleistet hat. Man muß sie aber in ihrem Dasein nicht wie eine mit Ueberlegung herbeigeführte planmäßige Form, sondern mehr wie eine unausbleibliche Folge der ungünstigen äußeren Lage betrachten, welche der Waffe weder erlaubt, Führer für größere Verhältnisse zu bilden, noch den taktischen Geist zu wecken... Die Schwierigkeit der Führung kann nicht als ein haltbarer Grund gegen den Massengebrauch der Artillerie erkannt werden....."

In einer Anmerkung führt Monhaupt dann noch an, wie die in mehreren neueren Schriften ausgesprochene Behauptung, daß zwei oder drei Batterien nicht von einer Person kommandirt werden könnten, eine rein subjective sei und wie ein naives Geständniß betrachtet werden müsse. —

Es kann nicht deutlicher ausgesprochen werden, wie die ungünstigen Organisations-Verhältnisse und die geringfügige Zutheilung der Artillerie zu den anderen Truppen die taktische Ausbildung und das Verständniß für die Taktik vollständig ertödten mußten, und wie damals schon in der elementaren Form der Geist zu Grunde gegangen sein mochte. Um so anerkennswerther ist es, wenn ein Mann, über das Niveau der Menge hinausragend das Richtige nicht aus dem Auge verlor, die Mängel erkannte und trotz aller schon erlittenen Widerwärtigkeiten immer wieder sein ceterum censeo sprach, in dem festen Glauben an die Unwiderstehlichkeit der Artillerie bei richtigem und großartigem Gebrauch.

„Organisations-Aenderung", das war das Lebens-Bedürfniß für die Artillerie. Monhaupt hatte schon früher die Formation der Artillerie in Regimentern zu 4 Batterien (32 Geschütze) vorgeschlagen und damit nahezu den Gebrauch der heutigen Divisions-Artillerie im Auge gehabt, wodurch allein nach seiner Ansicht die Artillerie zu einer wirklichen Waffe erhoben werden konnte. — Leider sollte Alles noch lange ein frommer Wunsch bleiben und, was schlimmer war, Monhaupt sollte kaum Anhänger seiner Lehre, Erben seiner Ansichten hinterlassen; „seine Stimme verhallte", wie es sehr richtig in einer 1851 erschienenen Schrift[97]) (anonym vom General Encke) heißt.

Trotz aller dieser Lehren fehlte indeß viel an der zweckmäßigen Verwendung der Artillerie bei den Feldmanövern. Die Erlasse des Prinzen August zeigen, daß in der Verwendung der Brigade-Batterien keine freie Auffassung zur Geltung kam.

Noch weniger genügte der Gebrauch der Reserve-Artillerie. Mehrfach rügte Prinz August die frühzeitige Zersplitterung derselben behufs Verstärkung der Brigade-Batterien, wobei die schweren Batterien sogar in die Tirailleurlinie geführt wurden und oft ihre Stellung wechselten.

Andererseits wurde die Reserve-Artillerie fast immer im Sinne einer letzten Reserve angesehen und daher zu spät oder gar nicht in das Gefecht gebracht. — Ueber diesen falschen Gebrauch sprachen Jenichen, Grävenitz und Decker sich in ihren Berichten mehrfach aus. Prinz August aber machte, um jene falsche Auffassung zu beseitigen, 1834 den Vorschlag, die Reserve-Artillerie besser „Dispositions-Artillerie" zu nennen. An dieser falschen Verwendung trugen indeß auch nach den Berichten der höheren Artillerie-Offiziere, die anderen Waffen und deren Führer Schuld. Ihr Verlangen nach frühzeitiger Eröffnung des Artillerie-Feuers und nach Unterstützung durch Artillerie auf allen Theilen des Gefechtsfeldes, sowie andererseits die Freiheit, die sie den Batterie-Commandeuren für ihre Thätigkeit gestatteten, führten zu einem planlosen, zersplitterten Auftreten der Waffe.

Mit Monhaupt und Decker starben die vornehmlichsten Vertreter der Lehre von der taktischen Ausbildung und dem Gebrauch der Artillerie aus. In den vierziger Jahren wurde der allgemeine Standpunkt der Ausbildung ein vielleicht noch niedrigerer, als bisher. — Es wurde fast Glaubens-Artikel, die Führung einer größeren Artilleriemasse sei ein Unding. Noch im Jahre 1853 sagte Hütz[98]): „Die Vorschläge Monhaupts, Regimenter à 4 Batterien zu gebrauchen, sind als ganz unpraktisch zurückzuweisen. 4 Batterien sind meist zu viel, und dergleichen Vorschläge sind nicht im Geiste der Waffe, wenn sie auch von anderen neueren Schriftstellern nach geschrieben werden.“

Aus dieser Kritik mag man erkennen, wie weit und fast unverbesserlich man sich von den richtigen Grundsätzen der Taktik entfernt hatte. Die Artillerie blieb in der Elementar-Taktik stecken und ging darin unter. Der Gesichtskreis wurde ein so beschränkter, daß er über die taktische Einheit, die Batterie, nirgends mehr hinausreichte.

Dazu kam die Einseitigkeit, mit der man sich auf die allerdings wichtigen, technisch-artilleristischen Fragen warf, welche die Construction des neuen Materials stellte.

Wir können es uns nicht versagen zur Charakterisirung dieser Verhältnisse vor dem Jahre 1850 noch eine Stelle aus der schon erwähnten Schrift: „Ueber Führung und Gebrauch der Feld-Artillerie“ anzuführen, welche in durchaus schlagender Weise die Ursachen der mangelhaften taktischen Ausbildung der Artillerie berührt. Es heißt (Seite 14): „Die Taktik der Artillerie geht meist nicht über die Batterie hinaus. Die Hindernisse dazu sind:

a) die geringe Theilnahme der höheren Truppen-Befehlshaber für die Artillerie. Nur bei den Russen und Franzosen ist es damit etwas besser. In allen Armeen ist die Artillerie eigentlich noch ein Anhängsel. Das selbstständige Auftreten einer entsprechenden Masse Artillerie wird immer noch in das Gebiet der Träume verwiesen. Officiell ist es erst kürzlich ausgesprochen: die Artillerie-Generale gehören nicht zu den Truppenführern; das geheimnißvolle Wesen: „Artillerie“ bedarf also keiner Führung.

b) Die Artillerie hat indeß hieran auch Schuld. Nach den großen Kriegen warf sie sich einseitig auf den materiellen, technischen und wissenschaftlichen Theil wohl über 20 Jahre lang. Die Truppe betrieb nur die Elementar-Taktik, für die höhere Taktik fehlte der Boden.“

Diese Darlegungen mögen genügen, den Gang zu bezeichnen, den die Ausbildung im höheren Sinne und im Speciellen bei der preußischen Artillerie genommen, und den Standpunkt anzudeuten, den sie einnahm, als am Ende der vierziger Jahre sie zum ersten Male wieder vor den Feind treten sollte. Die Mängel und Schwächen mußten nun in schärfster Weise hervortreten.

5. Die Organisation für den Krieg. Vertheilung der Artillerie in der Ordre de bataille.

Die Kriegsformation der Artillerie steht im engsten Zusammenhange mit der Ordre de bataille und wird durch dieselbe unmittelbar bedingt.

Im Anschluß an das neue Reglement von 1809, welches die Schlachtordnung in mehreren Treffen, die Bildung von Divisionen aus gemischten Waffen, die Bildung von Avantgarde und Reserve feststellte, war die Zutheilung der Batterien zu den Brigaden oder Divisionen und zu einer besonderen Reserve-Artillerie erfolgt.

Im Kriege waren bei den Infanterie-Brigaden meist je eine 6pfdg. Batterie, bei der Avantgarde ein bis zwei Batterien gewesen. Diese Formation hatte sich sehr wenig bewährt. Die vereinzelten Brigade-Batterien hatten in den meisten Fällen sich als zu schwach erwiesen und bald Verstärkung aus der Reserve-Artillerie gefordert, welche dadurch gewöhnlich zersplittert worden war. Außerdem war die letztere im Sinne einer wirklichen Reserve betrachtet worden und in Folge dessen zu spät oder gar nicht in's Gefecht gekommen. Sehr selten hatte sie die Entscheidung gebracht. (Groß-Beeren).

Nach den Kriegen wurde diese Formation und Vertheilung der Artillerie trotzdem fast unverändert beibehalten. Zu den vier Infanterie-Brigaden des Armee-Corps kam je eine 6pfdg. Batterie, zur Reserve-Cavallerie kamen 2 reitende Batterien. Die Reserve-Artillerie bestand somit aus 3 12pfdgn. Batterien zu 6, einer 16 Cm. Haubitz-Batterie zu 6, einer 6pfdgn. Fuß-Batterie zu 8, einer 15 Cm. Haubitz-Batterie zu 8 und einer 6pfdgn. reitenden Batterie zu 8 Geschützen, in Summa 48 Geschütze.

Aus dem Vergleiche dieser Formation mit der Friedens-Organisation ist zu erkennen, daß die Abtheilungs-Verbände der letzteren im Kriege fast durchweg zerrissen wurden. Die Kriegs-Formation war keine Erweiterung der Friedens-Organisation, sondern eine völlige Auflösung der letzteren. Rechnet man dazu die große Differenz in der Friedens- unb Kriegsstärke der Batterien, so wird es erklärlich, daß die Mobilmachung der Artillerie einer Auflösung der Waffe nahezu gleich kam, unb daß Offiziere, welche die Mobilmachungen der Jahre 1848, 1849 unb 1850 erlebt hatten, die Batterien als nicht kriegsbrauchbar bezeichneten.

Diese Formation trat im Frieden bei den Manövern ins Leben unb äußerte bort benselben nachtheiligen Einfluß, ben sie im Kriege ausgeübt hatte. Sie verursachte falsche unb mangelhafte Verwendung der Artillerie, ließ die höheren Artillerie-Offiziere gar nicht zur Verwendung kommen unb machte eine Führung der Artillerie im höheren Sinne ganz unmöglich.

In den meisten Armeen war die Vertheilung der Artillerie in der Ordre de bataille eine ähnliche.

In Oesterreich waren ben Infanterie-Brigaden je eine orbinaire 6Pfdr.-Batterie, ben Cavallerie-Brigaden Cavallerie-Batterien zugetheilt. — Daneben bestanb die Artillerie- (Geschütz-) Reserve.

In Rußland befand sich bei den verhältnißmäßig starken Infanterie-Divisionen je eine geschlossene Artillerie-Brigade zu vier Batterien. Eine eigentliche Reserve-Artillerie war von vornherein nicht vorgesehen.

In Frankreich erhielt jebe Division eine ober mehrere 8Pfdr.-Batterien.⁹⁹) Die Reserve für ein Armee-Corps bestanb gewöhnlich aus vier Batterien.

Eine wichtige Frage, über welche der Kampf der Ansichten nicht aufgehört hat, bildete die Vertheilung der schweren unb leichten Batterien in der Ordre de bataille.

Die, in unb nach den Kriegen angeorbnete Zutheilung der letzteren zu den Brigaden ober Divisionen fanb keine allgemeine Zustimmung. Es kamen hier wieder die Principienfragen von Wirkung unb Beweglichkeit zur Sprache.

Im Allgemeinen wurde anerkannt: es sei vortheilhaft in der Reserve leichte unb reitende Batterien zu haben, um dieselben schnell auf größere Entfernungen vorpoussiren unb damit rechtzeitig ins Gefecht eingreifen zu können. Andererseits fühlte man die Nothwendigkeit, in der Avantgarde unb bei den Brigaden bewegliche Batterien zu haben, um unter schwierigen Verhältnissen unb, bei der geringen Entfernung, auf der das Gefecht sich meist entspann, nicht in Verlegenheit zu gerathen.

Der Krieg hatte aber gelehrt, daß diese leichten Batterien in

ben meisten Fällen nicht genügend wirksam gewesen und sehr bald
Unterstützung durch 12pfbg. Batterien aus der Reserve gefordert
hatten. — Daraus war der Schluß gezogen worden, daß es nothwendig sei, bei Beginn des Gefechts sofort überlegene Artillerie-
wirkung zu entwickeln und daher womöglich 12Pfbr. in der Avantgarde und zu den Divisionen zu nehmen. Diese gewiß richtige
Ansicht konnte aber bei der großen Schwerfälligkeit der 12Pfbr.
keine allgemeine Gültigkeit erlangen.

Wie sehr die verschiedenartigen Anforderungen und Wünsche
mit einander in Streit geriethen, möge man aus folgenden Angaben erkennen.

Decker bemerkte:[100] „Neuere Stimmen erheben sich für den
12Pfbr. als Divisions-Geschütz. — Die Fuß-6Pfbr. sind das
wahre Reserve-Geschütz." In einer schriftlichen Eingabe an den
Prinzen August führte Decker an: in der Reserve-Artillerie seien
zur Verstärkung der Artillerie während des Gefechts am Besten
12Pfbr. und Haubitzen. Die 12Pfbr. seien überhaupt bei Einleitung des Gefechts sehr vortheilhaft, sie müßten dann aber dem
Angriffe vorhergehen, aber nicht ihm folgen. — Man fahre
aber mit diesen Geschützen viel zu viel herum, woran die anderen
Waffen auch viel Schuld seien." —

Decker verlangte schließlich für die Brigaden 6pfbg. oder
reitende Batterien, und für die Reserve je ⅓ schwere, leichte und
reitende Batterien.

Prinz August betonte für die Divisionen mehr den Werth
der 12Pfbr. und Haubitzen. Grävenitz sprach sich wie folgt aus:[101]

„Die 12Pfbr. sind besonders geeignet zu Divisions-Batterien,
um das Feuer auf großen Entfernungen zu eröffnen. Sie kommen
meist schon in der Avantgarde in Thätigkeit. — Diese vortreff-
lichen Geschütze dürfen bei der Einleitung der Schlacht nie fehlen,
sie sind die Fühlhörner der Feldherren. Die 6Pfbr. sind nöthig,
wo man schnell Artillerie zur Entscheidung gebraucht; sie sind als
Dispositions-Artillerie für das Nahgefecht zu verwenden.
Diese Artillerie soll bestehen aus 36 6Pfbrn. und 24 reitenden
Geschützen."

Siebentes Kapitel.

Die Taktik.

Eine auf klarer Erkenntniß der Eigenthümlichkeiten der Artillerie begründete Verwendung der Waffe hatte in den Kriegen nicht stattgefunden. Der Begriff der „taktischen Einheit", den man für die Batterie feststellte, scheint damals und während der ganzen Periode viel zu der falschen und zersplitterten Verwendung der Artillerie beigetragen zu haben.

Nach den Kriegen begann man aus der großen Summe der Erfahrungen die Grundsätze und Regeln der Taktik zu abstrahiren.

Das erste Buch in welchem die Artillerietaktik überhaupt behandelt wurde, war Deckers „Die Artillerie für alle Waffen, 1816." Decker erwarb sich durch seine späteren, schon mehrfach erwähnten Schriften große Verdienste um die Feststellung und Verbreitung der Lehre von der Artillerie-Taktik. Man complicirte diese Lehre unnöthigerweise. Man erfand „Die Taktik der reitenden Artillerie", worüber Decker sagt: „die Taktik der Fuß- und die der reitenden Artillerie sind wesentlich von einander verschieden. Nur dann erst, wenn beide abgeprotzt haben, können sie als ziemlich gleichberechtigt betrachtet werden."

Von einer solchen besonderen Taktik hätte man füglich nicht reden sollen, sondern nur von einer eigenen taktischen Verwendung der reitenden Artillerie. Mit gleichem Rechte hätte eine besondere Taktik der Kuirassire, der Husaren u. s. w. geschaffen werden können. —

Andere Schwierigkeiten für die Aufstellung einfacher taktischer Grundsätze machte das Vorhandensein der verschiedenen Kaliber. Es fehlte nicht viel, so wäre für jedes Kaliber eine eigene Taktik aufgestellt worden. Bemerkte doch Decker:[102] „Jede Gattung Artillerie muß nach anderen taktischen Grundsätzen gebraucht werden, also Taktik der 12Pfdr., der 6Pfdr., der Haubitzen, der Fuß- und der reitenden Artillerie; Taktik der Divisions- und der Reserve-Artillerie." „Die Verschiedenheit der Kaliber complicirt und erschwert die Taktik der Artillerie; dies um so mehr, je näher aneinander die beiden Kaliber liegen."

Wenn diese Unterscheidungen eine gewisse Berechtigung haben, so führen sie doch leicht zu Unsicherheiten in der Anwendung der Artillerie. Zu viele Regeln sind fehlerhaft oder verderblich. In vielen Gefechtslagen ist das einzig Wahre, die Batterien ohne Rücksicht auf Kaliber zu verwenden, wie sie am Schnellsten zur Hand sind. Die Regeln für die Anwendung der verschiedenen Kaliber reichen nur für untergeordnete Fälle aus, und wenn man noch volle Freiheit für seine Entschlüsse hat. Die Taktik ist eine praktische Kunst und, wenngleich für ihre Ausübung Grundsätze von allgemeiner Gültigkeit bestehen, so bleibt doch Vieles Sache der individuellen Ansicht. In schwierigen Verhältnissen entscheidet die geistige Thatkraft oder das Genie. Es können dann abnorme Maßregeln zur Norm werden, wofür a priori weder Regeln noch Grundsätze aufgestellt werden können.

Es ist nicht die Absicht, hier die Lehre der Artillerie-Taktik bis in ihre Details zu verfolgen, es soll vielmehr nur in den Hauptzügen die Entwickelung der Grundsätze und Anschauungen über die Verwendung der Artillerie gegeben werden, soweit diese auf Grund der Ordre de bataille einerseits die Brigade- oder Divisions-, andererseits die Reserve-Artillerie ins Auge fassen mußte.

In beiden Beziehungen waren die leitenden Grundsätze die im Kriege befolgten geblieben. Klarheit in der Auffassung und Sicherheit in der Durchführung derselben mochte in nur geringem Maße vorhanden sein, denn im Januar 1831 erließ der Prinz August eine Verfügung des Inhalts, er wolle die Ansichten der Inspecteure und Brigadiers über die Taktik kennen lernen. Auf Grund der Vertheilung der Artillerie in der Ordre de bataille sollten folgende Fragen erörtert werden:

a) das Verhalten der Artillerie unter gewissen Umständen im Gefecht,

b) das Verhalten in den verschiedenen Momenten des Gefechts,

c) die Aufstellung der Reserve-Artillerie und das Auftreten derselben,

d) die Stellung und Aufgaben der höheren Artillerie-Offiziere.

In Folge dieser Verfügung gingen fortlaufend bis zum Jahre 1845 von den höheren Offizieren Abhandlungen über die Artillerie-Taktik ein, welche als der reinste Ausdruck der herrschenden An-

sichten zu betrachten sind. Der Prinz August hat diese sämmtlichen Aufsätze eigenhändig kritisirt.

Was daraus für den vorliegenden Zweck in Betracht kommt,
ist Folgendes:

Trotz oder wegen der Zersplitterung der Brigade-Batterien
betonten fast alle Urtheile ein Zusammenwirken derselben, besonders
auch zu Anfang des Gefechts.

Im Allgemeinen war schon das Gefühl oder der klare Gedanke vorherrschend, die Einleitung des Gefechts müsse womöglich
durch eine starke überlegene Artillerie erfolgen. Diese Ansicht vertrat besonders Decker. Er hob hervor, daß dadurch fast immer der
Gang und Erfolg des Gefechts bestimmt werde. Er wollte dazu
40 Geschütze zusammenziehen und sofort die 3 12pfdg. Batterien
aus der Reserve vornehmen.

In ähnlichem Sinne sprachen sich Strotha 1840 und Jenichen
1845 aus.

Allgemein war die Ansicht, daß von der Reserve-Artillerie die
drei 12pfdg. Batterien balb und zuerst in das Gefecht einzugreifen
hätten.

Ueber die Ziele bei Einleitung des Gefechts wurde sehr richtig
bemerkt, es mache sich gewöhnlich ganz von selber, daß zuerst die
feindliche Artillerie beschossen würde.

Sehr ausführlich waren die Erörterungen über den Zweck
und die Verwendung der Reserve-Artillerie. Fast ausnahmslos
wurde betont, sie sei durchaus nicht im Sinne einer letzten Reserve
zu betrachten. Ihre Zwecke seien: Verstärkung der Artillerie-
Stellungen von vorn herein, Verstärkung derselben während des
Kampfes, Verwendung als eigentliche Reserve zur Herbeiführung
der Entscheidung.

Für die ersten beiden Zwecke sollten, wie erwähnt, die 12pfdg.
Batterien und die Haubitzen verwendet werden. Für den letzten
Zweck blieben die 6pfdg. oder reitenden Batterien reservirt, da
sie am Besten befähigt waren, zeitgerecht zu erscheinen und einzugreifen.

Man war vollständig klar darüber, daß im Momente der Krisis,
der meist nur kurze Zeit andauert, Nichts besser geeignet ist, den
in's Stocken gekommenen Angriff oder die wankend werdende Vertheidigung neu zu beleben, als frisch auftretendes Geschütz, besonders wenn dies mit einer gewissen Lebhaftigkeit eingreift.

Trotz aller Klarheit, die sonach in der Theorie über die Verwendung der Artillerie herrschte, war es mit der ausübenden Praxis doch schlecht bestellt. Wie schon früher erwähnt, hörten die Klagen über die Verzettelung der Batterien, über den Mangel an einheitlichem Gebrauch und gemeinsamer Leitung nicht auf.

Daraus geht hervor, wie schwierig das Erfassen der Hauptmomente für eine richtige Artillerie-Verwendung ist, nämlich: das Erkennen des richtigen Zeitmoments, die richtige Wahl des Ziels, die Concentration des Feuers gegen den entscheidenden Punkt.

Noch viel größere Mühe machte das Problem der Bildung von Artillerie-Massen. Die großen Erfolge, welche Napoleon dadurch errungen, riefen das Bestreben hervor, die Lehre dieses Gebrauchs ausführlich aufzustellen und in ihrer Anwendung den letzten und höchsten Zweck der Artillerie zu suchen.

In welcher Weise Monhaupt diese Lehre vertrat ist schon erwähnt. Decker sagte hierüber:[103] „ein guter Taktiker hält seine Artillerie zusammen, weil nur auf diese Weise eine entscheidende Wirkung zu erwarten ist."

Den ersten Versuch zur Erörterung der Grundsätze über den Massengebrauch der Artillerie machte ein Aufsatz im Militair-Wochenblatt von 1821: „Flüchtige allgemeine Bemerkungen über den Gebrauch der Artillerie in großen Massen." Der Verfasser hatte dabei nur einen Frontal-Angriff vor Augen, den er bis auf Kartätschschußweite heranführen wollte. Am geeignetsten erschien ihm dazu die Verwendung der 12Pfdr.

Demnächst erschien in der Zeitschrift für Kunst, Geschichte und Wissenschaft des Krieges von 1832 ein Aufsatz von du Vignau: „Ueber den Gebrauch der Artillerie in Masse."

Der Verfasser bemerkte, wie man überall mit Vorliebe davon rede, wie aber nur sehr wenig Klarheit darüber herrsche. Schon 16 Geschütze seien eine Artilleriemasse. Der Verfasser erörterte dann die Fälle, in denen für eine Armee von bestimmter Stärke der Massengebrauch eintreten soll. Im Grunde genommen entwickelte er nur die Bildung großer Batterien durch successives Zusammenziehen der ganzen Artillerie.

In ähnlicher Weise behandelte Okounef[104] 1838 die Frage auf Grund des Gebrauchs der russischen Artillerie im Jahre 1831 in Polen und besonders vor Warschau. Okounef erblickte in der Bildung großer Batterien aus 70 bis 80 Geschützen das wahre Princip der Siege.

Das Thema wurde ferner behandelt im Militair-Wochenblatt von 1845 Nr. 83. —

Auch Harber[105] besprach den Gebrauch und die Bedeutung der Artilleriemasse. Die erste Bedingung dazu sei aber ein guter Führer, von welchem Harber sagt: „Ein solcher Mann muß von sich überzeugt sein, daß seine Waffe in seiner Hand unwiderstehlich wird und daß Aller Augen auf ihn gerichtet sind."

Wenn diese Urtheile fast ausnahmslos die Bildung großer Batterien im Auge hatten und sie dazu vornehmlich die Reserve-Artillerie verwenden wollten, so gingen sie von der falschen Voraussetzung aus, das Entscheidende dieses Gebrauchs sei die große Geschützzahl, während dasselbe in dem schnellen Auftreten mehrerer Batterien unter gemeinsamer Führung auf dem entscheidenden Punkte zu suchen war. Diesen Unterschied brachte in der ganzen Schärfe zuerst Scheuerlein[106] mit richtigem Blicke zur Anschauung. Er definirte zum ersten Male den taktischen Unterschied zwischen der sogenannten „großen Batterie" und der „Artilleriemasse." Dann sagte er ungefähr Folgendes:

„Der letztgenannte Ausdruck sei mit Napoleon in die Taktik gekommen und namentlich seit Sénarmonts Angriff bei Friedland. Seit jener Zeit seien vielfach in Schlachten größere Batterien zur Thätigkeit gekommen, und man rede immer von „Artilleriemassen", wo man nur von „großen Batterien" reden sollte. Das Kriterium der Masse liege aber nicht in der Zahl der Geschütze, sondern in der Art ihres Auftretens und ihrer unmittelbaren Wirkung. Es müsse dadurch eine unmittelbare Entscheidung auf dem entscheidenden Punkte gegeben oder eine Katastrophe abgewendet werden.

Die Artillerie übernehme in diesem Falle selbstständig einen Gefechtsact. Je stärker und schneller sie dabei auftrete, desto sicherer der Erfolg. Ihr schnelles und nahes Feuer sei, selbst bei geringer Zahl allemal vernichtend und entscheidend und hierin liege das Geheimniß des Artillerie-Gebrauchs in Masse."

Die Richtigkeit dieser Ansichten ist später allgemein anerkannt worden, aber praktische Verwirklichung haben dieselben doch nur in den seltensten Fällen gefunden.

Das Auftreten der österreichischen Artillerie am Schlusse dieses Zeitraums in Ungarn, bei Raab, bei Szöreg (93 Geschütze) bei Temesvar (114 Geschütze) u. s. w. lieferte nur Beispiele von Bildung großer Batterien, welche nach längerem Kampfe die Entscheidung herbeiführten, wobei zu bemerken ist, daß diese Schlachten überhaupt reine Artillerie-Schlachten waren.

Zweiter Abschnitt.

Die Uebergangs-Periode von 1850 bis 1860.

~~~~~~~~

Die durch die politischen Bewegungen des Jahres 1848 ver-
ursachten Kriege (Baden, Schleswig, Ungarn, Italien) und der
Krimkrieg boten seit langer Zeit zum ersten Male wieder Gelegenheit auf den Schlachtfeldern reiche Erfahrungen für alle Theile
des Kriegswesens zu sammeln.

Die im Gebrauch der Tirailleurs höher ausgebildete und ver-
feinerte Taktik, sowie die Benutzung der gezogenen Gewehre mußte
einen Einfluß auf den Gebrauch der Artillerie und ihre Bedeutung überhaupt ausüben. Dieser Einfluß stellte sich als ein für
die Artillerie sehr unheilvoller heraus.

In der taktischen Verwendung der Artillerie mußten die Mängel und Schwächen unverhüllt zu Tage treten, welche die unver-
meidliche Folge einer langen Friedenszeit sind.

Die Erkenntniß der Lage an sich, sowie den veränderten
Kampfverhältnissen der Infanterie gegenüber, mußte die Artillerie
zu vielseitigen Reformen führen, welche in diesem Jahrzehend entweder zur Durchführung kamen oder doch so vorbereitet wurden,
daß sie am Schlusse der Periode zur Annahme gelangen konnten.
Diese Reformen schufen für das ganze Artillerie-Wesen eine vollständig veränderte und neue Grundlage, auf welcher ein so tota-
ler Neubau der Waffe aufgerichtet wurde, wie seit dem Bestehen
der Artillerie noch kein ähnlicher stattgefunden hatte.

Das Jahrzehend von 1850 bis 1860 ist darum das bedeut-
samste und entscheidende für die Entwickelung der neuen Artillerie.

Während desselben machte die Artillerie die größten An-

8*

strengungen zur Herstellung eines neuen glatten Feldgeschützes, welches ihr den Standpunkt wieder erringen sollte, von dem sie durch die gezogenen Gewehre fast gänzlich herabgeworfen war.

Daneben entwickelte sich langsam und in der Stille sicher fortschreitend das gezogene Geschütz als Vertreter des neuen Princips, welches die Handfeuerwaffen zu der ungeahnten Höhe erhoben hatte. Diese Entwickelung war am Ende des Zeitraums so weit vorgeschritten, daß das gezogene Feldgeschütz thatsächlich mit dem glatten in die Schranken treten konnte, um dasselbe dann Schritt für Schritt daraus zu verdrängen.

Die Hilfe, welche das glatte Geschütz nicht mehr bringen konnte, brachte das gezogene und zwar im Momente der äußersten Noth. Das alte Princip war verbraucht, es hatte sich ausgelebt; das neue gab die Grundlage für eine totale Umwälzung in Wissenschaft, Praxis und Material der Artillerie. Hiernach ist es gerechtfertigt, dieses Decennium als das wahre Uebergangsstadium zu bezeichnen.

Der Uebergang vom alten zum neuen Systeme erfolgte thatsächlich auf dem Gebiete der Theorie, der praktischen Construction und der definitiven Annahme des neuen Systems. Der ganze Kampf und die eigenthümliche Entwickelung der nächsten Periode drehte sich nur um die Ausdehnung, in der die Einführung des neuen Systems zu erfolgen hatte. Der Schwerpunkt des geistigen Kampfes wurde dadurch in den nächsten Zeitabschnitt verlegt. Aber es war nur ein Kampf von unklaren Ansichten. Die Thatsachen hatten längst entschieden: das gezogene Geschütz, wie es war, hatte eine zweifellose, große Ueberlegenheit über das glatte.

Erstes Kapitel.

Die Lage der Feld-Artillerie gegenüber der Wirkung der gezogenen Gewehre um das Jahr 1850.

Die Artillerien traten in das neue Jahrzehend mit dem großentheils neu geschaffenen, erleichterten Feld-Material, in welchem vielfach eine — man kann sagen — schöne Harmonie zwischen Beweglichkeit und Wirkung herrschte. Man konnte aber schon in den vierziger Jahren die Frage aufwerfen, ob diese Harmonie sich noch mit den taktischen Bedürfnissen der Gegenwart und mit den Bedingungen deckte, welche die neuen Handfeuerwaffen an eine wirksame Artillerie stellen mußten.

Der Werth, welcher der Feld-Artillerie in der Armee zukommt, ist einerseits nach der dem Systeme innewohnenden Beweglichkeit und eigenthümlichen Wirkung zu bemessen, andererseits wird er durch das herrschende System der angewandten Taktik, deren Beweglichkeit, und endlich durch die Wirkung der Handfeuerwaffen bedingt. Den glatten Gewehren und der bisherigen Taktik gegenüber war jener Werth ein ganz bestimmter, allgemein zugestandener gewesen, und nirgend hatte sich eine Diskussion etwa in der Absicht entsponnen, ihn zu bezweifeln oder herabzusetzen. In den neuen Systemen war der Werth sogar etwas gestiegen, da die Beweglichkeit gegen früher gewachsen, auch die Wirkung etwas gesteigert worden war. In letzterer Beziehung schien ein bedeutender Fortschritt sogar in Aussicht zu stehen, als durch die Einführung der Schrapnels ein Faktor gebildet wurde, welcher eine große Steigerung der Wirkung als möglich erscheinen ließ.

Während es somit den Anschein hatte, als werde die Artillerie durch die Schrapnels in der Werthschätzung eine Stufe höher steigen, trat fast genau zu derselben Zeit für die Infanterie eine aufsteigende Bewegung durch Construction und Einführung von gezogenen Gewehren ein. Auf diese wurden gleichfalls von vornherein weitgehende Hoffnungen gebaut, welche früher und umfassender erfüllt werden sollten, als die von der Artillerie auf die Schrapnels gegründeten. Das lag in der Natur beider Elemente. Hier handelte es sich nur um einen Fortschritt innerhalb eines alten Princips; dort hingegen um die Ausbildung und die Anwendung eines ganz neuen, überlegenen Princips. Daher mußte der Kampf, trotz der eminentesten Anstrengungen der Artillerie zur Verbesserung der Wirkung der glatten Geschütze, ein vergeblicher sein, so lange sie nicht ebenfalls das neue Princip adoptirte.

Wie aus früherer Darstellung ersichtlich, kam die Artillerie mit den Schrapnels nicht dahin, wohin man gewünscht und gehofft hatte. Die Wirkung war überhaupt noch unzuverlässig und, wenn auch in gewissem Sinne potenzirt, so doch in denselben engen Grenzen in Bezug auf die Schußweiten geblieben wie bisher.

Anders mit den gezogenen Gewehren. Bei ihnen war durch

Vermehrung der Trefffähigkeit die Wirkung nicht nur potenzirt, sondern auch durch Vergrößerung der Schußweiten, gerade mit Bezug auf die artilleristische Wirkung bedeutend gesteigert. Diese Steigerung war eine ganz zuverlässige und so zweifellose, daß die Gewehre in verhältnißmäßig kurzer Zeit allgemein angenommen wurden.

Somit deckte sich um das Jahr 1850 die Leistungsfähigkeit der Feld-Artillerie-Systeme nicht mehr wie bisher mit den durch die Taktik und die Handfeuerwaffen gesteckten Grenzen und gegebenen Bedingungen. Das Werthverhältniß der Artillerie war zu ihrem Ungunsten verschoben. Die Diskussion über diese Frage hatte aber schon viel früher und sogleich mit dem ersten Auftreten der gezogenen Gewehre in den Armeen begonnen.

Die erste Anregung zur Herstellung der neueren gezogenen Gewehre gab 1826 der Capitain Delvigne in Frankreich. Anfangs noch die Rundkugel benutzend; trat er zu Anfang der dreißiger Jahre in Verbindung mit dem Obersten Thierry mit sphäro-konischen, endlich mit cylindro-konischen Geschossen hervor.

Seit 1828 hatte, ebenfalls in Frankreich, der Oberst Thouvenin sich mit der Construction gezogener Gewehre beschäftigt. Seine Versuche waren in der Mitte der vierziger Jahre so weit gediehen, daß die Thouvenin'schen Gewehre nicht nur in Frankreich, sondern auch in vielen anderen Ländern eingeführt wurden.

Einen neuen Fortschritt machte Minié, welcher 1849 mit seinem Cülot-Geschoß hervortrat, dessen überwiegende Vortheile das System bald allgemein zur Einführung gelangen ließen. Das war zu Anfang der fünfziger Jahre der Hauptschlag gegen die Artillerie.

An die Fortschritte der Gewehre knüpfte sich schnell ein weitgehender Meinungs-Austausch und ein lebhaft geführter geistiger Kampf gegen die Artillerie, der indeß nur sehr langsam Klarheit in die Ansichten brachte.

Wie oben erwähnt, hatte der General Okounef 1836 auf Grund der Schrapnelversuche der Artillerie eine bedeutende Zukunft verheißen. Der Gewehr-Constructeur Delvigne erwiederte auf diese Bemerkung, mit Hinblick auf die in Aussicht stehende Bewaffnung der Infanterie mit gezogenen Gewehren ungefähr Folgendes[1]. „Die Artillerie wird wegen der geringen Beweglichkeit und des schwierigen Transports um so mehr an Werth verlieren und verringert werden, je mehr die Infanterie vervollkommnet wird; sonst ist die Artillerie im Allgemeinen ein unnützes Hinderniß für die Armee. Durch Einführung des gezogenen Gewehrs wird die Infanterie die Geißel der Artillerie. Die Infanterie wird diesen Fortschritt machen und damit die Artillerie in eine secundäre Rolle verweisen."

Eine ähnliche Auffassung fand sich bald darauf in den Militair-Zeitschriften. Nirgend aber fand sich eine Andeutung darüber, daß die Artillerie ebenfalls zur Annahme gezogener Waffen schreiten könne und müsse. Nur Pairhans hatte schon 1835 angedeutet, die Ausführung gezogener Geschützröhre werde für die Artillerie unumgänglich nöthig werden. Im Jahre 1849 kam er noch einmal viel positiver darauf zurück. Vorläufig geschah aber zur Verwirklichung dieses Gedankens gar Nichts.

Die Sache nahm daher wirklich den von Delvigne bezeichneten Verlauf. Die Artillerie wurde in eine mehr secundäre Rolle zurückgedrängt. Die gezogenen Gewehre schossen auf 450 M. noch eben so gut, wie die glatten auf 225 M. Die Artillerie büßte dadurch von ihren Schußweiten und gerade von den kleineren und wirksameren gegen 225 M. ein, und was das Schlimmste war, dieser Verlust traf vorzüglich den bis dahin so kostbaren Kartätschschuß, dessen Werth sehr bedeutend sank, denn für die Offensive war er kaum noch anwendbar. Die Erkenntniß dieses Verlustes drang sehr langsam durch. Noch im Jahre 1850 führte der damalige Hauptmann Schmölzl in einem längeren Aufsatze aus, daß die glatte Artillerie unverkennbar zur vorzüglichsten Rolle im Kriege berufen sei, und die von ihr gemachten Fortschritte darüber keine Zweifel lassen könnten. Die reitende Artillerie werde das entscheidende Gefecht auf 525 bis 600 M. führen; überhaupt würden die kleineren Entfernungen zur Anwendung kommen. Für den Kartätschschuß werde das Heranfahren auf 225 M. Regel sein müssen.

Diese Illusionen wurden durch die Erfahrungen der Kriege von 1848—1850, vornehmlich in Baden und Schleswig zerstört. Hier kamen viele Fälle vor, in denen Batterien auf 300 bis 525 M. durch Gewehrfeuer gezwungen wurden, die Stellung zu räumen. So in den Gefechten von Ladenburg 1849, bei Steinmauern 1849, bei Niederbühl 1849, bei Sollbrück 1850, bei Missunde 1850, in der Schlacht bei Fridericia 1849, bei Idstedt 1850 u. s. w. [2]

Daburch war der Beweis des eingetretenen Verlustes greifbar geliefert. Die Artillerie überkam das Gefühl der Schwäche. Wie aber sollte Abhülfe geschaffen werden? Dazu war vor Allem Zeit nöthig, und noch waren die Ansichten über den einzuschlagenden Weg sehr unklar und sehr getheilt. Hören wir zunächst einige Urtheile über die Angelegenheit und über die Vorschläge zur Abhülfe. Berneck bemerkte 1854 in seinem Buche Elemente der Taktik: „Die Artillerie wird gegen die weittragenden Gewehre kaum noch auf Kartätsch-Distance abprotzen können."

Die General-Inspection der Artillerie sprach in einem im Juni 1854 an das Kriegs-Ministerium gerichteten Antrage aus, daß bei der gesteigerten Gewehrwirkung der 6Pfdr. wegen zu geringer Kartätsch- und Schrapnel-Wirkung ausscheiden müsse und durch einen kurzen 12Pfdr. zu ersetzen sei.

Im Archiv für die Artillerie- und Ingenieur-Offiziere hieß es 1855: „Dem neuen Gewehr gegenüber kann die Artillerie das Kugelfeuer nur auf 750 bis 825 M., das Kartätschfeuer auf 525 bis 600 M. anwenden. Den besten Ausgleich der verlorenen Wirkung bietet die Einführung der Granatkanone und daneben der bisherige 12Pfdr."

In der Allgemeinen Militair-Zeitung 1855 bei einer Besprechung des Krimkrieges wurde gesagt: „Der 6Pfdr. muß als Feldgeschütz entschieden verworfen werden; er ist dem gezogenen Gewehre gegenüber auf 600 M. wirkungslos. Auch der 8Pfdr. ist nicht verwendbar. Die taktische Rolle der Artillerie wird durch die gezogenen Gewehre eingeschränkt, die Waffe wird entbehrlicher, denn die Zerstörungs-Waffe par excellence ist das gezogene Gewehr."

In derselben Zeitung von 1855 (Nr. 55 und 56) hieß es: „Von nun an kann — und das ist der Artillerie gegenüber für den Tirailleur von entscheidender Bedeutung — die zerstreute Schützenlinie einer Batterie bereits außerhalb Kartätschschußweite verderblich werden. Die Frage ist noch nicht entschieden, aber die Wahrscheinlichkeit ist dafür, daß über 600 M. hinaus bis 725 M. hin zehn Mann, mit weittragenden Gewehren bewaffnet, für die Feuerwirkung mehr bedeuten, als eine leichte Feldkanone" . . . . An anderen Stellen dieser Zeitung finden sich ähnliche Urtheile und dabei wird als das eigentliche Schlachtenkaliber die 12pfdg. Granatkanone und, als bestes Hilfsmittel den gezogenen Gewehren gegenüber der Schrapnelschuß bezeichnet, der aber nur beim 12Pfdr. — nicht beim 6Pfdr. — zu verwerthen und noch zu verbessern sei.

General du Vignau sagte 1855 in einem Aufsatze: „Ueber die Aenderungen, die dem Artillerie-Wesen durch das verbesserte Infanterie-Gewehr aufgelegt werden": „Die Artillerie hat Eile, den Standpunkt zu den Gewehren wieder einzunehmen, den sie den glatten Gewehren gegenüber hatte. Hauptsache ist ein gut treffender Kugelschuß auf große Entfernungen."

In einer Schrift: „Einige Gedanken über die heutige Kriegführung. Berlin 1855" hieß es: „Die Zeit der höchsten Glorie der Feld-Artillerie ist vorüber; sie kann auf 225 bis 450 M. wenig wirken. Der 6Pfdr. ist abzuschaffen; die ganze Zahl der Geschütze ist überhaupt zu vermindern. . $\frac{2}{3}$ der Stärke müssen Haubitzen, $\frac{1}{3}$ gezogene Kanonen sein."

General von Brandt gab in seiner Taktik 1859 an, die Artillerie könne im Allgemeinen nicht näher als 600 M., keinesfalls unter 450 M. an den Feind herangehen.

Die durch diese Urtheile angedeutete und durch die Entwickelung der Taktik, sowie durch die Einführung der gezogenen Gewehre wirklich eingetretene Wandelung läßt sich in folgenden Sätzen zusammenfassen. Durch die Veränderung der Ziele, die ausgedehnte Anwendung des zerstreuten Gefechts war der Werth der Einzelgeschosse, besonders der Vollkugeln erheblich gesunken; durch die größeren Schußweiten der gezogenen Gewehre waren die Schußweiten der Artillerie gleichsam verringert, d. h. auf die unwirksamen Entfernungen eingeschränkt, und ihr Werth überhaupt herabgesetzt. Die Artillerie wurde zum frühzeitigen Aufgeben von Stellungen in den Stadien des Gefechts gezwungen, in denen sie bisher am Entscheidendsten wirken konnte, hauptsächlich war der Kartätschschuß entwerthet und am Meisten hatte der 6Pfdr. verloren; er war thatsächlich kein wirksames Feldgeschütz mehr. Die Hartnäckigkeit der lokalen Gefechte und die Benutzung aller Deckungen forderte von der Artillerie eine intensivere Wirkung als bisher; besonders nothwendig erschien die Benutzung eines Streugeschosses (Schrapnels); die Artillerie war gegen Infanterie-Angriffe, vornehmlich gegen Tiralleurs viel weniger gesichert, als früher.

Ueber die zum Ausgleich des Verlustes anzuwendenden Mittel waren die Ansichten getheilt. Fast allgemein wurde ein größeres Kaliber verlangt, welches besonders im Schrapnelschusse dem kleinen Kaliber überlegen war[3]. Ganz vereinzelt tauchten Vorschläge zur Prüfung gezogener Feldgeschütze auf.

Die vorstehend berührten Ansichten sprach fast unverändert die General-Inspection in einer **Denkschrift über den künftigen Gebrauch der Feld-Artillerie im Kriege** aus, welche sie im Sommer 1857 auf Anordnung des Kriegs-Ministers bearbeitet hatte. Es hieß darin ungefähr: „Die fast bei allen Armeen eingetretene außerordentliche Verbesserung der Infanterie-Feuerwaffen bedingt die wesentlichsten Aenderungen in der Taktik.

    a) Die Infanterie ist dadurch selbstständiger geworden, sie wird die Gefechte auf größeren Entfernungen beginnen;

    b) die Terrain-Abschnitte wird sie hartnäckiger behaupten;

    c) die Artillerie kann nicht mehr näher als 450 M. heranfahren. Sie muß daher ihre Feuerwirkung steigern. Der 6Pfdr. ist für die Fuß-Artillerie nicht mehr ausreichend; diese muß ein schweres Kaliber haben. Ob aber der im Versuch befindliche kurze 12Pfdr. den Feld-12Pfdr. wird ersetzen können, ist noch fraglich."

Die gänzlich veränderte Lage der Feld-Artillerie war hiermit an entscheidender Stelle anerkannt. Die Erkenntniß des eingetretenen Verlustes fand auch praktisch einen Ausdruck in den Bestimmungen für die taktische Verwendung der Artillerie. Es wurde officiell bestimmt, daß die Artillerie im Allgemeinen nicht unter 450 M. an Infanterie herangehen dürfe. In den Manöver-Bestimmungen für das 3. Armee-Corps vom Jahre 1858 wurde festgesetzt, daß Artillerie im Allgemeinen die Entfernungen unter 560 M. vermeiden solle, und für besondere Fälle die Entfernung von 300 M. die geringste zulässige sein müsse.

Zweites Kapitel.
Die Mittel und Wege zur Abhülfe.

Die genaue Untersuchung der Art und des Maßes der durch die gezogenen Gewehre erreichten Wirkungssteigerung mußte die

Artillerie die Art und die Größe des eigenen Verlustes erkennen lassen und die zur Abhülfe möglichen Mittel und den einzuschlagenden Weg andeuten.

Jene Wirkungssteigerung der Gewehre umfaßte im Vergleich zur Wirkung der glatten Gewehre eine intensivere Wirkung auf den gleichen Entfernungen (bessere Treffsähigkeit) und eine gleiche Wirkung auf mehrere hundert Schritte größeren Entfernungen (größere Schußweiten). Nach C. Rüstow gaben die neuen Gewehre auf 150 M. 28%, auf 300 M. 16%, auf 450 M. 6% Treffer, das heißt, auf derselben Entfernung die doppelte Leistung der alten Gewehre, oder auf doppelter Entfernung dieselbe Leistung wie diese auf einfacher Entfernung.

Die Artillerie war daher innerhalb bestimmter Entfernungen erheblich mehr gefährdet als früher, und das Maß dieser Gefahr war so groß, daß der Gebrauch der Artillerie mehrere hundert Schritte (225 M.) eingeschränkt wurde. Die Zeit, welche der Artillerie für ihre Leistungen innerhalb der durch ihre Gebrauchs-Schußweiten gegebenen Wirkungssphäre zu Gebote stand, war demnach verkürzt und gerade in den letzten entscheidenden Momenten wurde ihre Thätigkeit beschränkt oder ganz unterbrochen.

Diese Sachlage wies auf die Nothwendigkeit einer Wirkungssteigerung hin, welche die bisherigen Wirkungen aller Schußarten ebenfalls um mindestens einige hundert Schritte weiter hinausschob. Die nächste Frage mußte sein: War diese Steigerung durch Vervollkommnung des glatten Geschützsystems oder durch Annahme der gezogenen zu erreichen?

Alle Gedanken und Anstrengungen richteten sich auf die Verbesserung des ersteren Systems. Von der Nothwendigkeit der Construction gezogener Feld-Geschütze waren nur wenige hervorragende Männer überzeugt.

1. Die Wirkungssteigerung des Systems der glatten Feldgeschütze.

Die Vervollkommnung des glatten Geschützsystems war allerdings die nächstliegende, am schnellsten ausführbare Maßregel.

Die verlangte Steigerung hätte in erster Linie eine Vergrößerung der Ladung, also der wirkenden Kraft erfordert. Eine größere Kraftäußerung bedingt aber eine größere Masse (Last), das heißt, ein größeres Gewicht des Systems; das ist ein einfaches mechanisches Gesetz, welches sich in ähnlichen Fällen stets geltend machen muß.

Für die vorhandenen Constructionen der glatten Geschütze war eine Ladungssteigerung nicht möglich. Eine Wirkungssteigerung war vielmehr nur erreichbar, entweder durch Vermehrung der Zahl der bisherigen schweren Geschütze, oder durch Ersatz des leichten Kalibers (6Pfdr.), durch ein neu zu construirendes wirksameres, aber auch schwereres Geschütz.

Der erste Weg konnte nur provisorisch zur Abhülfe im äußersten Nothfalle empfohlen und betreten werden. In diesen Fall kam die preußische Artillerie im Jahre 1859, als es bei der Mobilmachung bedenklich erschien den 6Pfdr., nachdem er allgemein verworfen war, für die Fuß-Artillerie ins Feld mitzuführen. Wenn einzelne Stimmen von vornherein für diese Maßregel eintraten, so drangen sie doch nicht durch, denn im Allgemeinen war man so weit einig, daß das Princip der Beweglichkeit durch eine erhebliche Vermehrung der vorhandenen schwersten Geschütze gerade jetzt nicht rücksichtslos geopfert werden dürfe, wo die beweglicher gewordene Taktik höhere Anforderungen an die Beweglichkeit der Artillerie stellte. Auch war nicht daran zu denken, die reitende Artillerie, wenn der 6Pfdr. verworfen wurde, mit jenem Geschütz zu bewaffnen.

Es wurde daher als unvermeidlich angesehen, den zweiten Weg einzuschlagen. Derselbe war schon vor der allgemeinen ernstlichen Diskussion dieser Frage in Frankreich durch Annahme der sogenannten Granatkanone betreten worden, allerdings nicht aus den hier besprochenen zwingenden, sondern aus anderen Gründen, welche später zur Sprache kommen werden.

Ueber die Zwecke, welche das neu zu construirende Geschütz erfüllen sollte, und die dazu nöthige Wirkungssteigerung entwickelten sich die Ansichten in folgender Weise. Die Tirailleurs wurden als die gefährlichsten Feinde der Artillerie angesehen. Gegen sie wurde in erster Linie eine Wirkungssteigerung verlangt. Zu bekämpfen waren sie überhaupt nur mit einem Streugeschoß; daher erschien eine Steigerung der Wirkung für den Kartätsch- und Schrapnelschuß erforderlich. Dieselbe war dem 6Pfdr. gegenüber nur durch größeres Kaliber zu erreichen. Bei einem Geschütz von 12pfdg. Kaliber war eine intensivere Kartätschwirkung bis gegen

450 M. und eine gute Schrapnelwirkung darüber hinaus zu erwarten. Das Schrapnel mußte mehr als bisher die Aufgaben
des Kartätschschusses auf Entfernungen über 375 M. übernehmen
und überhaupt mehr zur Anwendung kommen. Die Bezeichnung
„Kartätschschuß auf größerer Entfernung“ wurde mit Vorliebe für
den Schrapnelschuß gebraucht.

Bei den großen Hoffnungen, die man immer auf das Schrapnel gesetzt hatte und bei seiner auf mittleren Entfernungen den
anderen Schußarten immerhin bedeutend überlegenen Wirkung war
es begreiflich, daß ihm jetzt die meiste Aufmerksamkeit zugewendet
wurde und die wärmsten Anhänger des Schrapnels in ihm geradezu die Rettung der Artillerie aus der mißlichen Lage erblickten.

Auf die Benutzung von Einzelgeschossen, deren Werth überhaupt gesunken, wurde weniger Werth gelegt. Ging man bei der
Neuconstruction auf das 12pfdg. Kaliber, so war es angezeigt,
nach dem Vorgange der schon in einigen Artillerien bestehenden
Granatkanonen, dasselbe nicht mit Vollkugeln, sondern ganz oder
großentheils mit Granaten auszurüsten. Erhielt das Geschütz die
erforderlichen Einrichtungen, so war es auch möglich, die Granaten zu werfen und so theilweise die Haubitzen zu ersetzen. Die
nach diesen Erörterungen zu erstrebende Wirkung verlangte also
ein Geschütz von 12pfdg. Kaliber. Damit war aber die Sache
nicht abgemacht. Die Taktik stellte die Anforderung einer gewissen Beweglichkeit, besonders mit Rücksicht auf die reitende Artillerie, für welche das Geschütz gleichfalls verwendbar sein sollte.

Die Aufgabe, die gelöst werden mußte, war ohne Zweifel
nicht leicht. Es galt ein ganz neues Verhältniß zwischen Wirkung und Beweglichkeit zu finden, einen neuen Compromiß zwischen beiden einander widerstrebenden Elementen zu schließen. Die
zu lösende Aufgabe war in folgender bestimmter Fassung zu
stellen: „Es ist ein Geschütz vom 12pfdg. Kaliber zu construiren,
welches in der Beweglichkeit dem bisherigen leichten Kaliber
(6pfdg.) möglichst nahe kommt; in der Wirkung dasselbe aber nicht
unerheblich übertreffen muß. Als Hauptgeschosse sind zu verwenden Granaten und Schrapnels. Das Geschütz muß womöglich
den Wurf gestatten.

Die Construction verlangte demnach: Anwendung einer
schwächeren als der bisherigen $1/3$ kugelschweren Ladung; für die

Rohrlänge ein Mittelmaß zwischen den Längen der bisherigen Haubitzen und Kanonen; bei Anwendung einer größeren Gebrauchs-Ladung Verzichtleistung auf den hohen Bogenwurf für die kleineren und mittleren Entfernungen, da er hier nur bei Anwendung kleiner Ladungen möglich war.

In diesen 3 Beziehungen fand sich ein gewisses Vorbild für das neue Geschütz in den schon vorhandenen langen Haubitzen und Granatkanonen. Besonders kamen die letzteren vom 12pfdg. Kaliber der Aufgabe schon ziemlich entgegen. Daher wurde mehrfach dieser Name für das neue Geschütz von vornherein adoptirt.

2. Die Bestrebungen zur Steigerung der Wirkung durch Construction von Granatkanonen.

Die Geschütz-Constructionen, welche im Sinne der vorstehenden Erörterungen die Steigerung der Wirkung anstrebten, hatten, wie erwähnt Vorbilder und Vorgänger.

Die um 1740 in Rußland eingeführten Einhörner von 10 Kaliber Seelenlänge waren Granatkanonen. Sie schossen Granaten und Vollkugeln.

Die Dieskau'schen kurzen 24Pfdr. von 12 Kaliber Länge, die wegen zu geringer Wirkung bald nach Beginn des 7jährigen Krieges aus der Feld-Artillerie entfernt wurden, gehörten ebenfalls in die Kategorie der Granat-Kanonen.

In Sachsen hatte Oberst Hoyer 4pfdg. Granatstücke von 9 Kaliber Länge, 360 Kil. Gewicht construirt, welche Granaten von 4,75 Kil. Gewicht und Kartätschen schossen, und selbst unter 45⁰ werfen konnten. [4]

Borkenstein erörterte die Construction von Granat-Kanonen und ihre Vorzüge sehr ausführlich. [5] Er hatte ein Rohr von 15 Cm. Kaliber und 700 bis 850 Kil. Gewicht im Sinne, von dem er sich bei starker Ladung eine besonders mörderische Kartätschwirkung versprach.

Die im Jahre 1828 bei Mainz mit einer kurzen 15 Cm. Kanone von 12 Kaliber Länge angestellten Versuche, deren Ergebnisse sehr günstig waren, riefen von Neuem die Bestrebungen zur Construction eines derartigen Feld-Geschützes wach. Breithaupt construirte ein solches in 2 Modellen. Die Rohrlänge sollte 12 und 11 Kaliber, die Ladung 1,85 Kil. und 1,41 Kil., das

Rohrgewicht circa 720 Kil. und 510 Kil. betragen. Das erstere Rohr sollte womöglich die Grundlage zu einem Einheits-Geschütz abgeben.

Ungefähr zu derselben Zeit wurden in Schweden die Granat-kanonen von $11\frac{1}{2}$ Kaliber Länge in die Feld-Artillerie wirklich eingeführt, und zu Anfang der vierziger Jahre ebenso in Dänemark.

Durch all' diese Constructionen, in Verbindung mit denen der langen Haubitzen, war der Weg für eine neue Feldgeschütz-Construction wesentlich geebnet, so daß dieselbe nicht als ein völlig Neues und Ursprüngliches, sondern als die Modification eines schon vorhandenen Geschützes betrachtet werden muß.

3. Die französische Granat-Kanone.

Im Jahre 1849 entwarf der damalige Präsident der französischen Republik, Louis Napoleon Bonaparte ein neues erleichtertes 12pfdg. Feld-Geschütz. Motivirt wurde der Entwurf durch den Hinweis, daß in der französischen Artillerie zu viele Arten von Geschützen beständen. Schon General Allix habe 1827 nur eine Kanone und eine Haubitze verlangt; er sei mit seiner Ansicht nicht durchgedrungen.

Der Hauptzweck des neuen Geschützes solle demnach auf Vereinfachung des Systems hinauslaufen. Im Anschluß an einen Ausspruch Napoleons I., welcher für die Artillerie das Maximum der Einfachheit verlangte, wurde die Absicht ausgesprochen, das neue Geschütz als alleiniges Feldgeschütz einzuführen. Als Directiven für die Construction wurden aufgestellt: Verminderung der Ladung für die 12pfdg. Vollkugel auf $\frac{1}{4}$ kugelschweres Gewicht; dem entsprechende Verminderung des Rohrgewichts; das Rohr muß in die 8pfdg. Laffeten passen; Granaten und Vollkugeln werden geschossen (nicht geworfen); das neue Geschütz ist ein 12pfdg. Granatkanon (canon obusier de 12), es soll Einheits-Geschütz mit nur einer Laffete werden.

Dieses Projekt wurde im Januar 1850 dem Artillerie-Comité vorgelegt; das aufgestellte Versuchs-Programm wurde am 1. Juli 1850 genehmigt. — Die Versuche fanden 1850 bis 1852 in den Artillerie-Schulen zu Metz, Straßburg, Toulouse und Vincennes statt und erstreckten sich auf folgende Verhältnisse: Vergleich der

Trefffähigkeit des neuen Geschützes mit der der bisherigen Feldgeschütze (8Pfdr., 12Pfdr., 15 und 16 Cm. Haubitzen); Vergleich der
Geschoßwirkung aller Geschütze; Haltbarkeit der Laffeten.

Das Rohr war 260 K. leichter als das alte 12pfdge., aber
noch 40 K. schwerer als das 8pfdge.; die Seelenlänge wurde von
17 auf 15 Kaliber herabgesetzt. Die Ladungen betrugen für den
Granatschuß 1 K., für die übrigen Schußarten 1,4 K.

Die nicht sehr gründlich durchgeführten Versuche*) ergaben
nach französischer Angabe folgende Resultate: Das canon obusier
schießt besser als die 16 Cm. und 15 Cm. Haubitze; das canon
obusier schießt auf größeren Entfernungen schlechter als der
12Pfdr., und die Geschosse haben weniger Perkussionskraft; dem
8Pfdr. ist das canon obusier sowohl in Treffresultaten, wie Perkussionskraft erheblich überlegen; im Kartätschschuß steht das canon
obusier hinter den Haubitzen zurück, ebenso in der Perkussionskraft
der Granaten.

Der Wurf war nicht geprüft und in den Vergleichen überhaupt
nicht erwähnt worden. Dies war eine Lücke und ein Verschweigen
der Mängel des Geschützes, wenn dieses dazu bestimmt sein sollte,
die Haubitzen zu ersetzen.

Diese Partheilichkeit für das neue Geschütz hatte ihren guten
Grund. Es lag eben die Absicht vor, das Geschütz um jeden
Preis zur Einführung zu bringen. Die Täuschung gelang indeß
nur unvollkommen; die Opposition, die auch aus anderen Gründen
gemacht wurde, suchte und fand die Lücken der Versuche und der
Construction. Es wurden schon 1850 von einem Theile der französischen Artillerie-Offiziere mit großer Selbstständigkeit des Urtheils
22 Einwürfe gemacht; darunter als wichtigste die folgenden: die
Versuche sind nicht rationell durchgeführt; mit einem einzigen Geschütze kommt man im Felde nicht aus; man muß zwei Arten,
eine leichtere bewegliche und eine schwere wirksame haben;
die Wirkung der neuen Granaten ist unbedeutend; es ist ein Fehler, daß sie nur geschossen werden sollen; die Granatkanone ist
105 K. schwerer als der 8Pfdr. und die 15 Cm. Haubitze. In
allen Artillerien erleichtert man aber gerade jetzt die Divisions-
Artillerie.

Als ein Hauptgegner in diesem Sinne trat gegen das Geschütz
Oberst Tortel auf, während es einen Vertheidiger im Major
Mazure fand. Auch der damalige Capitain Favé, Mitarbeiter

Napoleons suchte die Einwände in einer 1851 neu bearbeiteten Schrift: „Nouveau système d'artillerie de campagne de L. Napoleon" zu widerlegen.

Das Artillerie-Comité schlug indeß weitere Versuche vor. Dieselben erstreckten sich besonders auf die Erprobung der auf 12pfdg. Kaliber nachgebohrten 8Pfdr., welche dadurch 45 Kil. leichter wurden.

Trotz aller Opposition wurde das neue Geschütz unter dem 18. Januar 1853 definitiv als alleiniges Feldgeschütz eingeführt. Die Batterien sollten zu 6 Geschützen formirt, die 8Pfdr. und 15 Cm. Haubitzen sofort ersetzt werden. Bis zur völligen Ausrüstung der gesammten Feld-Artillerie sollten weiter bestehen die Positions-Batterien mit alten 12Pfdrn. und 16 Cm. Haubitzen, die Feld-Fußbatterien mit Granatkanonen und die reitenden Batterien mit sogenannten leichten 12pfdgn. Granatkanonen, das heißt mit 8Pfdrn., die auf das 12pfdge. Kaliber nachgebohrt waren. Diese letzteren feuerten mit nur $\frac{1}{5}$ kugelschwerer Ladung. Vorläufig war also die angestrebte Einfachheit noch lange nicht erreicht.

Eine eigenthümliche Construction war das neue Geschütz nicht, vielmehr nur ein verkürzter erleichterter 12Pfdr., welcher auf den Wurf keine Rücksicht nahm.

Vom Standpunkte der Wirksamkeit wäre wenig gegen das Geschütz einzuwenden gewesen, wenn es eben nur die Bestimmung gehabt hätte, die leichtesten Kaliber mit Rücksicht auf die Ueberlegenheit der gezogenen Gewehre zu ersetzen. Aber das war nicht der Fall; in den Directiven war nirgends die Absicht angedeutet, statt des leichteren ein wirksameres Feldgeschütz zu construiren. Die Motivirung wollte nur ein Einheits-Geschütz. Dazu fehlten dem Geschütze aber wesentliche Eigenschaften. Einerseits war es noch zu schwer, und andererseits fehlte ihm der Wurf. Wenn dieser in Frankreich auch wenig cultivirt war, so wurde er doch nicht für ganz entbehrlich gehalten, daher auch eine heftige Opposition von dieser Seite gegen das Geschütz.

Die neue Geschütz-Construction wurde vom Momente ihres Entstehens auf das Lebhafteste biskutirt. Schon im Jahre 1850 erschien eine Schrift: „Nouveau système d'artillerie de campagne de L. N. Bonaparte", geschrieben vom damaligen Capitain Favé. Darin wurden die Absichten des Constructeurs und die Vorzüge des Geschützes als Einheits-Geschütz besprochen. Der

Verfasser betonte diese letzteren in zu hohem Maße, legte aber zu wenig Werth auf die Mehrwirkung des alten 12Pfdrs. für größere Entfernungen und auf den Granatwurf, welcher durch ein massenhaftes Granatfeuer ersetzt werden sollte. Die Haubitzen wurden aus diesem Grunde ziemlich schlecht beurtheilt. Eine weitere Ausführung der Schrift erschien unter demselben Titel 1851, worin eine Besprechung der Versuche von 1850 gegeben und nun erst hervorgehoben wurde, daß die Artillerie den gezogenen Gewehren gegenüber auf Vergrößerung der Schußweiten bedacht sein müsse, welcher Zweck mit dem neuen Geschütze hoffentlich erreicht werden würde.

Die einseitigen Auffassungen und die Uebergehung der Mängel des Geschützes riefen ein allgemeines Mißtrauen gegen dasselbe hervor, welches umsomehr gerechtfertigt erschien, als die erste Schrift vor der Anstellung der Versuche erschienen war, so daß es den Anschein hatte, als solle das Geschütz nicht erst durch die Versuche ins Leben gerufen werden, sondern das im Entwurf fertige System nur noch, um der Form zu genügen, unverändert die Genehmigung der Artillerie erhalten. Gegen die Gedanken jener Schriften und speciell gegen die des Einheits-Geschützes trat die französische Artillerie selber auf. Bei Besprechung der oben genannten Schrift im Journal des armes spéciales 1851 sagte der damalige Artillerie-Capitain M. de Brettes: „Will man das canon obusier einführen, so sind daneben noch für jede Batterie von 6 Geschützen zwei kleine 15 Cm. Mörser zum Werfen mitzuführen." Im Jahre 1853 erschien eine neue Schrift von Favé: „Le canon de l'empereur" (ins Deutsche übersetzt 1854). Der Inhalt und Charakter derselben war der der erstgenannten. Dem neuen Geschütz wurde darin, trotz des unangenehmen Mangels eines wirklichen Wurfs, eine große Zukunft verheißen.

Durch die genannten Schriften wurde die in Rede stehende Frage in die fremden Artillerien geworfen. Sie fand die lebhafteste Diskussion in den deutschen Artillerien.

4. Die sächsische Granatkanone.[7]

In Sachsen hatte im Jahre 1849 der Kriegs-Minister General-Lieutenant von Rabenhorst den Entwurf zu einer 12pfdg. Granatkanone aufgestellt, der im weiteren Verlaufe der Angelegenheit die Basis für die Construction des neuen Geschützes wurde.

Die anfängliche Absicht war ein 12pfdg. Wurfgeschütz (lange Haubitze) herzustellen, welches im Schusse die 7¹/₂pfdg. Haubitze übertreffen, aber, wie gesagt, für den Wurf in erster Linie geeignet sein sollte. — Das Kriegs-Ministerium befahl diese Construction im Februar 1850 und gab als Directiven im März desselben Jahres: das Rohr muß in die 6pfdg. Laffete passen, es erhält keine Kammer und eine Ladung von höchstens 1 Kil. Hiernach war anfangs nicht die Absicht vorhanden, ein zum Ersatz der 6Pfdr. allgemein bestimmtes wirksameres Feldgeschütz zu construiren.

Die Versuche fanden 1850 bis 1855 statt. Sie ergaben bald, daß das neue Geschütz, wie seine der langen Haubitze genäherte Natur es mit sich brachte, keinen ausreichenden Wurf hatte, um die kurze Haubitze ersetzen zu können, daß es hingegen im Schusse sehr Günstiges leistete. Daher wurde dieser letztere mehr in den Vordergrund gestellt, und im Jahre 1853 (November) die Herstellung einer Batterie von 8 12pfdg. Granat-Kanonen, nach der inzwischen festgestellten Construction befohlen.

Im Februar 1855 wurde das neue Geschütz eingeführt. Es schieden dafür die 6Pfdr. und 7¹/₂pfdg. Haubitzen der Fuß- und reitenden Batterien aus. Die Haubitzen wurden zu eigenen Reserve-Batterien zusammengestellt; die alten 12Pfdr.-Batterien blieben bestehen. Somit war nur das leichteste Geschütz durch ein wirksameres ersetzt, von Einheitsgeschütz keine Rede.

Das Rohr wog 87,5 Kil. mehr als das 6pfdg., 331,5 Kil. weniger als das alte 12pfdg., es war 12³/₄ Kaliber lang. Laffete und Protze waren die des 6Pfdrs.

Zum Werfen waren kleine Ladungen vorhanden.

Die Versuche waren gründlich und rationell durchgeführt; das Geschütz war gut und erfüllte die ihm gestellten Zwecke. Der Hauptwerth wurde auf den Schrapnelschuß gelegt, womit das Geschütz denn auch stark ausgerüstet war.

5. Versuche zur Herstellung eines wirksameren, leichten Feldgeschützes in einigen anderen Artillerien.

Belgien. In unmittelbarer Anlehnung an die französischen Versuche zur Construction einer Granatkanone bohrte man in Belgien bronzene 12Pfdr., sogar auf das 18pfdg. Kaliber aus und versuchte diese Geschütze im Jahre 1852 mit 1,5 und 2 Kil. Ladung in der Absicht, sie als Feldgeschütze zu verwenden.

Rußland. In Rußland wurde 1852 ein' erleichterter 12Pfdr. versucht, dessen Construction mit dem Hinweis auf die durch allgemeine Einführung gezogener Gewehre wesentlich veränderte Lage der Artillerie motivirt wurde. Das neue Geschütz wurde 1853 und 1854 in mehreren Versuchs-Batterien geprüft und im April 1855 definitiv eingeführt. Das Rohr war 12 Kaliber lang, für eine $\frac{1}{4}$ bis $\frac{1}{5}$ kugelschwere Ladung construirt, schoß Vollkugeln und Granaten. Die Wirkung stand zwischen der des 6Pfdrs. und 12Pfdrs.; das Gesammt-Gewicht sollte nur unbedeutend größer als das des 6Pfdrs. sein. Das Geschütz wurde zum Ersatz aller leichten Batterien (6Pfdr. und $\frac{1}{4}$pudigen Einhörner) bestimmt.

Hannover. In den Jahren 1853 und 1854 versuchte man in Hannover 9Pfdr., welche auf 12pfdg. Kaliber nachgebohrt, für eine $\frac{1}{4}$ kugelschwere Ladung bestimmt waren und vornehmlich Schrapnels schießen sollten. Das ausgebohrte Rohr wog 675 Kil. Das Geschütz wurde 1859 unter dem Namen „leichter 12Pfdr." eingeführt.

Braunschweig. Die braunschweigische Artillerie hatte sich in der Krupp'schen Fabrik eine 12pfdg. Granatkanone aus Gußstahl fertigen lassen, welche 1854 einem Dauer- und Gewalt-Versuche unterworfen wurde. Die Construction war aus dem Bestreben nach Herstellung eines wirksamen leichten Feldgeschützes hervorgegangen.

Der damalige Commandeur der braunschweigischen Artillerie, Oberstlieutenant Orges, sprach sich über die, damals an ein solches Geschütz zu stellenden Bedingungen mit großer Klarheit, wie folgt, aus:

„Für die Feld-Kanone der Zukunft stelle ich als erste Bedingung ein Kaliber, welches einen möglichst guten Kartätsch- und Schrapnelschuß gestattet. Die zweite Hauptbedingung ist: das Geschütz muß werfen können. In beiden Beziehungen hat das größere (12pfdg.) Kaliber den Vorzug vor dem kleineren. Die Constructions-Bedingungen sind ungefähr folgende:

Das Gesammtgewicht bei einer Bespannung von 6 Pferden darf nicht über 1870 Kil. sein, das Rohr ist 12 bis 10 Kaliber lang, 470 bis 515 Kil. schwer.

Die Perkussionskraft der Geschosse muß mindestens die des 6Pfdrs. sein."

Oesterreich. Die Nothwendigkeit der Wirkungssteigerung verursachte in Oesterreich zu Anfang der fünfziger Jahre den Ersatz der kurzen Haubitzen durch lange, und demnächst die Construction eines erleichterten 12Pfdrs., im eigentlichen Sinne des Wortes (nicht Granatkanone). Im Jahre 1853 wurde nach dem Vorschlage des Barons Lenk die erste Batterie leichter 12Pfdr., für Benutzung von Schießwolle construirt, hergestellt. In den nächsten Jahren wurde die Zahl dieser Batterien vermehrt. Die Geschütze waren zwar nur mit 6 Pferden bespannt, doch hielt man die Beweglichkeit für ausreichend. Das Geschütz war bestimmt, neben dem weiter bestehenden 6Pfdr., die Hauptwaffe der Artillerie zu bilden. In diesem Sinne sprach sich noch 1859 der österreichische Hauptmann Müller in seiner „Waffenlehre" aus. —

Im Jahre 1861 versuchte man auf Grund preußischer Nachrichten für den leichten 12Pfdr. die excentrische Granate. Die Resultate waren indeß so ungünstig, daß dieses Geschoß verworfen wurde.

6. Der preußische kurze 12Pfdr.

In Folge der im Jahre 1828 bei Mainz mit langen und kurzen 24Pfdrn. und 12Pfdrn. angestellten Versuche war 1832 in Preußen ein kurzer 24Pfdr. eingeführt worden, da er sehr gute Resultate gegeben und bis zu gewissen Distancen sogar den langen 24Pfdr. übertroffen hatte. Dieses durch die Resultate der Schießübungen sich mehr und mehr bestätigende Verhältniß gab Anlaß zu vielfachen Erwägungen über die zweckmäßige Länge der Röhre. Hieraus entstand ein Antrag der Artillerie-Prüfungs-Commission zur Herstellung eines verkürzten 12pfdg. Feld-Kanonenrohrs, welcher Antrag am 6. Januar 1844 mit folgenden Worten an die General-Inspection der Artillerie gerichtet wurde:

„Die mehrfache, unbestrittene Ueberlegenheit des kurzen 24Pfdrs. über den 12Pfdr. und den langen 24Pfdr. führt durch Analogie zu der Vermuthung, daß ein Feldgeschütz von ähnlichem Verhältniß zu dem Feld-6Pfdr. und 12Pfdr. von verhältnißmäßig eben so großem Nutzen für den Feldkrieg sein kann. Die Grundzüge für die Construction eines solchen Geschützes, — welches kurzer

12Pfdr. heißen möge — gehen aus den charakteristischen Verschiedenheiten der Feldkanonen hervor, welche sind:

a) große taktische Beweglichkeit des 6Pfdrs., gegen die der 12-Pfdr. bedeutend zurücksteht;

b) eine nur unbedeutend größere Trefffähigkeit des 12Pfdrs.;

c) eine größere Perkussionskraft seiner Vollkugel, die aber nur in besonderen Fällen zu verwerthen ist;

d) eine etwas größere Totalschußweite des 12Pfdrs.;

e) eine erheblich größere Kartätschwirkung und sehr große Ueberlegenheit des Schrapnelschusses beim 12Pfdr.

Diese letztere ist so bedeutend, daß sie mehr als alles Andere dazu beiträgt, dem 12Pfdr. seinen Rang unter den Feldgeschützen zu sichern.

Der kurze 12Pfdr. müßte nun nach folgenden Principien construirt werden:

a) seine taktische Beweglichkeit darf gegen die des 6Pfdrs. c/42 nur wenig zurückstehen, daher ist womöglich die Laffete des letzteren zu verwenden;

b) die Ladung muß circa 1,9 Pfund (0,95 Kil.) sein;

c) das Rohr kann circa 50 Kil. schwerer sein als das 6pfdg.

Die Wirkung dieses neuen Geschützes dürfte ungefähr folgende sein:

a) die Schnelligkeit des Feuers liegt zwischen der des 6 Pfdrs. und des 12Pfdrs.;

b) der Kugelschuß hat etwas geringere Perkussionskraft als der des 12Pfdrs., aber erheblich mehr als beim 6Pfdr.;

c) die Totalschußweite ist nahezu die des 6Pfdrs.;

d) die Trefffähigkeit wird befriedigen;

e) der Schrapnelschuß ist dem des 6Pfdrs. bedeutend überlegen;

f) der Kartätschschuß — bis 450 M. wirksam — liegt zwischen dem der beiden anderen Feld-Kanonen;

g) der Kugelschuß wird in den meisten Fällen durch einen Granatschuß zu ersetzen sein, dessen Schußweite die des ersteren übertrifft;

h) vielleicht kann dann die Vollkugel gänz fortfallen;

i) die 12pfdg. Granate wird für den hohen Bogenwurf wegen ihrer Kleinheit nicht geeignet sein; der kurze 12Pfdr. ist daher auch nicht als lange Haubitze zu betrachten; er kann sie nur selten, die kurze aber nie ersetzen.

Der Hauptzweck des kurzen 12Pfdrs. läßt sich endlich dahin aussprechen, daß er ein Feldgeschütz von der taktischen Beweglichkeit des 6Pfdrs. sein soll, welches der Wirkung des 12Pfdrs. näher als der des 6Pfdrs. steht. Einige zu erreichende Nebenzwecke werden eine nützliche Zugabe sein."

Der Grundzug dieses Antrages war also, den 6Pfdr. durch ein wirksames Geschütz von nahezu gleicher Beweglichkeit zu ersetzen. Das Hauptmotiv war die Absicht, die große Wirkung der Schrapnels bei einem größeren Kaliber auszunutzen. Von einer gesteigerten Kartätschwirkung, welche später den gezogenen Gewehren gegenüber verlangt wurde, ist noch keine Rede.

Diese Bestrebungen nach vermehrter Wirkung waren um so charakteristischer als eine äußere Nothwendigkeit dazu noch nicht vorhanden war, denn die gezogenen Gewehre machten damals ihren Einfluß noch nicht geltend.

Man kann nicht umhin, den Antrag als ein Meisterstück der Deduction zu betrachten, und dies um so mehr, als er den ähnlichen durch die Umstände viel später hervorgerufenen Bestrebungen anderer Artillerien so lange vorherging.

Die höheren Behörden schlossen sich den Ausführungen des Antrages an, und die Artillerie-Prüfungs-Commission wurde mit der Aufstellung eines Entwurfs für das projectirte Rohr beauftragt. Sie legte die Zeichnung desselben schon im April 1844 vor, betonte dabei ein schleuniges Betreiben der Versuche bei der Wichtigkeit des Gegenstandes und bemerkte, wie besonders die Prüfung des Schrapnelschusses umfassende Versuche erfordern werde.

Die Seele des Rohres war 12 Kaliber, die des alten 12 Pfdrs. 16,82 Kaliber lang.

Darauf wurde die Herstellung zweier Röhre aus Bronce angeordnet und der Versuchs-Entwurf im Juli 1844 vorgelegt. Es wurden darin 2 Constructionen von Granaten mit excentrischer Höhlung vorgeschlagen.

Während auf diese Weise die Frage den günstigsten Anlauf nahm, lehnte überraschender Weise das Kriegs-Ministerium im November 1844 die Anstellung der Versuche vorläufig ab. (Es fanden nur Sprengversuche mit einer Anzahl der neuen Granaten statt). Andere dringende Versuche sollten erst erledigt werden und augenblicklich seien die Mittel zu den kostspieligen Versuchen mit dem neuen Rohre nicht disponibel. Das waren die officiell angegebenen Gründe für den Aufschub. Der wahre und wichtigste Grund lag indeß auf einem anderen Gebiete und er hatte damals seine vollste Berechtigung.

Das Material von 1842 war soeben erst eingeführt und die Beschaffung desselben im vollen Gange. Sie konnte wegen der weitaussehenden Versuche mit einem neuen Geschütze nicht eingestellt werden. Wurde sie aber beendet und dann die Einführung des neuen Geschützes in's Auge gefaßt, so wurden mit offenen Augen große Summen unnütz weggeworfen. Daher der Aufschub der Versuche, der damals um so unbedenklicher war, als äußere Gründe zur Annahme eines wirksamen Feldgeschützes noch nicht nöthigten, die Verzichtleistung auf die größere Wirksamkeit des neuen Geschützes daher keine unmittelbare Gefahr herbeiführte.

Eine solche trat aber um das Jahr 1850 ein, als die gezogenen Gewehre ihren Einfluß auf das Entschiedenste geltend machten. Nun zwang die Noth das Project wieder aufzunehmen. Es geschah im Jahre 1854. Man kann sagen, es geschah zu spät, denn das neue Geschütz wurde nun nicht zur rechten Zeit fertig und die preußische Artillerie gerieth, wie wir noch sehen werden, im Jahre 1859 in eine sehr mißliche Lage.

Die Wiederaufnahme der Versuche, die wie in anderen Artillerien schon einige Jahre früher hätte geschehen können, war theilweise durch die inzwischen aufgenommenen Versuche mit gezogenen Geschützen verzögert worden. Als diese einen schnellen Abschluß nicht erwarten ließen, griff man auf den kurzen 12Pfdr. zurück. Die General-Inspection der Artillerie richtete im Juni 1854 folgenden Antrag an das Allgemeine Kriegs-Departement.

„Die fast bei allen Armeen bereits eingetretene oder im Gange befindliche Verbesserung der Infanterie-Gewehre dürfte in künftigen Kriegen für die Artillerie vom nachtheiligsten Einflusse sein und besonders die Leistungen der bisherigen leichten Feld-Geschütze beeinträchtigen, da deren Schrapnelwirkung nicht bedeutend und ihre Kartätschwirkung sich auf zu geringe Entfernungen beschränkt. — Diese Umstände machen die Einführung eines Feldgeschützes nöthig, welches bei noch angemessener Beweglichkeit auf größeren Entfernungen einen guten Schrapnel- und Kartätschschuß hat. Demnach muß der 6Pfdr. ausscheiden und durch einen kurzen 12Pfdr. ersetzt werden.

Nachdem in Frankreich solche Geschütze schon fertig, man auch in Oesterreich Versuche macht, muß auch in Preußen die Construction in die Hand genommen werden. Dazu ist die 1844 aufgestellte Construction des kurzen 12Pfdrs. wieder aufzunehmen."

Das Kriegs-Ministerium genehmigte sofort den Antrag.

Die Artillerie-Prüfungs-Commission, zur Aufstellung des Entwurfs nach den 1844 gegebenen Directiven aufgefordert, machte auf die veränderten Bedingungen (wirksamerer Kartätschschuß als bisher) aufmerksam. Sie sagte in ihrem Gutachten:

„Mit einer $\frac{1}{6}$ kugelschweren Ladung ist ein guter Kartätschschuß für größere Entfernungen nicht zu erreichen. — Dies zeigt sich auch in den fremden ähnlichen Constructionen (französische Granatkanone, englischer leichter 12Pfdr., niederländischer leichter Feld-12Pfdr., hannoverscher 12Pfdr., der durch Nachbohren des 9Pfdrs. entstanden), die alle auf $\frac{1}{4}$ kugelschwere Ladung berechnet sind, ein Rohrgewicht von 610 bis 700 Kil., ein Gesammtgewicht (ohne Mannschaften) von circa 1895 Kil. haben, so daß auf das Pferd bei 6 Pferden Bespannung eine Last von 316 Kil., also circa 50 Kil. mehr als beim preußischen 6Pfdr. kommt ... Daher muß zuerst entschieden werden, ob der kurze 12Pfdr. auf 8 Pferde Bespannung rechnen kann."

Die Entscheidung lautete dahin, daß eine Bespannung von 6 Pferden und demnach eine $\frac{1}{6}$ kugelschwere Ladung anzunehmen sei. Somit mußte das Verlangen nach gesteigerter Kartätschwirkung unerfüllt bleiben.

Die Versuche begannen im März 1855 mit einem entsprechend verkürzten, gewöhnlichen Feld-12Pfdr. und mit Kartätschen. Die Ladung betrug 1,25 Kil. Das Resultat wurde dahin zusammengefaßt, daß über 450 M. hinaus ein wirksamer Kartätschschuß vom kurzen 12Pfdr. nicht zu erwarten sei. Nunmehr wurden die Rohrzeichnungen entworfen und danach 2 Röhre gegossen. Dieselben wurden von Ende 1855 bis Anfang 1857 zu Vergleichs-Versuchen mit dem gewöhnlichen Feld-12Pfdr. und dem Feld-6Pfdr. benutzt. Es kamen dabei excentrische Granaten mit Pfeilspitze unten, sowie Granaten mit ellipsoidaler Höhlung zur Verwendung, deren Resultate als sehr günstige bezeichnet wurden.

An diese Versuche schlossen sich im Frühjahr 1858 ausgedehnte

Schrapnel-Versuche, über welche die Artillerie-Prüfungs-Commission im März 1859 berichtete. Dies war gerade zu der Zeit, als die Einführung des gezogenen 6Pfdrs. in die Feld-Artillerie der eingehendsten Erwägung unterzogen wurde, deren Resultat die Bestellung von 300 solcher Röhre im Mai 1859 war.

Dadurch trat die Frage des kurzen 12Pfdrs. in ein neues Stadium, und da dieses vorläufig ebensowenig, wie die Tragweite der Einführung des gezogenen 6Pfdrs. zu übersehen war, so beantragte die General-Inspection die Sistirung der Versuche mit dem kurzen 12Pfdr. bis zur Entscheidung über die gezogenen Feld-Geschütze. Das Kriegs-Ministerium trat diesem Antrage bei und somit ruhten die Versuche mit dem kurzen 12Pfdr. vom Juni 1859 bis Ende 1860.

Die Frage wurde also zum zweiten Male durch die gezogenen Geschütze verschoben.

Darin sprach sich der Kampf des neuen Systems gegen das alte aus. Im zweiten Falle hatte das neue Princip als solches schon gesiegt, nur der Umfang des Sieges war noch festzustellen; das war eine Zeitfrage, die in der nächsten Periode entschieden wurde.

Drittes Kapitel.

Die Geschosse der Granatkanonen.

Die Granatkanonen waren ausgerüstet mit Vollkugeln, Granaten, Schrapnels und Kartätschen.*)

1. Vollkugeln.

In Preußen war die Vollkugel nicht angenommen worden. Bei den ersten Versuchen war mit gepolten und ungepolten Vollkugeln zum Vergleich geschossen worden um zu ermitteln, ob durch die ersteren die Trefffähigkeit wesentlich gesteigert werden könne. Dies war aber nicht der Fall.

Da außerdem auf den Feld-12Pfdr. doch im Felde nicht verzichtet werden konnte und die Perkussionskraft seiner Vollkugel das eigentliche Mittel zum Zerstören fester Ziele blieb, so verzichtete man bei dem neuen Geschütz auf die Vollkugel, da die Granate

---

*) Die nachfolgenden Angaben beziehen sich nur auf das französische, sächsische und preußische Geschütz, über welche genauere Kenntniß vorhanden ist.

gegen alle lebenden Ziele mindestens dieselbe Wirkung wie jene versprach. In Sachsen waren die Vollkugeln gepolt.

2. Die Granaten.

Die französischen waren concentrisch, ebenso die sächsischen. In Preußen wurden von vornherein excentrische (mit sphärischer und solche mit ellipsoibaler Höhlung) versucht. Sie versprachen erhöhte Trefffähigkeit und ließen die Verwendung mit verschiedener Schwerpunktslage zu, was für besondere Verhältnisse von Vortheil sein konnte. Die Granate mit ellipsoibaler Höhlung wurde endgültig angenommen. Die Excentricität betrug 0,115" (3 Mm.)

Die Granaten gaben 16 bis 18 Sprengstücke.

Die hauptsächlichsten Angaben über die Granaten, Schrapnels und Kartätschen enthält die nachstehende Tabelle.

	Granaten			Schrapnels		Kartätschen		
	Gewicht leer	Spreng-ladung	Gewicht fertig	Gewicht	Zahl u. Art der Kugeln	Gewicht	Zahl der Kugeln	Gewicht der Kugeln
Frankreich	3,9 Kil.	0,2 Kil.	4,1 Kil.	5,6 Kil.	64 Pistolen	8,43 gr.	34 gr.	200 gr.
Sachsen.	3,75 K.	0,25 K.	4,0 Kil.	5,5 Kil.	85 Pistolen	5,5	40	130 gr.
Preußen	4,26 K.	0,19 K.	4,45 K.	4,7 Kil.	98 bis 110 Karabiner	5,65	45	100 gr.

Die Geschützladungen waren in Frankreich 1,4 Kil. für Kugeln, Kartätschen und Schrapnels, und 1 Kil. für Granaten; in Sachsen durchweg 0,95 Kil. ($^1/_6$ kugelschwer), in Preußen 0,95 ($^1/_6$ kugel- und ungefähr $^1/_5$ granatschwer).

3. Die Munitions-Ausrüstung der Granatkanonen.

Ueber die Stärke und Art der Munitions-Ausrüstung giebt die nachstehende Zusammenstellung Aufschluß:

	Französische Granatkanone.				Sächsische Granatkanone.				Preußischer kurzer 12Pfdr.		
	Kugeln	Granaten	Schrapnells	Kartätschen	Kugeln	Granaten	Schrapnells	Kartätschen	Granaten	Schrapnells	Kartätschen
In der Probe	12	8	3	3	7	5	10	5	20	15	5
	46 %	31 %	11,5 %	11,5 %	26 %	18,5 %	37 %	18,5 %	50 %	37,5 %	12,5 %
In Munitionswagen.	36	24	9	9	40	10	55	10	65	33	11
In den 12 resp. 6 Munitionswagen der Batterie	432	288	108	108	240	60	330	60	390	198	66
In 2 Vorraths-Laffeten	24	16	6	6	.	.	.	.	.	.	.
Also in Summa bei der Batterie	528	352	132	132	282	90	390	90	510	288	96
pro Geschütz	88	$58\frac{2}{3}$	22	22	47	15	65	15	85	48	16
In Prozent der Gesammtausrüstung	46,2	30,8	11,5	11,5	33,1	10,6	45,7	10,6	56,9	32,3	10,8

Der Vergleich der Munitions-Ausrüstung der Granatkanonen mit der bisherigen der Feldgeschütze läßt Folgendes erkennen:

Die Schrapnel-Ausrüstung war erheblich gesteigert.*)

Bei den sächsischen leichten Batterien hatte sie 20,5 % betragen; jetzt betrug sie 45,7 %. Bei dem preußischen 6Pfdr. hatte sie 17 %, beim 12Pfdr. und der Haubitze 25 % betragen; beim kurzen 12Pfdr. war sie 32,3 %. In der Protz-Ausrüstung trat die Steigerung noch schärfer auf. Den geringsten Werth auf die Schrapnels hatte man in Frankreich gelegt. Die Kartätsch-Ausrüstung war in Frankreich nahezu unverändert geblieben; in Sachsen von 14 % (bei den leichten Batterien) auf 10,6 % herabgesetzt; in Preußen von 17 resp. 16 % (für 6Pfdr. und 12Pfdr.) auf 10,8 % gesunken. Die Granat-Ausrüstung, die für die Haubitzen bei den französischen Kanonen-Batterien 22 bis 23 % betragen hatte, war dort auf 30,8 gestiegen; in Sachsen von 19 % (bei den leichten Batterien) auf 10,6 % gefallen; in Preußen von 13 % (bei den leichten Batterien) auf 56,9 % gestiegen. Bei der französischen Granat-Kanone war noch sehr viel Werth auf den Kugelschuß gelegt. Die Gesammtzahl der bei der Batterie mitgeführten Schüsse war vermindert in Frankreich von 1249 resp. 1258 Schuß auf 1144, in Sachsen von 1032 (bei den leichten Batterien) auf 852 Schuß; in Preußen unter Herabsetzung der Geschützzahl von 8 auf 6, von 1064 resp. 1002 auf 894 Schuß.

Die Verminderung war in Sachsen verhältnißmäßig bedeutend (30 Schuß per Geschütz). In Preußen war auf das Geschütz berechnet, eine Vermehrung der Schüsse eingetreten.

Die Verhältnisse welche die eigenthümliche Munitions-Ausrüstung der Granatkanonen bestimmten, waren auch von Einfluß auf die Ausrüstung der übrigen Feldgeschütze. Die Ansichten waren darin aber getheilt. Folgende Angaben geben hierüber einigen Anhalt.

---

* Die Schrapnel-Ausrüstung betrug bei dem hannoverschen leichten 12 Pfdr. 41 %, bei dem bairischen kurzen 12Pfdr. 25 % (Hartmann, Artillerie-Organisation).

Es waren vorhanden:

	Geschütz	Kar-tätschen	Schrap-nels	Kugeln
In Oesterreich (Nach der Organisation von 1851).	6Pfdr.	ca. $1/5$—$1/6$	.	.
	12Pfdr.	$1/6$	.	.
	7pfdg.	$1/4$—$1/5$	.	.
	lange) kurze) Haubitze	$1/4$—$1/7$	.	.
In England	6Pfdr.	$1/11$	$1/7$	.
	9Pfdr.	$1/9$	$1/6$	.
	12Pfdr.	$1/13$	$1/4$—$1/3$	.
Hütz schlägt 1853 vor:	Divisions-Artillerie	$1/8$	$1/4$	.
	Reserve-Artillerie	$1/12$	$1/6$	.
Dwyer schlägt vor 1856:	6Pfdr.	$1/12$	$1/5$	$1/15$
	12Pfdr.	$1/10$	$1/5$	$7/10$
In Baden 1858	6Pfdr.	$1/10$	$4/10$	$1/2$
	12Pfdr.	$1/8$	$3/8$	$1/2$
	7pfdg. Haubitze	$1/10$	$3/12$	$3/12$ Granaten

In diesen Angaben ist im Allgemeinen ein Streben nach Vermehrung des Schrapnels und entsprechender Herabsetzung der Kartätschen zu erkennen.

Viertes Kapitel.

Die Wirkung und Beweglichkeit der Granatkanonen.*)

I. Die Wirkung.

Zu den schon bestehenden Schuß- und Wurf-Arten waren neue nicht getreten. Ihre Anwendung aber war in verschiedener Weise in dem einen Geschütze combinirt. Die französische Granatkanone hatte keinen hohen Bogenwurf, dagegen die stärkste Ausrüstung mit Kugelschüssen, so daß sie am Meisten den Kanonen-Charakter repräsentirte.

Die sächsische Granatkanone hatte zur Anwendung des hohen Bogenwurfs auf kleineren Entfernungen auch kleine Wurfladungen. Sie war am besten geeignet unter Umständen die Haubitzen zu ersetzen.

Der preußische kurze 12Pfbr. gestattete die Anwendung des hohen Bogenschusses nur auf größeren Entfernungen, bei denen in Folge der großen Einfallwinkel die Granate naturgemäß liegen blieb. (1350—1430 M.)

Eigenthümlich war diesem Geschütz die Anwendung des Granatschusses mit verschiedener Lage der Granate im Rohre. Wurde der Schwerpunkt nach oben gelegt, so entstand in Folge der von unten über vorn nach oben gehenden Rotation eine außerordentlich flache Flugbahn, deren niedersteigender Ast vornehmlich rasant war. Der bestrichene Raum sollte auf mittleren Entfernungen 3 bis 4 Mal, auf großen 6 bis 8 Mal so groß sein, als beim Kugelschuß. Hierdurch war auch die Möglichkeit gegeben, den eigentlichen flachen Schuß auf größeren Entfernungen, als mit Kugeln oder concentrischen Granaten anzuwenden.

In den Tabellen III, IV und V sind die wesentlichsten Treffergebnisse zusammengestellt, welche die drei in Rede stehenden Geschütze, im Vergleich zu den bisherigen Feldgeschützen theils bei Versuchen, theils bei Schießübungen geliefert haben. Daraus, sowie aus anderen hier nicht anzuführenden Detail-Angaben lassen

---

*) In die nachfolgenden Betrachtungen ist des Zusammenhangs halber der preußische kurze 12Pfbr. hineingezogen, obgleich seine Construction erst im nächsten Abschnitte abgeschlossen wurde.

sich folgende Schlüsse für die Wirkung der neuen Geschütze ziehen.

Die französische Granatkanone.[8])

Sie war dem 8Pfdr. auf allen Entfernungen im Kugel- und Kartätschschusse erheblich überlegen; dem 12Pfdr. kam sie im Kugelschusse auf nahen und mittleren Entfernungen gleich, auf weiteren blieb sie hinter ihm zurück; im Granatschusse kam sie der 15 Cm. Haubitze gleich, blieb aber hinter der 16 Cm. Haubitze etwas zurück; im Kartätschschuß hatten die Haubitzen und der 12Pfdr. ein geringes Uebergewicht über die Granatkanonen; die Perkussionskraft der Geschosse war beim 12Pfdr. durchweg, und bei den Haubitzen für die Granaten größer, als bei den Granatkanonen.

Auf die etwas zweifelhafte Zuverlässigkeit der französischen Angaben und die Lücken der Vergleichs-Versuche ist schon oben hingewiesen. In Anbetracht derselben muß das zweite der vorstehend angegebenen Resultate als ein ungewöhnlich günstiges bezeichnet werden, welches wahrscheinlich im Durchschnitt nicht erreicht wurde. Vor Allem muß aber hervorgehoben werden, daß der Wurf nicht geprüft worden, und der Vergleich des Granatschusses mit dem der Haubitzen nicht einwandfrei war, denn bei letzteren war die stärkere Ladung nur auf 800 resp. 900 Mt., die schwächere aber auf allen kleineren Entfernungen angewendet worden.

Die sächsische Granatkanone.

Sie gab in allen Schußarten und auf allen Entfernungen bedeutend mehr Treffer als der 6Pfdr. Im Kartätsch- und Schrapnelschusse mochte die Mehrleistung das Doppelte betragen; im Kugelschusse war sie dem 12Pfdr. bis auf mittleren Entfernungen nahezu gleich, auf weiteren blieb sie zurück; ihr Granatschuß blieb hinter dem Kugelschusse des 12Pfdrs. und auch hinter dem des 6Pfdrs. erheblich zurück. Dagegen war er dem Granatschusse der 7½pfdg. Haubitze sehr überlegen; im Schrapnelschusse war ihr der 12Pfdr. auf mittleren und großen Entfernungen nicht unerheblich überlegen; die Haubitze gab im Kartätschschusse auf nahen Entfernungen mehr, auf größeren aber weniger Treffer als die Granatkanone; ebenso war jene im hohen Bogenwurfe bedeutend überlegen.

Der preußische kurze 12Pfdr.

Der Granatschuß des kurzen 12Pfdrs. war dem Kugelschuß des 6Pfdrs. durchweg erheblich, dem des 12Pfdrs. auf kleinen Entfernungen ebenfalls erheblich, auf größeren in geringerem Grade überlegen. Auf unbekannten größeren Entfernungen und bei Fehlern der Distanceschätzung kam der kurze 12Pfdr. bei Anwendung der Granaten mit Schwerpunktslage oben, wegen der flachen Flugbahn, in großen Vortheil gegen den Kugelschuß der Kanonen; im Schrapnelschusse war der kurze 12Pfdr. dem Feld-12Pfdr. gleich und übertraf den 6Pfdr. und die 7pfdg. Haubitze bedeutend; im Kartätschschusse hatte der kurze 12Pfdr. über den 6Pfdr. eine geringe Ueberlegenheit bis 375 M., die Haubitze übertraf er nicht unerheblich, gegen den 12Pfdr. blieb er durchweg zurück; im flachen Bogenschusse leistete der kurze 12Pfdr. auf allen Entfernungen mehr, als die Haubitze, im hohen blieb er gegen diese auf den betreffenden Entfernungen zurück.

Ein auf Grund aller officiellen Angaben von der Preußischen Artillerie-Prüfungs-Commission abgegebenes Urtheil sprach dem kurzen 12Pfdr. überlegene Treffwirkung mit Granaten und eine größere Schrapnelwirkung zu, als der sächsischen Granat-Kanone.

Das Gesammtbild von der Wirkung der neuen Geschütze, im Vergleich zu der der bestehenden Feldgeschütze, gestaltete sich demnach ungefähr folgendermaßen:

Dem Feld-12Pfdr. kam die 12pfdg. Granatkanone in allen Schußarten auf nahen und mittleren Entfernungen ziemlich gleich, auf den größeren blieb sie hinter ihm zurück. Am günstigsten war hier auch' der Schrapnelschuß; dem 6Pfdr. resp. 8Pfdr. war das neue Geschütz in allen Beziehungen überlegen; den Haubitzen war die Granatkanone im Granatschusse gleich oder überlegen, im Kartätschschusse nur auf größeren Entfernungen im Durchschnitt, im Schrapnelschusse durchweg nicht unbedeutend überlegen. Im hohen Bogenwurfe blieb das neue Geschütz hinter den Haubitzen erheblich zurück.

Diese summarisch gefaßten Leistungen lassen das neue Geschütz als zwischen dem leichten und dem schweren Feldgeschütz, dem letzteren näher stehend, erkennen. Diese Thatsache ließ sich von theoretischem Gesichtspunkte voraussehen, denn es mußte der 12Pfdr. bei gleichem Kaliber, aber stärkerem Ladungs-Verhältniß die Ueberlegenheit auf ben weiteren Entfernungen haben, es mußte der 6Pfbr. bei stärkerem Ladungs-Verhältniß, aber kleinerem Kaliber, vornehmlich bei Anwendung der Streugeschosse weniger leisten, und endlich mußten die Haubitzen bei größerem Kaliber, aber schwächerem Ladungsquotienten, in ähnlicher Weise bei Anwendung von Streugeschossen auf größeren Entfernungen zurückbleiben, auch im flachen Schusse weniger leisten.

Aus diesen Verhältnissen wird auch klar, daß die Perkussionskraft der Geschosse der Granatkanonen im Durchschnitt zwischen benen der bisherigen schweren und leichten Kanonen stehen mußte, und auch eine absolute Vergrößerung der Schußweiten nicht eintreten konnte. Interessant ist hierzu die Ermittelung der Totalschußweiten, welche bei den preußischen Versuchen sich für die Vollkugeln herausstellte, nämlich: beim Feld-12Pfbr. zu 1830 M., bei dem kurzen 12Pfbr. zu 1610 M., bei dem 6Pfbr. zu 1580 M.

In der Größe der bestrichenen Räume, auf welche man einen großen Werth zu legen begann, kamen die Granatkanonen den 12Pfbrn. nicht, den 6Pfbrn. kaum gleich. Eine Ausnahme machte hier nur der preußische kurze 12Pfbr., welcher bei Anwendung der Granaten mit Schwerpunkt oben, sehr flache Flugbahnen gab.

Zur Beurtheilung dieser Verhältnisse biene die folgende Zusammenstellung, welche die Einfallwinkel in Graben für die preußischen Geschütze angiebt.

Entfernung Meter	Kurzer 12Pfbr. mit			Feld-12Pfbr. mit		Feld-6Pfbr.	7pfbg. Haubitze mit	
	Kugeln	Granaten		Kugeln	Granaten	Kugeln	Granaten	
		Schwerpunkt					Schwerpunkt	
		unten	oben				oben	unten
450	$1\frac{11}{16}$	$1\frac{1}{16}$	1	$\frac{15}{16}$	$\frac{6}{16}$	$\frac{15}{16}$	$\frac{13}{16}$	$4\frac{5}{16}$
675	$3\frac{1}{16}$	$4\frac{10}{16}$	$1\frac{7}{16}$	2	$1\frac{3}{16}$	2	$1\frac{7}{16}$	$8\frac{5}{16}$
900	$4\frac{12}{16}$	$8\frac{7}{16}$	$1\frac{7}{16}$	$3\frac{6}{16}$	$1\frac{7}{16}$	$3\frac{9}{16}$	$2\frac{5}{16}$	$13\frac{11}{16}$
1125	7	$12\frac{7}{16}$	$1\frac{8}{16}$	$5\frac{10}{16}$	$1\frac{9}{16}$	$5\frac{12}{16}$	$3\frac{10}{16}$	$20\frac{4}{16}$
1350	.	$19\frac{2}{16}$	$1\frac{13}{16}$	$8\frac{7}{16}$	.	.	$5\frac{12}{16}$	.

Die sehr großen bestrichenen Räume, welche die Flugbahn der Granaten des kurzen 12Pfdrs. haben sollte, wurde später, als es galt den Werth der gezogenen Geschütze für das Feld möglichst herabzusetzen, in unmäßiger Weise betont. Diese flache Bahn war indeß mehr in der Theorie, als in der Praxis von besonderer Bedeutung, da die geringsten Differenzen in der Größe der Excentricität der Granaten, sowie Fehler beim Einbringen des Geschosses in das Rohr, sehr entschieden auf die Abweichungen influirten und große Streuungen hervorriefen. Schon nach kurzem Gebrauch des kurzen 12Pfdrs. wurden Stimmen laut, welche behaupteten: „Die excentrischen Granaten zeigen auf den Schießplätzen ein wahrhaftes Umherirren."

II. Die Beweglichkeit.

In Bezug auf die rein technische Construction hatten die neuen Geschütze keine Vorzüge gegen die bisherigen Feldgeschütze aufzuweisen.

Die Gewichts-Verhältnisse.

Die nachstehende Tabelle enthält die wichtigsten Angaben über die Lastverhältnisse der Granatkanonen.

	Französische Granat-Kanonen	Sächsische Granat-Kanonen	Preußischer kurzer 12Pfdr.
Rohr	620 Kil.	450,5 Kil.	428 Kil.
Laffete mit Ausrüstung	—	610,1 K.	564,5 K.
Protze mit Ausrüstung	—	483,5 K.	524 K.
Munition in der Protze	—	201,1 K.	246,5 K.
Summa	1848 Kil. vollständig ausgerüstet	1745,2 Kil.	1768 Kil.

10*

Die neuen Geschütze waren daher schwerer als die bisherigen leichten Feldgeschütze: in Frankreich 42 Kil. (als der 8Pfdr.), in Sachsen 166 Kil. (als der 6Pfdr.), in Preußen 64 Kil. (als der 6Pfdr. c/56). Die Gewichte blieben hinter denen der vorhandenen Feld-12Pfdr. zurück um 187 Kil., 368 Kil. und 473 Kil. Die Gewichts-Verhältnisse waren demnach bei den deutschen Geschützen mit Bezug auf die Mehrleistung im Schießen, nicht ungünstig.

In Preußen wurde durch Herabsetzung der Geschützzahl in den Batterien von 8 auf 6 die Beweglichkeit mittelbar ebenfalls vermehrt.

Hierdurch wurde zugleich ausgesprochen, daß die Feuerkraft der Batterie gegen die der bisherigen leichten Batterie nicht zurückstehe. Auf Grund der vorstehenden Betrachtungen müssen die neuen Geschütze als Mittelgeschütze im wahren Sinne des Wortes erklärt werden. Sie standen in Bezug auf Ladung, Geschoßgewichte, Gesammtgewichte und Leistungsfähigkeit thatsächlich in der Mitte zwischen den beiden bisherigen Kanonen-Kalibern. Was mit ihnen wirklich erreicht worden war, läßt sich in folgenden Sätzen zusammenfassen: innerhalb der bisherigen Schußweiten war ihre Wirkung im Schrapnel- und Kartätschschusse nicht unerheblich intensiver als die der bisherigen leichten Geschütze; beim Gebrauch der Kugeln und Granaten war die Ueberlegenheit unbedeutend in Bezug, sowohl auf Schußweiten, als auf Trefffähigkeit; die Haubitzen machte das neue Geschütz nicht entbehrlich. Die Wirkungssteigerung war zwar auf Kosten der Beweglichkeit, aber doch in keiner ungünstigen Weise erreicht worden; den Hauptzweck und das Hauptbedürfniß: durchgängige Erweiterung der Wirkungssphäre, entsprechend der größeren Wirkung der gezogenen Gewehre, hatte das neue Geschütz nicht erfüllt. Die Lage der Artillerie war daher nicht gebessert, ihr Werthverhältniß zur Infanterie blieb ein gedrücktes.

Fünftes Kapitel.

Die Ansichten über das Verhältniß von Wirkung und Beweglichkeit.

Am Schlusse der vorigen Periode drängten, wie man sich erinnern wird, alle Bestrebungen auf möglichste Steigerung und

Ausnutzung der Beweglichkeit. Diese Strömung drang mit voller Macht in diesen Zeitabschnitt hinein und fand einen allmählig zunehmenden Widerstand an der stetig schärfer auftretenden Nothwendigkeit zu einer Wirkungssteigerung. Der Conflict zwischen den beiden Grundprincipien mußte von Neuem erstehen und neue Nahrung gewinnen, als die Construction der neuen wirksameren Feldgeschütze verwirklicht wurde. Der Kampf knüpfte an die französische Granatkanone an. Wie sehr diese in Frankreich selber, in Bezug sowohl auf ihre Wirkung, als auch auf ihr Gewicht bekämpft wurde, ist schon oben besprochen worden.

Als das Geschütz definitiv angenommen worden war, begann die Diskussion über seinen Werth in Deutschland. Hier war die Frage eines wirksameren Feldgeschützes aus den ersten Stadien noch nicht heraus. Von einem Einheitsgeschütz war nirgend die Rede gewesen; der Gedanke an eine so radikale Umformung der Feld-Artillerie war dem deutschen Geiste fern geblieben. Die Angriffe wandten sich daher vornehmlich gegen das „Einheitsgeschütz“.

In der Militair-Literatur-Zeitung von 1852 hieß es: „Das System Napoleons hat etwas Blendendes durch seine Einfachheit. In Deutschland betont man indeß den Mangel des „Wurfs“.

Dwyer verwarf 1856 die Granatkanone als Einheits-Geschütz.

Streubel hob hervor, daß das Zeitalter eines einzigen Feldkalibers noch nicht gekommen sei und wohl nie erscheinen werde. Er meinte, darauf abzielende Vorschläge basirten auf gänzlichem Mangel der Kenntniß des Geistes der Waffe.

Eine günstige Stimmung für das Einheits-Geschütz im Allgemeinen und, für das in Rede stehende im Speciellen, war in Deutschland also nicht vorhanden. Dies hatte seinen Hauptgrund in der hohen Werthschätzung, die man den kurzen Haubitzen und ihrem hohen Bogenwurf zu Theil werden ließ. — Nur die Verehrer der langen Haubitzen waren dem Einheitsgeschütz geneigt. Die Mehrheit sprach es positiv aus, daß man im Felde nie mit weniger als 3 Kalibern (2 Kanonen, 1 Haubitze) auskommen werde, wenn der Beweglichkeit und Wirkung genügende Rechnung getragen werden solle.

Einige Stimmen meinten, wenn Jemand behaupte, man könne heut mit einem Geschütz das leisten, wozu man gestern drei für nöthig gehalten, so sei das ungereimt. Das Granatkanon bleibe ein mangelhafter 12Pfdr. und ein noch schlechteres Wurfgeschütz. Es sei schon in der Einfachheit alles Mögliche mit 3 Kalibern erreicht.

Die Anhänger des Einheits-Geschützes blieben in der Minderzahl.

Weit heftiger wurde der Kampf, als die Bedingungen für die Construction des neuen Feldgeschützes bestimmt formulirt wurden, und die Construction ins Leben trat. Während die Anhänger der Wirkungssteigerung die Richtigkeit der gestellten Aufgabe und die Nothwendigkeit ihrer Lösung unbedingt anerkannten und dazu die Beweglichkeit opfern wollten, weigerten sich die Anhänger der Beweglichkeit Concessionen zu machen.

Ein Theil stützte sich dabei auf oberflächliche Gründe, indem er den 6Pfdr. noch gar nicht für so entwerthet hielt, als behauptet wurde, und an Verbesserung seines Schrapnelschusses dachte. [9] Ein anderer wollte den 6Pfdr. nicht abschaffen, weil er für die Beweglichkeit der reitenden Artillerie unentbehrlich, und eine Granatkanone für letztere nicht brauchbar sei. [10] Die vornehmlich auf dieser Seite stehenden reitenden Artilleristen dachten den Verlust an Wirkung durch höhere Ausnutzung der Beweglichkeit auszugleichen und hatten noch das schnelle Heranfahren an den Feind und die Entscheidung durch Kartätschfeuer im Sinne.

Ein dritter und kleiner Theil endlich behandelte die Frage mit Ernst und Gründlichkeit und traf den Kern der Angelegenheit. An seiner Spitze stand der Verfasser einer kleinen Schrift, welche 1855 unter dem Titel erschien: „Die Feld-Kanone nach dem Bedürfniß der Zeit."

Mit offenbar feinem Verständniß für Constructions-Fragen behandelte der Verfasser auch den Werth und die Eigenthümlichkeit der französischen Granatkanonen.

Er gab den Vordersatz zu, daß die Artillerie in ihrer Wirksamkeit beeinträchtigt sei und besonders die Tirailleurschwärme zu fürchten habe. Die Nothwendigkeit einer Geschütz-Construction, um jene abzuweisen, bestritt aber der Verfasser, indem er sagt: „keine Geschütz-Construction wird Tirailleurs von einem Angriff auf Artillerie abhalten oder sie aus einer gedeckten Stellung vertreiben können. Das kann auch nur durch Tirailleurs geschehen. Die Gefechtszwecke der Artillerie, ihre Ziele werden im Wesentlichen dieselben bleiben, daher ist kein Grund zu einer Neubewaffnung vorhanden, wenn diese nicht ohne Beeinträchtigung der Beweglichkeit zu größerer Wirkung führt."

Der Verfasser suchte dann nachzuweisen, die 12pfdg. Granatkanone sei ein verstümmeltes Geschütz, welches bei schwacher Ladung höchstens im Schrapnelschuß Befriedigendes und mehr leisten könne, als die leichten Feld-Kanonen. Es sei aber noch die Frage, ob der Schrapnelschuß den großen Erwartungen entsprechen werde, die man von ihm hege. Die 12pfdg. Granatkanone, die schwerer werde, als der 6Pfdr. c/16, sei kein Geschütz für die reitende Artillerie, könne auch den bisherigen 12Pfdr. ebensowenig wie die Haubitzen ersetzen. Man müsse also noch ein Kaliber mehr als bisher einführen. Das würde ein Mißgriff sein, vor dem gewarnt werden müsse.

Es muß hier darauf hingewiesen werden, daß die Schrift in der Hauptsache Recht behalten hat. Die 12pfdg. Granatkanone hat die anderen Geschütze thatsächlich nicht ersetzt, nicht einmal in Frankreich, wo sie Einheits-Geschütz werden sollte. Der Verfasser war aber in sofern ebenfalls noch in einem engen Gesichtskreise befangen, als er gar nicht daran dachte, die Wirkungssteigerung durch Ausbeutung des Princips der gezogenen Geschütze zu erreichen. Der Verfasser drang mit seinen Ansichten nicht durch. Die allgemeine Losung wurde und blieb: „Wirkungssteigerung selbst auf Kosten der Beweglichkeit."

Sehr entschieden und gründlich betonte diesen Standpunkt Streubel in seiner Schrift: „Die 12pfdg. Granatkanone 1857." Er griff darin besonders auch die übertriebenen auf „Beweglichkeit" gerichteten Bestrebungen an, von denen die heftigsten Angriffe gegen die Granatkanonen ausgingen.

Darauf erwiderte denn auch die Kritik des Streubel'schen Buches in der Allgemeinen Militair-Zeitung 1858: „Der Verfasser ist partheiisch für das Geschütz. Es ist nur durch einen Compromiß entstanden, dabei schwerer und schlechter ausgerüstet als der 6Pfdr. und daher für die reitende Artillerie weniger brauchbar als dieser."

An den entscheidenden Stellen dachte man anders. Wenn dabei auf die französische Granatkanone hingewiesen und bemerkt wurde, ihre Einführung habe in der Rücksicht auf Beweglichkeit kein Hinderniß gefunden, so übersah man, daß die Verhältnisse in Frankreich ganz andere gewesen waren. Das neue Geschütz war nur unmerklich schwerer, als der alte 8Pfdr., der Verlust an Beweglichkeit also unbedeutend. Die Opposition richtete sich vornehmlich gegen die zu geringe Wirkung des neuen Geschützes gegenüber der des bisherigen Systems.

Daß in Preußen der Widerstand von Seiten der Anhänger des Beweglichkeits-Princips gegen das neu zu construirende Geschütz sehr hartnäckig war, ist leicht erklärlich. Die meisten Truppentheile hatten seit kurzer Zeit erst das erleichterte Material von 1842 im Gebrauch und die großen Vorzüge der Leichtigkeit soeben erst schätzen gelernt. Nun sollte für den 6Pfdr. wieder ein Geschütz eintreten, welches sogar schwerer als der alte 6Pfdr. war. Grund genug gegen die Einführung anzukämpfen.

Die „Beweglichkeit" wurde hartnäckig hoch gehalten. Die Ueberzeugung, daß sie bei der höher ausgebildeten, neuen Taktik ein großer Faktor für die Leistungsfähigkeit der Feld-Artillerie sei, war überall vorhanden. Als die Bewaffnung mit den erleichterten glatten Geschützen der neuen Systeme um 1850 großentheils durchgeführt war, hatte das Streben nach Beweglichkeit die reinen fahrenden Artillerien mehr im Werthe gehoben, und auch die Batterien, bei denen, wie in Preußen, die Mannschaften zum Theil auf den Handpferden fortgeschafft werden sollten, mehr in Aufnahme gebracht. Wie sehr man die Beweglichkeit kultivirte, geht aus folgenden Verhältnissen hervor: Auf der Artillerie-Schule in Berlin wurde damals gelehrt, daß die fahrende Artillerie große Vorzüge, selbst vor der reitenden, und immer dasselbe wie diese geleistet habe.

In der Allgemeinen Militair-Zeitung von 1857 hieß es: „Reine Fuß-Artillerie ist auf dem Schlachtfelde nicht mehr brauchbar, sie muß wenigstens eine fahrende sein, wie die Cavallerie-Batterien in Oesterreich, die gemischten Batterien in Schweden, England, Württemberg u. s. w.

Im Jahrgange 1859 derselben Zeitung heißt eine Notiz: „Die Oesterreicher verfolgen das Princip der möglichsten Beweglichkeit in ihren Cavallerie-Batterien."

Ferner wurde im Jahrgange 1861 der genannten Zeitung bemerkt: „In die dänische Artillerie ist ein cavalleristisches Element gekommen, welches eigentlich der Waffe fremd ist. Die Artillerie hat dadurch sogar mehr Pferde bekommen, als sie gebraucht."

Während also die Nothwendigkeit zwang, der Wirkung nach-
zugehen und dazu das leichteste Geschütz, den 6Pfdr., zu opfern,
war das Streben nach Beweglichkeit in unveränderter Blüthe.
Hieraus kann geschlossen werden, daß diese Bestrebungen nicht aus
einem Zufalle hervorgingen, sondern in der Nothwendigkeit begründet waren. Die Granatkanonen vermochten den Zwiespalt
nicht zu lösen.

Mit den glatten Geschützen war eben die Weisheit zu Ende;
weder in Beweglichkeit noch in Wirkung waren sie im Stande, dem
Bedürfniß zu genügen.

Am Schlimmsten wurde von diesem Zwiespalt die reitende
Artillerie betroffen. Gerade mit Rücksicht auf diese Waffe wurde
daher der 6Pfdr. noch vertheidigt und für genügend wirksam
erklärt.

Nach langem Zögern und nachdem das neue Geschütz als
hinlänglich beweglich erklärt worden war, gab man den 6Pfdr.
auf und nahm den kurzen 12Pfdr. mit Widerstreben an.

Eine bedeutsame Wandelung der Ansichten war schließlich am
Ende der Periode eingetreten. Gewaltsam hatte die Ueberzeugung
sich Bahn gebrochen, daß die „Wirkung" augenblicklich über die
„Beweglichkeit" gestellt werden und letztere bis zu einem gewissen Grade geopfert werden müsse. Diese Ueberzeugung fand
einen ganz schlagenden Ausdruck in der ungewöhnlichen Maßregel, welche in Preußen im Frühjahr 1859 den Ersatz der
sämmtlichen 6Pfdr. durch Feld-12Pfdr. und Haubitzen anordnete.
Durch die Noth geboten, war sie ein deutliches Zeichen für das,
was Noth that.

Sechstes Kapitel.

Die reitende Artillerie.

Wie im vorigen Abschnitte angedeutet worden, hatte es am
Schlusse der Periode den Anschein, als solle die reitende Artillerie,
mit dem neuen erleichterten Material bewaffnet, und mit Rücksicht
auf die beweglichen Formen der Taktik, zu einer hervorragenden
Rolle berufen werden.

Diese Hoffnung wurde durch die über die Wirksamkeit des 6Pfdrs. auftauchenden Zweifel niedergedrückt und durch das in Aussicht genommene Ausscheiden dieses Geschützes geradezu vernichtet. Der, der reitenden Artillerie zugesprochene Werth und die ihr bisher zugestandene Berechtigung der Existenz geriethen in sehr bedenkliches Schwanken. So lange für das neu einzuführende Geschütz das Maß der Beweglichkeit noch nicht festgestellt war, schwebte die reitende Artillerie in der Luft.

Das höhere Maß an Beweglichkeit, welches die Taktik von der Artillerie verlangte, ließ indeß die reitende Artillerie nicht völlig sinken, trotz des in Aussicht stehenden schwereren Geschützes, und trotz der Concurrenz, welche die fahrende Artillerie in immer höherem Grade machte.

Einige Zeugnisse aus jener Zeit mögen dies bestätigen: In einem Aufsatze des Archivs (Band 39) von 1856: „Einige Worte über die reitende Artillerie" wurde bemerkt, die reitende Artillerie habe manchen ihrer Vorzüge der Fuß-Artillerie gegenüber verloren, aber entbehrlich sei sie doch nicht.

Dwyer meinte[11]: „Die fahrende Artillerie kann nie die reitende ersetzen."

In einem Aufsatze der Allgemeinen Militair-Zeitung 1857 „der heutige Standpunkt der reitenden Artillerie von d. V. hieß es: „Eine reine reitende Artillerie ist nöthig, sie muß die leichtesten Kaliber haben (Batterien à 4 6Pfdr. und 4 7pfdg. Haubitzen).

Endlich bemerkte Streubel[12]: „Die reitende Artillerie wird höchst wahrscheinlich bei der ihr innewohnenden Offensivkraft auch später immer eine hervorragende Rolle spielen."

Neben diesen günstigen Urtheilen fehlte es nicht an gegnerischen. So bemerkt Brandt[13]: „Man fängt an, die reitende Artillerie als völlig überflüssig zu betrachten."

Hiernach ist es begreiflich, wenn von der reitenden Artillerie das leichteste Feldgeschütz, der 6Pfdr., als brauchbar festgehalten wurde.

Die Annahme des kurzen 12Pfdrs. erfolgte schließlich auch in der stillen Hoffnung, der Kartätschschuß dieses Geschützes werde die Offensivkraft der reitenden Artillerie im vollen Umfange wieder herstellen, oder gar noch steigern. Anstatt die veränderten Grundlagen der Taktik zu studiren und daraus zu erkennen, daß

bie vornehmlich für Benutzung des Kartätschschusses künstlich geschaffene Rolle der reitenden Artillerie, auf dem Schlachtfelde eine
gegen früher erheblich eingeschränkte war, hielt man beharrlich an
dem Irrthume fest, daß die reitende Artillerie ihre Hauptkraft in
der Anwendung des Kartätschschusses auf näheren Entfernungen
suchen müsse. Man nahm diesen Irrthum noch in die nächste
Periode hinüber.

Von dem Verlust, den die Artillerie im Allgemeinen durch
Einführung der gezogenen Gewehre erlitten hatte, fiel ein bedeutender Theil gerade auf die reitende Artillerie. Die Entwerthung
des Kartätschschusses, dessen Gebrauch sie gleichsam als ihre Do-
mäne betrachtet hatte, mußte alle Vorzüge zu Nichte machen,
welche daraus für die reitende Artillerie abgeleitet worden waren.

Dieser Umstand hatte, in Verbindung mit der verminderten
Beweglichkeit, den Werth der reitenden Artillerie am Schlusse dieser Periode nicht unbedeutend herabgedrückt.

Siebentes Kapitel.

Die Entwickelung der gezogenen Kanonen.

1. Die ersten Stadien bis zum Jahre 1850.

Während die Artillerie sich abmühte ein glattes Spielraum-
geschütz herzustellen, welches geeignet sein möchte, den taktischen Bedürfnissen der Zeit zu genügen und das frühere Verhältniß in der
Wirkung zwischen Geschütz und Gewehr wieder herzustellen, — Bemühungen deren Erfolglosigkeit erst später in ihrem ganzen Umfange erkannt werden sollte, — faßte das neue Princip mehr und
mehr Wurzel und bewies binnen kurzer Zeit seine Lebensfähigkeit,
so daß es am Ende dieser Periode als vollberechtigter Neben-
buhler neben das alte, glatte Geschütz treten konnte.

Die Construction von gezogenen und Hinterladungs-Geschützen
ist seit Jahrhunderten oftmals versucht worden.[14]

Dieselben tauchen im 15. und 16. Jahrhundert unter dem
Namen „Kammerbuxen, Keilstücke, Keilgeschütze" auf.[15]

Die Herstellung einer wirklich brauchbaren Construction scheiterte an den unvollkommenen Mitteln der Technik. Die entgegen-

stehenden Schwierigkeiten hielt man daher vorläufig immer für unüberwindlich.

Außerdem wurden energische Bestrebungen deßhalb unterlassen, weil die Nothwendigkeit, ein neues Princip der Geschoßbewegung auszubeuten, nicht vorlag, und die bedeutenden Vortheile, die das neue Princip mit sich führen mußte, nicht im Entferntesten erkannt wurden.

Mit den um 1826 auftretenden Bemühungen zur Construction gezogener Gewehre, tauchte gleichzeitig mehrfach die Absicht zur Herstellung gezogener Geschütze auf.

So findet sich in der österreichischen Militair-Zeitschrift von 1825 in einem Aufsatze „Der Spielraum der gezogenen Geschütze" der Vorschlag, die Geschütze mit Zügen zu versehen, um sie da anzuwenden, wo es auf sehr genaues Treffen, z. B. beim Breschiren, ankomme.

Im Jahre 1827 stellte der Major Reiche der Artillerie-Prüfungs-Commission ein gezogenes Geschütz vor, das aber für unbrauchbar erklärt wurde und wenig Aufmerksamkeit erweckte.

In Hannover hatte man 1825 ein gezogenes Hinterladungsgeschütz geprüft. Die Resultate waren so ungünstig, daß die Versuche nicht weiter verfolgt wurden.

Im Jahre 1832 wurde in Turin ein gezogener 6Pfdr. von Eisen und von hinten zu laden geprüft.

Im Jahre 1836 schlug ein Mechanikus Ventzke ein broncenes, gezogenes, von hinten zu ladendes Geschütz vor. Die Geschosse sollten einen Bleiüberzug erhalten. Das Urtheil der Artillerie-Prüfungs-Commission hob die großen technischen Schwierigkeiten, die der praktischen Ausführung entgegenständen, sowie die Kostbarkeit der Geschosse hervor und betonte außerdem, die Pulvergase würden wahrscheinlich die Seele ausbauchen.

Ein neues Moment für die spätere Entwickelung der Frage entstand durch die im Jahre 1840 vom schwedischen Baron Wahrendorff, Besitzer der Eisengießerei zu Åker, ausgeführte Herstellung eines glatten, von hinten zu ladenden Geschützes. Die Hinterladung war gewählt, um die Bedienung der Geschütze in Kasematten zu erleichtern. Mit dieser Construction wurde der technischen Lösung des Problems wirklich näher getreten. Die Versuche hatten ziemlich gute Resultate, welche durch die fremden Artillerie-Offiziere fast aller Länder, die sich behufs Abnahme eiserner Geschützröhre

stets in Åker befanden, allgemein bekannt wurden, so daß mehrfach die Versuche fortgesetzt wurden. Besondere Vortheile versprach
man sich von der Hinterladung für die Bedienung der Festungs-
Geschütze. So fanden 1843 Versuche in Oesterreich,[16] und von
1843 bis 1846 in Preußen statt. Es wurden ein eiserner 6 Pfdr.,
ein 12 Pfdr. und ein 24 Pfdr. probirt. Um die Vorzüge der
Hinterladung ganz auszunutzen, sollte der Spielraum dadurch beseitigt werden, daß Rundkugeln mit Bleiüberzug verschossen wurden.
Die Resultate genügten indeß nicht und die Versuche wurden eingestellt.

Als die Hauptschwierigkeit stellte sich, wie früher schon, die
Herstellung einer guten Abdichtung des Verschlußstücks heraus.
Wahrendorff versuchte sie 1842 durch Anbringung eines elastischen
Kupferringes auf dem Kolbenkopfe zu erreichen. Der Ring war
an einer Stelle geschlitzt und sollte durch die Gasspannung gegen
die Seelenwände gedrückt werden.

Die Urtheile über die Wahrendorffsche Idee waren sehr verschieden. In der allgemeinen Militair-Zeitung von 1844 wurde
gesagt: „Diese Erfindung auf die Feldgeschütze auszudehnen, dürfte
vor der Hand noch auszusetzen sein, doch kann Niemand für die
Zukunft stehen. Die Geschützwissenschaft hat zur Zeit einen solchen
Grad von speculativer Höhe erreicht, daß ihr bald, wie dem lieben
Gott, kein Ding mehr unmöglich sein wird."

Andererseits rief die Einstellung der mit den neuen Geschützen
angestellten Versuche Mißtrauen in weiteren Kreisen hervor.

Um das Jahr 1846 trat eine Reaktion gegen die bisherige
günstige Meinung ein, man meinte, die Versuche würden, wie alle
früheren, scheitern.

So sagte die Allgemeine Militair-Zeitung 1846 (Nr. 140)
„Wir sind demnach geneigt, der Wahrendorffschen Erfindung kein
günstigeres Prognostikon zu stellen, als ihren Vorgängern und
werden hierin umsomehr bestärkt, als wir kürzlich in dem Werke:
„Du tir des armes à feu et principalement du tir du fusil"
(1845) des Eskadronchefs Delorme du Quesnay gelesen haben,
daß man in Frankreich bei den Gewehren auf diese Ladungs-
Methode ganz verzichtet, indem man durch die Inconvenienzen derselben genöthigt worden ist, die Lademethode durch die Mündung,
als die einzig zulässige zu erkennen.

Was für Gewehre gilt, findet unserer Meinung nach in erhöhtem Maße bei Geschützen seine Anwendung."

Wiederum wurden die technischen Schwierigkeiten als das unübersteigliche Hinderniß hingestellt. Wie wenig gerechtfertigt der Anspruch war, beweist der Umstand, daß schon im Jahre 1847 in Preußen das Zündnadelgewehr in großer Zahl zur Einführung gelangte.

Die Angelegenheit war trotz aller absprechenden Urtheile nicht mehr aufzuhalten. Die allgemeiner werdende Einführung gezogener Gewehre, mußte nothwendig die Bestrebungen zur Herstellung gezogener Geschütze immer wieder wecken und im Flusse erhalten.

Im Journal des sciences militaires 1845 machte der damalige französische Capitain Thiroux den Vorschlag, ein 10 bis 12 Kaliber langes Kanonen- und ein 4 bis 6 Kaliber langes Haubitz-Rohr mit gewundenen Zügen zu versehen, welche auf 30' (9,4 M.) Länge eine Umdrehung machen sollten. Die Geschosse sollten mit 2 Bleiringen zur Führung versehen werden.

Es ist zweifellos, daß die Idee gezogene Geschütze herzustellen, nach 1840 viele Köpfe bewegte und die Nothwendigkeit dazu sich mehr und mehr aufdrängte.

In diese Strömung gerieth Wahrendorff mit seinen Versuchen. Nachdem er die Hinterladung versucht, erhielt er im Jahre 1846 die Anregung zur Herstellung eines gezogenen Geschützes vom damaligen piemontesischen Artillerie-Capitain Cavalli, welcher sich in Åker zur Geschütz-Abnahme befand. Derselbe kannte die früheren bei Turin in dieser Richtung gemachten Versuche, hatte sich selber schon mit solchen Constructionen beschäftigt nnd trug nun zur Verwirklichung der oft angeregten Idee bei.

Wahrendorff benutzte selbstverständlich ein Hinterladungsrohr. — Ein 20 Kaliber langes 24pfdgs. Rohr wurde mit 2 Zügen versehen. Die Geschosse waren cylinderförmig, ein Kaliber lang, vorn zugespitzt, hinten halbkugelförmig abgerundet. Im Rohre hatten sie Spielraum und erhielten die Führung durch sogenannte Flügel.

Mit diesem Versuche begann die ungeheure Umwälzung in der Artillerie, welche sich ununterbrochen fortgesetzt und noch heute keinen Abschluß erreicht hat.

Die ersten Versuche ergaben eine, gegen die der glatten Geschütze um 750 M. vergrößerte Schußweite und eine erheblich

größere Trefffähigkeit. Darin waren die Keime für die Leistungsfähigkeit des neuen Princips aufgedeckt.

Außerdem wurde es klar, daß die Anwendung gezogener Geschütze viel einfacher sei, als bisher geglaubt worden war.

Die Versuche, die 1847 fortgesetzt wurden, fanden in vielen
Artillerien sofort Nachahmung. Cavalli, der 1847 nach Piemont
zurückkehrte, veranlaßte dort die Fortsetzung der Versuche, die sehr
energisch betrieben wurden und sich besonders auf Verbesserung des
Verschlusses und Anwendung von Granaten mit Perkussions-
Zündvorrichtung erstreckten.

In Frankreich hatte 1844 schon Pairhans Auftrag erhalten,[17]
für die Construction gezogener Geschütze in ähnlicher Weise eine
Lösung zu suchen, wie sie für die Gewehre schon gefunden war.

Der 1846 ebenfalls in Äker befindliche französische Artillerie-
Capitain Lepage veranlaßte Versuche, welche 1848 in Vincennes
mit einem gezogenen 6Pfdr. und Langgeschossen stattfanden. Die
Construction des Rohres und Geschosses war vom damaligen
Capitain Tamisier entworfen.

Auch in England nahm man die Versuche 1847 auf. Man
probirte 32pfdg. Hinterlader, ähnlich den Wahrendorff'schen, von
denen aber mehrere sprangen, so daß die Versuche 1850 vorläufig
wieder eingestellt wurden.

In Preußen wurden die Versuche erst, nachdem Nachrichten
darüber aus den fremden Artillerien bekannt geworden, 1850 angeregt und 1851 begonnen.

In der Literatur begann nun eine lebhafte Erörterung der
Frage. Auf Grund der besonders in Schweden erlangten Resultate suchte man sich auf dem neuen Gebiete und über den einzuschlagenden Weg zu orientiren.

Im Journal des armes spéciales von 1850 sagte Thiroux
in einem Aufsatze: „Reflexions sur les expériences faites en
Suède sur des canons à ame rayée" ungefähr Folgendes: „Es ist
zu bedauern, daß bei jenen Versuchen man die Rundkugeln ganz
fallen gelassen, da sie für den Feldgebrauch zweckmäßiger als
Langgeschosse sind, und ihre Wirkung für die meisten Fälle ausreicht. Mit Langgeschossen kann man nicht ricochettiren. Evident
ist, daß diejenige Artillerie eine schlechte ist, deren Geschosse das
doppelte oder dreifache Gewicht der heutigen haben; der Transport ist ja zu schwierig. Solche Geschosse sollten überhaupt bei

Vervollkommnung der Kunst nicht zugelassen werden. Eine noch zu überwindende besondere Schwierigkeit ist auch die constante Abweichung der Geschosse nach der rechten Seite."

In demselben Journal von demselben Jahre heißt es in einem Aufsatze: „Artillerie nouvelle", worin die Wahrendorff'schen Versuche besprochen werden, ungefähr wie folgt: „Die Versuche ergeben die Möglichkeit, Langgeschosse aus Kanonen zu schießen. Dies Problem ist zwar schwerer, als bei den Gewehren zu lösen, aber die Frage ist doch in wenigen Jahren zu erledigen. Am Wichtigsten ist die Idee der Hinterladung. Sehr interessant ist die charakteristische Weise, wie man in Preußen diese Verhältnisse bei Construction des Zündnadelgewehrs in's Auge gefaßt hat."

Der Verfasser schlägt dann die Anstellung umfassender Versuche vor, welche zu guten Resultaten führen müßten. Mit Bezug auf diese Ausbeutung der Idee schließt der geistreich geschriebene Aufsatz mit den Worten: „pouvoir c'est vouloir."

Endlich sagte in dem Jahrgange 1851 desselben Journals Martin de Brettes: „Es ist wahrscheinlich, daß man verlängerte Geschosse aus gezogenen Geschützen schießen wird. Dann geht man vielleicht auf das 4pfdg. Kaliber herab, welches Geschosse von 6 Kil. schießt. Solche Geschütze müßten die 12pfdg. Granatkanonen verdrängen. Diese Epoche ist aber noch „très éloignée."

Diese Urtheile kennzeichnen den Standpunkt der Frage um das Jahr 1850. Für die weitere Entwickelung war eine gewisse Grundlage gewonnen, welche sich damals in folgenden Sätzen aussprechen ließ:

Die Herstellung gezogener und selbst von hinten zu ladender Geschütze ist nicht nur möglich, sondern sogar einfacher, als bisher angenommen wurde. Sie hat jetzt bestimmte Aussicht auf Erfolg. Unter sonst gleichen Verhältnissen ist die Schußweite und Treffähigkeit solcher Geschütze erheblich größer, als die der glatten Geschütze. Die Wirkung kann vornehmlich gesteigert werden durch Anwendung von Langgeschossen, die entweder voll oder hohl, jedenfalls aber schwerer sind als die gleichkaliberigen Rundkugeln. Dadurch wird mittelbar eine Steigerung des Kalibers erreicht, oder es kann zur Erreichung eines gleichen Effects das Kaliber herabgesetzt werden.

2. **Klärung der Ansichten und Entwickelung der verschiedenen Systeme 1850 bis 1860.**

Nachdem die bisher besprochenen Versuche gleichsam zur Orientirung auf dem neuen Gebiete gedient, kam es darauf an, die Hauptfrage zu entscheiden, nämlich welche Methode des Ladens und der Geschoßführung anzunehmen sei.

In dieser Beziehung waren 3 Combinationen möglich und zum Theil schon geprüft.

Hinterlader mit Spielraum; Vorderlader ebenso construirt; Hinterlader mit gepreßter Geschoß-Führung, das heißt ohne Spielraum.

Die bisher, in Anlehnung an die schwedischen Versuche vorgenommene Prüfung der Hinterlader mit Spielraum hatte nicht geringe Schwierigkeiten zur Construction eines guten Verschlusses dargelegt und gezeigt, daß ihre Ueberwindung viel Ausdauer, Zeit und Kräfte erfordern werde. Der Gedanke, diese Schwierigkeiten zu umgehen, d. h. zum Vorderlader mit Spielraum überzugehen, lag sehr nahe. Der einzige Vortheil, den jener Modus bot, bequemere Bedienung, war besonders im Felde zu unbedeutend, als daß man auf ihm bestehen sollte, während der Vorderlader dieselbe Trefffähigkeit darbot.

Endlich lag die Möglichkeit vor, die vorhandenen glatten Geschütze ohne Schwierigkeit in gezogene Vorderlader zu verwandeln, während die Umwandelung in Hinterlader wegen der Aptirung des Bodenstücks für den Verschluß, wenn nicht unmöglich, so doch zweifelhaft war.

Aus diesen Gründen gingen die meisten Artillerien bald zum Vorderladungssystem über.

Noch schwieriger in jeder Beziehung mußte die Construction eines Hinterladers mit gepreßter Geschoßführung erscheinen. Hierbei wurde nicht allein eine ungemein sorgsame Fertigung der Geschosse erforderlich, sondern es waren auch die Mittel zu einem passenden Ueberzuge der Geschosse erst noch zu finden und eine Zündung für letztere herzustellen, da einfache Brennzünder nicht mehr anwendbar waren.

Wenn daher eine Artillerie, trotz aller entgegenstehenden offenbar sehr bedeutenden technischen Schwierigkeiten, sich dennoch als

Ziel die Herstellung eines Hinterladers steckte, so mußte sie dazu gewichtige Gründe haben und von der Ueberwindung der Schwierigkeiten Vortheile erwarten, welche die Nachtheile dieser Construction bedeutend überwogen.

Ein tieferes Eindringen in das Princip der neuen Geschoßführung führte leicht zu der durch die gezogenen Gewehre längst offenbar gewordenen Erkenntniß, daß das höchste Maß der Treffähigkeit nur durch gänzliche Beseitigung des Spielraumes zu erreichen, und allein auf diesem Wege das neue Princip der Geschoßbewegung zur höchsten Geltung und vollen Ausnutzung zu bringen war. Die Wegschaffung des Spielraumes involvirte aber die Ladungsmethode von hinten.

Bei den Gewehren war die einzige analoge, schon vorliegende Construction, das Zündnadelgewehr. Diese Analogie bestimmte die preußische Artillerie, das Princip der gepreßten Geschoßführung auch auf die Geschütze anzuwenden.

Für die Geschoßconstruction bildeten die bisher versuchten Spitzgeschosse im Allgemeinen die Grundlage. Sie wurden anfänglich noch als Vollgeschosse, bald aber fast allgemein als Hohlgeschosse construirt und durch entsprechende Verlängerung zu wirksamen Granaten ausgebildet.

Von den vorerwähnten drei Methoden der Geschoßführung und Ladeweise wurden nunmehr zu selbstständigen Feld-Artillerie-Systemen ausgebildet: die Vorderlader mit Spielraum in Frankreich; (dieses System wurde später von den meisten Artillerien fast unverändert adoptirt;) die Hinterlader mit gepreßter Geschoßführung in Preußen. (Dieses System nahmen bald die deutschen Artillerien an.) In England wurde dieses System anfänglich ebenfalls geprüft. Eine selbstständige, rationelle und consequente Entwickelung hat bei der englischen Artillerie kaum stattgefunden, da sie sich zu sehr von den Fabrikanten abhängig gemacht hat.

Ueber den Verlauf der verschiedenen Constructionen und Systeme während dieser Periode mögen folgende Angaben orientiren.

Die schwedische Artillerie hatte die Wahrendorff'schen Versuche sogleich aufgenommen und schon 1851 danach construirte gezogene Festungs-Geschütze eingeführt.

Die piemontesische Artillerie führte die Versuche in ähnlicher Weise sehr energisch fort, vornehmlich mit schweren Hinterladungs-

Röhren in den Jahren 1852 bis 1854. Es wurde der ziemlich complicirte Cavalli'sche Keilverschluß angenommen. Für die Granaten kam in Piemont zuerst die Perkussions-Zündvorrichtung zur Anwendung.

Mit der Construction gezogener Feld-Geschütze kam man nicht vorwärts. 1851 war ein 9½ Cm. Vorderladungsrohr gegossen. Für das Feld hielt man den Vorderlader für einfacher. Im Feldzuge von 1859 hatte die piemontesische Artillerie noch keine gezogenen Feldgeschütze und nach demselben wurde das französische Vorderladungssystem angenommen, indem alte glatte 6Pfdr. und 12Pfdr. nachträglich gezogen wurden.

In Frankreich wurden im Jahre 1848 begonnene Versuche mit broncenen Vorderladern seit 1850 energisch fortgesetzt.

Die ersten Constructionen, ein 6Pfdr. mit 2, dann mit 4 Zügen, rührten vom damaligen Capitain Tamisier her. Die Geschosse waren cylindro-ogivale Langgeschosse mit Ailetten.

Diese Construction bildete die Grundlage für die weiteren Versuche.

1850 wurden 6 Versuchs-Geschütze (6Pfdr.) gefertigt. Die damit im Jahre 1851 unter Didions Leitung in Vincennes angestellten Versuche erstreckten sich vornehmlich auf Prüfung der Geschoßführung. Von Ende 1851 ab wurden die Versuche in la Fère ausgeführt; 1852 wurden 12Pfdr. versucht; 1853 bis 1855 fanden Kartätsch- und Schrapnelversuche statt. In Folge des Krimkrieges wurden gezogene Festungs- und Belagerungs-Geschütze construirt und 1855 bei Calais versucht.

Die Versuche mit dem inzwischen als Feldgeschütz in Aussicht genommenen 6Pfdr. hatten zu befriedigendem Abschlusse noch nicht geführt, als la Hitte im Jahre 1856 die Construction eines 8,65 Cm. (4pfdg.) Kalibers vorschlug, welche seit Ende 1856 in Versuch genommen wurde. — Die ganze Geschütz-Construction lehnte sich an den alten Gribeauval'schen 4Pfdr. an. —

Die meisten Schwierigkeiten machte natürlich die innere Rohr- und die Geschoß-Construction. Die Höhe der Ailettes hatte anfangs nicht die Tiefe der Züge, so daß der cylindrische Geschoßtheil die Seelenwand berührte, Anschläge machte und das Rohr sehr schnell zerstörte.

Die innere Rohr-Construction wurde vornehmlich durch den damaligen Obersten Treuille be Beaulieu angegeben.

Auf Grund der Versuchs-Ergebnisse von 1856 entschied der Kaiser: der 4Pfdr. soll mit einem Geschoß von 4 Kil. Gewicht Feldgeschütz werden. Die Construction entwarf wiederum Treuille be Beaulieu; er ist somit der eigentliche Constructeur des Systems.

Nachdem noch zwei Versuchs-Geschütze geprüft und mit der 12pfdg. Granatkanone in Vergleich gestellt waren, wurde die Einführung des Systems definitiv im Frühjahre 1858 befohlen. Zu bemerken ist, daß schon 1857 eine halbe Batterie der neuen Geschütze, aber von einer erleichterten, für den Gebirgskrieg berechneten Construction, in Algier gegen die Kabylen Verwendung fand.*)

An der Spitze der Versuchs-Commission hatte als Präses der General de la Hitte gestanden.

Die ersten Mitglieder waren die Obersten Treuille be Beaulieu und Piobert. Nach Ersterem wurde das 1858 eingeführte System benannt. — In Folge des kleinen Ladungs-Verhältnisses und der geringen Rohrlänge hieß das neue Geschütz anfänglich „obusier de campagne."

Neben dem 4Pfdr. sollte noch ein gezogener 12Pfdr. für besondere Zwecke in geringer Zahl eingeführt werden, so daß das erstere Kaliber eigentlich Einheitsgeschütz wurde. Die Herstellung der neuen Geschütze wurde im Jahre 1858 mit solcher Energie betrieben, daß im italienischen Feldzuge 1859 schon 32 Batterien 4Pfdr. und 4 Batterien 12Pfdr. auftreten konnten.

Es ist bekannt, welche Ueberraschung dadurch hervorgerufen wurde und welche fabelhaften Wirkungen diesen Geschützen zugeschrieben worden sind.

Jedenfalls gab die französische Artillerie durch ihre Initiative einen gewaltigen Anstoß für die Weiterbildung und Einführung der gezogenen Geschütze in anderen Armeen. Sie hatte aus der Theorie heraus einen jener kühnen Schritte in die Praxis gethan, welche klarer überzeugen, als die besten theoretischen Deductionen, und rücksichtslos Anerkennung und Nachfolge erzwingen.

Da die meisten Artillerien bis dahin noch gar keine Versuche zur Herstellung gezogener Geschütze gemacht hatten, oder noch weit vom Abschlusse entfernt waren, so ergriffen sie jetzt vielfach das französische System als ein fertiges und erprobtes.

---

*) Ausführlich sind die Angaben enthalten in der Zeitschrift für die schweizerische Artillerie 1870 und 1871.

In Rußland wurden auf Grund französischer Nachrichten im Jahre 1858 Versuche mit broncenen ¼pudigen Einhörnerröhren unternommen, welche auf nur 4pfdg. Kaliber ausgebohrt und nach dem System la Hitte gezogen waren. Auch die Geschosse waren französischen Modells.

Man prüfte diese Geschütze im Vergleich zu den glatten Feldgeschützen [18]). Zu gleicher Zeit wurden Röhre aus Krupp'schem Gußstahl versucht.

In Folge der günstigen Treffergebnisse wurde der broncene Vorderladungs-4Pfdr. 1859 eingeführt. Die vorhandenen glatten Geschütze wurden in gezogene umgewandelt.

Da sich herausstellte, daß die Vorderlader sich sehr bald ausschossen, so schritt man bald zu Versuchen mit Hinderladern nach preußischem Systeme, welche später definitiv zur Annahme kamen.

In Schweden und Norwegen, sowie in Dänemark ging man für die Feld-Artillerie ebenfalls zum französischen Vorderlader über; die Röhre waren aus Gußeisen.

In den Niederlanden, sowie in den kleineren deutschen Staaten, (Baden, Württemberg, Hessen-Darmstadt) wurde in den Jahren 1859 und 1860 ohne Weiteres und mit geringen Aenderungen das französische System angenommen. Ausführlicher wird hiervon in der nächsten Zeitperiode die Rede sein.

In Belgien wurden, wahrscheinlich auf Grund französischer Nachrichten, seit 1856 gezogene Vorderlader versucht, deren Construction im Wesentlichen von Timmerhans herrührte.

In England waren, wie erwähnt, 1847 bis 1850 schwere Hinterlader nach Wahrendorff'schem Systeme geprüft, die Versuche dann aber aufgegeben worden.

Im Jahre 1852 wurde das Lancaster-Geschütz versucht, welches im Krimkriege seine Unbrauchbarkeit darthat.

Darauf fiel die englische Artillerie in die Hände von Privatfabrikanten, vornehmlich von Armstrong und Whitworth.

Armstrong war schon seit 1854 mit seiner Construction hervorgetreten. Es war ein Hinterlader von 5,07 Cm. Bohrung mit einem von oben eingesetzten Keil-Verschluß und einem nur 2,265 K. schwerem Geschoß.

Die ersten Versuche damit fanden im Herbste 1855 statt. Nach fortgesetzten Versuchen wurde das System 1860 angenommen, und zwar ein sogenannter 9Pfdr. (nach dem Geschoßgewicht) von 3'' englisch (7,62 Cm.) Kaliber für die reitende, ein 12Pfdr. für die Fuß-Artillerie.

In England, wo die Fabrikanten mit Hülfe der Presse die Meinung beherrschten, wurde ein großer Schwindel mit den gezogenen Geschützen, ihren fabelhaften Schußweiten und Treffresultaten getrieben. Nach dem Feldzuge in China 1860, in welchem die gezogenen Geschütze zum ersten Male in Anwendung kamen, wurde das englische System als das erste der Welt ausposaunt. Der Kriegs-Minister Lord Herbert erklärte am 14. Februar 1861 im englischen Oberhause: „Die englischen Geschütze sind die besten der Welt."

Der Rückschlag trat nur zu schnell ein und zwar durch die gänzliche Unbrauchbarkeit der schweren Armstrong-Marine-Hinterlader nach ganz kurzem Gebrauch.

Neben Armstrong beschäftigte sich Whitworth mit der Geschützconstruction. Er hatte von vornherein Röhre mit polygonaler (6seitiger) gewundener Bohrung versucht. Im Jahre 1857 legte er seine Construction vor, und wurde dieselbe auch bis zum Jahre 1860 versucht.

In Oesterreich war die Frage der gezogenen Geschütze vernachlässigt worden, vornehmlich durch die seit 1847 im Gange befindlichen Versuche mit den sogenannten Schießwoll-Geschützen, von denen man sich besondere Vortheile versprach. Diese Versuche nahmen 1853 nach den Vorschlägen des Baron Lenk größere Ausdehnung an, indem wie schon früher erörtert, ein erleichterter 12-Pfdr. als zukünftiges Feld-Geschütz in Aussicht genommen und geprüft wurde.

Seit 1857 kamen daneben Versuche mit gezogenen Geschützen in Gang. 1859 waren dieselben aber noch nicht weit gediehen.

Nach den übeln Erfahrungen des italienischen Krieges wurden noch im Jahre 1859 Versuche mit gezogenen Vorderladern aufgenommen. Man prüfte zunächst, nachträglich nach dem französischen Systeme, gezogene 6Pfdr., und 12Pfdr. bisheriger Construction. Die Resultate befriedigten nicht. Darauf entwarf Lenk sein System, bestehend aus gezogenen 4Pfdrn. und 8Pfdrn., zunächst wieder auf Anwendung von Schießwolle berechnet. Auf Grund der günstigen ersten Versuchs-Ergebnisse wurde dann die Annahme des gezogenen Systems im weitesten Umfange beschlossen; davon im nächsten Abschnitte.

Achtes Kapitel.

Die preußischen Versuche mit gezogenen Hinterladungs-Geschützen von 1850 bis 1860.

Angeregt durch einen im Journal des armes spéciales von 1849 erschienenen Aufsatz, welcher Cavallis Versuche mit einem gezogenen Geschütze bespricht, beauftragte im Februar 1850 der damalige General-Inspecteur der Artillerie, Seine Königliche Hoheit Prinz Adalbert von Preußen die Artillerie-Prüfungs-Commission, über die anderwärts bisher mit gezogenen Geschützen angestellten Versuche die nöthigen Nachrichten zu sammeln und sich zu äußern, ob dem Gegenstande auch in Preußen näher zu treten sei.

Die genannte Commission sprach sich für die Anstellung von Versuchen aus und zwar beantragte sie, in Anlehnung an das System des Zündnadelgewehrs Versuche mit Hinterladern und mit gepreßter Geschoßführung. Zwei glatte eiserne Hinterladungsröhre Wahrendorff'scher Construction, ein 12Pfdr. und ein 24Pfdr., welche noch von den Versuchen von 1843 bis 1846 vorhanden waren, wurden geeignet für die ersten Versuche gehalten. Sie sollten mit Zügen versehen werden; die Geschosse von cylindro-ogivaler Form sein und einen Ueberzug von einem fletschbaren Metall (Blei) erhalten. In den Grundzügen wurde das System schon in dem ersten Entwurfe festgestellt, so daß die weitere Ausbildung sich hauptsächlich nur auf Vervollkommnung der Details erstreckt hat.

Es sei an dieser Stelle der Offiziere gedacht, deren hervorragende Verdienste um die Construction des preußischen gezogenen Geschützsystems ihnen ein unvergängliches Andenken in der Artillerie sichern müssen. Es sind dies der damalige Oberstlieutenant Teichert, der leider schon 1853 starb; der damalige Major Hartmann, später als Generalmajor verabschiedet; der damalige Hauptmann Neumann, als General-Lieutenant aus dem Dienst geschieden, dem es vergönnt war, persönlich an den ersten Triumphen Theil zu nehmen, welche die gezogenen Geschütze 1864 vor Düppel feierten; endlich der General-Lieutenant Encke, der, mehrere Jahre hindurch Präses der Artillerie-Prüfungs-Commission, durch einen eminent praktischen Blick die Frage ungemein förderte und ihren Verlauf in der richtigen Bahn erhielt.

Die Versuche begannen im Jahre 1851.*) Sie laffen sich in mehrere Perioden theilen. Die erste umfaßt hauptsächlich die Versuche zur Feststellung der Geschütz- und Geschoß-Construction, der Ladungen, Zündungen ꝛc. und endet mit der definitiven Einführung der gezogenen Geschütze in die Festungs-Artillerie durch Allerhöchste Cabinets-Ordre vom 15. Februar 1858, nachdem im Herbste 1857 die bekannten größeren Versuche bei Schweidnitz die Brauchbarkeit des Systems dargethan.

Für den Zweck der vorliegenden Arbeit ist der erste Hauptabschnitt mit der Einführung des gezogenen 6Pfdrs. als Feldgeschütz abzuschließen, welche im Sommer 1859 erfolgte.

Nachdem anfänglich nur 12Pfdr. und 24Pfdr. im Versuch gewesen, hatten 1855 auch 6Pfdr. daran Theil genommen und besonders beim Demontiren gute Resultate gegeben. — Durch frühere Versuche mit einem im gezogenen Theile 83" (2,170 M.) langen 12Pfdr., der mehrmals abgeschnitten wurde, war die Abnahme der Geschoßgeschwindigkeit und der Treffähigkeit mit der abnehmenden Rohrlänge constatirt worden. Sollte die in dieser Beziehung vortheilhafte große Rohrlänge ausgebeutet werden, ohne das Gewicht erheblich zu steigern, so mußte ein geeignetes Rohrmetall angewendet werden. Am geeignetsten war dazu der Gußstahl, und somit schlug die Artillerie-Prüfungs-Commission im Sommer 1855 die Herstellung von Gußstahl-6Pfdrn. vor. Dieselben sollten im gezogenen Theile 98" (2,563 M.) lang sein und circa 410 Kil. wiegen. Zwei solcher Röhre wurden Anfang 1856 von der Krupp'schen Fabrik geliefert und im Laufe des Jahres geprüft. Sie paßten in 6Pfdr.-Laffeten c/42. Ihre Treffresultate waren sehr günstig. Diese Construction ist der Ausgangspunkt für den Feld-6Pfdr. Während bisher die Einführung der gezogenen Geschütze nur für die Festungs-Artillerie in's Auge gefaßt war, gab jene die erste Anregung zur Herstellung des gezogenen Feldgeschützes, welche bald in weiteren Kreisen Platz griff.

Im März 1857 reichte der damalige Major von Wedell ein Promemoria an das Kriegs-Ministerium, betreffend die Construction eines gezogenen 6Pfdrs. für den Feld-Gebrauch. In demselben wies er nach, daß die Artillerie ein solches Geschütz dem gezogenen

---

*) Ausführliche Nachrichten enthält das Militair-Wochenblatt Jahrgang 1867, 1869 und 1870 und das Archiv 1867 Band 61 Heft 3.

Gewehre gegenüber durchaus nöthig habe. Es sollte ungefähr so schwer wie der glatte 6Pfdr. sein und Schrapnels, Kartätschen sowie Langgeschosse führen. Die Artillerie-Prüfungs-Commission, welche diese Arbeit begutachtete, schlug Versuche mit dem projectirten Geschütze vorläufig nicht vor, betonte vielmehr die Entwickelung der im Versuche befindlichen Geschütze abzuwarten; dies um so mehr, da die Anwendbarkeit der Schrapnels und Kartätschen, die der Verfasser als selbstverständlich angenommen, eine noch ganz offene Frage sei, deren Lösung sehr schwierig werde und über deren Verlauf noch kein Urtheil gefällt werden könne. (Herstellung der Schrapnelzünder). Die Versuche mit den Gußstahl-6Pfdrn. wurden daher 1857 und 1858 fortgesetzt und auch auf Anwendung von Schrapnels und Kartätschen ausgedehnt.

Im Januar 1859 wurde endlich der Artillerie-Prüfungs-Commission durch den Kriegs-Minister der Auftrag: „Nach den bisher mit dem gezogenen 6Pfdr. erlangten günstigen Resultaten die Frage zu entscheiden, ob und wieweit sich die mit dem gezogenen Geschütze erreichten sehr günstigen Ergebnisse auch für den Feldkrieg verwerthen lassen?"

Das Urtheil lautete: „Die Trefffähigkeit des gezogenen 6Pfdrs. genügt allen Anforderungen bis zu Entfernungen von 2500^x (1880 M). Als Geschosse sind bis jetzt Granaten und Schrapnels vorhanden; Vollgeschosse sind nicht unbedingt nöthig." (Die Schrapnels hatten Perkussions-Zündvorrichtungen).

Die Artillerie-Prüfungs-Commission beantragte demnächst die Herstellung von 16 Gußstahl-6Pfdrn., welche in 4 Batterien à 4 bei den Truppen zum Versuch kommen sollten.

Der damalige General-Inspecteur der Artillerie trat diesem Vorschlage nicht bei, indem er die gezogenen Geschütze erst dann für das Feld geeignet hielt, wenn sie einen brauchbaren Shrapnel- und Kartätschschuß hätten. Die Ausbildung des Shrapnels mit Brennzündern sei vor Allem noch zu bewirken. Demgemäß wurden die Versuche vorläufig nur bei der Artillerie-Prüfungs-Commission fortgesetzt und zwar mit Röhren, deren gezogener Theil von 98" auf 78" (1,517 M.) Länge verkürzt war. Ihre Trefffähigkeit hatte sich dadurch nur unbedeutend vermindert. — Mit ihnen fand ein Probeschießen vor dem damaligen Prinz-Regenten, unserem jetzigen erhabenen Kriegsherrn, dem Kaiser Wilhelm statt, welcher kurz darauf durch Allerhöchste Cabinets-Ordre vom 7. Mai

1859 bestimmte, daß 300 gezogene Feld-Geschütze so schnell als möglich zu beschaffen seien*). In dem zur Unterschrift vorgelegten Original der Kabinets-Ordre hatte gestanden „einhundert“, welches der Prinz-Regent eigenhändig in „dreihundert“ umänderte.

Nun galt es noch die Geschoßfrage zum vorläufigen Abschluß zu bringen. Es gelang dies im Laufe des Jahres 1859.

Darauf wurde durch Allerhöchste Cabinets-Ordre vom 31. Januar 1860 die Umwandelung der 4., 5. und 6. 12pfdg. Batterie jedes Feld-Artillerie-Regiments in gezogene 6Pfdr. Batterien zu 8 Geschützen angeordnet.

Diese Umwandelung erfolgte im Laufe des Sommers 1860.

Das war der erste Schritt für den Uebergang zum gezogenen Feldgeschütz-Systeme. Er war beschleunigt durch den Druck der damaligen politischen Verhältnisse. Die Anfertigung jener 300 Röhre war auf Grund der genauen Nachrichten befohlen, welche aus Paris die, seit dem Frühjahr 1858 energisch betriebene Anfertigung und Einstellung der gezogenen 4Pfdr.-Batterien meldeten.

Wenn dadurch der ruhige, letzte Abschluß der Construction des gezogenen 6Pfdrs. abgeschnitten und dies mehrfach beklagt wurde, so war doch das Geschütz im Wesentlichen zur Einführung vollkommen geeignet. Die Zukunft und die Erfahrung dreier Kriege sollten im ganzen Umfange die Vorzüglichkeit des preußischen 6Pfdrs. beweisen, der in Preußen selber lange Zeit hindurch nicht genug gewürdigt wurde. Hiernach kann es keinem Zweifel unterliegen, daß die im Frühjahre 1859 an höchster Stelle getroffene Entscheidung nicht allein eine nothwendige, sondern auch die allein richtige war.

---

*) Man bemerke wohl, daß dies noch vor dem Erscheinen der französischen gezogenen Geschütze geschah.

Neuntes Kapitel.

Die Munition der gezogenen Feld-Geschütze.

In Analogie zu den Geschossen der glatten Geschütze wurden überall für die gezogenen drei Geschosse, nämlich Granaten, Schrapnels und Kartätschen angenommen.

1. Die Granaten traten bald überall an die Stelle der Vollgeschosse, die anfänglich hier und dort noch versucht worden waren. Zum Theil machte sich ihr großes Gewicht unangenehm fühlbar. Am entscheidendsten für ihre Beseitigung war aber die immer allgemeiner werdende Ueberzeugung, daß für alle Ziele und Zwecke des Feldkrieges das Hohlgeschoß nicht allein ausreichend, sondern sogar wirksamer als ein Vollgeschoß sei. Dieser Gedanke war in Frankreich schon bei Einführung der 12pfdg. Granat-kanone hervorgehoben worden, indem dabei die Anwendung eines massenhaften Granatfeuers empfohlen wurde.

In Preußen war diese Idee in dem gänzlichen Ausscheiden der Vollkugeln aus der Ausrüstung des kurzen 12Pfdrs. auf das Radikalste zur Durchführung gelangt.

Die österreichische Artillerie hatte im Feldzuge von 1859 mehr-fach die gegen Tirailleurs gänzlich ungenügende Wirkung der Voll-kugeln erfahren und daher die ausschließliche Annahme von Gra-naten für die glatten 12Pfbr. gefordert.

Nach diesen Vorgängen konnte das Vollgeschoß im Systeme der gezogenen Geschütze keine Berechtigung zur Existenz mehr erlangen.

Die Zünderfrage war für die Granaten der Spielraums-Vorderlader leicht zu lösen. Hier waren ohne Weiteres die bis-herigen Säulen- oder die Ringzünder anwendbar, da ihre Ent-zündung durch die Geschützladung gesichert war.

Für die Hinterlader mit gepreßter Geschoßführung lag die Sache ungünstiger. Sie verlangten eine besondere Zündvorrich-tung. Diese wurde in der höchst ingeniösen Perkussions-Zünd-vorrichtung gefunden, welche das Geschoß beim Aufschlag zum Crepiren bringt, und zu einem höchst bedeutenden Faktor für die Leistungsfähigkeit der gezogenen Geschütze und ihrer Langgeschosse geworden ist. Die Anfangs gegen dieselbe geltend gemachten Bedenken der großen Gefährlichkeit bei der Bedienung und der Abhängigkeit vom Terrain sind durch die Erfahrung auf das Glänzendste beseitigt worden.

2. Die Schrapnels. Nachdem der Schrapnelschuß bei den Versuchen zur Herstellung eines wirksamen glatten Feldgeschützes eine erhöhte Bedeutung gewonnen, und diese in der starken Schrapnel-Ausrüstung der Granatkanonen ihren Ausdruck gefunden, war für die gezogenen Feld-Geschütze die Construction eines Schrapnels unabweisbar geworden.

Die Geschoß-Construction an sich bot keine besonderen Schwierigkeiten. Im Nothfalle war dazu die Granate anwendbar.

Bei den Spielraums-Vorderladern war auch die Zünderfrage kein erschwerendes Moment, da die bisher gebräuchlichen tempirbaren Brennzünder in Säulen- oder Ringform anwendbar blieben. Für die Hinterlader mit gepreßter Geschoßführung mußte aber eine besondere Zünder-Construction erfunden werden, welche die Entzündung der Satzsäule im ersten Momente der Geschoßbewegung im Rohre zu bewirken im Stande war. Die Lösung dieser Aufgabe erforderte noch jahrelange Versuche*).

3. Die Kartätschen. Auf den Kartätschschuß, dem, wie später erörtert werden wird, immer noch ein ungebührlicher Werth beigelegt wurde, konnten die gezogenen Feldgeschütze wenigstens nicht vollständig verzichten.

Anfangs hegte man allgemein die Befürchtung, der gezogene Theil der Röhre werde durch die Kartätschkugeln bald erheblich verletzt und dadurch die Trefffähigkeit beeinträchtigt werden. Bei den broncenen Röhren war diese Annahme gerechtfertigt; der Uebelstand stellte sich indeß später doch nur in geringerem Maße heraus, wozu allerdings der Ersatz der eisernen Kartätschkugeln durch Zinkkugeln beitrug.

Die Wirkung des Kartätschschusses war bei dem verminderten Ladungsquotienten der gezogenen Geschütze geringer, als die der glatten Feld-Geschütze. — Diesen Mangel suchten später die Gegner der gezogenen Geschütze als einen Grundfehler hinzustellen, durch welchen die Brauchbarkeit derselben für den Feldkrieg überhaupt in Frage gestellt werden sollte.

---

*) Die Schrapnel- und Kartätschfrage werden im nächsten Abschnitt ausführlich besprochen werden.

In Preußen war im Frühjahre 1859 die Granat-Construction abgeschlossen.

Für das Schrapnel fehlte noch der Zünder. Die Versuche mit dem, später zur Einführung kommenden Richter'schen Zeitzünder, hatten damals kaum begonnen. Sie ließen Schwierigkeiten erkennen, deren Ueberwindung so bald nicht zu erwarten war. Man meinte indeß, die Annahme des gezogenen 6Pfdrs. als Feld-Geschütz sei von der Benutzung der Schrapnels nicht absolut abhängig zu machen. Die Artillerie-Prüfungs-Commission sprach im Sommer 1859 aus, sie könne die Herstellung eines Brennzünders für Schrapnels nicht als absolutes Bedürfniß für die Kriegs-brauchbarkeit des Geschützes ansehen. Der Perkussionszünder der Granaten sei auch für die Schrapnels anwendbar, da es nicht unbedingt nöthig sei, daß das Schrapnel von oben herab wirke.

Hieran anschließend stellte die Commission den Antrag, die Versuche zur Herstellung eines Brennzünders, der Constructions-schwierigkeiten halber, aufgeben zu dürfen. Unter dem Drange der Umstände wurde dieser Antrag genehmigt und das Schrapnel mit der einfachen Perkussions-Zündvorrichtung eingestellt.

Wenn von vielen Seiten das Schrapnel als vorläufig nicht nothwendig für das gezogene Geschütz erklärt wurde, so lag in jener nicht rationellen Maßregel gewissermaßen eine Concession an die Vertheidiger der Schrapnels. Man meinte, lieber ein mangel-haftes als gar kein Schrapnel geben zu müssen.

In ähnlicher Weise wurden die Kartätschen zur Beruhigung der Gemüther angenommen, welche auf diese Schußart nicht ver-zichten zu können glaubten. — Die anfänglich erlangten Resultate standen hinter denen des glatten 6Pfdrs. nicht unerheblich zurück, so daß es zweifelhaft war, ob die Annahme der Kartätschen über-haupt gerechtfertigt sei. Man entschloß sich aber mit Rücksicht auf die Meinung der Truppe im Herbste 1859 dazu.

Ueberblick. Die Frage der gezogenen Feldgeschütze war am Ende des Jahres 1860 in nachstehend gezeichnetem Stadium:

a) die Construction der gezogenen Feldgeschütze war in tech-nischer Beziehung bis auf geringfügige Einzelnheiten gelöst. In den meisten Artillerien waren die Geschütze in der Ein-führung begriffen oder war ihre Einführung beschlossen;

b) das in den meisten Beziehungen einfachere und weniger Schwierigkeiten bietende Vorderladungssystem war etwas

früher zum Abschlusse gelangt, als das Hinterladungssystem;

c) das Hinterladungssystem war rationell und gründlich nur
in Preußen geprüft;

d) die Vorderlader waren aus Bronce oder Gußeisen, die
Hinterlader aus Gußstahl hergestellt;

e) die Geschoßfrage war für die Vorderlader gelöst, aber in
unbefriedigender Weise; für die Hinterlader war sie noch
in wesentlichen Punkten weiter zu prüfen;

f) mit Ausnahme von Frankreich war über die Ausdehnung
und die Kaliber, in denen das gezogene Feldgeschütz einzuführen war, noch in keiner Artillerie Beschluß gefaßt.
Diese hochwichtige Frage sollte in der nächsten Zeit zu
heftigen Kämpfen und Meinungs-Verschiedenheiten Anlaß
geben.

Zehntes Kapitel.

Urtheile über den Werth der gezogenen Geschütze für das Feld.

Je mehr die Annahme der gezogenen Feld-Geschütze zur Gewißheit wurde, desto mehr beschäftigten sich die Artilleristen mit
der neuen Waffe.

Die Neigung der menschlichen Natur, das Bestehende und
Bewährte zähe fest zu halten und das Neue, Unbekannte mit Miß-
trauen zu betrachten, machte sich in dieser Angelegenheit in um so
schrofferer Weise geltend, als es sich um Beseitigung einer seit
Jahrhunderten bestehenden, auf den Schlachtfeldern erprobten
Waffe, durch eine wenig bekannte, complicirte handelte, deren
Wirksamkeit und Verwendbarkeit im Felde noch gar nicht zu über-
sehen war.

Es darf nicht unberücksichtigt bleiben, daß die meisten Urtheile über die gezogenen Geschütze aus dieser Periode und auch
der größte Theil aus der nächsten, keine positive Grundlage hatten. Der thatsächliche Mangel an Kenntniß der Einrichtung, sowie der Leistungs- und Verbesserungs-Fähigkeit der im Versuche

befindlichen Geschütze, führte alle Urtheile auf das Gebiet der Speculation zurück, wobei das zu Gunsten der glatten Geschütze und durch die eigenen Wünsche bestochene Urtheil nur zu oft die Aufstellung von Trugschlüssen begünstigte.

Besondere Bedeutung muß daher denjenigen Urtheilen beigelegt werden, welche schon früh mit der größten Bestimmtheit die Nothwendigkeit der Construction gezogener Feldgeschütze aussprachen und alle Zweifel an der Möglichkeit der Herstellung ebenso bestimmt zurückgewiesen.

Hier ist besonders das Urtheil von Pairhans anzuführen, welches lautet [19]: „Die Lösung muß zu finden, sie muß möglich sein .... sie ist aber auch unumgänglich nothwendig, wenn man nicht will, daß die Artillerie den Tirailleurs gegenüber ihrer Rolle völlig entsage. Die Artillerie wird durch Lösung der Aufgabe einen mächtigen Schritt vorwärts machen, der ihr einerseits viel leichtere Geschütze und andererseits, in Folge der Trefffähigkeit und Schußweiten, viel furchtbarere Geschütze geben würde."

An die Schußweiten anknüpfend sprach Sir Howard Douglas [20] 1851 aus: „vom Schusse auf großen Distancen wird der Erfolg der künftigen Kriege abhängen."

Ferner sind die Urtheile und Schriften Cavalli's zu erwähnen. Im Frühjahr 1855 hielt derselbe zu Turin Vorlesungen, welche unter dem Titel: „Abhandlung über verschiedene militairische Vervollkommnungen" auch im Drucke erschienen. Das Buch fand leider nicht die Verbreitung, die es verdiente. Cavalli sprach sich darin mit genialem Scharfblick über die Bedeutung der gezogenen Geschütze für den Feldkrieg aus und erörterte zum ersten Male die Kaliberfrage, sowie die Grundzüge des gezogenen Feld-Artillerie-Systems. Er sagte: „die alten Geschütze müssen den neuen vollständig weichen. Die Artillerie muß dadurch ihre Ueberlegenheit über die Gewehre wiedererlangen. Von besonderem Werthe sind die verlängerten Schrapnels der gezogenen Geschütze."

In Betreff der Kaliberfrage kam Cavalli zu dem Resultate: ein Kaliber sei zwar sehr wünschenswerth aber nicht ausreichend. Als größtes Kaliber sei das von 9,5 Cm. anzunehmen. Die Ladungsquotienten seien zwischen $\frac{1}{5}$ und $\frac{1}{8}$ zu wählen. Cavalli deutete auch schon die Vorzüge der Gußstahlröhre an.

Neben diesen klaren Urtheilen nehmen die folgenden einen

sehr niedrigen Standpunkt ein, die sich in völliger Kurzsichtigkeit an den jeweiligen Standpunkt der Constructions-Frage anklammerten und die ungeheure Entwickelungs = Fähigkeit nicht ahnten, die in dem neuen Prinzip der gezogenen Waffen liegt.

Im Archiv von 1855, Band 38, erschien ein Aufsatz: „Die Anwendbarkeit gezogener Geschütze", in dem es hieß: die gezogenen Hinterladungs-Geschütze erfordern eine gewisse Länge; sie haben keinen Wurf; aus ihnen sind nur Vollgeschosse, keine Granaten und keine Schrapnels zu schießen, deren Anwendung an der Zünderfrage scheitert; gezogene Geschütze haben keinen Roll- und keinen Kartätschschuß.

Resumé: Die gezogenen Geschütze sind für den Feldkrieg durchaus unanwendbar.

Schuberg bemerkte 1856[21]: „Von den gezogenen Geschützen ist für den Feldkrieg wenig zu erwarten; sie haben keinen Schrapnel= und keinen Kartätschschuß."

Streubel[22] fällte 1857 folgendes Urtheil über die gezogenen Feld-Geschütze: „Die Sache derselben scheint im Augenblicke überall auf sich zu beruhen. Nach dem Verlaufe alles Menschlichen müßte man sich jedoch sehr irren, wenn sie bei ihren überaus lockenden Seiten nicht später wieder hervorgeholt und schließlich doch noch in dieser oder jener Beziehung zu etwas Befriedigendem geführt werden sollte."

Bei Gelegenheit der Recension des vorstehend erwähnten Buches wurde 1858 ausgesprochen, man solle vorläufig keine Kaliber-Veränderung in dem System der glatten Geschütze eintreten lassen, sondern erst die Entscheidung über die Frage der gezogenen Geschütze abwarten.

Streubel antwortete hierauf kurzweg: er erwarte von den gezogenen Kanonen nicht viel.

Nachdem man sich fast überall für Annahme gezogener Geschütze entschieden, trat 1860 Schmölzl dagegen auf in seiner Schrift: „Die gezogenen Kanonen", worin er ungefähr sagt: „Die Züge sind nicht zu empfehlen, da man ihretwegen an das Hinterladungssystem gebunden ist. Aussicht auf Erfolg haben nur die Systeme Lancaster (ovale Seele) und Whitworth mit polygonalem Zugsystem." Wenn man den meisten dieser Urtheile den Mangel an positiver Kenntniß der verurtheilten neuen Geschütze verzeihen kann, so ist ihnen doch der Mangel an Einsicht vorzuwerfen, ben sie bei Beurtheilung der Leistungsfähigkeit eines gezogenen Geschützes überhaupt bekunden. — Eine erwähnens-werthe Ausnahme macht in dieser Hinsicht das Urtheil, welches Brandt[23] fällte, indem er den gezogenen Geschützen einen ganz entscheidenden Einfluß auf die Taktik der nächsten Kriege zuspricht.

Elftes Kapitel.

Betrachtung der eingeführten gezogenen Feldgeschütze in Bezug auf Wirkung und Beweglichkeit.

Die meisten der vorstehend angeführten verneinenden Urtheile wurden durch die thatsächliche Einführung der gezogenen Feldge-schütze in Frankreich und Preußen einfach vernichtet. Eine solche wichtige, auf Grund langjähriger Versuche beschlossene Maßregel hat immer eine bedeutende Beweiskraft. Diese wurde erhöht für das preußische Geschütz durch die ungemeine Gründlichkeit und peinliche Sorgfalt, mit welcher die Versuche betrieben worden waren; für das französische Geschütz durch die auf dem Schlacht-felde erreichten Leistungen. So sehr diese anfänglich auch über-trieben wurden, so bewiesen sie doch unumstößlich die Ueberlegen-heit des gezogenen Geschützes über das glatte, und zwar die eines 4Pfdrs. über den glatten 12Pfdr.

Das französische Geschütz wurde allgemeiner bekannt durch eine kleine Schrift von Schmölzl: „Das System la Hitte für die gezogenen 4Pfdr. Kanonen der französischen Feld-Artillerie 1860.“

In der schon genannten Schrift von demselben Verfasser: „Die gezogenen Kanonen. 1860“ wurden Angaben über die Wirkung dieser Geschütze im italienischen Kriege gemacht. Dabei fehlte es nicht an seltsamen Uebertreibungen. So hieß es unter Anderem, auf 2900 M. könne noch ein einzelner Reiter getroffen werden. Schmölzl meinte, auf 3000 und 4000 M. könne wohl noch eine Colonne zu treffen sein.

Für einzelne Fälle schrieben die französischen Offiziere selber dem Gebrauch dieser Kanone den Sieg zu.

Constatirt war, daß die österreichische Artillerie mehrfach demontirt wurde auf Entfernungen von 2000 M. und darüber, bevor sie nur auffahren und antworten konnte.[24] Daher wurden die großen Schußweiten der gezogenen Kanonen damals vielfach als das entscheidende Element angesehen.

Diese richtige Ansicht wurde später wieder vergessen und zu Gunsten der glatten Geschütze geradezu verdammt.

Die Eile, mit der in Frankreich und Oesterreich die durchgängige Bewaffnung mit gezogenen Geschützen durchgeführt wurde, hätte aber mehr Beachtung finden sollen, als es geschah, da die Artillerien dieser beiden Staaten die competentesten Richter in dieser Frage sein mußten. Auch die Gewichts-Verhältnisse des französischen, mit nur 4 Pferden bespannten, Geschützes verdienten die vollste Beachtung. Während des Krieges brachten Zeitungs-Berichte Angaben, welche, wenn auch übertrieben, doch einen bedeutenden Fortschritt gegen die bestehenden leichtesten glatten Geschütze außer Zweifel stellten. Ebenso zweifellos war die Ueberlegenheit des preußischen Geschützes, welches bei einem ungefähr 115 Kil. größeren Gewichte, als der 6Pfdr. hatte, ein 1,24 Kil. schwereres Geschoß als der alte 12Pfdr. mit ungleich größerer Trefffähigkeit auf drei- bis vierfach größeren Entfernungen schoß.

Beurtheilte man diese Verhältnisse im Jahre 1860, als dieselben wohl zu übersehen waren, richtig, so mußte man erkennen, daß die in den 12pfdg. Granatkanonen und kurzen 12Pfdrn. vergeblich angestrebte Wirkungssteigerung mit dem gezogenen Geschütz entweder schon erreicht war, oder in allernächster Zeit erreicht und überholt werden mußte. Die Hülfe für die Artillerie war wirklich da. Man bezweifelte indeß ihr Vorhandensein anfangs oder erkannte dasselbe nicht; dann nahm man die Hülfe zögernd nur theilweise entgegen und ließ sie sich im vollen Umfange erst durch bittere Erfahrungen aufzwingen.

Das Verhalten der Truppe gegen das neue Geschütz war anfangs ein sehr abweisendes. Seine Eigenthümlichkeiten und Leistungen waren der Truppe so gut wie unbekannt. Die in vielen Zeitschriften ausgesprochenen, einander oft widersprechenden, meist aber absprechenden Urtheile hatten Mißtrauen und Vorurtheile gegen das gezogene Geschütz fast allgemein gemacht.

Um Kenntniß über das Geschütz zu verbreiten und jene Vorurtheile zu zerstreuen, gab die General-Inspection im Sommer-

1860 den Truppen eine Instruction, in der es unter Anderem heißt: „das 6pfdg. (9 Cm.) Kaliber ist für das neue Geschütz gewählt, weil ein kleineres für das Feld nicht die genügende Geschoßwirkung verspricht. Die Schrapnelwirkung (bei Benutzung der Perkussions-Zündvorrichtung) ist eine außerordentliche, aber im Allgemeinen nicht viel größere, als die der Granaten. Da Kartätschen künftig selten zur Anwendung kommen werden, und der Kartätschschuß in der Offensive gar nicht mehr anwendbar ist, so ist die Ausrüstung mit Kartätschen eine geringe. Die Schwierigkeit des Distanceschätzens und der Beobachtung macht das gezogene Geschütz geeigneter für die Defensive wie für die Offensive."

Der in letzterem Punkte enthaltene Irrthum blieb noch lange in der Truppe bestehen und lieferte den Gegnern des neuen Geschützes eine willkommene Waffe zur Bekämpfung desselben.

Den allgemeinsten Widerspruch erfuhr von vornherein der Mangel eines tempirbaren Brennzünders für die Schrapnels. Das unerwartet angenommene Princip, das Schrapnel nach dem Aufschlage von unten nach oben wirken zu lassen, konnte als richtig durchaus nicht anerkannt werden.

Die Wirkung dieser Schußart, in der in den letzten Jahren die Rettung der Artillerie dem gezogenen Gewehre gegenüber erblickt worden, konnte unter diesen Umständen angezweifelt werden. Diese Maßregel veranlaßte sogar den General du Vignau im Juli 1861 einen Aufsatz an den Kriegs-Minister einzureichen, worin er auf die Gefahr hinwies, welche aus der zweifelhaften Wirkung des gezogenen 9 Cm. Geschützes im Kriege entstehen könne. Er hielt selbst die Anwendung des Aufschlag- (Perkussions-) Zünders bei den Granaten für eine bedenkliche Maßregel und meinte, es sei Alles daran zu setzen, um einen Zeitzünder für Granaten und Schrapnels zu construiren. Diese Ansicht hatte viele Anhänger und in Betreff der Schrapnels ihre Berechtigung. Wenn endlich die Kartätschwirkung des gezogenen 6Pfdrs. hinter der des glatten zurückblieb, so ist es begreiflich, daß das neue Geschütz anfänglich viele Gegner oder halbe Freunde hatte und erst eine längere Bekanntschaft mit ihm, sowie die Erfahrungen des Schießplatzes eine gewisse Aussöhnung herbeiführen konnten. Zugleich aber wird es erklärlich, daß eine nur beschränkte Einführung des gezogenen Feldgeschützes als durchaus geboten angesehen wurde. Die Grundursache lag in der Unklarheit der Ansichten über die Verwendbarkeit und Wirksamkeit des gezogenen Geschützes in der Feldschlacht, wodurch die Beschlußfassung über die Annahme eines zweiten Kalibers und noch mehr über die Ausdehnung erschwert wurde, in der die gezogenen Geschütze einzuführen seien.

Zwölftes Kapitel.

Organisation, Stärke-Verhältniß der Artillerie in der Armee, Ausbildung, Vertheilung in der Ordre de bataille.

1. Die Friedens-Organisation.

Preußen. Die in dieser Periode eingetretenen Organisations-Veränderungen wurden in Preußen, wie in den meisten Artillerien, durch die veränderten Anforderungen der Taktik und durch die Annahme der Granatkanonen, der kurzen 12Pfdr. oder der erleichterten 12Pfdr. bedingt.

Die Mobilmachungen der Jahre 1848, 1849 und 1850, sowie die Kriege, an denen die preußische Artillerie Theil nahm, hatten die Mängel ihrer Organisation und Ausbildung in der grellsten Weise aufgedeckt. Die erste Folge davon war die schon im Herbste 1849 angeordnete permanente Bespannung von 4 Geschützen für jede Batterie. Demnächst wurde durch Allerhöchste Cabinets-Ordre vom 30. Januar 1851 die Trennung der Feld- von der Festungs-Artillerie, mit Ausnahme der Offiziers-Corps, angeordnet und die Formation der 5. 6pfdg. Batterie bei der Mobilmachung aufgehoben.

Durch Allerhöchste Cabinets-Ordre vom 20. November 1851 wurde die Formation in folgender Weise geregelt.

Das Artillerie-Regiment bestand aus: einer reitenden Abtheilung zu 3 Batterien, zwei Fuß-Abtheilungen zu 4 Batterien, einer Festungs-Abtheilung zu 4 Compagnien. Die beiden Fuß-Abtheilungen hatten zusammen 4-6pfdg., 3-12pfdg. und 1-7pfdg. Haubitz-Batterie.

Die Etats waren vermehrt. Ein Hauptvortheil war die feste Zutheilung der Kaliber an die Batterien mit Aufhebung des Wechsels zwischen Feld- und Festungs-Artillerie.

Die Elementarbildung konnte nun eine einheitliche werden. Der Batterie-Chef konnte sich seine Batterie erziehen. Das Haupt-Verdienst an der Annahme dieser Organisation hat der General von Strotha, welcher damals Kriegs-Minister war.

Die Organisation konnte aber Angesichts der schwebenden Fragen über die Construction des kurzen 12Pfdrs. nur eine vorübergehende sein. Wie erwähnt, wurde schon 1854 das Ausscheiden des 6Pfdrs. in's Auge gefaßt und dasselbe von der Herstellung des kurzen 12Pfdrs. abhängig gemacht.

Bevor die Construction dieses Geschützes abgeschlossen, wurde die Frage einer neuen Bewaffnung immer brennender und rief ein eigenthümliches Uebergangsstadium hervor.

Unter dem 6. November 1858 erging folgende Verfügung des Kriegs-Ministeriums an die General-Inspection:

„Der in neuester Zeit in allen Armeen erreichten hohen Feuerwirkung der Infanterie gegenüber, ist das Bedürfniß allseitig anerkannt worden, dementsprechend auch die Geschützwirkung zu erhöhen und zu diesem Zweck bei der Feld-Artillerie an Stelle des 6Pfdrs. ein größeres Kaliber einzuführen. — Dazu werden schon seit längerer Zeit Versuche mit dem kurzen 12Pfdr. angestellt. Seine Wirkung wird der des jetzigen 12Pfdrs. aber doch erheblich nachstehen und daher erscheint der letztere mehr geeignet, den angestrebten Zweck zu erreichen. Demnach sind folgende Anträge zu stellen:

a) der 6Pfdr. scheidet aus der Feld-Artillerie ganz aus und dafür tritt der 12Pfdr. c/42 ein;

b) die jetzt bestehenden 4-6Pfdr.-Batterien werden durch 2 12Pfdr.- und 2-7pfdg. Haubitz-Batterien ersetzt.

Wenn die Entscheidung hierüber getroffen worden, soll die eingegangene (5.) 6pfdg. Batterie wieder als 12pfdg. formirt und die Artillerie eines Armee-Corps anders eingetheilt werden.

Diese Frage, welche die General-Inspection in einem Gutachten vom Januar 1859 durchweg bejahte, blieb indeß in Folge einer Verfügung des Kriegs-Ministeriums vom 28. Januar 1859 offen bis zum Abschluß der Versuche mit dem gezogenen 6Pfdr.

Als auch diese Frage nach dem Gutachten der Artillerie-Prüfungs-Commission noch längere Zeit in Anspruch nehmen mußte, wurde durch Allerhöchste Cabinets-Ordre vom 10. März 1859 bestimmt:

„Der 6Pfdr. fällt bei der Fuß-Artillerie fort und wird durch 12Pfdr. und 7pfdg. Haubitzen ersetzt. Die 12. Batterie per Regiment wird wieder formirt. Die neue Organisation hat mit dem 1. Mai zu beginnen. Es sollen bestehen per Regiment: 6-12pfdg. Fuß-, 3-7pfdg. Haubitz- und 3 reitende Batterien.

Durch Allerhöchste Cabinets-Ordre vom 9. Mai 1859 wurden die 12 Batterien des Regiments getheilt in: 3 Fuß-Abtheilungen zu 2-12pfdg. und einer Haubitz-Batterie, eine reitende Abtheilung zu 3-6pfdg. Batterien. Jede Infanterie-Division erhielt eine Fuß-Abtheilung zugetheilt.

Diese Bewaffnung war eine bedeutende Concession an das Princip der Wirkung und zugleich ein rücksichtsloses Opfern der Beweglichkeit, welches bei der neuen Taktik schlimme Folgen hätte haben können, wenn man damals wirklich hätte in den Krieg gehen sollen.

Die nächste Aenderung war der schon berührte Ersatz von 3 12pfdg. Batterien durch gezogene 6pfdge., im Januar 1860.

In Oesterreich war 1854 eine neue Organisation eingetreten.[25]) Aus den fünf Feld-Regimentern wurden zwölf formirt zu 4-6pfdg., 3-12pfdg. Fuß- und 5 Cavallerie-Batterien zu 8 Geschützen.

Im Frieden waren nur 5 Batterien des Regiments bespannt.

Diese Organisation wurde wiederum 1859 geändert. Man formirte 12 Regimenter, im Frieden mit 10 bespannten Batterien zu 4, im Kriege zu 8 Geschützen. Neun Regimenter sollten den Armee-Corps beigegeben werden und bestehen aus 3-6pfdg. Fuß-, 3 Cavallerie-, 1 leichten 12pfdg., 1 leichten Haubitz- und 2-12pfdg. Batterien.

2 (Reserve-) Regimenter sollten bestehen aus 6 Cavallerie-, 2 leichten 12pfdg., 1-12pfdg. Fuß- und einer langen Haubitz-Batterie.

Das 12. Regiment, für die Cavallerie-Corps bestimmt, wurde formirt zu 8 Cavallerie- und 2 leichten 12pfdg. Batterien.

Die Geschütze waren ordinaire 6Pfdr., leichte 12Pfdr., leichte und mittlere lange 7pfdg. Haubitzen. Diese und die leichten 12-Pfdr. sollten die bisherigen langen Haubitzen und schweren 12Pfdr. ersetzen.

Diese Geschütze kamen erst 1860 mit der Reorganisation der österreichischen Artillerie zur Einführung, indem jedes Regiment

2 leichte 12Pfbr.-Batterien erhielt. Diese nur provisorische Maßregel wurde durch die Einführung der gezogenen Geschütze aufgehoben.

Frankreich. In Frankreich trat in Folge der Annahme der
12pfbg. Granatkanone eine Organisations-Aenderung im Februar
1854 ein. Es wurden 17 Regimenter formirt, darunter 1 Pon-
tonir-Regiment. Die übrigen waren 5 Regimenter Fuß-Artillerie
zu 12 Fuß-Compagnien, 7 Regimenter fahrende Artillerie zu 15
Batterien, 7 Regimenter reitende Artillerie zu 8 Batterien.

Die Bewaffnung bildete, wie früher erwähnt, die 12pfbg.
Granatkanone, der auf 12pfbgs. Kaliber nachgebohrte 8Pfbr.
und die alten 12Pfbr. und 16 Cm. Haubitzen als Uebergangsstadium.

In Rußland war 1855 mit Einführung des leichten 12-
Pfbrs. eine neue Organisation in's Leben getreten. Die Batterien
waren von 12 auf 8 Geschütze herabgesetzt.

Jedes Infanterie-Corps à 3 Divisionen hatte eine Artillerie-
Division à 3 Brigaden Fuß-Artillerie. Die Brigade bestand aus
2 schweren und 3 leichten Batterien (40 Geschütze). Dazu kamen:
3 Reserve-Brigaden zu 3 Batterien (72 Geschütze) und 3 Depot-
Batterien zu 2 Geschützen, in Summa 198 Geschütze.

Die leichten Fuß-Batterien bestanden aus 6-6Pfbrn. und 2-
$^1/_4$pubigen Einhörnern, die schweren (Positions-) Batterien aus
4-12Pfbrn. und 4-$^1/_2$pubigen Einhörnern, die reitenden Batterien
aus 4-6Pfbrn. und 4-$^1/_4$pubigen Einhörnern.

In Baiern bestanden 1858: 2 Regimenter Fuß-Artillerie
zu 3-6pfbgn. fahrenden Batterien, 2-12pfbgn. fahrenden Batterien;
1 Regiment reitender Artillerie zu 4 Batterien.

In Sachsen bestand 1855: 1 Fuß-Artillerie-Regiment zu
3 Brigaden mit in Summa 10 Batterien, und zu 1 reitenden
Brigade mit 3 Batterien.

Der 6Pfbr. war ausgeschieden und durch die Granatkanone
ersetzt.

In Württemberg bestand im Jahre 1858 ein Regiment
zu 1 Bataillon (reitendes) von 2 Batterien zu 4-6pfbgn. Kanonen
und 2-7pfbgn. Haubitzen; 2 Bataillonen (schwere) von 2 Batterien
zu 2-12pfbgn. Kanonen und 2-7pfbgn. Haubitzen; 2 Bataillonen
(leichte) von 2 Batterien zu 4-6Pfbr.-Kanonen und 2-7pfbgn.
Haubitzen.

2. Das Stärke-Verhältniß der Artillerie in der Armee.

In diesem Verhältniß trat nirgends eine nennenswerthe Aenderung ein.

Die von der Artillerie verlangte Wirkungssteigerung war weniger durch die Quantität, als vielmehr durch die Qualität der Geschütze zu erreichen. In diesem Sinne verlangte Brandt 1859 nicht mehr $1/4$, sondern die Hälfte der Gesammtzahl an schweren Geschützen (12Pfdr.).

Gegen eine Vermehrung der Geschützzahl sprach außerdem das größere Gewicht der Systeme.

Hütz verlangte 1853 [26]) auf 1000 Mann (innerhalb der ganzen Armee) 3,3 Geschütze. Brand [27]) gab 1859 als ein günstiges Stärke-Verhältniß der Artillerie $1/8$ der Gesammt-Stärke der Armee an. Außerdem deutete er an, wahrscheinlich werde künftig mehr Artillerie als bisher nothwendig werden. Nach Dwyer [28]) waren 1856 auf je 1000 Mann vorhanden: in Frankreich 2, in England $3^{1}/_{3}$, in Belgien 3,2, in Oesterreich 3, in Preußen nahezu 3, in Bayern 2,7, in Rußland 4, in den Niederlanden 2,4 Geschütze.

Im Kriege von 1859 führten die Oesterreicher 3,8, die Piemontesen 1,5, die Franzosen 2,7 Geschütze auf je 1000 Mann.

3. Die Ausbildung der preußischen Artillerie.

Durch die veränderte Organisation wurde die Ausbildung gegen früher erheblich begünstigt. Es kam größere Einheit in die ganze Feld-Artillerie und in die einzelne Batterie. Die Abtheilungs-Commandeure und Batterie-Chefs erlangten größere Gewandtheit in dem Exerciren ihrer Truppe.

Der größte in den Kriegen von 1848 bis 1850 hervorgetretene Uebelstand war aber der Mangel an taktischer Ausbildung der Artillerie gewesen. Vor Allem hatte sich der Mangel an Führern fühlbar gemacht. In der Verwendung der Artillerie war nicht nur das Auftreten einzelner Batterien, sondern in noch höherem Grade, die Zersplitterung der Batterie in einzelne Züge die Regel gewesen.

In dem Artilleristen war der Taktiker ganz untergegangen. Ueber der eigenthümlichen Wirkung des einzelnen Geschützes war die Batterie, als solche, ganz vergessen worden.

Diese Fehler fanden in einem 1850 bekannt gewordenen Aufsatze eines preußischen Generals (Militairisches Altes und Neues vom General von Holleben) Ausdruck in den Worten: „im badenschen Feldzuge hat die Artillerie nur selten Gelegenheit gehabt, ihre gewichtigen Würfel rollen zu lassen." Dieser Ausspruch rief die schon mehrfach erwähnte Schrift des Generals Encke: „Ueber Führung und Gebrauch der Feld-Artillerie" hervor.

Encke meinte: „jener Ausspruch soll so viel heißen, als die Artillerie habe nicht besonders viel geleistet, während sie andererseits doch von den betreffenden Generalen, die in Baden kommandirten, gelobt wird. — Es habe aber in auffallendem Grade an einer guten Führung der Artillerie in Baden gefehlt. Die Artillerie habe bisher zu wenig mit anderen Truppen manövrirt, sie könne nur reiten und fahren. Ferner sei leider die Ansicht lange und allgemein verbreitet, bei der Artillerie könne von selbstständiger Führung nicht die Rede sein. Es sei nun zu untersuchen: welche Ansprüche man gegenwärtig an Führung und Gebrauch der Feld-Artillerie in taktischer Beziehung machen könne und müsse, um sie zu befähigen, als Schußwaffe das Höchste zu leisten.

„Die taktische Ausbildung der Artillerie befähigt sie in größeren Massen Bewegungen rasch und präcise auszuführen. Sie kann den Feind in einem selbstständigen Auftreten zu Boden werfen, und dies wenn sie ihr Feuer nicht zersplittert, und bis auf wirksame Schußweite dem Feinde auf den Leib geht."

In dem „wenn" der beiden letzten Punkte lag die noch nicht überwundene Schwierigkeit der taktischen Ausbildung.

In der Allgemeinen Militair-Zeitung von 1852 wurde über die taktische Ausbildung folgendes bemerkt:

„Die französische Artillerie ist ausgezeichnet durch taktische Ausbildung ihrer Offiziere. Diese kleben nicht an den Geschützen, sie gehen nicht in der Elementartaktik unter. Sobald ein Offizier selbstständig wird, kommandirt er nicht mehr Geschütze, er leitet sie nur. „Batterie hieher!" ist das einzige Commando, das man hört.

Nicht nur Gewandtheit der Artillerie, auch nicht Schießfertigkeit bedingt ihre Brauchbarkeit, sondern vorzüglich ihr taktisches Verhalten bedingt ihre Wirkung."

Diese treffende Bemerkung, welche mittelbar ein Vergleich der deutschen Artillerie mit der französischen war, bezeichnete den Anfang der Erkenntniß und der Besserung.

In Preußen fand die Artillerie Gelegenheit, in ausgedehnterem Maße als bisher an den Feld-Manövern Theil zu nehmen. Das richtige und zeitgerechte Eingreifen der Reserve-Artillerie wurde mehr angestrebt und auch besser erreicht, als bisher. Von Seiten der General-Inspection wurde 1857 eine „Denkschrift über den Gebrauch der Feld-Artillerie im Kriege" aufgestellt, welche auf die taktische Ausbildung nicht ohne günstigen Einfluß blieb.

Die festere Grundlage, die allmählig gewonnen wurde, gerieth aber mit der Einführung der gezogenen Geschütze wieder in's Schwanken. Ueber die taktische Verwendung derselben gelang es geraume Zeit nicht, auch nur annähernd richtige Ansichten zu gewinnen.

4. Die Organisation für den Krieg, Vertheilug der Artillerie in der Ordre de bataille.

In Preußen war durch den erhöhten Friedensstand der Batterien, der Uebergang zur Kriegsformation erheblich erleichtert worden. Die Kriegsformation war im Wesentlichen die bisherige geblieben und führte in gleicher Weise die Auflösung der Friedens-Verbände herbei.

Hiergegen kämpfte General Encke in seiner mehrfach erwähnten Schrift an. Er schlug für die Brigade-Batterien das Zusammenhalten der ganzen Abtheilung vor. Für die Avantgarde wollte er zwei Batterien unter einem Führer haben. Stets sollte für mehrere Batterien ein höherer Offizier das Commando übernehmen. Eine geschlossene Abtheilung von 5 Batterien sollte die Reserve-Artillerie bilden.

Also „bessere Gliederung der Artillerie eines Armee-Corps", das war der Zweck der Encke'schen Vorschläge. — Sie fanden immer noch Gegner. Einer derselben veröffentlichte eine Gegenschrift.*)

Aber die Ansichten wandelten sich allmählich doch.

Rüstow betonte 1858 [29]), die beiden Brigade-Batterien einer Division müßten in der Hand des Divisionärs zusammengehalten

---

*) Bemerkungen zu der Schrift: „Ueber Führung und Gebrauch der Feld-Artillerie, 1851.

werden. Die General=Inspection hob in ihrer Denkschrift von 1857 hervor, es sei nicht mehr zeitgemäß, je eine leichte Batterie zu jeder Brigade zu geben. Demgemäß schlug sie die Formation des Regiments in 4 Abtheilungen zu 3 Batterien vor, wovon jeder Division eine geschlossene Abtheilung (eine 12pfdg. und zwei 6pfdg. Batterien) zuzutheilen sei.

In einem Memoire vom April 1859, welches die General=Inspection auf Veranlassung des Kriegs=Ministeriums über die taktische Eintheilung und Verwendung der Artillerie aufstellte, kam sie auf jenen Antrag zurück, mit der Modification, daß sie auf Grund der inzwischen geänderten Organisation für jede Division 2-12pfdg. und eine Haubitz=Batterie verlangte. Dieser Vorschlag wurde angenommen.

So gab es endlich eine Divisions-Artillerie. Ueber die Zutheilung der schweren und leichten Kaliber zu den Brigaden und der Reserve änderte sich Anfangs die Ansicht nicht. Die zum Ersatz des 6Pfdrs. bestimmte Granatkanone vertrat auch hierbei dieses Geschütz.[30] In Preußen warf die Organisation von 1859 diese Ansichten über den Haufen.

In Rußland war durch die Organisation von 1855 das Zusammenhalten der Artillerie in Brigaden zu 5 Batterien (40 Geschütze) vorgesehen.

Dreizehntes Kapitel.

Die Taktik.

Die Grundlinien für die Taktik der Artillerie wurden, wie bisher, durch die Anfangs unveränderte Eintheilung der Artillerie in Brigade- und Reserve-Artillerie vorgezeichnet.

Zunächst suchte man sich darüber zu orientiren, warum und wie weit man sich von diesen Grundlinien während der Feldzüge in Baden und Schleswig entfernt hatte. Das Hauptübel war der Mangel an einheitlicher Führung und an concentrischem Zusammenwirken mehrerer Batterien gewesen.

Die Erkenntniß hierüber kam, wie oben schon besprochen, schnell. Man besann sich wieder, daß der Erfolg der Artillerie

einzig und allein in einer, den Verhältnissen entsprechenden Massenwirkung liege, mochte diese von einer oder von mehreren Batterien ausgehen.

In diesem Sinne sprach sich sehr deutlich der General Encke
in seiner schon mehrfach erwähnten Schrift aus. Er sagt: „wo
eine Batterie nicht ausreicht, muß man sofort Bedacht nehmen,
mehr zu verwenden“ — und der Schluß seiner Betrachtungen war:
„Soll die Artillerie wirken, so muß sie zusammengehalten werden.
Geschieht dies, so kann sie selbstständig auftreten.“

Diese Folgerungen führten den General Encke zuerst zu dem
Verlangen, die Artillerie abtheilungsweise zusammen zu halten und
zur Avantgarde mindestens zwei Batterien zu geben. Eine so
radikale Aenderung in der Vertheilung der Brigade-Artillerie
wurde aber von den meisten Offizieren nicht beliebt. Vielfach
einigte man sich nur dahin, die beiden Batterien einer Division
unter dem Commando eines Stabsoffiziers zusammen zu halten.

Erst im Jahre 1857 schlug die General-Inspection die Bildung der Divisions-Artillerie zu 3 Batterien vor, welche endlich
1859 angenommen wurde.

Schritt für Schritt bildete sich also in dieser Beziehung die
Verwendung der Artillerie in größerer Masse aus.

Die Verhältnisse waren überhaupt für die Aufstellung einer
klaren Lehre von der Artillerie-Taktik sehr ungünstig, und es erschienen darum keine Bücher, die diese Lehre gründlich behandelten.
Der Einfluß der gezogenen Gewehre auf die Taktik war theils
noch nicht zu übersehen, theils noch nicht deutlich erkannt. Sehr
tief wurde aber die Artillerie von diesem Einflusse berührt.

Mit Bezug auf diese Verhältnisse bemerkte der General von
Brandt folgendes[31]: „Es wäre sehr wünschenswerth, daß endlich
für die Gefechtslehre der Artillerie eine zweckmäßige Anweisung
entstände, und daß die Literatur der Artillerie aus dem Zustande
der Barbarei in Beziehung auf diesen Punkt endlich heraustrete.
Alles, was jetzt besteht, theoretisirt zu viel und geht davon aus,
daß man entweder einen sehr dummen oder sehr unbeweglichen
Gegner habe. Viele Schriftsteller betrachten die Wirkung der Artillerie immer noch als eine nur vorbereitende.“

Dieser Ausspruch kennzeichnet die Lage vollkommen. Aber
es war natürlich, daß man vorwiegend theoretisirte, denn die
Praxis fehlte. Die kleinen Verhältnisse in Baden und Schleswig

hatten eine immerhin nur schmale Bahn zur Besserung gebrochen. Gerade in diesem Jahrzehnt war es schwer, über Taktik der Artillerie zu schreiben, da, wie Brandt selber andeutet, alle Artillerien mehr oder weniger in einer bedeutenden Umbildung begriffen und noch nicht einmal im Reinen waren über Kaliber u. s. w., und sowohl Infanterie, wie Artillerie in einem Gährungs-Prozesse lagen, dessen Ergebnisse abgewartet werden mußten, bevor man über den veränderten Gebrauch der Waffen reden konnte. [32] Man stand an der Schwelle einer neuen taktischen Aera.

Die Distancen hatten sich für die Artillerie geändert. Wahrscheinlich wurde eine Vermehrung der schweren Geschütze überhaupt. Die Offensive wurde schwieriger. Frontal-Angriffe schienen sehr problematisch.

Diese in allen Beziehungen schwankenden Verhältnisse veranlaßten das Kriegs-Ministerium, die General-Inspection der Artillerie im Jahre 1857 zur Aufstellung einer Denkschrift aufzufordern, in der die Grundsätze der Verwendung der Artillerie bei den Manövern erörtert werden sollten.

Die Denkschrift trug den Titel: „Denkschrift über den künftigen Gebrauch der Feld-Artillerie im Kriege." Darin wurde zum ersten Male der großen Schußweite der gezogenen Gewehre Rechnung getragen, und die Zone für den Gebrauch der Artillerie zwischen 450 und 1200 M. angenommen.

Im April 1859 wurde die General-Inspection zur Aufstellung einer ähnlichen Denkschrift veranlaßt, welche mit Rücksicht auf die bevorstehende Einführung der gezogenen Feldgeschütze als eine provisorische bezeichnet wurde.

Unter diesen Umständen hat ein tieferes Eingehen auf die Verwendung der Reserve-Artillerie oder einer „Artilleriemasse" nirgend stattgefunden. Nur der General Encke bemerkt, daß jede Mehrzahl von Batterien als eine „Masse" anzusehen und das Maximum dafür 30 bis 40 Geschütze seien. Das war die Stärke einer Abtheilung von 4 bis 5 Batterien, welche durch einen gemeinsamen Führer noch zu leiten war.

Dritter Abschnitt.

Von 1860 bis 1866.

~~~~~~~~

Die Durchführung der Bewaffnung der Feld-Artillerie mit gezogenen Geschützen.

Dieser Zeitraum wird durch zwei Kriege begrenzt, deren jeder einen Wendepunkt in der Entwickelungs-Geschichte der gezogenen Feld-Geschütze bildet.

Während der italienische Krieg eine große Beschleunigung der Einführung der neuen Geschütze bewirkte, führte der Krieg vom Jahre 1866 schon eine große Zahl gezogener Geschütze gegeneinander in das Feld und beseitigte die letzten Zweifel über den Mangel jeder Existenz-Berechtigung der glatten Feld-Geschütze. Die Frage dieser Geschütze spielte in den deutschen Artillerien noch eine große Rolle, wo man dieselben erst nach einer mit deutscher Gründlichkeit unternommenen Prüfung successive verwarf.

Eine ganz ungewöhnliche Bewegung entstand über die Bewaffnung der Feld-Artillerie mit gezogenen Geschützen; ein sehr leidenschaftlicher Kampf brach über die Kaliberfrage aus. In ihr erneuerte sich der alte Widerstreit zwischen „Wirkung und Beweglichkeit."

Die Ausgangspunkte für die weitere Entwickelung der Feld-Artillerie-Systeme bildeten der französische 4Pfdr.-Vorderlader und die preußische 9 Cm. Hinterladungs-Kanone. Dieser Umstand ist charakteristisch und bestimmend für die ganze Entwickelung, denn beide Geschütze bildeten nahezu die Grenzen, einerseits für das Maß der höchsten Beweglichkeit, andererseits für das der größ-

ten Wirkung, welche in den neuen Systemen zur Annahme gelangten.

Der französische 4Pfdr. war und blieb das nahezu leichteste,
aber am wenigsten wirksame; die preußische 9 Cm.-Kanone blieb
bei ziemlich hohem Gewicht das nahezu wirksamste der Feld-
Geschütze.

Jenes Geschütz war entstanden durch frühzeitiges Erfassen
und consequentes Festhalten des Gedankens, daß die Benutzung
von Langgeschossen zur Verkleinerung des Kalibers auszubeuten sei.

Das preußische Geschütz war aus dem kleinsten glatten Feldkaliber unter dem, am Schlusse der vorigen Periode Alles beherrschenden Streben nach Wirkungssteigerung hervorgegangen.

In Frankreich wurde das Geschoßgewicht des 4Pfdrs., welches
dem der 12pfdg. Granatkanone gleichkam, als vollständig genügend für den Feldkrieg erachtet.

In Preußen dagegen wurde das 9 Cm.-Kaliber als das
kleinste zulässige angesehen und somit ein Geschoßgewicht für nöthig
erachtet, welches (mit Sprengladung) das der 12pfdg. Vollkugel
um 1,24 Kil., das der 12pfdg. Granate um 2,45 Kil. überstieg.

In Frankreich war also maßgebend das Streben nach möglichster Erleichterung, bei Festhaltung der bisherigen absoluten
Geschoßwirkung; in Preußen möglichste Wirkungssteigerung bei
Festhaltung des ungefähren Gewichts des kurzen 12Pfdrs. als des
leichtesten glatten Feld-Geschützes.

In Frankreich glaubte man die als Einheits-Geschütz betrachtete Granatkanone durch den 4Pfdr. vollkommen ersetzen zu können
und machte ihn, streng genommen, zum Einheitsgeschütz, da die
12pfdg. (Positions-) Batterien nur in sehr geringer Zahl angenommen wurden.

In Preußen konnten unbedenklich alle glatten Feld-Geschütze
mit Rücksicht auf Geschoßwirkung durch die gezogene Kanone
ersetzt werden. Daher entstand ebenfalls eine Bewegung, welche
das 9 Cm. Geschütz als Einheits-Geschütz begehrte.

In Frankreich ließ die Werthschätzung der Beweglichkeit das
Verlangen nach größerer Wirkung nicht aufkommen (erst 1849
fing man an 8Pfdr. einzuführen), während in Preußen das in der
9 Cm. Kanone vorhandene hohe Maß von Wirkung, das Streben
nach größerer Leichtigkeit, sowie nach vermehrter Munitions-Aus-

rüstung nicht zu unterdrücken vermochte und bald zur Construction eines 8 Cm.-Geschützes (4Pfdrs.) führte.

In den Feld-Artillerie-Systemen erkämpfte sich daher entweder das Princip der Wirkung, das ihr vom zuerst vorhandenen leichten Kaliber streitig gemachte Gebiet; oder das Princip der Beweglichkeit das ihr vom schweren Kaliber momentan entrissene Terrain, so daß zuletzt in den Systemen wiederum eine Uebereinstimmung entstand, ähnlich der in den glatten Systemen vorhandenen. Dabei theilten sich die Herrschaft das französische Vorderladungs- und das preußische Hinterladungssystem.

Erstes Kapitel.

Die Feststellung der Systeme.

1. Die Vorderladungssysteme.*)

In Frankreich bestand neben dem 4Pfdr. der 12Pfdr. in geringer Zahl. Der 4Pfdr. war mit 4 Pferden bespannt.

Das eilig eingeführte System war nicht gründlich durchgebildet und wurde bald von anderen Vorderladungssystemen überholt.

In der Schweiz fanden seit 1860 Versuche mit Vorderladern statt, welche im Jahre 1862 zur definitiven, aber etwas übereilten Annahme des 4Pfdrs. (System Müller) als Einheits-Geschütz führten. Es wurden 15 Batterien beschafft. Die Geschütze erhielten 6 Pferde; die Batterien wurden zu 6 Geschützen formirt. Anfänglich bestanden daneben noch glatte 6Pfdr., von denen 11 Batterien 1863 und der Rest 1867 in gezogene 8 Cm. umgewandelt wurden; sowie glatte 12Pfdr. und 24pfdg. Haubitzen, welche 1866 durch gezogene Hinterlader (8Pfdr.) ersetzt wurden.

Es wurden nämlich inzwischen sehr ausführliche Versuche mit Hinterladern preußischer Construction fortgesetzt, auf Grund deren Resultate im Jahre 1866 durch Bundes-Beschluß die Annahme des Hinterladungs-Systems angeordnet wurde. Für die Feld-Artillerie wurde neben dem schon bestehenden 4Pfdr.-Vorderlader, ein

---

*) Die wichtigsten Angaben über die meisten Systeme sind in der Tabelle VI. enthalten.

10 Cm. Hinterlader (8Pfdr.) von Gußstahl in 11 Batterien beschafft.

Die italienische Artillerie. Nachdem 1860 gezogene 8Pfdr. und 16Pfdr. französischen Systems eingeführt waren, wurde 1863 das Modell eines 9 Cm. Geschützes geprüft, dessen Geschoß 4,5 Kil. wog.[1] — (Rohr 390 Kil.) Dieses Geschütz sollte den 8Pfdr. ersetzen. Der 16Pfdr. (12 Cm. Kaliber) war für die Reserve-Batterien weiter bestimmt.

Das ganze System erwies sich im Kriege von 1866 als zu schwer, worauf die Versuche mit dem System Mattei-Rossi eingeleitet wurden.

Niederlande. In den Niederlanden[2] waren 1859 glatte 6Pfdr. Röhre wieder vollgegossen, dann auf 4pfdgs. Kaliber ausgebohrt und gezogen worden. Nach günstigen Versuchs-Ergebnissen wurden 4Pfdr. und später noch 8Pfdr. Vorderlader nach la Hitte eingeführt.

Dänemark. In Dänemark wurden 3Pfdr. auf 4pfdgs. Kaliber nach französischem Modell ausgebohrt. Die 4Pfdr. (aus Gußeisen) wurden eingeführt.

Schweden. In Schweden waren Vorderlader geprüft und 1862 in zwei Kalibern 4Pfdr. (7,66 Cm.) und 6Pfdr. (9,62 Cm.) eingeführt worden. Die Röhre waren aus Gußeisen. Daneben bestanden noch die glatten Granatkanonen.

Norwegen. In Norwegen[3] wurden zwei Kaliber von 3,055″ (7,99 Cm.) und 2½″ (6,54 Cm.) angenommen. Vom ersten existirten zwei Modelle (von 1860 und 1864); vom letzten nur das Modell 1864.

In Hannover wurden 1861 die preußischen 9 Cm. Geschütze angenommen.

Baden, Württemberg, Hessen-Darmstadt nahmen anfänglich den französischen 4Pfdr. an, gingen aber 1861 zum preußischen 9 Cm. Geschütz über, welches zuerst die glatten 12Pfdr., dann die Haubitzen ersetzte.

Als die preußische 8 Cm. Kanone zur Einführung gelangte, behielt man in Württemberg und Hessen den französischen 4Pfdr. für die reitende Artillerie bei.

Oesterreich. In Oesterreich wurden, nachdem im Sommer 1861 die ausschließliche Bewaffnung der Feld-Artillerie mit gezogenen Geschützen beschlossen worden war, die Lenk'schen 4Pfdr.

und 8Pfdr. seit Ende des Jahres 1861 bis zum Jahre 1863 in umfassender Weise geprüft.

Im Jahre 1862 wurden schon 3 Regimenter mit diesen Geschützen bewaffnet.[4] Die endgültige Annahme erfolgte 1863 und die vollständige Bewaffnung der ganzen Artillerie geschah bis zum Jahre 1864 in kurzer Zeit mit anerkennenswerther Energie.

Neben jenen Versuchen war 1861 eine preußische 9 Cm. Kanone geprüft worden.

Ende 1862, vor Abschluß der Versuche, war ein Theil der alten 12Pfdr. und langen Haubitzen durch erleichterte 12Pfdr. ersetzt worden.

Bevor die Bewaffnung mit den gezogenen Geschützen eingetreten war, erhob sich im Frühjahr 1863 eine bedeutende Agitation dagegen, indem der Kartätschschuß der Geschütze als zu mangelhaft erklärt wurde.

Rußland. In Rußland war der bronzene 4Pfdr. Vorderlader schon 1859 angenommen worden. Die Einführung ging langsam von Statten, so daß 1866 noch eine große Zahl glatter Geschütze (12Pfdr.) in der Feld-Artillerie war.

Die Uebelstände des schnellen Ausschießens der Vorderlader führten bald zu Versuchen mit gezogenen Hinterladern. Anfänglich wurden 4Pfdr. mit Armstrong-Verschluß versucht. Daneben wurde die preußische 9 Cm. Kanone geprüft, aber trotz der großen Trefffähigkeit, wegen zu großer Complicirtheit, abgelehnt.

Seit 1863 wurden, nach dem Vorgange Preußens, Gußstahl 4Pfdr. (eigentlich 5Pfdr., Kaliber 8,67 Cm.) mit Keilverschluß versucht, von denen 100 Exemplare bei Krupp bestellt wurden. Der Doppelkeil wurde bald durch den einfachen mit Broadwellring ersetzt.

Im Jahre 1866 bestand ungefähr der vierte Theil der sämmtlichen Feld-Geschütze aus gezogenen 4Pfdr. Vorderladern. Daneben waren gezogene 12Pfdr. vorhanden, welche aus glatten Geschützen umgewandelt waren.

1867 wurde dann die vollständige Bewaffnung mit gezogenen Hinterladern beschlossen.

In Spanien wurden 1862 Vorderlader nach französischem Modell (8 Cm. und 12 Cm.) angenommen, welche 1868 durch Gußstahl-Hinterlader ersetzt wurden.

Durch die vorstehenden Angaben ist das Gebiet der Vorderlaber bezeichnet, welches das des Hinterladers weit übertraf. Die erste Verminderung trat, wie besprochen, durch den Abfall der russischen und der schweizerischen Artillerie ein.

2. Die Hinterladungssysteme.

Belgien. In Belgien, wo anfänglich Vorderlader nach französischem System, sowie Armstrong- und Whitworth-Geschütze geprüft wurden, und die allgemeine Neigung zum französischen 4Pfdr. vorhanden war, nahm 1861 das Kriegs-Ministerium das preußische Hinterladungssystem und zwar zunächst die 9 Cm. Kanone an. Man hatte das System bei den Versuchen in Jülich kennen gelernt. Gegen diesen Beschluß erhob sich die heftigste Opposition, und in der Literatur entstand eine lebhafte Polemik.

Vertheidigt wurde das Hinterladungssystem besonders durch den General Bormann in einer Schrift: „Das preußische System gezogener Feld-Geschütze in Belgien" 1861.

Gegen das System trat der Capitain Fourcault in zwei Schriften (1862) auf: „Le canon rayé prussien" und „Le canon rayé prussien jugé par les Alemands." —

Das französische System wurde dem preußischen entschieden vorgezogen; der 4Pfdr. sollte sogar besser als die preußische 9 Cm. Kanone sein. Durch ausgedehnte Schieß-Versuche im Jahre 1863 wurden indeß die meisten Offiziere von der großen Ueberlegenheit des preußischen Systems überzeugt. Die Versuchs-Resultate benutzte Major Terssen zu einem Vergleich der Treffähigkeit des österreichischen, französischen und belgischen 4Pfdrs.,[5] indem er folgende Schlüsse zog: „auf 400 M. schießt das belgische Geschütz $2\frac{2}{3}$ Mal besser als das französische; auf 3000 M. ungefähr $7\frac{1}{2}$ Mal besser; auf 400 M. schießt das belgische Geschütz 8 Mal besser als das österreichische; auf 3000 M. schießt es 5 Mal besser."

In England war 1860 das Armstrong-System angenommen. Die Röhre waren aus Schmiedeeisen. Die 9Pfdr. waren für die reitende, die 12Pfdr. für die Fuß-Artillerie bestimmt. Später kamen 20Pfdr. für Positions-Batterien dazu.

Die ersten gezogenen Feld-Batterien kamen 1862 nach Ostindien. Vielfache Uebelstände, die an diesen Geschützen hervortraten, veranlaßten aber 1864 und 1865 sehr ausführliche Vergleichs-

Verſuche zu Shoeburyneß, an denen Theil nahmen: neue Vorderlaber von Armſtrong, Whitworth, ſowie franzöſiſche 4Pfbr.-Vorder-
laber nnd endlich Hinterlaber der beiden Fabrikanten.

Da die Vorderlaber bei dieſen Verſuchen daſſelbe leiſteten, wie
die Hinterlaber, ſo wurden ſie ihrer Einfachheit wegen den letzteren
vorgezogen. Den Preis erlangten die Armſtrong-Vorderlaber.

Zu dieſer Niederlage für die Hinterlaber kam der Umſtanb,
daß dieſe complicirten Stahlgeſchütze, durch das feuchte Klima Oſt-
indiens ſehr litten, und die Bronce dort den Vorzug verdiente.
Da letztere in großen Mengen vorhanden war, ſo ſchlug der
Oberſt Maxwell 1865 vor, dieſelbe für Vorderlaber zu verwerthen.
Dieſe Frage trat mehr und mehr in den Vordergrund, und als
nach dem Kriege 1866 über die preußiſchen Hinterlaber ungünſtige
Berichte nach England kamen, wurde die Conſtruction von Vorderlabern definitiv in Angriff genommen, nachdem ſie für die Marine
längſt wieder im Gange und nahezu abgeſchloſſen war.

3. Das preußiſche Syſtem.

Der Ausgangspunkt für die weitere Entwickelung der preußiſchen Feld-Artillerie lag in der Organiſation vom März 1859.
Nach derſelben verblieben in der Fuß-Artillerie die Feld-12Pfbr.
und die Haubitzen, in der reitenden Artillerie die 6Pfbr. und
Haubitzen.

Die Lage der Feld-Artillerie bei dieſer Bewaffnung wurde in
folgenden Punkten zuſammengefaßt:*)

a) durch die Umwandlung der 6pfdg. Fuß-Batterien in 12pfdg.,
   iſt die Beweglichkeit und Angriffsfähigkeit der Artillerie erheblich vermindert;

b) die reitende Artillerie hat ihren bisherigen Standpunkt behalten, aber ſie bedarf der Wirkungsſteigerung;

c) dieſe Zuſtände ſind unter allen Umſtänden nur als pro-
   viſoriſche zu betrachten.

Die politiſche Lage und das raſtloſe Fortſchreiten aller Artillerien giebt bringliche Veranlaſſung zu weiteren Verbeſſerungen.

---

*) Die nachfolgenden Darſtellungen folgen im Allgemeinen einer im Sommer
1859 vom bamaligen Oberſten Otto eingereichten Denkſchrift.

Zu diesem Behufe mußte zunächst der kurze 12 Pfdr. statt des 6 Pfdrs. für die reitende Artillerie angenommen werden. Er war allerdings gegen 50 Kil. schwerer als der 6 Pfdr.*), aber noch 50 Kil. leichter als die 15 Cm. Haubitze, die immer bei der reitenden Artillerie gewesen war. Seine Wirkung war der des 6 Pfdrs. erheblich überlegen, und seine Annahme für die reitende Artillerie stand somit außer allem Zweifel. Dadurch entstand eine Collision mit der Existenz des Feld-12 Pfdrs., der bei einer relativ unbedeutend größeren Durchschnittsleistung, ein viel höheres Gewicht hatte. Man schloß: auch der Feld-12 Pfdr. müsse fallen.

Die beizubehaltenden glatten Geschütze waren also der kurze 12 Pfdr. und, in beschränkter Zahl, die 15 Cm. Haubitze als Wurfgeschütz.

Durch Darlegung dieser Ansichten war eine gewisse Klarheit in die Frage gebracht. Nun handelte es sich noch um Feststellung der Zahl der gezogenen und glatten Geschütze. Hierzu mußten die Vorzüge und Nachtheile beider Geschützarten für den Feldkrieg gründlich erwogen und gegeneinander abgewogen werden.

Diese Arbeit war damals nicht so leicht und einfach, als man heute geneigt sein möchte, anzunehmen.

Ueber die Leistungsfähigkeit des gezogenen Geschützes in der Feldschlacht fehlte noch jeder Maßstab. Der so hoch geschätzte Schrapnelschuß war noch nicht vorhanden. Auch für die Beurtheilung der Wirkung der glatten Geschütze in der modernen Schlacht fehlte die sichere Grundlage.

Nach den Resultaten der Schießplätze waren folgende Betrachtungen und Schlüsse berechtigt.

Die Trefffähigkeit und Schußweiten der gezogenen Geschütze waren denen der glatten Geschütze weit überlegen. Dieser Umstand allein schien aber ihre alleinige Verwendung im Felde nicht zu rechtfertigen.

In Folge des geringen Ladungsquotienten und der geringen Anfangsgeschwindigkeit hatte die Granate des gezogenen 9 Cm. Geschützes für den größten Theil der bisher gebräuchlichen Entfernungen erheblich geringere bestrichene Räume vor dem ersten Aufschlage, als die Vollkugeln des 6 Pfdrs. und des 12 Pfdrs., sowie die Granaten des 12 Pfdrs., wenn diese mit der Schwerpunkts-

---

*) Das kurze 12 Pfdr.-Rohr wurde später noch um 25 Kil. erleichtert.

lage oben verschossen wurden. Erst bei 750 M. und 830 M.
kam die Granate des gezogenen Geschützes den Vollkugeln gleich,
während sie hinter den Rundgranaten auch auf größeren Entfernungen zurückblieb. Ausführlich wird hierüber später gesprochen
werden. Die geringen bestrichenen Räume in Verbindung mit der
genauen und, wie man meinte, schwierigen Distanceschätzung, welche
die Trefffähigkeit des gezogenen Geschützes erforderte, wurde als
ein großer Uebelstand bezeichnet. Das gezogene Geschütz sollte
nur da von entschiedenem Vortheil sein, wo eine systematische
Beobachtung und Correctur möglich war. Dann hielt man es
für sehr bedeutend überlegen und zwar um so mehr, je größer die
Entfernung sei.

Unter diesen Umständen gab man keiner der beiden Geschützarten für alle Gefechts-Verhältnisse den Vorzug vor der andern.
Man meinte, ihre Leistungsfähigkeit ergänze sich gegenseitig. Das
gezogene Geschütz erlange seine ganze Bedeutung als Positions-
Geschütz; das glatte mehr für das bewegte Gefecht in unmittelbarer Verbindung mit anderen Waffen. Hierzu sollte es besonders
befähigt sein durch seinen guten Schrapnelschuß und noch mehr
durch den Kartätschschuß. Das Schluß-Urtheil lautete: es sei nicht
abzusehen, ob die glatten Feld-Geschütze, und selbst nur die glatten
Feld-Kanonen, gänzlich durch gezogene ersetzt werden könnten.
Diese Ansichten sprach der Oberst Otto 1859 in seiner Denkschrift
aus, und die Artillerie-Prüfungs-Commission stimmte ihnen in
einem Gutachten bei.

Durch die Erfahrungen des Krieges von 1859 und die unmittelbar darauf folgende durchgängige Bewaffnung der französischen Feld-Artillerie mit gezogenen Geschützen gewannen jene Verhältnisse ein verändertes Ansehen. Der Werth der gezogenen Geschütze stieg, der der glatten sank in Folge des Krieges.

Die Bewaffnung der französischen Artillerie ließ eine nicht zu
knapp bemessene Annahme von gezogenen Geschützen mindestens
wünschenswerth erscheinen. Sie drängte zugleich die Construction
eines kleineren Kalibers (4Pfdr.) in den Vordergrund. Fast alle
fremden Artillerien waren 1860 entweder mit der Construction
eines 4Pfdrs., oder schon mit der Einführung dieses Geschützes beschäftigt. Das in dieser Thatsache liegende Streben nach erhöhter
Beweglichkeit durfte nicht übersehen, die Herstellung eines ähnlichen
Geschützes nicht ohne Weiteres abgewiesen werden. Kurzum es

mußte für das neue System, das bisher aus nur einem Geschütz bestand, die Kaliberfrage erörtert und entschieden werden. Man mußte sich die Frage vorlegen, ob denn mit und in dem 9 Cm. Geschütz das neue Princip schon vollkommen für den Feldkrieg ausgebeutet sei.

Da das Geschütz ein Sechsspänner war, so mußte erörtert werden, ob ein noch wirksameres Geschütz für 8 Pferde Bespannung wünschenswerth oder nöthig sei. Da ferner das Geschütz gegen 115 Kil. schwerer, als der glatte 6Pfdr. war, so war zu erwägen, ob, mit Rücksicht auf die reitende Artillerie und die überhaupt größeren Anforderungen an die Beweglichkeit des Systems, nicht ein leichteres Geschütz zu construiren sei.

Die Nothwendigkeit eines noch wirksameren Geschützes, dessen Munition sehr schwer und dessen Munitions-Ausrüstung sehr gering werden mußte, wurde ohne schwierige Discussion allgemein verneint.

Für Annahme eines leichteren Geschützes sprachen indeß gewichtige Gründe. Zu entscheiden war hierbei nur, ob ein solches Geschütz wirksam genug und für die reitende Artillerie geeignet wurde. Die Ansichten hierüber gingen weit auseinander und ihr Widerstreit füllte die nächste Zeit aus.

Alle diese Fragen von überwiegend specifisch artilleristischer Natur erhielten eine erhöhte und erweiterte Bedeutung durch die im Jahre 1860 eintretende allgemeine Reorganisation der Armee. Das neue Leben, welches damit in die Armee kam, und dessen kräftiger Pulsschlag einen Heeres-Organismus von seltener Einheit, Kraft und lebendigem Wachsthum schaffen sollte, konnte die Artillerie nicht unberührt lassen.

Die durch die Reorganisation bezweckte erhöhte Schlagfertigkeit der Armee mußte auf die Organisation der Artillerie Bedacht nehmen, die Gebrauchsweise der gezogenen Geschütze, ihre Vertheilung in der ordre de bataille und das Verhältniß der glatten und gezogenen, sowie das der leichten und schweren berücksichtigen. Alles Principien-Fragen von höchster Bedeutung.

Zur Lösung derselben wurde die Zusammensetzung einer besonderen Commission für erforderlich erachtet, welche durch Allerhöchste Cabinets-Ordre vom 27. Dezember 1860 gebildet wurde. In der Cabinets-Ordre hieß es: die Commission solle über die Frage berathen:

„Wenn, wie mit Wahrscheinlichkeit anzunehmen, die Einführung des kurzen 12Pfdrs. und eines leichten, etwa 4pfdg. gezogenen Präcisions-Geschützes von Gußstahl, neben dem 6Pfdr., als vortheilhaft erscheint, wie wird alsdann die Feld-Artillerie eines Armee-Corps im Kriege, unter Beibehalt der jetzigen Geschützzahl in Batterien am zweckmäßigsten zu formiren und einzutheilen sein?"

Mündlich hatte Seine Majestät der König zu diesem Auftrage bemerkt, es sei keineswegs ausgeschlossen, statt der 12 Batterien zu 8 Geschützen per Armee-Corps, 16 Batterien zu 6 zu formiren.

Die Organisations-Commission bestand unter Vorsitz Seiner Königlichen Hoheit des Prinzen Carl aus 9 höheren Artillerie-Offizieren, darunter Männer, welche Kriegs-Erfahrungen und die Erfahrung einer langen Friedens-Dienstzeit für sich hatten, und andere, welche als die Schöpfer des Systems der preußischen gezogenen Geschütze angesehen werden müssen.

Die Fragen, welche in der Commission zur Erörterung und Entscheidung kamen, waren Folgende:

a) Sollen die Batterien zu 6 Geschützen formirt werden?

Mit Rücksicht auf die gesteigerten Anforderungen an die Beweglichkeit, welchen eine Batterie zu 6 Geschützen besser genügen kann, wurde die Frage von 8 Stimmen bejaht.

b) Sind die augenblicklich in der Feld-Artillerie vorhandenen gezogenen Geschütze — der Zahl nach — ausreichend? Die Majorität verlangte eine größere Zahl.

c) Wird die gezogene 8 Cm. neben der gezogenen 9 Cm. Kanone einzuführen sein?

Hierbei wurde über die 8 Cm. Kanone, die noch nicht einmal im Entwurf fertig war, bemerkt; sie werde sehr gute Eigenschaften für das Feld haben, das beweglichste Feldgeschütz werden und auch für die reitende Artillerie brauchbar sein. Der schwächste Punkt sei der Kartätschschuß, daher sei neben dem gezogenen Geschütz das glatte beizubehalten. Hiernach wurde die Frage einstimmig bejaht.

d) Soll der jetzige Feld-12Pfdr. abgeschafft werden?

Diese Frage wurde mit Rücksicht auf das Gewicht des Geschützes und den demnächst fertigen kurzen 12Pfdr. einstimmig bejaht;

e) Soll der glatte 6Pfdr. nach Einführung der in Aussicht gestellten neuen Kaliber abgeschafft werden?

Hierzu wurde bemerkt, der kurze 12Pfdr. sei dem glatten 6Pfdr. in der Wirkung bedeutend überlegen und dabei nur wenig schwerer, aber noch leichter als die 15 Cm. Haubitze. Er könne daher unbedenklich für den glatten 6Pfdr. eintreten.

Danach sprach sich nur eine Stimme für Beibehaltung des glatten 6Pfdrs. für die reitende Artillerie aus, indem sie die Anwendung des Kartätschschusses für diese Waffe betonte. Darauf wurde erwidert, der Kartätschschuß habe überhaupt den gezogenen Gewehren gegenüber bedeutend verloren und sei auf seine Anwendung in der Offensive wenig zu rechnen.

f) Sind die Haubitzen durch die neuen Kaliber entbehrlich? Sieben Stimmen sprachen sich für Beibehaltung von Haubitzen aus.

Nach Erledigung dieser Fragen war festzustellen, in welcher Anzahl die einzelnen Kaliber — gezogene 9 Cm. und 8 Cm. Kanonen, kurze 12Pfdr. und 15 Cm. Haubitzen — einzuführen, und wie sie in den Batterien zu vertheilen seien.

Ueber diese Formation waren die Ansichten sehr getheilt. Es wurden nämlich an Batterien vorgeschlagen:

für die reitende Artillerie:

kurze 12pfdg.-,	Haubitz-,	8 Cm.-,
3	1	„
„	„	4
4	„	„
3	„	1
4	„	„
4	„	„
2	„	2
3	1	„

für die Fuß-Artillerie:

gezogene kurze 12pfdg.-	gezogene 9 Cm.-	gezogene 8 Cm.-	Haubitz-
4	4	3	1
3	4	4	1
„	4	4	4
4	4	2	2
4	4	3	1
4	4	4	„
4	4	3	1
3	3	3	3

Es waren also nur wenige Stimmen derselben Ansicht. Bemerkenswerth war der Vorschlag, welcher für die reitende Artillerie nur die 8 Cm. Kanone verlangte und sehr ausführlich begründet wurde. Die übrigen Vorschläge umfaßten fast alle überhaupt möglichen Combinationen. Von einer Seite wurde schon ausgesprochen, die gezogenen Geschütze müßten und würden die glatten ganz verdrängen.

Um bei dieser Meinungs-Verschiedenheit zu einer Einigung zu gelangen, wurde die folgende Fragestellung vorgenommen.

g) Soll die reitende Artillerie gezogene Geschütze erhalten?
    Die Frage wurde verneint. 6 Stimmen sprachen sich dagegen aus, besonders weil die 8 Cm. Kanone noch eine unbekannte Größe war. Es wurde deßhalb der Vorbehalt gemacht, daß, falls die 8 Cm. Kanone sich bei der Fuß-Artillerie bewähren sollte, sie später für die reitende in Aussicht genommen werden könne.

h) Soll die reitende Artillerie Haubitzen behalten?
    Nur 2 Stimmen sprachen sich für Beibehalt aus; die Majorität verlangte nur den kurzen 12Pfdr.;

i) Sollen bei der Fuß-Artillerie alle 4 Kaliber vertreten sein?
    Die Frage wurde von allen Stimmen, mit Ausnahme einer einzigen, bejaht, welche nur 3 Kaliber verlangte.

Bei der nun folgenden Abstimmung, die nur für die Fuß-Artillerie nöthig war, waren die Vorschläge über die Zusammensetzung folgende:

Es sollen bestehen:

kurze 12pfbg.-	gezogene 9 Cm.-	8 Cm.-	Haubitz-
	Batterien:		
4	4	3	1
2	4	4	2
2	4	3	3
3	4	2	3
4	4	3	1
2	4	5	1
3	3	3	3
3	4	4	1

Man war von der Uebereinstimmung immer noch weit ent=
fernt. Die Abstimmung wurde daher über die Zahl der Batterien
der einzelnen Kaliber vorgenommen.

Die Mehrzahl stimmte für Beibehalt nur einer Haubitz=
Batterie, demnächst für Annahme von 4—8 Cm. Batterien, so daß
sich nunmehr das Verhältniß wie folgt herausstellte: 3 kurze
12Pfdr., 4 gezogene 9 Cm., 4 gezogene 8 Cm. Batterien und
1 Haubitz=Batterie.

Ueber die Vertheilung dieser Batterien beim Armee=Corps
wurde einstimmig beschlossen, den Divisionen je 3 Batterien (18
Geschütze) beizugeben und zwar sollten dieß nach der Majorität
2 8 Cm. Batterien und 1 12pfdg. Batterie sein.

Endlich wurde noch die Art und Weise festgesetzt, in welcher
der Uebergang zu dieser neuen Formation zu bewirken sei.

Allgemein wurde dahin gestimmt, daß zunächst der Feld
12Pfdr. (noch 3 Batterien) durch den kurzen 12Pfdr. zu ersetzen
sei, und demnächst der glatte 6Pfdr. (die 3 reitenden Batterien)
auszuscheiden habe.

Das Resumé der Berathungen und Beschlüsse, welches die
Commission Anfang Januar 1861 an Seine Majestät den König
berichtete, ist also Folgendes:

a) Formation der Batterien zu 6 Geschützen.

b) Die Einführung des kurzen 12Pfdrs. kann bei dem baldigen
Abschluß der Versuche in kurzer Zeit erfolgen.

c) Ueber die 8 Cm. Kanone fehlen noch die erforderlichen
Daten, ihre Einführung ist indeß wahrscheinlich.

d) Zunächst werden die Feld=12Pfdr. und die glatten 6Pfdr.
durch den kurzen 12Pfdr. ersetzt.

e) Für die reitende Artillerie ist die spätere Annahme des
gezogenen 8 Cm. Geschützes nicht ausgeschlossen.

f) Das Regiment soll bestehen aus: 4 kurzen 12Pfdr. reitenden,
3 kurzen 12Pfdr. Fuß=, 4 gezogenen 9 Cm.=, 4 gezogenen
8 Cm. Batterien und einer Haubitz=Batterie.

Das Ausscheiden der Haubitzen wurde von der Ausbildung
des hohen Bogenschusses der gezogenen Kanonen abhängig ge=
macht.

Die Entscheidung auf die Vorschläge der Commission konnte
erst nach endgültigem Abschluß der Construction des kurzen 12 Pfdrs.
und der 8 Cm. Geschütze erfolgen. Augenblicklich konnten sie nur

im Princip angenommen und als Directiven für die weitere Entwickelung betrachtet werden.

Die großen, in den Berathungen der Commission zu Tage
getretenen, Meinungs-Verschiedenheiten können kaum auffallen, wenn
erwogen wird, daß das Material, über welches Beschluß gefaßt
werden sollte, noch unfertig war oder noch gar nicht existirte; daß
über die taktische Brauchbarkeit und Verwendung der gezogenen
Geschütze fast jeder Anhalt fehlte. Die Verwendung der gezogenen
Geschütze im italienischen Kriege gab hierüber sehr dürftigen Aufschluß, denn sie traten dort auch unter ungünstigen Verhältnissen
auf. Ihre Verwendung war den Franzosen ebenfalls fremd, die
Geschoß-Construction war dürftig, das Kriegs-Theater für die
Ausnutzung der großen Schußweiten meist ungünstig u. s. w.

Von Einfluß auf die Entschließungen war es endlich, daß die
zu fassenden Beschlüsse von höchster Wichtigkeit und größter Tragweite waren, mithin eine gewisse Vorsicht für den Uebergang er-
heischten.

Die richtigsten Urtheile über die Wirksamkeit der gezogenen
Geschütze und die zutreffendsten Schlüsse für ihre taktische Verwendbarkeit gingen in der Commission von denjenigen Mitgliedern aus,
welche der Construction jener Geschütze nahe gestanden hatten.
Ihre Urtheile sind durch die weitere Entwickelung, der Artillerie
und durch die Erfahrungen der Kriege fast durchweg bestätigt
worden.

Andererseits zeigt der Verlauf der Commissions-Verhandlung,
daß beim Beginne einer völlig neuen Entwickelung, viele Fragen
a priori und aus der Theorie heraus nicht zu entscheiden, sondern
erst durch die Zeit und die Erfahrung zu lösen sind.

Das Programm der Commission giebt zu folgenden Betrachtungen Anlaß.

Die Beibehaltung einer großen Zahl von kurzen 12Pfdrn.
war durch die Entwickelung der letzten Jahre begründet, welche
nach einem kräftigen Schrapnel- und Kartätschgeschütz gestrebt hatte
und dieses im kurzen 12Pfdr. glaubte gefunden zu haben. Da
die Wirkung der gezogenen Geschütze in dieser Hinsicht gering oder
noch zweifelhaft war, erschien das Aufgeben einer größeren Zahl
glatter Geschütze nicht rathsam.

Indem das Programm zur Hälfte glatte, zur Hälfte gezogene
Geschütze vorschlug, benachtheiligte es kein System und befriedigte

die Anhänger beider Systeme gleichmäßig. Man hatte die „goldene Mittelstraße" eingeschlagen.

Auch den taktischen Anforderungen war nach damaliger Ansicht gleichmäßig Rechnung getragen, wenn die gezogenen Kanonen, als „Positions-Geschütze", als besonders zur Einleitung der Gefechte und für den Fernkampf befähigt angesehen, während die glatten als nothwendig für die entwickelte Schlacht, den Nachkampf und die Entscheidung erklärt wurden.

Rührend war die Pietät, mit der die Haubitzen bis zum letzten Augenblicke vertheidigt wurden.

In den Vorschlägen zur Kaliberfrage war ebenfalls der Mittelweg inne gehalten, denn die anfänglich vorhandene Neigung zur Annahme nur e i n e s gezogenen und zwar des wirksameren Kalibers, mußte der Einführung zweier Kaliber weichen, so daß im neuen Systeme „Wirkung" und „Beweglichkeit" wieder in gleiche Rechte traten.

Die große Menge der Artilleristen folgte in ihren Ansichten der Anlage des Programms und wurde nur durch überzeugende Thatsachen allmählig zu Gunsten der gezogenen Geschütze umgestimmt.

In der periodischen Literatur, wie bei den Truppen kamen die in der Commission geltend gemachten verschiedenen Ansichten in gleicher Weise zum Ausbruck.

Auf Grund der Commissions-Vorschläge wurden nun die Versuche mit dem kurzen 12Pfdr. fortgesetzt, und die Herstellung einer 8 Cm. Kanone in Angriff genommen.

Der kurze 12Pfdr. (Abschluß der Construction).

Die im Frühjahre 1859 vorläufig eingestellten Versuche wurden im Herbste 1860 wieder aufgenommen. Es wurden 4 Versuchs-Batterien zu 4 Geschützen während des Jahres 1861 bei der reitenden Artillerie zum Versuch gegeben, um zu erfahren, ob der kurze 12Pfdr. geeignet sei den glatten 6Pfdr. für jene Waffe zu ersetzen.

Die am Ende des Jahres 1861 erstatteten Berichte lauteten sehr günstig, lobten die Beweglichkeit des Geschützes und verlangten dasselbe für die reitende Artillerie. —

Die zugleich geprüften Granaten mit ellipsoidaler Höhlung hatten genügende Resultate ergeben, so daß die Vollkugel für das neue Geschütz gänzlich verworfen wurde. Die definitive Einführung des Geschützes stieß indeß auf unvermuthete Hindernisse.

Für die Granaten und Schrapnels war nämlich der Breithauptsche Ringzünder in Aussicht genommen, welcher die Explosion der Geschosse auf jeder beliebigen Entfernung zur Geltung bringen sollte. Diese Zünder gaben aber einen bedeutenden Procentsatz (11%) Versager. — Da ihre Annahme also zweifelhaft, und die Einrichtung der Granaten speciell für diesen Zünder berechnet war, so mußte die Anfertigung der Granaten im Herbste 1861 eingestellt werden. Das neue Geschütz konnte nun in die Lage kommen, bei einem ausbrechenden Kriege ohne Munition zu sein.

Zu rechter Zeit wurde diesem Uebelstande noch im Winter 1861/62 durch den Abschluß der Construction des Bartsch'schen tempirbaren Säulenzünders abgeholfen, welcher seit dem Jahre 1858 versucht worden war.

Nachdem die Zünderfrage somit erledigt und im Frühjahre 1862 noch ein Transport=Versuch mit kurzen 12Pfdrn. stattgefunden, deren Röhre noch um 25 Kil. erleichtert waren, wurde die definitive Einführung des neuen Geschützes beantragt.

Nun wurde unter dem 1. Juli 1862 die Allerhöchste Cabinets=Ordre erlassen, durch welche die Vorschläge der Organisations=Commission adoptirt und die kurzen 12Pfdr. definitiv — zunächst für die Fuß=Artillerie — eingeführt wurden. Die reitende Artillerie behielt den glatten 6Pfdr. bis zur Beschlußfassung über die noch im Versuch befindlichen 8 Cm. Geschütze.

Die darüber im Herbste 1862 eingehenden Berichte waren so sehr getheilter Ansicht, daß die Artillerie=Prüfungs=Commission sich gegen die Einführung der 8 Cm. Kanone für die reitende Artillerie in folgender Weise aussprach:

„Die reitende Artillerie bedarf vor Allem eines kräftigen, hinreichend weittragenden, rasch abzugebenden Kartätschschusses; ferner für das Hauptgeschoß einer Schußart, deren Wirkung durch kleine Fehler nicht beeinträchtigt wird und endlich eines Streugeschosses für größere Entfernungen. Diese Erfordernisse sind aber gerade die Schwächen des gezogenen Geschützes.

„Eine theilweise Bewaffnung der reitenden Artillerie mit 8 Cm. Geschützen ist nicht rathsam, da auch die in Reserve stehenden

Batterien den kurzen 12Pfdr. besser werden verwerthen können, als jenes Geschütz."

Die General-Inspection der Artillerie schloß sich diesen Anschauungen an und erklärte jedes gezogene Geschütz als ungeeignet für die reitende Artillerie. Demnach wurde für diese Waffe die Einführung des kurzen 12Pfdrs. im Februar 1863 definitiv befohlen. — Im Herbst desselben Jahres war diese Bewaffnung wirklich durchgeführt und damit die Frage des kurzen 12Pfdrs. vorläufig abgeschlossen. Zum letzten Male trat sie auf, als es sich um gänzliches Ausscheiden der glatten Geschütze aus der Feld-Artillerie handelte.

Die gezogene 8 Cm. Kanone.

Die Frage der gezogenen 8 Cm. Kanone verlief in Preußen sehr eigenthümlich. Sie rief die größten Meinungs-Verschiedenheiten, die heftigsten, jahrelang fortgesetzten Kämpfe hervor.

Schon im Dezember 1858 war in den Sitzungen der Artillerie-Prüfungs-Commission die Frage angeregt worden*), ob in Folge der mit der gezogenen 9 Cm. Kanone erlangten günstigen Resultate, nicht noch ein kleineres Kaliber für die Feld-Artillerie anzunehmen sei. Die großen Vortheile eines noch leichteren Geschützes seien klar, und die etwas verminderte Geschoßwirkung werde für den Feldkrieg immer ausreichend sein.

Die Frage kam damals nicht zur Erledigung, weil die 9 Cm. Kanone noch nicht einmal fertig war, sie drängte sich aber unabweisbar auf, als viele fremde Artillerien das 8 Cm. Kaliber annahmen. Die in allen Beziehungen vorgenommene ernstliche Erwägung der Frage führte 1860 zu folgenden Ergebnissen:

Die meisten Continental-Mächte haben das 8 Cm. Geschütz bereits eingeführt, oder sind im Begriff, dasselbe einzuführen. Wenn der glatte 6Pfdr. für den Feldkrieg wirksam genug war, so wird die gezogene 8 Cm. Kanone sicher für die meisten Zwecke genügen; dieses Geschütz kann erheblich mehr Munition als der 6Pfdr. mitführen, was im Feldkriege von großer Bedeutung sein kann. Die 8 Cm. Kanone wird viel leichter werden, als der 6Pfdr.

---

*) Durch den General von Kunowki, dessen Urtheile überall von großer Schärfe des Verstandes und klarer Erkenntniß der Dinge zeugen.

Auf Grund dieser Erwägungen wurde von der Artillerie-Prüfungs-Commission in der Sitzung vom 21. November 1860 beschlossen, höheren Orts den Antrag auf Herstellung einer gezogenen 8 Cm. Kanone zu stellen.

Bevor dies geschah, erhielt die Commission eine Verfügung des Kriegs-Ministeriums vom 20. Dezember 1860 folgenden Inhalts:

„Wenn es nach den mit gezogenen Geschützen bisher gemachten Erfahrungen unzweifelhaft ist, daß dieselben in nächster Zeit noch eine erweiterte Anwendung in der Feld-Artillerie finden werden, so muß es in Berücksichtigung der schweren Munition des gezogenen 9 Cm. Geschützes, welche die des glatten 12Pfdrs. noch übertrifft, sehr wünschenswerth erscheinen, jetzt schon Ermittelungen anzustellen, ob es nicht möglich sei, durch Einstellung eines kleineren Kalibers, neben dem jetzigen 9 Cm. Geschütz als Positions-Geschütz, ohne Benachtheiligung der für die Zwecke des Feldkrieges erforderlichen Wirkung und Trefffähigkeit, die Munition zu erleichtern und damit, nicht nur die Verringerung der bei den Batterien und Munitions-Colonnen vorhandenen Munitions-Wagen, sondern auch eine größere Beweglichkeit des Geschützes, wie sie für manche Zwecke wohl gewünscht werden muß, zu erreichen.

„Da diese Angelegenheit auch schon Allerhöchsten Orts in Anregung gebracht worden, so wird die Artillerie-Prüfungs-Commission zu einem allgemeinen Gutachten aufgefordert, ob und in wieweit nach den von ihr selbst gemachten Erfahrungen und den über fremde Artillerien, bei welchen ein kleineres als das 9 Cm. Kaliber eingeführt ist, eingezogenen Nachrichten, dem oben ausgesprochenen Bedürfnisse nach Erleichterung des Feldgeschützes und der Munition genügt werden kann. Gleichzeitig mit diesem Gutachten ist der Versuchs-Entwurf zur Prüfung eines leichten gezogenen Feld-Geschützes, wozu nach dem Vorgange der französischen Artillerie und als äußerste Grenze, das 8 Cm. Kaliber in Vorschlag gebracht wird, hierher einzusenden.“

Zunächst sollte nur das Rohr, und zwar aus Gußstahl mit Kreiner'schem Keil und Keilzügen, construirt werden. Kurz darauf kam auch Befehl zur Construction von Protze und Laffete. Schon Anfang Januar 1861 wurde die Rohr-Zeichnung vorgelegt (das Kaliber ist streng genommen das eines $3^3/_4$Pfdrs.; Durchmesser in

ben Felbern 3″ [7,85 Cm.]). Am 23. Januar wurden die Zeichnungen der Protze und Laffete vorgelegt.

Die Commission war bei ihrem Entwurf von der Ansicht
ausgegangen, ein vierspänniges Geschütz zu construiren und dabei
die Belastung von 270 Kil. für das Pferd nicht zu übersteigen
(ohne Futter und Mannschaften). Dieser Zweck war nur durch
Verringerung der Höhe der Räder auf 4′ (1,255 M.) und des
Gleises auf 4′ 4″ (1,36 M.) erreichbar. Das Protzgestell sollte
aus Eisen, die Räder sollten Thonet'sche sein.

Der General-Lieutenant von Kunowski reichte ein Separatvotum ein, worin er sagte, es sei ein Irrthum, als Grundbeding-
ung die Bespannung von nur 4 Pferden zu stellen. Die niedrigen
Räder und das schmale Geleise, zu dem man auf diese Weise gelangt, seien nachtheilig und dennoch sei das Geschütz für 4 Pferde
schwerer als das 9 Cm. Geschütz für 6 Pferde, es sei durchaus
nicht beweglicher. Für die 8 Cm. Kanone müßten 6 Pferde Bespannung, sowie die bisherige Räderhöhe und Geleisebreite beibehalten werden.

Die höheren Behörden schlossen sich im Allgemeinen diesem
Separatvotum an und hoben hervor, daß zu construirende 8 Cm.
Geschütz müsse den glatten 6Pfdr. an Beweglichkeit übertreffen
und für die reitende Artillerie durchaus ein Sechsgespann erhalten.
Demgemäß wurde die Herstellung von 2 Geschützen, eins nach
dem Vorschlage der Artillerie-Prüfungs-Commission, das andere
nach dem Vorschlage des Separat-Votums für 6 Pferde genehmigt.

Die Zeichnungen für letzteres wurden Anfang März 1861
vorgelegt. Danach kamen an Last pro Pferd beim Sechsspänner
233 Kil., beim Vierspänner 350 Kil.

Die beiden Versuchs-Röhre lieferte die Krupp'sche Fabrik im
März 1861.

Zu gleicher Zeit legte der damalige Hauptmann Wesener das
Project eines 8 Cm. Geschützes vor. Er wies nach, daß ein solches Geschütz von 3″ (7,85 Cm.) Seelen-Durchmesser und mit der
verlangten Beweglichkeit für 4 Pferde gar nicht zu construiren sei,
daher eine Bespannung von 6 Pferden gefordert werden müsse.
Das Gepäck der Mannschaften solle permanent gefahren werden,
woraus sich eine Maximal-Belastung pro Pferd von 280 bis 290
Kil. ergebe.

Die Artillerie-Prüfungs-Commiffion befürwortete die Herstellung und Prüfung eines Wesener'schen Versuchs-Geschützes; die Genehmigung dazu wurde ertheilt, und im September 1861 war das Geschütz fertig.

Die Versuche mit den erstgenannten beiden Geschützen begannen am 2. Mai 1861. — Das eine Rohr war 74" (1,935 M.), das andere 66" (1,726 M.) lang. Das Gewicht betrug 270,5 Kil. Die Granaten wogen incl. 11 Loth (183 Gr.) Sprengladung 4,25 Kil. Die Geschützladung betrug 0,5 Kil.

Bei den Geschützen mit 4 Pferden kamen auf das Pferd 365,5 resp. 367,5 Kil. Last (mit aufgesessenen Mannschaften), bei dem Sechsspänner 295,5 Kil.

Behufs Feststellung der Organisation der Artillerie verlangte das Kriegs-Ministerium im November 1861 Bericht über den Stand der 4Pfdr.-Angelegenheit. Die Berichterstattung, die unter dem 11. Dezember 1861 erfolgte, schlug Folgendes vor:

Es seien fernerhin nur die Röhre von 74" (1,935 M.) zu prüfen. Als Ladung sei 0,55 Kil., als Bespannung 4 Pferde anzunehmen und die Munitions-Ausrüstung zu vermindern.

Bei den Truppen seien per Brigade 2 vollständig ausgerüstete Geschütze für 4 Pferde, und je 2 Geschütze Wesener'scher Construction zum Versuch zu bringen.

Hierbei wurde bemerkt, daß die 9 Cm. Kanone an Wirkung der 8 Cm. Kanone erheblich überlegen sei.

Die General-Inspection der Artillerie schlug abweichend hiervon die Prüfung von je 4 Geschützen Wesener'scher Construction vor.

Das Kriegs-Ministerium entschied darauf unter dem 6. Januar 1862:

„Es solle nur die Wesener'sche Construction und zwar in je 4 Exemplaren per Brigade geprüft werden. Da die 8 Cm. Kanone zunächst nur für die Fuß-Artillerie geeignet erscheine und zum Ersatz der Haubitzen bestimmt sei, so seien die Versuche auf ein Jahr bei den Fuß-Batterien anzustellen und dabei Gebirgsmärsche vorzunehmen.

Bei den reitenden Batterien sollten die Versuche constatiren, ob die 8 Cm. Kanone sich für diese Waffe überhaupt eigne, und wie ihre Manövrirfähigkeit im Vergleich zu den anderen Kalibern, hauptsächlich zum kurzen 12Pfdr. sich gestalte."

Für die Versuche wurde eine besondere Instruction gedruckt. Es kamen also zum Versuch: überall dasselbe Rohr 74″ (1,935 M.) lang, und dieselbe Laffete, aber mit alten und mit Wesener'schen Rädern; dagegen 2 Protzen, nämlich Construction I (Wesener), Construction II. (Protze c/42 etwas modificirt.)

Die Versuche begannen im Juli 1862. Die Artillerie-Prüfungs-Commission setzte die Versuche mit den Kartätschen, die noch mangelhafte Resultate gaben, und mit dem hohen Bogenschusse fort. Auf Grund der Sachlage, welche immerhin in der 8 Cm. Kanone ein brauchbares Feldgeschütz in Aussicht stellte, war durch Allerhöchste Cabinets-Ordre vom 1. Mai 1862 befohlen worden, daß ein 8 Cm. Feldgeschütz construirt und eingeführt werden solle.

Bevor jetzt die Versuche betrachtet werden, durch welche die Truppen zum ersten Male Gelegenheit fanden, sich über Natur, Wirkung und Werth des 8 Cm. Geschützes genauer zu unterrichten, seien die Ansichten und Urtheile dargelegt, welche vor dieser Zeit über das neue Geschütz sich gebildet und augenblicklich herrschend waren.

Als die Absicht zur Construction eines 8 Cm. Geschützes bekannt wurde, erhob sich die allgemeine Stimme dagegen. Es wurde hervorgehoben, daß, nachdem soeben das erste gezogene Geschütz eingeführt, die Schwierigkeiten seiner Details von der Truppe noch nicht überwunden seien; nachdem noch gar nicht feststehe, welche Waffe die Artillerie in diesem Geschütz besitze und endlich es noch eine offene Frage sei, wieweit das Bedürfniß nach gezogenen Geschützen für die Feld-Artillerie vorliege und befriedigt werden müsse — daß nach all' diesen Thatsachen es völlig ungerechtfertigt sei, an Einführung eines zweiten Kalibers zu denken. Die gezogene 9 Cm. Kanone genüge vorläufig in Bezug auf Beweglichkeit. Ihre Wirkung sei die langbegehrte dem gezogenen Gewehre gegenüber und werde die der 8 Cm. Kanone weit hinter sich lassen. Besonders fraglich sei bei letzterem Geschütz die Wirkung des Schrapnel- und Kartätschschusses. Da diese Schußarten selbst beim gezogenen 9 Cm. Geschütz noch kein befriedigendes Resultat geliefert hätten, so sei nicht abzusehen, wie sich die Sache beim 8 Cm. Geschütz stellen werde. Der Kartätschschuß werde wahrscheinlich so ungenügend sein, daß auf ihn ganz verzichtet werden müsse. Besonders angefeindet wurde das neue Geschütz von den reitenden Artilleristen. Nachdem bekannt wurde, daß mit demselben die Herstellung einer sehr beweglichen fahrenden Artillerie beabsichtigt werde, welche vielleicht geeignet wurde, der reitenden Artillerie Concurrenz zu machen, glaubte die letztere theilweise sich in ihrem Weiterbestehen gefährdet. Dies wurde ein Grund, die Mängel des neuen Geschützes auf's Schärfste hervorzuheben und ungebührlich zu vergrößern.

So war die Sachlage, als die Construction und demnächstige Einführung durch die oben erwähnte Cabinets-Ordre definitiv befohlen wurde, und die Versuche bei den Truppen begannen. Die verschiedensten Meinungen und zum Theil unklaren Ansichten beherrschten alle Kreise und Chargen der Artillerie-Offiziere. Dieser Umstand veranlaßte die General-Inspection der Artillerie unter dem 31. August 1862 an die Truppen eine Verfügung ungefähr folgenden Inhalts zu erlassen:

Es sei erwünscht, die Ansichten der älteren Herren Offiziere über die theils schon eingeführten, theils noch im Versuch befindlichen Aenderungen der Feld-, Festungs- und Belagerungs-Artillerie kennen zu lernen.

In Folge dessen wurden eine Anzahl Fragen zur Beantwortung vorgelegt. Diese Fragen waren, soweit sie die Feld-Artillerie betreffen, folgende:*)

a) Hat sich die 8 Cm. Kanone bei den diesjährigen Uebungen der reitenden Artillerie so brauchbar bewiesen, daß ihre Einführung bei derselben wünschenswerth erscheint?
   6 Stimmen Ja, 60 Nein.

b) Werden gezogene Hinterladungsgeschütze für den Zweck der reitenden Artillerie überhaupt angemessen sein?
   8 Stimmen Ja, 58 Nein.

c) Wenn von gezogenen Geschützen bei der reitenden Artillerie abgesehen wird, wäre alsdann für selbige der kurze 12Pfdr. dem bisherigen 6Pfdr. vorzuziehen?
   53 Stimmen Ja, 13 Nein.

d) Werden für den Fall der Wahl des kurzen 12Pfdrs. für die reitende Artillerie, dessen Leistungen im hohen Bogenwurfe für genügend erachtet, um die Haubitzen entbehren zu können?
   60 Ja, 6 Nein.

---

*) Die eingegangene Beantwortung der Fragen ist unter jeder einzelnen angegeben.

e) Haben sich die 8 Cm. Kanonen bei der Fuß-Artillerie so bewährt, um ihre Einführung ohne Weiteres angemessen erscheinen zu lassen?

98 Ja, 76 Nein.

f) Erscheint es überhaupt nothwendig, gezogene 8 und 9 Cm. Kanonen nebeneinander in der Feld-Artillerie zu haben?

15 Ja, 162 Nein.

g) Wenn nur für eines dieser Kaliber bei der Feld-Artillerie gestimmt wird, welches dürfte den Vorzug verdienen, besonders wenn auf Erleichterung der 9 Cm. Kanone Bedacht genommen würde?

108 Stimmen nur für 9 Cm., 69 Stimmen nur für 8 Cm.

h) Würde nach den Ergebnissen der hohen Bogenwürfe aus kurzen 12Pfdrn., den 8= und 9 Cm. gezogenen Geschützen, die 15 Cm. Haubitze in der Feld-Artillerie noch ferner nothwendig sein?

51 Ja, 126 Nein.

i) Wenn die längere Beibehaltung der Haubitzen in der Feld-Artillerie angemessen erscheint, würde davon eine Batterie zu 6 Geschützen per Armee-Corps (in der Reserve) hinreichend sein, oder würde auch die Artillerie bei jeder Division einer solchen Batterie bedürfen?

Für 3 Haubitz-Batterien zu 6 waren 25 Stimmen, für 2 Batterien 28 Stimmen, für 1 Batterie 110 Stimmen, für keine Haubitz-Batterie 14 Stimmen.

k) Wenn die Haubitzen eingehen und, wie befohlen, die Batterien der Fuß-Artillerie zu je 6 Geschützen formirt werden, würde es alsdann angemessen sein, die Hälfte der Batterien aus kurzen 12pfdgn., die andere Hälfte aus gezogenen Geschützen bestehen zu lassen?

Für $\frac{1}{2}$ glatte, $\frac{1}{2}$ gezogene 117 Stimmen; für $\frac{2}{3}$ glatte, $\frac{1}{3}$ gezogene 15 Stimmen; für $\frac{1}{3}$ glatte, $\frac{2}{3}$ gezogene 37 Stimmen; für nur gezogene Batterien 8 Stimmen.

Das Resumé der Abstimmung war demnach in Kurzem:

a) Ueberwiegend wurde die 8 Cm. Kanone, wie jedes gezogene Geschütz für die reitende Artillerie verworfen und der kurze 12Pfdr. als das beste Geschütz für dieselbe angesehen. Zu bemerken ist indeß, daß hierbei nur die reitenden Artilleristen abgestimmt hatten.

b) Für die Fuß-Artillerie wurde die 8 Cm. Kanone als geeignet erklärt, aber mit sehr geringer Majorität.

c) Mit großer Majorität wurde nur ein gezogenes Geschütz, und zwar das 9 Cm. für die Feld-Artillerie als nöthig erklärt.

d) Die Haubitzen wurden als nicht nothwendig, oder doch nur eine Batterie per Armee-Corps als erwünscht angesehen.

e) Die Mehrzahl stimmte für die Hälfte an glatten, die Hälfte an gezogenen Geschützen. Für nur gezogene Geschütze stimmten 8 Urtheile.

Beinahe unverändert wiederholten sich diese Urtheile in den Ende 1862 erstatteten Berichten über die Versuche mit den 8 Cm. Batterien. Darin schlugen für die reitende Artillerie einzelne Stimmen gar keine 8 Cm. Geschütze vor; andere zur Hälfte 8 Cm. und zur Hälfte kurze 12Pfdr.; wieder andere nur 8 Cm. Geschütze. Mehrere plaidirten sogar für Beibehaltung des glatten 6Pfdrs. Als Hauptgründe gegen Annahme der 8 Cm. Kanone wurden angeführt: difficile Behandlung, schwierige Ausbildung der Mannschaft, zu stark gekrümmte Flugbahn, zu geringe Kartätschwirkung.

Die Vertheidiger des 8 Cm. Geschützes hoben seine große Beweglichkeit hervor, und hielten den kurzen 12Pfdr. für die reitende Artillerie für zu schwer.

Die Artillerie-Prüfungs-Commission wie die General-Inspection der Artillerie traten den gegen Einführung des 8 Cm. Geschützes bei der reitenden Artillerie geltend gemachten Gründen bei. Mit Rücksicht auf den Kartätschschuß betonte die Artillerie-Prüfungs-Commission in der oben erwähnten Weise den Werth des kurzen 12Pfdrs.

Ueber die bei der Fuß-Artillerie mit 8 Cm. Kanonen stattgefundenen Versuche sagte die Artillerie-Prüfungs-Commission in ihrem Berichte vom 30. Dezember 1862 ungefähr Folgendes:

a) Die Beweglichkeit des Geschützes ist der des 9 Cm. Geschützes und der 15 Cm. Haubitze bedeutend überlegen.

b) Der hohe Bogenschuß der gezogenen Geschütze steht dem der 15 Cm. Haubitze erheblich voran.

c) Die 8 Cm. Kanone kann daher die 15 Cm. Haubitze ersetzen. (Diese Frage war besonders von dem Kriegs-Ministerium gestellt worden.)

d) Die Schieß-Ergebnisse der 8 Cm. Kanone sind überhaupt
als sehr günstige zu bezeichnen. Sie leistet nur unerheblich
weniger als die 9 Cm. Kanone; sie wird mit einem (am
Gewicht) gleichen Munitionsquantum aber mehr leisten,
als diese.

e) In Betreff des transportirten Munitions-Quantums steht
die 8 Cm. Kanone dem glatten 6 Pfdr. ziemlich nahe.
Sie ist weniger abhängig von den Munitions-Wagen, als
die anderen Geschütze und gebraucht weniger Wagen, als
diese.

Dieses, dem 8 Cm. Geschütz durchaus günstige, Urtheil war
keineswegs durch eine erhebliche Majorität innerhalb der Commission erzielt worden. — Die Ansichten gingen hier theilweise ebenso
auseinander, wie bei den Truppen.

Die General-Inspection hob die Verschiedenheit der Ansichten
der Commission hervor und folgerte daraus, das günstige Urtheil
über die 8 Cm.-Kanone sei nicht ohne Weiteres anzunehmen. Sie
sagte ferner, die höhere Beweglichkeit des 8 Cm. Geschützes sei
nach den Kriegs-Erfahrungen mit den glatten Geschützen kein
Bedürfniß für die Waffe. — Die Annahme nur eines gezogenen
Kalibers sei ein großer Vortheil für die Einfachheit. Im Gefecht
würden die Fälle für die Verwendung zweier Kaliber schwer zu
begrenzen sein, ihr Unterschied würde bald unbeachtet bleiben. Aus
diesen Gründen und mit Hinweis auf die Resultate der oben erwähnten Abstimmung sprach die General-Inspection sich gegen die
Annahme der 8 Cm. Kanone und für Ersatz der Haubitzen durch
die gezogene 9 Cm. Kanone aus.

In einem besonderen Antrage an das Kriegs-Ministerium
hatte die General-Inspection angedeutet, wie es zu bedauern sei,
daß die schleunige Beschaffung des gezogenen 9 Cm. Kanons die
Prüfung von gezogenen Vorderladern ganz verhindert habe,
denn jetzt tauchten hie und da Stimmen für das Vorderladungssystem auf, und diese seien schwer zu widerlegen.

Das Kriegs-Ministerium verfügte auf die vorstehend erwähnten Berichte unter dem 24. März 1863 Folgendes: „Der Hauptvortheil der 8 Cm. Kanone ist die große Beweglichkeit. Seine
Wirkung ist derartig, daß der Einführung in die Feld-Artillerie
Nichts im Wege steht; da letztere außerdem befohlen, so kann darüber nicht mehr diskutirt werden. Die Einführung und der Er-

ſatz der 15 Cm. Haubitzen kann erfolgen, ſobald das anzunehmende Modell endgültig feſtgeſtellt iſt.

„Das Weſener'ſche Modell iſt zu theuer und erlaubt nicht die Verwendung des vorhandenen Materials c/42. Es verlangt ferner noch mehrere Aenderungen, daher iſt jetzt nur die Forderung zu ſtellen: eine gezogene 8 Cm. Kanone in das bisherige Syſtem einzufügen.

Für die zu entwerfende Conſtruction ſollten folgende Geſichtspunkte feſtgehalten werden: „die Protze ſoll die des Modells II. ſein (c/42); die Laffete iſt die des Modells II.; für das Rohr iſt zunächſt die Verſchluß-Conſtruction feſtzuſtellen, da der verſuchte Weſener'ſche Kegel-Verſchluß viele Mängel gezeigt hat.

Die Beſpannung ſollte für Krieg und Frieden auf 4 Pferde anzunehmen, das Modell I. als beſeitigt anzuſehen ſein. Die bisherigen Verſuchs-Geſchütze ſollten vorläufig im Gebrauch der Truppen bleiben.“

Die Artillerie-Prüfungs-Commiſſion mit Aufſtellung des neuen Verſuchs-Entwurfs beauftragt, berichtete ſchon unter dem 18. Mai 1863 über die Verſchluß-Frage, indem ſie den Keil-Verſchluß zur Annahme vorſchlug.

Zu erwähnen iſt noch, daß um dieſe Zeit, als Alles auf beſchleunigte Einführung der 8 Cm. Kanone drängte, der General-Inſpecteur ſich im Mai 1863 in einer Immediat-Eingabe an Seine Majeſtät den König gegen eine übereilte Einführung dieſes Geſchützes ausſprach.

Die Minorität der Artillerie-Prüfungs-Commiſſion beantragte nochmals die Annahme des Weſener'ſchen Modells, deſſen Vortheilen gegenüber der Koſtenpunkt in den Hintergrund treten müſſe.

Das Kriegs-Miniſterium verfügte darauf unter dem 13. Juni 1863, es ſolle eine Modell-Laffete für ein Rohr mit Keil-Verſchluß beſchafft werden (für 4 Pferde Beſpannung). Bei den Truppen, welche inzwiſchen die 8 Cm. Kanone mit 4 Pferden Beſpannung den Sommer über behielten, ſtellte ſich die Schwäche dieſer Beſpannung auf das Entſchiedenſte heraus. In dieſem Sinne wurde im Herbſte 1863 berichtet. Dadurch kam die Frage, und ſpeciell der der Artillerie-Prüfungs-Commiſſion gewordene Auftrag wieder ins Stocken. Eine Allerhöchſte Kabinets-Ordre vom 3. Dezember befahl indeß von Neuem die Aufſtellung eines Modells für 4 Pferde Beſpannung, welches am 1. April 1864 Seiner Majeſtät dem Könige vorzuſtellen ſei.

Die Prüfungs-Commission sprach bei Vorlage der ausgearbeiteten Entwürfe vom 16. Dezember 1863 in den, für dieselben maßgebend gewesenen Principien Folgendes aus: „die 8 Cm. Kanone reicht in Bezug auf Wirkung für das Feld aus. Die Taktik verlangt heute größere Beweglichkeit der Feld-Artillerie als bisher. Diese Forderung erfüllt die 8 Cm. Kanone; sie kommt in der Beweglichkeit der bisherigen reitenden Artillerie nahe. Die 8 Cm.-Kanone muß eine Protz-Ausrüstung von 50 Schuß haben; die Bedienungs-Mannschaft muß auf dem Geschütz selber gefahren werden.

Dazu genügt eine vierspännige Bespannung im Kriege nicht, sondern nur eine 6spännige.

Am besten ist das bisherige Wesener'sche Modell zu verwerthen.

Das neue Modell hat bei 50 Schüssen pro Pferd eine Belastung von 291,5 Kil., mithin nur 5 Kil. mehr, als der glatte 6Pfdr. der reitenden Artillerie. Die Steigerung der Beweglichkeit ist daher eine bedeutende."

Das neue Modellgeschütz war nach einer Meldung der Artillerie-Prüfungs-Commission vom 23. März 1864 fertig und wurde am 4. April durch Seine Majestät den König besichtigt und genehmigt. Inzwischen war auch im Dezember 1863 aus den bisherigen Versuchs-8 Cm. Kanonen eine Batterie zu 8 Geschützen und 8 Wagen gebildet worden, welche am dänischen Kriege mit nennenswerthen Erfolgen Theil nahm. Auf Grund der darüber erstatteten Berichte wurde die Einführung der 8 Cm. Kanonen an Stelle der bisherigen Haubitzen mit dem Bemerken befohlen, die Einführung sei mit aller Energie vorzubereiten (Verfügung des Kriegs-Ministeriums vom 18. April 1864).

Das Rohr erhielt den Wesener'schen Keil-Verschluß (c/64).

Die Umwandelung der drei Haubitz-Batterien in 4-8 Cm.-Batterien zu 6 Geschützen (Allerhöchste Cabinets-Ordre vom 16. Juni 1864) konnte nur langsam erfolgen, da die Fertigstellung des Materials eine bedeutende Zeit in Anspruch nahm. Die Bewaffnung wurde erst im Herbste 1865 durchgeführt.

Die Bewaffnung der Feld-Artillerie bestand demnach zur Hälfte aus gezogenen Geschützen.

Die Bespannung der 8 Cm. Kanone mit 6 Pferden wurde erst im Herbst 1865 genehmigt. Nachdem die Nothwendigkeit dieser Bespannung für den Krieg anerkannt worden, war eine

Bespannung von nur 4 Pferden für den Frieden auch nicht möglich, da sie zu große Uebelstände für die Ausbildung der Fahrer herbeiführte, (Vorderreiter waren nicht auszubilden) und der Uebergang zum mobilen Zustande bei dem geringen Pferde-Etat sehr schwierig sein mußte. Mit der endgültigen Einstellung des 8 Cm.-Geschützes war das Programm der Organisations-Commission erfüllt worden. Ueber dasselbe war insofern hinausgegangen, als auch die darin vorgeschlagene Haubitz-Batterie durch eine 8 Cm.-Batterie ersetzt wurde.

Bevor noch die 1864 angeordnete Bewaffnung völlig durchgeführt war, hatten die Ansichten über die Wirkung der gezogenen Geschütze und über die vorzügliche Beweglichkeit der 8 Cm. Kanonen sich so weit geklärt, daß im Frühjahr 1865 der Ersatz der letzten kurzen 12pfdg. Fuß-Batterien durch gezogene beschlossen und durch Allerhöchste Cabinets-Ordre vom 14. Juli 1865 im Princip genehmigt wurde. Das Kriegs-Ministerium deutete bei dieser Gelegenheit an, daß auch die reitende Artillerie wahrscheinlich die 8 Cm. Kanone erhalten werde.

Als im Frühjahr 1866 der Krieg mit Oesterreich drohte, wurde durch eine Allerhöchste Cabinets-Ordre im März die sofortige Umwandlung von 2-12pfdg. Fuß-Batterien per Regiment in 2-8 Cm. Batterien befohlen. Das geschah. Für die per Regiment noch vorhandenen letzten beiden 12pfdg. Fuß-Batterien war das Material noch nicht fertig. Sie wurden, ebenso wie die reitenden Batterien, kurz nach dem Kriege 1866 mit gezogenen Geschützen bewaffnet, und damit war die gänzliche Neubewaffnung der Feld-Artillerie abgeschlossen.

Zu erwähnen ist noch, daß nach dem Muster der für das 8 Cm. Geschütz construirten Laffeten und Protzen auch für die 9 Cm. Batterien, für welche das Material c/42 aptirt worden war, nunmehr neues Material hergestellt wurde, welches die Bezeichnung c/64 erhielt.

In der Artillerie werden die Verdienste unvergeßlich bleiben, welche um diese Construction sich der damalige Hauptmann Wesener erworben. Derselbe wurde später leider durch den Tod in einem Momente abgerufen, als er soeben eine sehr wichtige Stellung eingenommen hatte, und die Artillerie im Begriffe stand in ein neues Entwickelungs-Stadium, — besonders in materieller

Beziehung — zu treten, so daß jener Verlust wohl mit Recht als augenblicklich nicht völlig ersetzbar angesehen worden ist.

Der im Widerstreite der Ansichten mühsam und schrittweise errungene Sieg der gezogenen über die glatten Geschütze erfuhr die Verzögerung durch verschiedene Elemente. Vor Allem ist hier zu erwähnen, die dem deutschen Geiste nicht mit Unrecht zugeschriebene Zähigkeit am Bestehenden festzuhalten, eine Zähigkeit, welche im vorliegenden Falle durch große Vorurtheile unterstützt wurde.

Aus dem Verlauf der Darstellung geht hervor, daß auch der damalige General-Inspecteur, General-Lieutenant von Hahn, der Einführung der gezogenen Geschütze einen großen Widerstand entgegensetzte*). Dieses Verfahren hatte neben der dadurch herbeigeführten Verzögerung, die man geneigt sein könnte, zu beklagen, mehrfach das Verdienst, Uebereilungen zu verhüten und verdoppelte Anstrengungen zur Bewältigung derjenigen Schwierigkeiten und Mängel zu bewirken, welche der unbedenklichen Annahme der neuen Geschütze entgegenstanden. So wurde die verzögernde Ursache in gewissem Sinne eine beschleunigende.

Die Vorurtheile oder falschen Urtheile, welche in mehr sachlicher Beziehung beinahe die gesammte Artillerie zum Widerstande gegen die alleinige Annahme gezogener Feld-Geschütze vereinigte, waren vornehmlich:

a) die Ueberschätzung der Bedeutung des Kartätschschusses, besonders für die reitende Artillerie;

b) die Voraussetzung, letztere Waffe könne überhaupt ein gezogenes Geschütz nicht gebrauchen;

c) der Glaube an die Unentbehrlichkeit des Wurfs der Haubitzen.

Die ersten beiden Momente erschwerten besonders die Annahme des 8 Cm. Geschützes. Das letztere verzögerte die durchgängige Einführung der neuen Geschütze.

---

*) Charakteristische Angaben über die Ansichten des Generals von Hahn finden sich in der „Geschichte des Ostpreußischen Feld-Artillerie-Regiments Nr. 1" vom General-Lieutenant Freiherrn von Troschke. 1872. Heft 1.

4. Ueberblick der Artillerie=Systeme*).

Die Systeme führten, abgesehen von den für besondere Zwecke vorhandenen Geschützen, durchweg zwei gezogene Kaliber. Mit Ausnahme der aus den glatten Röhren nachträglich hergestellten Röhre, waren die Kaliber, gegen die entsprechenden der glatten Systeme erheblich herabgesetzt. Das leichte Kaliber (8 Cm., 4 Pfdr., 8Pfdr., 9Pfdr., 12Pfdr. benannt) variirte zwischen 7,61 Cm. und 9,58 Cm., das schwere (9 Cm., 20Pfdr., 8Pfdr., 9Pfdr.) lag zwischen 9,16 Cm. und 10,67 Cm. — Die dadurch in den Geschoß-Gewichten bedingten Unterschiede wurden noch durch die verschiedenen Geschoßlängen und verschiedenen Führungsmittel modificirt.

Auch die Ladungsquotienten wiesen erhebliche Unterschiede auf; sie bewegten sich bei den leichten Kalibern zwischen $1/_{8,84}$ (Rußland) und $1/_5$ (Italien); bei den schweren zwischen $1/_{11,5}$ (Preußen) und $1/_{6,6}$ (Schweiz). Die Folge davon waren große Unterschiede in den Rohrgewichten, welche sich bei dem schweren Kaliber zwischen 650 Kil. (Schweiz) und 432 Kil. (Preußen), bei den leichten zwischen 392 Kil. (Schweiz) und 263 Kil. (Oesterreich) bewegten.

Die relativ kleinen Ladungsquotienten führten zu Rohrgewichten, die im Verhältniß zu den Geschoß-Gewichten gegen früher bedeutend vermindert waren. Eine weitere Consequenz der kleinen Ladungsquotienten war natürlich die erhebliche Erleichterung der ganzen Geschütze.

Durch alle die vorstehend angeführten, größeren Unterschiede war die Uebereinstimmung, die zwischen den glatten Systemen der verschiedenen Artillerien geherrscht hatte, mehr verwischt, woraus auf eine größere Unsicherheit in den Ansichten geschlossen werden darf, welche über das zulässige Maximalmaß von Wirkung und Beweglichkeit herrschend waren.

Die Bespannung der leichten Geschütze bestand mehrfach aus nur 4 Pferden; die der schweren war mit Ausnahme des englischen 20Pfdrs., durchweg von 8 auf 6 Pferde herabgesetzt.

---

*) Es werden hier auch die nach dem Jahre 1866 eingeführten Geschütze in die Betrachtung gezogen.

Die Geschützzahl der Batterien betrug mit einigen Ausnahmen (Oesterreich und Rußland) überall 6 Geschütze.

Zweites Kapitel.

Die Munition.

Die wichtigsten Angaben über die Geschosse verschiedener Artillerien sind in der Tabelle VII enthalten.

1. Die Granaten.

Die Granaten waren durchweg von cylindro-ogivaler äußerer Form.

Die Gewichte derselben bewegten sich für das leichte (8 Cm. oder demselben nahestehende) Kaliber zwischen 3,622 Kil. (Oesterreich) und 5,53 Kil. (Rußland), für das schwere Kaliber (9 Cm., 8Pfdr., 9Pfdr., 20Pfdr.) zwischen 6,58 Kil. (Oesterreich) und 9,297 Kil. (England). Die Mittelgewichte betrugen für beide Kaliber 4,127 Kil. und 7,595 Kil. Einige Geschütze (12Pfdr., 16Pfdr.) gingen darüber hinaus (11 Kil. und mehr).

Die große Wirkung der Granaten verschaffte sich bald allgemeine Anerkennung. Die Zahl der Sprengstücke war nicht unbedeutend. Die preußischen Granaten lieferten deren 35 bis 40; die österreichischen 4pfdg. 40, die 8pfdg. bis 60; die französischen 4pfdg. 24, die 12pfdg. 22; die belgischen 6pfdg. 45 Stück.[6]

Von Wichtigkeit war der angewendete Zünder. — Tempirbare Zeitzünder machten die Wirkung im hohen Grade von dem richtigen Schätzen der Entfernung, sowie von der Gleichmäßigkeit der Brennzeiten abhängig. Sie complicirten das Feuer und gaben keine zuverlässige Wirkung an einem bestimmten Punkte. Noch weniger empfehlenswerth waren die nur für einige Entfernungen tempirbaren Brennzünder, da hierbei die Granaten für alle dazwischenliegenden Distancen nur als Vollgeschosse wirkten.

So waren die französischen Granat-Zünder, welche Anfangs für 4, seit 1860 nur für zwei Entfernungen tempirbar waren. Die Sprengwirkung der Granaten kam dadurch nur auf 1400 bis 1600 M. und auf 2750—2950 M. zur Geltung.

Die größten Vortheile versprach der, von dem Wechsel der Entfernungen ganz unabhängige, Perkussions-Zünder. Er erlaubt jedem Ziel zu folgen, den Sprengpunkt des Geschosses in oder nahe vor dasselbe zu legen und somit schon durch die, mit dem Aufschlage zusammenfallende, Explosion des Geschosses einen großen moralischen Eindruck zu erzeugen*).

2. Die Schrapnels.

Die Schrapnels waren ebenfalls von cylindro-ogivaler äußerer Form. Die eingefüllten Kugeln hatten ein Gewicht von je 16,7 gr. bis 50 gr. In England ersetzten die sogenannten Segment-Granaten mit eingesetzten Segmenten aus Eisen die Schrapnels.

Die Zahl der eingefüllten Kugeln war in den verschiedenen Artillerien sehr abweichend von einander. Für die leichten Kaliber waren die höchsten Zahlen 80—90; für die schweren 140—180.

Der Schwerpunkt der Schrapnelfrage lag wiederum in der Zünder-Construction. Wie schon angedeutet, war die Lösung derselben für die Vorderlader verhältnißmäßig leicht, da die für die Schrapnels der glatten Geschütze benutzten Ring- oder Säulen-Zünder beibehalten werden konnten. Am leichtesten machte sich die Aufgabe die französische Artillerie, indem sie anfangs einen überhaupt nur für 3 Entfernungen, im Jahre 1864 einen für 4 Entfernungen (500, 800, 1000 und 1200 M.) tempirbaren Säulenzünder annahm. Diese primitiven, auch noch im letzten Kriege benutzten, Zünder haben die Wirkung der Schrapnels auf ein äußerst geringes Maaß reduzirt.

In Oesterreich wurde 1861 der Lenk'sche Ringzünder (Modification des Breithaupt'schen) eingeführt.

Für die meisten Vorderladungssysteme wurde ein ähnlicher Ringzünder angenommen.

---

*) Eine sehr gründliche Abhandlung über die Geschoßfrage der preußischen Artillerie findet sich in einer Broschüre des damaligen Hauptmanns Graf von Waldersee: „Ueber die Einrichtungen und den Gebrauch der verschiedenen Geschoßarten, die für die gezogenen Feld-Geschütze als die geeignetsten anzusehen sind. 1866."

Ungleich schwieriger lag die Frage für diejenigen Artillerien, welche Hinterlader mit gepreßter Geschoßführung hatten. Da bei dieser Geschoßführung die Satzsäule des Zünders durch das um das Geschoß herumschlagende Pulvergas nicht entzündet werden kann, war entweder ein Zünder im Boden anzubringen, oder eine neue Construction für einen an der Geschoßspitze anzubringenden Zünder zu erfinden. Beides hatte große Schwierigkeiten.

Für die erste Idee traten mehrfach Verfechter auf; so der General Bormann. Sie wurde indeß praktisch nicht durchgeführt, da eine bedenkliche Schwächung des Bodens zu befürchten, und kaum zu hoffen war, den Zünder selber gegen die große Hitze und Spannung der Pulvergase widerstandsfähig genug herzustellen.

Der an der Spitze anzubringende Zünder mußte in einem Zeitzünder eine Perkussions-Vorrichtung enthalten, welche in dem Augenblicke, in welchem das Geschoß sich im Rohre in Bewegung setzt, funktionirt und die Satzsäule entzündet, welche dann bis zu einer vorher bestimmten Tempirung brennt. Zu diesem Perkussions-Zeitzünder gehören in England die Constructionen von Armstrong 1858 und 1861, und die von Boxer 1863.

Als in Preußen 1860 die gezogene 9 Cm. Kanone eingeführt wurde, war ein solcher Zünder noch in den ersten Anfängen. Es wurde daher, wie schon erwähnt, um das Verlangen nach einem Schrapnel zu befriedigen, die eigenthümliche Concession gemacht, die zu einem Schrapnel zubereitete Granate mit dem Percussions-Zünder anzunehmen. Diese Geschosse wogen 7,87 Kil. und faßten nur 60 Bleikugeln.

Zu jener Zeit hatte soeben der Hauptmann Richter seine höchst ingenieuse Zünder-Construction entworfen, auf deren Ausbildung er fernerhin so viel Mühe und Scharfsinn verwandte, daß nach seinem Tode, um seine Verdienste zu ehren, die Zünder officiell den Namen „Richter'sche Zeitzünder" erhielten.

Die ersten Schieß-Versuche, bei denen der Zünder zunächst für die Festungs-Geschütze geprüft wurde, fanden im Herbste 1859 statt und gaben nicht ungünstige Resultate; sie wurden gegen den Antrag der Artillerie-Prüfungs-Commission auf Veranlassung der General-Inspection bis 1863 fortgesetzt und erstreckten sich auch auf Transport- und Verpackungs-Prüfung. Hierbei kamen zuerst die Schrapnels mit dünnem aufgelöthetem Bleimantel zur Anwendung, die eine größere innere Höhlung als die Granaten hatten.

Ein mit diesen Schrapnels und denen mit Percussions-Zünd-Vorrichtungen ausgeführter Vergleichs-Schieß-Versuch ergab für jene wesentlich bessere Treff-Resultate. Nun wurde das Schrapnel in umfassender Weise bei den Truppen in den Jahren 1863 und 1864 geprüft. Als ein Hauptmangel stellte sich dabei die Un-zweckmäßigkeit und nicht genügende Solidität der Verpackungs-Einrichtungen der Fahrzeuge heraus, wodurch die Zünder Be-schädigungen erlitten. Auch der Zünder bedurfte mehrfacher Ver-besserungen,

Die Schieß-Versuche hingegen gaben günstige Resultate. Auch das Verfeuern der Schrapnels mit der sogenannten Kartätsch-stellung auf geringen Entfernungen machte keine Schwierigkeiten, so daß in den Berichten hervorgehoben wurde, die Schrapnels seien bis 300 Meter Entfernung sehr gut als Kartätschen zu ver-wenden.

Die Versuche wurden in ausgedehnter Weise 1865 fortgesetzt, das Resultat war noch nicht viel besser; auch in den Brennzeiten der Zünder stellten sich größere Differenzen heraus, so daß das Schrapnel noch nicht als einführbar für die Feld-Artillerie be-zeichnet wurde. Neue, für das Jahr 1866 beabsichtigte Versuche unterblieben des Krieges wegen.

Diese ungünstigen Resultate waren um so unangenehmer, als dadurch die Entscheidung über die Munitions-Ausrüstung der ge-zogenen Geschütze sehr erschwert wurde und aufs Neue hinaus-geschoben werden mußte, was bei den damaligen politischen Ver-hältnissen kaum mehr angängig war, denn die Beschaffung der Geschosse und Zünder für die Feld-Chargirung verlangte einen mehrjährigen Zeitraum. Von jener Entscheidung hing ferner auch die Ausrüstung mit dem nöthigen Geschütz-Zubehör, die Einrichtung der Protzen und Wagen und dergleichen ab.

Während die Constructions-Frage der Geschütze 1864 mit Ein-führung der 8 Cm. Kanone gelöst war, schwebte also die Geschoß-frage noch in der Luft. Sie spitzte sich zu jener Zeit in folgenden Special-Fragen zu:

a) Ist das Schrapnel mit Perkussions-Zündung so wenig der Granate überlegen, und in so beschränkter Weise anwend-bar, daß es ganz entbehrt werden kann?

Diese Frage wurde bejaht und demgemäß das Ausscheiden

der älteren Schrapnels beschlossen. Sie wurden 1866 nicht mit in's Feld genommen.

b) Kann durch das Schrapnel mit Brennzünder eine der Granate erheblich überlegene, oder eine der Granate nicht eigenthümliche Wirkung erreicht werden, so daß dieses Schrapnel eingeführt werden muß?

Die Frage wurde bejaht.

c) Ist die Kartätsche unbedingt nöthig, oder kann sie durch das Schrapnel mit Brennzünder ersetzt oder sogar in der Wirkung übertroffen werden?

Diese Frage wurde nur vereinzelt bejaht; sie mußte schon deßwegen eine offene bleiben, weil das Schrapnel noch nicht einführbar war.

Wenn hiernach das Schrapnel von competenter Seite nicht ungünstig beurtheilt wurde, so war doch die Zahl seiner Gegner nicht gering. Der Umstand, daß es für die glatten Geschütze noch kein wirklich gutes und zuverlässiges Schrapnel gegeben, trug dazu bei, die Zweifel auch auf die Schrapnels der gezogenen Geschütze zu übertragen, dies um so mehr, als die scharfsinnige Zünder-Construction von einer, auf den ersten Anblick Bedenken erregenden Complicirtheit war.

Die Zahl der Gegner wuchs natürlich, als trotz aller Versuche und Mühen es nicht gelang, weder den Zünder noch die Verpackung haltbar und solide herzustellen.

Die Beseitigung einiger, in der Natur der Dinge begründeten Mängel wurde überhaupt für unmöglich erklärt. Es wurde behauptet, der vollkommensten Technik werde es nie gelingen, absolut richtige und gleichmäßige Brennzeiten zu erzielen; kein Satz sei unbedingt unempfindlich gegen die Einflüsse der Witterung; dadurch würden die Brennzeiten verlängert, ungleichmäßig gemacht u. s. w. Diese Einwände und Zweifel konnten nur durch Versuche und Erfahrungen beseitigt werden.

Unter dem Einflusse dieser momentan herrschenden Ansichten und auf Grund der Versuche des Jahres 1865, sprach die General-Inspection der Artillerie sich im Mai 1866 principiell gegen jede Einführung der Schrapnels in die Feld-Artillerie aus, indem sie als Hauptgründe anführte:

a) die Beobachtung und Correctur der Schüsse ist beinahe unmöglich;

b) die Differenzen in den Brennzeiten und demgemäß in den
Intervallen sind zu groß, als daß auf eine zuverlässige
Wirkung gerechnet werden könnte;

c) die Bedienung beim Schießen mit Schrapnels ist zu complicirt und erfordert mehr Ruhe, als im Gefecht erwartet
werden kann.

Bei dieser Sachlage brach 1866 der Krieg aus, und die dadurch momentan in's Stocken gebrachte Schrapnelfrage kam erst
nach demselben wieder in Fluß, worüber später geredet werden wird.

3. Die Kartätschen.

In der Zahl und im Gewicht der Kartätschkugeln wichen die
Kartätschen der verschiedenen Artillerien sehr von einander ab.
Das Gewicht der Kugeln war fast allgemein vermindert worden,
um bei dem verringerten Kaliber der Geschütze die Zahl der Kugeln
nicht zu sehr herabsetzen zu müssen.

In Preußen gaben die 9 Cm. Kartätschen, hauptsächlich in
Folge des kleinen Ladungs-Verhältnisses mäßige Wirkungen, so
daß das Vertrauen zum Kartätschschusse sehr sank. Es wurden
fortgesetzte Versuche zur Verbesserung angestellt, und zwar mit
sogenannten Führungs-Kartätschen, welche durch die Treibscheibe in
der Büchse eine gewisse Führung erhalten sollten.

Bevor ein günstiger Abschluß erreicht war, wandte man sich
mehr dem Schrapnel zu und ließ die Kartätschen seit Anfang 1863
ruhen, indem man hoffte, sie durch die Schrapnels ersetzen zu
können. Die letzteren sollten dazu mit der sogenannten Kartätsch-
Tempirung verschossen werden, die sie unmittelbar vor dem Rohre
zum Crepiren brachte. Wie oben erwähnt, war diese Manier auch
Gegenstand der Schrapnel-Versuche, und nach den Versuchen von
1864 wurde fast allgemein angenommen, das Schrapnel sei bis
300 M. und mit der zweiten Kartätschstellung sogar bis 450 M.
sehr gut als Kartätsche anwendbar.

Diesem Urtheil trat die General-Inspection entgegen. Sie

betonte, daß in solchen Momenten der höchsten Gefahr, wo der Kartätschschuß zur Anwendung kommen müsse, das Fertigmachen und Laden der Schrapnels zu complicirt sei, und dabei auch Versager nicht ausgeschlossen seien. Aus diesem Grunde sei der einfache Kartätschschuß immer vorzuziehen. Neben den Schrapnel-Versuchen sei er aber vernachlässigt worden. Die Versuche zu seiner Verbesserung müßten umsomehr wieder aufgenommen werden, als auch die fremden Artillerien den Kartätschschuß beibehalten hätten.

Nach kurzen Versuchen im Frühjahr 1865 wurden die sogenannten Spielraums-Kartätschen geprüft, deren Resultate bei der 9 Cm. Kanone denen des glatten 6Pfdrs. bis 450 M., beim 8 Cm. Geschütz bis 375 M. nicht nachstanden, so daß man vorläufig befriedigt war.

Nun konnte auch die 8 Cm. Kanone unbedenklich Kartätschen erhalten, woran man noch gezweifelt hatte.

Durch die Schießübungen der Truppen im Jahre 1865 wurde denn auch das Mißtrauen gegen den Kartätschschuß im Wesentlichen beseitigt.

4. Die Munitions-Ausrüstung.

Die wesentlichsten Angaben über die Munitions-Ausrüstung enthält die nachstehende Tabelle:

	Geschütz		Ausrüstung der Protzen				Ausrüstung des Geschützes innerhalb der Batterie					
			Grana-ten	Schrap-nels	Kartät-schen	Summa	Grana-ten	Schrap-nels	Brand-grana-ten	Kartät-schen	Summa pro Geschütz	Summa in der ganzen Batterie
Oesterreich	4Pfdr.		22	10	8	40	90	46	4	16	156	1248
	8Pfdr.		18	8	8	34	76	36	4	12	128	768
Rußland	4Pfdr. Vorderlader		8	6	4	18	60	50	10	10	130	1040
	4Pfdr. Hinterlader		8	6	4	18	·	·	·	·	·	·
	9Pfdr.		2	6	4	12	56	42	12	10	120	960
England	12Pfdr.		33 Segment Granaten				·	·	·	·	·	·
Frankreich	4Pfdr.		26	3	3 + 4 an der Laffete	36	·	·	·	·	211	1266
	12Pfdr.		18 Granaten und Kartätschen				·	·	·	·	129	774
Preußen	9 Cm. bis 1866	c/61	18	9	3*)	30	64	38	12	6	120	720
	9 Cm. nach 1866	c/64	30	·	3	33	123	·	·	10	133	798
	9 Cm. nach 1870	c/64	24	6	3	33	90	33	·	10	133	798
	8 Cm. vor 1870	c/64	44	·	4	48	144	·	·	13	157	942
	8 Cm. nach 1870	c/64	36	8	4	48	104	40	·	13	157	942

*) Die preußischen Geschütze haben seit 1866 je einen Kartätschschuß an der Laffete.

Der Verhältniſſe der einzelnen Schußarten in der Geſammt-Ausrüſtung waren folgende:

		Geſchütz	Granaten Prozent	Schrapnels Prozent	Kartäſchen Prozent	Bemerkungen
Oeſterreich		4Pfdr.	60,2	29,5	10,2	Im November 1870 wurde die Schrapnelausrüſtung auf 33 Prozent feſtgeſetzt.
		8Pfdr.	62,3	28	9,7	
Preußen	vor 1866	8 Cm.	91,7	.	8,3	
		9 Cm.	63,4	31,6	5	
	nach 1866	9 Cm.	92,5	.	7,5	
	ſeit 1870	8 Cm.	66,2	25,5	8,3	
		9 Cm.	67,7	24,8	7,5	
Baiern	1864	9 Cm.	62,5	36	1,5	
Württemberg	1864	8 Cm.	50	50	.	
		9 Cm.	50	50	.	
Sachſen	1864	9 Cm.	65	32	3	
Schweiz		4Pfdr.	60	30	10	
		8Pfdr.	70	20	10	
Rußland	nach 1866	4Pfdr.	53,1	37,9	9	
		9Pfdr.	54,8	35,7	9,5	

Dieſe Zahlen zeigen eine ſtarke Schrapnel-Ausrüſtung, welche gegen die des vorigen Zeitraums im Durchſchnitt zugenommen hatte, während die der Kartätſchen in demſelben Verhältniß etwas verringert worden war.

———

Drittes Kapitel.

Die Wirkung und Beweglichkeit der gezogenen Feld-Geſchütze.

I. Die Wirkung.

Der Rollſchuß der glatten Geſchütze iſt bei den gezogenen Geſchützen weggefallen. Der hohe Bogenwurf der Haubitzen iſt in den meisten Artillerien durch einen hohen Bogenschuß der gezogenen Kanonen ersetzt worden, für welchen zwei und mehrere kleine Ladungen eingeführt worden sind.

1. Der Bogenschuß.

Die Schußweiten. Ueber die Maximal-Schußweiten dieser Schußart, wie der übrigen, enthält die Tabelle VIII. die erforderlichen Angaben.

Sie sind für den Granatschuß bei den schweren Kalibern bis zu 3750 M. (5000 ˣ), für die leichten bis zu 3000 M. (4000 ˣ) und noch weiter ausgedehnt worden. Die Grenze der Gebrauchs-schußweiten, bis zu welcher im Allgemeinen die Eröffnung des Feuers empfohlen worden ist, liegt bei 1880 M. (2500 ˣ). In diesem Sinne sprechen sich die preußischen officiellen Vorschriften aus.

Nach österreichischen Vorschriften soll das Feuer auf 1500 M., höchstens 1825 M.; nach russischen Angaben auf höchstens 1700 M., nach schweizerischen Angaben auf 1350—1500 M., darüber hinaus nur gegen Massen eröffnet werden.

Die Entfernungen, auf denen eine absolute Entscheidung herbeizuführen ist, liegen zwischen 900 und 1200 M.

Die geringsten anwendbaren Entfernungen werden nach österreichischen Vorschriften auf 600 M. angegeben, was bei der augenblicklichen Leistungsfähigkeit der gezogenen Gewehre sehr niedrig sein dürfte.

Prinz Hohenlohe gab 1869 an, die Wirkung des Granatschusses könne gegen Infanterie-Massen auf 1880 M. (2500 ˣ) eine mörderische genannt werden, und von 1500 M. Entfernung abwärts könne ein Geschützkampf gegen Artillerie mit Aussicht auf Entscheidung geführt werden. Ein Geschützkampf zwischen zwei Artillerien auf 750 M. geführt, müsse binnen kurzer Zeit zur Vernichtung eines der beiden Theile führen.

Der letzte Krieg hat diese Ansichten im Wesentlichen bestätigt.

Die Treffwahrscheinlichkeit. Sie muß als der reinste Ausdruck für die Leistungsfähigkeit der Geschütz- und der Geschoß-Construction an sich betrachtet werden. Eine mangelhafte Treff-fähigkeit kann nur in geringem Maße durch die größere absolute Wirkung des Geschosses ausgeglichen werden.

Nachstehende Tabelle giebt die hauptsächlichsten Zahlen über die Trefffähigkeit der damals bestehenden Systeme.

Geschütz	Procente an directen Treffern gegen eine 1,9 M. (6′) hohe Scheibe auf der Entfernung von						Bemerkungen
	500	1000	1500	2000	2500	3000	
	Schritt						
	375	750	1130	1500	1880	2260	
	Meter						
österreichischer 4Pfdr.	100	77	42	26	15	9	Maresch [8] Seite 181.
französischer 4Pfdr.	100	66	34	18	14	8	
italienischer 8Pfdr.	94	50	30	16	11	7	
preußischer 8 Cm.	100	83	51	34	22	15	
belgischer 4Pfdr.	500 M. 90	.	1000 M. 70	50	.	2000 M. 40	Nicaise [9] Ziel 2,8 M. hoch.
österreichischer 8Pfdr.	100	72	45	29	19	12	Maresch Seite 181.
französischer 12Pfdr.	100	59	21	9	5	2	
italienischer 16Pfdr.	100	72	38	21	12	7	
(Hinterlader) schweizerischer 8Pfdr.	100	100	81	56	34	20	
preußischer 9 Cm.	100	100	74	47	32	21	Nicaise Ziel 2,8 M. hoch.
belgischer 6Pfdr.	.	.	1000 M. 91	1200 M. 85	.	.	Maresch. Bei den Schießübungen im Jahre 1868.
österreichischer 4Pfdr.	100	.	47	40	35	.	
do. 8Pfdr.	.	.	54	44	34	23	
do. 4Pfdr.	.	900 M. 61,5	.	1500 M. 16,6	.	.	Bei einem im Jahre 1867 von der Artillerie-Prüfungs-Commission ausgeführten Vergleichsschießen.
do. 8Pfdr.	.	73	.	35,5	.	.	
preußischer 8 Cm.	.	88,8	.	47	.	.	
do. 9 Cm.	.	90	.	71,4	.	.	
österreichischer 4Pfdr.	88	59	45	30	25	.	Mittheilungen über Gegenstände des Artillerie- und Genie-Wesens. — Ergebnisse der österreichischen Schießübungen von 1871.
do. 8Pfdr.	.	55	44	43	19	.	

Aus' diesen Zahlen ist die Ueberlegenheit des Hinterladungs-
systems über die Vorderlader unmittelbar herauszulesen. Von den
Vorderladern ist danach das österreichische System das beste. Ausführliche Vergleiche beider Systeme finden sich auch bei Nicaise. [10]

Die Größe der bestrichenen Räume. Dieser Faktor
wurde vornehmlich seit der Construction der Granatkanonen in
Betracht gezogen, und spielte eine große Rolle, als es sich jetzt
darum handelte, die Wirkung der gezogenen, mit der der glatten
Kanonen zu vergleichen. Da hiervon noch öfter die Rede sein
wird, setzen wir hier einige Angaben über die bestrichenen Räume
bei glatten und gezogenen Kanonen gegen ein 6' (1,9 M.) hohes
Ziel nebeneinander. [11]

		Größe der bestrichenen Räume in Schritten und Metern auf der Entfernung von								
		Schritten								
		600	800	1000	1200	1400	1600	1800	2000	2500
		Metern								
		450	600	750	900	1050	1200	1350	1500	1880
Glatte Geschütze	österreichischer 6Pfbr.*)	104	71	53	38	22	.	.	.	.
		78	53	40	28,5	16,5	.	.	.	.
	bairischer 6Pfbr.	146	81	57	40	26	17	12	.	.
		109,5	61	43	30	19,5	12,8	9	.	.
	preußischer 6Pfbr.	163	68	39	26	.	.	.	.	.
		122	51	29	19,5	.	.	.	.	.
	österreichischer 12Pfbr.	120	78	53	36	28	22	.	.	.
		90	58,5	40	27	21	16,5	.	.	.
	bairischer 12Pfbr.	143	90	66	49	37	27	21	.	.
		107	67,5	49,5	37	28	25,8	16	.	.
	preußischer 12Pfbr.	179	74	44	29	.	.	.	.	.
		134	55,5	33	22	.	.	.	.	.
	do. kurzer 12Pfbr.	143	124	116	110	100	91	79	.	.
		107	108	89	82,5	75	69	59	.	.
Gezogene Geschütze	österreichischer 4Pfbr.*)	101	71	54	42	34	28	24	20	.
		76	53	40,5	31,5	25,5	21	19	15	.
	preußischer 8 Cm.	133	97	74	59	48	40	34	29	20
		102	73	55,5	44	36	30	25,5	22	15
	österreichischer 8Pfbr.	102	73	55	44	36	30	25	22	.
		76,5	56	41	33	27	22,5	19	13,5	.
	preußischer 9 Cm.	113	83	64	51	42	36	30	25	19
		85	62	48	38	31,5	27	22,5	19	14
	englischer 12Pfbr.	160	.	82	.	1500 45	.	.	29	21
		120	.	61,5	.	34	.	.	22	16
	schweizerischer 4Pfbr.	157	.	71	.	36	.	.	21	15
		118	.	53	.	27	.	.	16	11
	französischer 4Pfbr.	124	.	58	.	32	26	.	20	13
		103	.	43,5	.	24	19,5	.	15	10

*) Die oberen Zahlen bedeuten Schritte, die unteren Meter. Ueber die Größe der Elevations- und Fallwinkel finden sich vergleichende Angaben in: „Die Feld-Artillerie der europäischen Großmächte" zusammengestellt von mehreren deutschen Artillerie-Offizieren 1872.

Abgesehen von der Bahn der Granate des kurzen 12Pfdrs., über deren zweifelhaften Werth schon früher gesprochen worden, stehen nach vorstehenden Zahlen die gezogenen Geschütze den glatten auf 600 M. schon beinahe gleich, übertreffen dieselben von 825 M. aufwärts und leisten auf 1880 M. fast das, was diese auf 1200 M. leisten.

Die absolute Wirkung der Granaten. Neben der durch die Geschützladung erzeugten Wirkung der Granaten als Einzelgeschoß, kommt die durch die Sprengladung hervorgerufene Wirkung unmittelbar nach dem Auf- oder Einschlage zur Geltung. Hierin beruht ein Hauptvorzug der gezogenen Geschütze über die glatten.

Die mit einem Aufschlagzünder versehene Granate wirkt nach der Explosion als Streugeschoß. Die erhebliche Zahl der Sprengstücke gefährdet einen Raum, dessen Breite bei den kleinen Kalibern 200—300 M., bei den schweren 300—450 M. beträgt, und dessen Tiefe auf mittleren Entfernungen bei ersteren 300—450 M., bei letzteren 450—600 M., auf größeren Entfernungen aber um 150—200 M. geringer ist.

Die Wirkung der Granaten muß als eine beinahe absolut zuverlässige angesehen werden. Die preußischen Perkussionszünder geben im Allgemeinen nur 2% Versager.

Ueber die Zahl der per Schuß wirksamen Sprengstücke sind die Angaben, je nach der Entfernung, der Art und Ausdehnung des Zieles sehr verschieden. So viel ist constatirt, daß selbst unter ungünstigen Verhältnissen und auf Entfernungen über 1500 M. immer noch per Schuß mehrere scharfe Treffer erhalten werden.

Die Wirkung der Granaten hat im letzten Kriege mit wenigen Ausnahmen gegen alle lebenden Ziele genügt. Oftmals sind heftige Tirailleur-Angriffe durch sie allein abgewiesen.

Mit der Größe der Einfallwinkel nimmt besonders bei weichem Boden die Wirkung der Granate erheblich ab.

Gegen feste Ziele (Mauern 2c.) leistet sie mehr, als irgend ein Geschoß der glatten Artillerie.

2. Der hohe Bogenschuß der Granaten.

Er war zum Erſatz des Haubitzwurfs beſtimmt, und daher wurde in Preußen von ihm die Abſchaffung dieſer Geſchütze ab=hängig gemacht. Von ſeiner Nothwendigkeit kam man immer mehr zurück, als die Ausbildung der Schrapnels die Einführung dieſer Geſchoſſe wahrſcheinlich machte, deren Wirkung gegen verdeckte Ziele eine intenſivere, als die, der im hohen Bogen geſchoſſenen Granaten iſt. Da außerdem die ungenügende Trefffähigkeit des hohen Bogenſchuſſes, ſowie die geringe Wirkung der tief einbrin=genden Granaten immer ſchärfer hervortrat, wurde dieſe Schußart in Preußen mit Annahme der Schrapnels im Frühjahr 1870 ab=geſchafft. Ihre Anwendung wäre im letzten Kriege nur in ſel=tenen Fällen erwünſcht geweſen, weil die Schrapnels noch nicht vorhanden waren.

3. Der Schrapnelſchuß.

Die Schußweiten der Schrapnels ſind im Allgemeinen bis 1500 reſp. 1800 M. feſtgeſetzt worden. Dieſe, durch die Zünder=länge nicht bedingte anfängliche Feſtſetzung einer verhältnißmäßig kleinen Maximal=Entfernung hatte ihren Grund vornehmlich in der Annahme, daß der Gebrauch der Schrapnels auf größeren Entfernungen zu difficil und unſicher ſei. Aus dieſem Grunde iſt z. B. auch in der öſterreichiſchen Artillerie die Vorſchrift ge=geben, über 900—1120 M. hinaus nur ausnahmsweiſe mit Schrapnels zu feuern.

Einen Vergleich der Trefffähigkeit laſſen die vorliegenden Treffreſultate kaum zu, da dieſe unter ſehr verſchiedenen Ver=hältniſſen erſchoſſen ſind, und meiſt nur die, gegen ein beſtimmtes Ziel erlangten ſummariſchen Zahlen angeben, während es rationell iſt, die getroffenen Rotten zu ermitteln. Durch ein dicht vor der Scheibe krepirendes Schrapnel werden oft 100 und mehr Treffer erzielt. Dieſe liegen aber nur in wenigen Rotten. Folgende Zu=ſammenſtellung enthält einige Treffergebniſſe.

Ziel hoch M.	breit M.	800 / 600	1000 / 750	1200 / 900	1400 / 1050	1600 / 1200	2000 / 1500	
österreichischer 4Pfdr. 1,9	17	14	17	19	16	13	.	
österreichischer 8Pfdr. 1,9	17	27	22	20	22	21	17	Maresch.[12] Seite 197 u. 198.
französischer 4Pfdr. 2,4	39	25	27	35	28	21	9	
österreichischer 4Pfdr. 1,9	34	29 (24)*	34 (29)	34 (27)	.	31 (28)	.	
österreichischer 8Pfdr. 1,9	34	90 (75)	67 (63)	.	.	39 (27)	37 (33)	Bei ben Schießübungen 1868.
preußischer 9 Cm. 1,9	30	57 (28)	.	68 (52)	.	.	.	
preußischer 8 Cm. bo.	bo.	50 (34)	(74)	.	1125 M. (73)	.	42 (20)	Bei Versuchen mit neuestenSchrapnels c/70.
preußischer 8 Cm. bo.	bo.	.	.	(42)	.	.	.	
preußischer 8 Cm. bo.	bo.	.	(31,7)	.	.	.	(14)	
preußischer 9 Cm. bo.	bo.	.	(57)	.	.	.	(55)	Bei einem Vergleichsversuch 1867. (3 Scheiben.)
österreichischer 4Pfdr. bo.	bo.	.	(16)	.	.	.	(42,7)	
österreichischer 8Pfdr. bo.	bo.	.	(45)	.	.	.	(37,5)	
österreichischer 4Pfdr. ** bo.	17	27 (22)	23 (18)	29 (28)	24 (18)	25 (18)	11 (8)	Bei ben Schießübungen 1870.
österreichischer 8Pfdr. bo.	17	43 (31)	37 (31)	38 (33)	26 (20)	37 (29)	22 (18)	

*) Die eingeklammerten Zahlen sind scharfe Treffer. Der durch die Schrapnelkugeln bestrichene Raum hat im Durchschnitt eine Längenausdehnung von 150—200 M., eine Breite von 50—75 M.

**) Zwei Scheiben 30˟ (22,5 M.) hintereinander.

Durch vielfache Versuche ist die, der Granatwirkung überlegene, Wirkung der Schrapnels constatirt worden. Die letzteren
liefern im Durchschnitt 3 bis 5 Mal so viel Treffer, als die Granaten mit ihren Sprengstücken. Bei einem mit großer Sorgfalt
ausgeführten Vergleichs-Versuche mit preußischen 9 Cm.-Geschützen,
lieferten die Schrapnels im Durchschnitt 6 bis 7 Mal so viel Treffer und setzten 3 Mal so viel Mannschaften außer Gefecht, als die
Granaten.

Die Erkenntniß dieser Thatsache ist indeß nur langsam erfolgt. Die von Anfang an erkannte große Wirkung der Granaten, ließ wohl die Ansicht von der Entbehrlichkeit der Schrapnels
für die gezogenen Geschütze zu. Jedenfalls hatte die Schrapnelfrage eine veränderte Gestalt angenommen, welche erst studirt
sein wollte.

Obgleich bei den relativ kleinen Schußdistanzen der glatten
Geschütze die Beobachtung und Correctur des Schrapnelschusses
verhältnißmäßig leicht, die Perkussionskraft der freigewordenen
Bleikugeln groß, die Wirkung aber bei der ungenügenden Trefffähigkeit und den großen Differenzen in den Anfangsgeschwindig-
keiten keine hinreichend zuverlässige war, hatte dennoch der Schrapnelschuß zuletzt eine große Bedeutung erlangt, da die Vollkugel,
sowie die Granate den Anforderungen der modernen Taktik nicht
mehr genügen konnten.

Bei den gezogenen Geschützen gestalteten sich auf den ersten
Anblick die Verhältnisse für den Schrapnelschuß scheinbar ungünstiger.

Wie schon erwähnt, wurden die complicirte Construction und
Behandlung des Zünders, sowie die Schwierigkeit seiner Conservirung als sehr große Uebelstände bezeichnet, um derenwillen das
Schrapnel verworfen wurde. Dazu kamen die durch die größeren
Entfernungen gesteigerten Schwierigkeiten der Beobachtung und
Correctur, welche anfangs auch für die Granaten sehr überschätzt
wurden. Auf den kleineren Entfernungen war die Perkussionskraft der Bleikugeln eine relativ geringe. Dagegen versprach die
größere Regelmäßigkeit der Flugbahnen und die erheblich vermehrte Zahl der Bleikugeln eine größere und zuverlässigere Wirkung, als die Schrapnels der glatten Geschütze gaben.

Die Gegner der Schrapnels hielten, mit Rücksicht auf die
große Wirkung der Granaten den Schrapnelschuß jetzt für ganz

entbehrlich. Die Vertheidiger jener Geschosse meinten indeß, jetzt erst gehe das Schrapnel seiner wahren Glanzperiode entgegen. [13]

Die in dem überwiegenden Theile der preußischen Artillerie vorhandene Abneigung gegen die Schrapnels vermochte die Einführung wohl zu verzögern, aber nicht zu verhindern.

4. Der Kartätschschuß.

Die Nothwendigkeit für die gezogenen Geschütze den Kartätschschuß beizubehalten, wurde fast allgemein anerkannt. Die Artillerie-Prüfungs-Commission betonte dieselbe schon in ihrem ersten Gutachten über das 9 Cm. Feld-Geschütz.

Hartmann sprach in seiner „Artillerie-Organisation" sich für unbedingte Beibehaltung dieser Schußart aus.

Der Kartätschschuß wurde als letzte Nothwehr in den Momenten der höchsten Gefahr betrachtet, in denen zur Beherrschung des Terrains bis zur Geschützmündung, die einfachste Bedienung und ein nie versagendes Geschoß erforderlich wird. Diese Bedingungen konnte weder die Granate, noch das Schrapnel erfüllen.

Die Schußweiten und die Wirkung des Kartätschschusses mußten bei dem kleinen Ladungsquotienten hinter denen der glatten Geschütze zurückstehen. Man knüpfte hieran die gewichtigsten Bedenken gegen die Brauchbarkeit der gezogenen Geschütze für das Feld, und kam leider noch nicht von dem Irrthum los, den Kartätschschuß, besonders bei der reitenden Artillerie, zu Offensivzwecken verwenden zu wollen.

Die Schußtafeln für den Kartätschschuß wurden mehrfach bis 600 M. aufgestellt. Im Allgemeinen aber waren für das schwere Kaliber 450 M., für das leichte 300 M. als die obersten Gebrauchsgrenzen anzusehen.

Die Treffresultate gestalteten sich später besser, als anfänglich erwartet wurde. Nachstehende Zahlen gestatten einen Vergleich der Wirkung bei den glatten und gezogenen Feld-Kanonen, indem sie die Resultate aus einer größeren, bei den Schießübungen der Artillerie-Brigaden geschehenen Schußzahl geben. [14]

Entfernung Meter.	Zahl der Treffer per Schuß. Scheibe 1,9 M. hoch, 30 M. lang.						
	glatte 6Pfbr.	gezogene 8 Cm.	glatte 12Pfbr.	gezogene 9 Cm.	österreichischer 4Pfbr. *	französischer 4Pfbr. **	
300	13	13	14,5	14	14	15	* Scheibe: 1,9 M. hoch 15 M. lang. ** 2 M. hoch 30 M. lang.
375	12	14	14	12	.	13	
450	10	13	12	13	.	10	

Eine Unterlegenheit des Kartätschschusses der gezogenen Geschütze ist hieraus nicht abzuleiten.

Nicaise zieht aus den von ihm betrachteten Ergebnissen den Schluß, daß die Kartätschwirkung der gezogenen und glatten Feldgeschütze bis auf 450 M. einander gleich sei.

5. Ueberblick der Wirkung, im Vergleich zu der der glatten Geschütze.

Auf Grund der vorstehend angegebenen Daten, sowie mit Berücksichtigung der bezüglichen ausführlichen Angaben und Ausführungen, welche in den Schriften von Maresch und Nicaise enthalten sind, ergiebt der Vergleich der Leistungsfähigkeit der glatten und gezogenen Feld-Geschütze folgende Thatsachen und Schlußfolgerungen.

a) Die leichten gezogenen Feldkaliber schießen Granaten, deren Mittelgewicht 1,68 Kil. größer ist, als das der Vollkugeln der entsprechenden glatten Geschütze, und noch etwas größer, als das der 12pfdgn. Granaten. Für das preußische Geschütz ist der Ueberschuß gegen die 6pfdg. Vollkugel 1,95 Kil.; gegen die 12pfdg. Granate ist ein Mindergewicht von 0,2 Kil. vorhanden.

b) Die schweren gezogenen Feld-Geschütze schießen Granaten, deren Durchschnittsgewicht 2,54 Kil. über dem der 12pfdgn. Vollkugel, und 1,03 Kil. über dem der 15 Cm. Granate liegt. Für das preußische Geschütz ist gegen die Vollkugel ein Mehrgewicht von 1,235 Kil., gegen die 12pfdg. Granate ein solches von 2,25 Kil., und für die Haubitzgranate Gewichtsgleichheit vorhanden. Die Zahl der Sprengstücke der Granaten der gezogenen Geschütze übersteigt die der glatten bedeutend; bei den preußischen Granaten beträgt das Mehr 20—25 Stücke.

c) Die Schrapnels der gezogenen Geschütze fassen eine erheblich stärkere Kugelfüllung, als die der entsprechenden glatten Geschütze. Das preußische 8 Cm. Schrapnel faßt im Durchschnitt 30 bis 40 Kugeln mehr, als das 6pfdg., und beinahe so viel, wie das 12pfdg.; das 9 Cm. Schrapnel faßt beinahe die doppelte Kugelzahl der letzteren und $\frac{1}{3}$ mehr, als das 15 Cm. Haubitz-Schrapnel.

d) Die Kugelzahl der Kartätschbüchsen bleibt bei den gezogenen Kalibern, zum Theil in Folge der Verringerung des Kugel-Gewichts, gegen die der glatten Geschütze entweder nur unbedeutend zurück, oder kommt ihr gleich.

e) Die Geschwindigkeit der Granaten und Schrapnels bleibt bis zur Entfernung von 750 M. ungefähr, hinter der der gleichnamigen Geschosse der glatten Geschütze zurück, übertrifft dieselben indeß von da ab aufwärts.*) Die lebendige Kraft der Geschosse der gezogenen Geschütze wird trotz der geringen Anfangsgeschwindigkeit, in Folge des größeren Gewichts, auf 800 M. der der Geschosse der glatten Kanonen schon bedeutend überlegen (siehe untenstehende Anmerkung). Die lebendige Kraft der Kartätschkugeln ist für die gezogenen Geschütze durchweg geringer als für die glatten.

---

*) Nach Nicaise waren die Geschwindigkeiten beim belgischen

auf	glatten 12Pfdr.	gezogenen 6Pfdr.
0 M.	490 M.	350 M.
800 M.	241 M.	298 M.
1200 M.	181 M.	263 M.

Hieraus ergeben sich lebendige Kraft:

auf 0 M.	71560 M. Kil.	43125 M. Kil.
auf 800 M.	17187 M. Kil.	31263 M. Kil.

Gleichheit ist auf ungefähr 400 M. vorhanden.

f) Gegen feste Ziele jeder Art leistet die lebendige Kraft der Granaten, in Verbindung mit ihrer äußeren Form und der relativ starken Sprengladung, mindestens dasselbe oder erheblich mehr, als alle Geschosse der glatten Geschütze.

g) Gegen lebende Ziele leisten die Granaten der gezogenen Geschütze, besonders wenn sie mit einem Aufschlagzünder versehen sind, bedeutend mehr, als die Vollkugeln oder Granaten der glatten Geschütze, selbst unter günstigen Verhältnissen.

h) Die Größe der bestrichenen Räume der Granaten der gezogenen Geschütze ist denen der Geschosse der glatten Geschütze bis 800 M. unterlegen, darüber hinaus überlegen.

i) Abgesehen von den, um 1500 M. bis 2500 M. größeren Totalschußweiten der gezogenen Geschütze, ist für die Granate allein mit Bezug auf Trefffähigkeit, die Grenze der mit Vortheil anwendbaren Gebrauchsschußweiten um 700 bis 1000 M. über die der Einzelgeschosse der glatten Geschütze weitert worden, während die Vermehrung der, für eine schnelle Entscheidung anwendbaren Entfernungen 600 bis 800 M. beträgt.

k) In Folge der gesteigerten Trefffähigkeit leisten die gezogenen Kanonen auf 1000 M. noch mehr, als die glatten auf 400 M., und auf 3000 M. dasselbe, wie diese auf 1200 M.[15] Sie leisten auf 900 M. das doppelte, auf 1200 M. das 4fache der glatten Kanonen und bei unbekannten Entfernungen schon auf 800—900 M. das 4fache der letzteren.[16]

l) Die Grenze für die Anwendung des Schrapnelschusses ist bei den gezogenen Geschützen um wenigstens 600—900 M. gegen die der glatten erweitert worden.

m) Wenn in der Gesammtwirkung (lebendige Kraft der Kugeln, Trefferzahlen) der Schrapnelschuß der glatten Geschütze allenfalls bis 750 M. mit dem der gezogenen concurriren kann, so ist darüber hinaus die Ueberlegenheit der letzteren zweifellos.[17] Es darf angenommen werden, daß sie im Durchschnitt auf 1500 M. noch so viel leisten, als die ersteren auf 750—900 M.

n) Für den Kartätschschuß der gezogenen Geschütze ist die Gebrauchsgrenze gegen früher um 100—150 M. eingeschränkt worden. Innerhalb der Gebrauchs-Entfernungen steht seine Wirkung gegen die der glatten Geschütze kaum zurück, und ist sie für die jetzigen Zwecke ausreichend.

o) Die gezogenen Geschütze haben demnach durch den Granat- und Schrapnelschuß sich eine sehr bedeutende, über der Gebrauchsgrenze der glatten Geschütze (1200 M.) liegende Zone für ihre Wirksamkeit errungen, und in dieser Zone ist ihre Wirkung in Folge der eigenthümlichen Wirkung der Granate und der gesteigerten Schrapnelwirkung vielfach erheblich intensiver, als die der glatten Geschütze unter der erwähnten Grenze von 1200 M. war. Eine besondere Steigerung der Intensität der Wirkung ist aber noch dadurch erreichbar, daß vermöge der großen Schußweiten, die Herstellung eines wirklich concentrischen oder Kreuzfeuers auf vielen Punkten des Gefechtsfeldes, und in absolut wie relativ größerer Entfernung vom Geschütz möglich ist, als bei den glatten Geschützen ausführbar war.

p) Die vorgenannten Verhältnisse bedingen die Eröffnung des Gefechts auf 2—3fach größeren Entfernungen, als bisher und sind geeignet, die Entscheidung des Gefechts auf einer Entfernung zu geben, auf der die Wirkung des glatten Geschützes überhaupt aufhört.

q) Die Zone, in welcher der Kampf durchgeführt wird, ist also gegen früher bedeutend hinausgeschoben. Sie ist aber auch ausgedehnter in sich, d. h. tiefer als bisher, so daß der Artillerie zur Durchführung des Kampfes absolut mehr Zeit als früher zu Gebote steht, denn der Gegner gebraucht mehr Zeit zum Durchschreiten jener Zone. Bevor er da ankommt, wo er durch Gewehrfeuer die Artillerie ernstlich gefährden kann, wird er schon so geschwächt sein, daß der Angriff keine Aussicht auf Erfolg mehr hat.

r) Durch die gezogenen Geschütze ist daher thatsächlich das Mißverhältniß ausgeglichen worden, welches durch die einseitige Ausrüstung der Infanterie mit gezogenen Waffen hervorgerufen war. Es läßt sich sogar behaupten, daß die durch jene erreichten Vortheile von höherer Bedeutung, als die durch die gezogenen Gewehre erlangten sind, denn der Einfluß der Geschütze auf die Raum- und Zeit-Verhältnisse des Gefechts ist viel ausgedehnter, als der der letzteren.

s) Wenn diese Annahme richtig ist, wird das Werthverhältniß der Artillerie in der Armee als gestiegen zu betrachten, und eine Vermehrung der Artillerie geboten sein.

II. Die Beweglichkeit.

1. Die Zweckmäßigkeit der Construction.

In dieser Beziehung repräsentiren die neuen Geschütz-Systeme einen Fortschritt gegen die glatten Geschütze, da sie mit Benutzung aller von der neueren Technik gebotenen Hilfsmittel hergestellt worden sind.

Für die preußische Artillerie sei hier nur die Annahme der Gußstahlachsen mit dünneren Achsschenkeln, die besondere Construction der Naben zur Verminderung der Achsreibung u. s. w. erwähnt.

2. Das absolute Gewicht der Geschütze.

Die schon früher berührte erhebliche Herabsetzung der Ladungsquotienten mußte zu einer Verminderung der todten Last führen. Die dadurch bedingte Verminderung der Rohrgewicht beträgt bei dem

	schweren	leichten
	Kaliber	
in Oesterreich	272 Kil.	69,5 Kil.
in Rußland	184 Kil.	41 Kil.
in Preußen	396 Kil.	98,5 Kil.

Die Rohrgewichte betragen bei den leichten Kalibern das 72,6fache (Oesterreich) bis 100fache (Schweiz) des Granatgewichts; bei den schweren Kalibern das 62,6fache (Preußen) bis 84,9fache (Schweiz).

Für die Totalgewichte der Geschütze sind bei den, in den verschiedenen Systemen herrschenden, großen Unterschieden Mittelzahlen nicht zu bestimmen. Ein Maßstab zur Beurtheilung der eingetretenen Erleichterung läßt sich nur aus dem directen Vergleich der Gewichte der glatten und gezogenen Geschütze jedes Systems gewinnen.

Bei den schweren Geschützen war eine erhebliche Erleichterung eingetreten, in Preußen z. B. 381 Kil. Bei den leichten war theilweise eine Vermehrung eingetreten (Oesterreich und Rußland).

In Preußen hatte eine Gewichts-Verminderung um 139,5 Kil.
stattgefunden. Der französische 4Pfdr. war 600 Kil. leichter, als
der alte 8Pfdr.

Die auf das Pferd fallenden Lasten, welche von der Bespannung abhängig sind, wurden durch die Fortschaffung einer größeren
Zahl von Mannschaften auf dem Geschütz selber, gegen früher nicht
unerheblich vermehrt. Es darf aber nicht vergessen werden, daß
dieses Mehr an Mannschaften früher großentheils auf die Handpferde kam, wodurch die Bewegungsfähigkeit des Geschützes entschieden
mehr beeinträchtigt wurde, als bei den neueren, reinen fahrenden
Artillerien.

Bei dem preußischen Systeme betrugen die Lasten pro Pferd
beim glatten 6Pfdr. 328,7 Kil. (mit 3 Mann), beim gezogenen
8 Cm. 324 Kil. (mit 5 Mann); beim glatten 12Pfdr. 314 Kil.
(mit 3 Mann), beim gezogenen 9 Cm. 368,5 Kil. (mit 5 Mann),
beim kurzen 12Pfdr. 333 Kil. (mit 3 Mann).

Es läßt sich hieraus, in Verbindung mit den vorerwähnten
Faktoren, das der Beweglichkeit günstigere Verhältniß beurtheilen.

Für die 8 Cm. Kanone war es sehr bedeutend. Bei der
eigenthümlichen Entwickelung, die dieses Geschütz nahm, kann man
sogar sagen, daß es für eine Bespannung von 6 Pferden zu leicht
construirt war. Seine hohe Beweglichkeit wurde durch das relativ
hohe Protzgewicht beeinträchtigt, welches beim preußischen Systeme
überhaupt hoch war, wozu die Ursache in der starken Munitions
Ausrüstung lag.

Die preußische 9 Cm. Kanone muß, als der Grenze eines
6spänners schon sehr nahe stehend erklärt werden.

Zu erwähnen ist, daß der Gewichts-Unterschied zwischen dem
schweren und leichten Geschütz gegen früher bedeutend vermindert
worden, indem er von 537 Kil. auf 263 Kil. gesunken ist. Das
leichte Geschütz hat sich in der Wirkung, wie im Gewicht, dem
schweren gegen früher erheblich genähert.

3. Das Verhältniß der Zahl der schweren, zu der der
leichten Geschütze.

Das Verhältniß änderte sich überwiegend zu Gunsten der
schweren Geschütze.

In Preußen war die Ausrüstung nach vollständiger Einführung der gezogenen Geschütze $^2/_5$ schwere und $^3/_5$ leichte (incl. reitende) Geschütze.

In Oesterreich, nach der Organisation von 1863, $^3/_{11}$ schwere $^8/_{11}$ leichte Geschütze.

In Frankreich $^1/_5$ schwere, $^4/_5$ leichte.

In den deutschen Artillerien waren überall verhältnißmäßig viel schwere Geschütze. (Vergleiche das Kapitel über die Organisation).

Wird, unter gleichzeitiger Berücksichtigung der todten Lasten und der Wirkung der gezogenen Geschütze, die Leistungsfähigkeit derselben mit der der entsprechenden glatten Geschütze verglichen, so ergiebt sich, daß die ersteren, wie man sehr bezeichnend ausgesprochen hat „mit der größten Oekonomie der Kräfte arbeiten" und daß hierbei am höchsten die Hinterlader stehen.

Viertes Kapitel.

Die Ansichten über den Werth, die Wirkung und Beweglichkeit der gezogenen Feld-Geschütze.

1. Der Werth der gezogenen Feld-Geschütze.

Wenn in der vorigen Periode, vor wirklicher Einführung gezogener Feld-Geschütze Vorurtheile gegen dieselben herrschten, so war dies erklärlich und verzeihlich. Nachdem die Einführung erfolgt war und zu Anfang der sechsziger Jahre, die soeben besprochenen Verhältnisse der Wirkung und Beweglichkeit der neuen Geschütze großentheils bekannt waren, konnte der erhebliche Fortschritt, den dieselben gegen die glatten Geschütze repräsentirten, keinem Zweifel mehr unterliegen. Berechtigt waren nunmehr höchstens noch die, aus der nicht genügenden Erkenntniß des Wesens der neueren Taktik entspringenden Zweifel und Diskussionen über den Umfang, in welchem die glatten Geschütze durch gezogene ersetzt werden konnten oder mußten.

Der heftige, innerhalb der preußischen Artillerie geschlagene Kampf drehte sich nur um diese Frage. Keinem Offizier fiel es ein, nachdem er die Wirkung der gezogenen Kanonen auf dem Schießplatze kennen gelernt, dieselben gänzlich zu verwerfen. Allein es sollte doch nicht ganz an Leuten fehlen, welche ihren eigenen Weg wandelten, gegen das Urtheil der Gesammtheit direct Front machten und die gezogenen Feld-Geschütze rundweg verdammten.

Es könnte heute angemessen erscheinen, aus der Entwickelung der gezogenen Geschütze eine Episode unberührt zu lassen, deren Verlauf die Militair-Literatur-Zeitung sehr treffend als „wüste literarische Bewegung" bezeichnet hat. Allein für den Geschichts-schreiber ist es nicht zulässig einen wirklich „kolossalen Irrthum" mit Stillschweigen zu übergehen, der eine Zeit lang sogar sich ein gewisses Gebiet wieder eroberte, und dessen Kenntniß für die Zu-kunft als warnendes Beispiel dienen kann.

An der Spitze dieser Bewegung stand der frühere sächsische Artillerie-Offizier Streubel, welcher unter dem Namen Arkolay eine Reihe von Schriften veröffentlichte, von denen die letzten nur noch Pamphlete genannt werden können.

Nachdem Streubel schon früher absprechend über die gezogenen Kanonen geurtheilt, erschien von ihm 1861 eine anonyme Broschüre: „Gezogene Geschütze; kritische Untersuchungen über ihre Vorzüge und Nachtheile," deren Inhalt sich in folgenden Urtheilen resumiren läßt:

„Da es keinen guten Distancemesser giebt, so ist das gezogene Geschütz nur von bedingtem Werthe. Der Granat-Schuß desselben ist zweifelhaft; der Schrapnelschuß ist dem des glatten Geschützes unterlegen; Rollschuß fehlt. Der Percussions-Zünder ist ein Uebelstand. Die Handhabung der Geschosse ist gefährlich, das Laden complicirt. — Das System ist wenig dauerhaft."

Diese fast durchweg nur auf subjectiver Anschauung beruhenden Einwürfe fand man damals sich veranlaßt, zu widerlegen. Im Journal des armes spéciales 1861 sagte der Recensent des Streubel'schen Buches: die Sache sei so schlimm nicht, wie dieser meine. Man schöße auch mit Hohlgeschossen ganz gut, und der hohe Bogenschuß der gezogenen Kanonen sei so wirksam, daß man daran denke, die Haubitzen ausscheiden zu lassen."

Streubel indeß schien sich als den durch eine höhere Macht berufenen Vertheidiger der glatten Geschütze zu betrachten. Als er 1863 in der Allgemeinen Militair-Zeitung das Buch von Rutzky: „Die Einrichtung und Construction der gezogenen Geschütze" recen-sirte, sagte er:

„Die Artillerie könnte getrost den höchsten Preis zahlen, wenn sie schon in diesem Augenblicke müßte, was von den gezogenen Geschützen zu halten sei. Die Friedens-Resultate sind sehr bescheiden. Es wird mit den gezogenen Geschützen ungeheurer Schwindel getrieben; sie sind Mode. Es wird aber eine Zeit kommen, wo ganze Massen gezogener Geschütze in den hintersten Winkel der Zeughäuser wandern werden!"

Nachdem die Kriege von 1864 und 1866 das gänzliche Ausscheiden der glatten Geschütze aus der Feld-Artillerie zur unbedingten Nothwendigkeit gemacht hatten, blieb Streubel unverändert bei seinen Ansichten und ging nun darauf aus, den Werth der gezogenen Geschütze allein nach der Wirksamkeit des Kartätschschusses zu bemessen.

Anhänger seiner Ansichten, besonders heimliche, fehlten ihm nicht.

Im spanischen Memorial de Artilleria wurde 1862 als Zukunft des preußischen 9 Cm. Geschützes das Museum prophezeit.

Neben den absolut negirenden Urtheilen sind diejenigen zu erwähnen, welche den gezogenen Geschützen zwar etwas Positives zuerkannten, aber die Ausbeutung desselben für das Feld bezweifelten. So hieß es im Journal des armes spéciales 1861. „Die Jülicher Versuche haben bewiesen, daß das preußische Geschütz sich wohl für die Festungen, weniger aber für das Feld und gar nicht für die reitende Artillerie eignet."

Im Journal de l'armée belge wurde 1862 bemerkt, man habe sich geirrt, wenn man glaubte, es könne künftig nur gezogene Kanonen geben. Dieselben seien eigentlich nur eine verbesserte Haubitze.

Neben den matten, halben, der positiven Grundlage entbehrenden Urtheilen, ist in besonderem Grade hervorstechend ein Aufsatz im Archiv von 1862:

„Ueber den Werth des gezogenen Feld-Geschützes dem glatten, und namentlich dem kurzen 12Pfdr. gegenüber," vom damaligen Hauptmann Himpe. Gestützt auf Versuchs-Resultate und auf ein anerkannt klares Urtheil, untersuchte der Aufsatz, ob der kurze 12Pfdr. als glattes Geschütz noch Berechtigung für das Feld hatte. Er führte aus, daß dieses Geschütz nur eine Wirkungssteigerung des leichten Feld-Geschützes angestrebt habe und es nachträglich fälschlich in die Concurrenz mit dem gezogenen Feld-Geschütz hineingezogen sei. Der kurze 12Pfdr. werde aber selbst von dem anerkannnt mangelhaften französischen gezogenen

4 Pfbr. an Wirkung übertroffen; mit dem preußischen 9 Cm. Geschütz könne er gar keinen Vergleich aushalten. Seine Abschaffung sei unabweißbare Nothwendigkeit. Die gezogene 9 Cm. Kanone müsse an seine Stelle als Reserve-Geschütz; die 8 Cm. Kanone für die reitende Artillerie eintreten.

Dieser Aufsatz hat zu seiner Zeit die Klärung der Ansichten wesentlich gefördert.

Aehnliche Ansichten hatte schon 1861 die Militair-Literatur-Zeitung ausgesprochen, welche 1863 noch entschiedener verlangte: „Aus der Feld-Artillerie müssen alle glatten Geschütze ausscheiden." Die Ansicht erhielt durch den Krieg von 1864 viele neue Anhänger.

Der Hauptkampf drehte sich indeß noch um die Frage, in wieweit im neuen Systeme einerseits die Wirkung, andererseits die Beweglichkeit auszubeuten sei, und ob dies in einem oder in 2 Kalibern geschehen solle.

2. Die Wirkung.

Zum vollen Verständniß dieses Kampfes in der preußischen und in den meisten deutschen Artillerien, möge man sich erinnern, daß am Schlusse der vorigen Periode das Streben nach großer Wirkung ganz überwiegend zur Herrschaft gelangt war.

Nachdem nunmehr der kurze 12 Pfbr. als ein sogar für die reitende Artillerie völlig bewegliches Geschütz erklärt worden, schwankte man nicht, das kaum 1½ Centner schwerere gezogene 9 Cm. Geschütz in gleichem Sinne anzusehen, die gesteigerte Wirkung desselben als einen reinen Gewinn anzunehmen und davon Nichts zu opfern.

Die absolute Geschoßwirkung des Geschützes war gleichbedeutend mit einer über den glatten 12 Pfbr. hinausgehenden Kaliber-Steigerung. Die so lang begehrte wirksamere Artillerie war in dem Geschütz gegeben. Das nächste, unbedenklich zu stellende, Verlangen war der Ersatz der Feld-12 Pfbr. und der noch vorhandenen glatten 6 Pfbr. durch die 9 Cm. Kanone. Dieses Verlangen sprach schon 1859 die Allgemeine Militair-Zeitung (Nr. 59) für den ganzen deutschen Bund aus.

Die Militair-Commission des deutschen Bundes beschloß indeß

1861 die Einstellung des preußischen 9 Cm. Geschützes im Verhältniß von ¼ zur gesammten Geschützzahl.

Die diesem Geschütz günstige Strömung blieb besonders so
lange unverändert, als für die 8 Cm. Kanone die Bespannung
von nur 4 Pferden beabsichtigt wurde, da hierbei die Beweglichkeit
keine überlegene war. Diejenigen in dieser Richtung sich bewe-
genden Urtheile, welche ausschließlich gezogene Feld-Geschütze verlangten, kamen folgerichtig zu dem Schluß, die 9 Cm. Kanone
müsse Einheits-Geschütz werden.

So sprach Schmölzl[18] sich schon 1860 für ein 9 Cm. Einheits-Geschütz, aber nach Whitworth, mit polygonaler Bohrung aus.
Das preußische Geschütz hielt Schmölzl für zu schwer.

Die Militair-Literatur-Zeitung verlangte 1861 die preußische
9 Cm. Kanone als Einheits-Geschütz, nachdem für dieselbe die
Möglichkeit des hohen Bogenschusses constatirt worden, und mit
Bezug darauf, daß sie fast ebenso beweglich wie die 8 Cm. Kanone
mit 4 Pferden sei.

Am Entschiedensten und Ueberzeugendsten dafür trat eine kleine,
1864 erschienene Schrift ein: „Das preußische gezogene 6Pfbr.-
Gußstahlgeschütz, als Einheitsgeschütz der Feld-Artillerie."

Der Verfasser meinte die ausschließliche Annahme gezogener
Feld-Geschütze sei bisher gescheitert an ihrer stark gekrümmten
Flugbahn und an der unzureichenden Kartätschwirkung. Alle
anderen Mängel seien Nebensache. Die weiteren Deduktionen sind
wesentlich Folgende:

„Die gezogenen Geschütze berücksichtigen alle artilleristischen
Forderungen überraschend gut. Die Benutzung der Granaten weist
vornehmlich auf das größere Kaliber, welches die Vortheile des
Systems überhaupt am Meisten besitzt. — Zu Gunsten der Beweglichkeit zu kleine Kaliber anzunehmen, ist ein Fehler. Die
Batterien brauchen jetzt im Gefecht weniger Bewegungen, als
früher zu machen, daher ist weniger Beweglichkeit nothwendig.

„In der Wirkung übertrifft der gezogene 6Pfbr. den glatten
12Pfbr.; der kurze 12Pfbr. blendet nur durch seine Schußtafel.

„Der noch unwirksame Kartätschschuß des gezogenen Geschützes
macht vorläufig die Beibehaltung jenes Geschützes nothwendig.
Daß die gezogenen Geschütze den Nahkampf scheuen müssen, schadet
der Ehre der Waffe.

Nach allem Diesem ist der gezogene 6Pfdr., als das beste aller gezogenen Feld-Geschütze, als Einheits-Geschütz anzunehmen. Alle dem französischen 4Pfdr. ähnlichen Systeme sind sehr unvollkommen und dazu nicht geeignet.

„Aber der gezogene 6Pfdr. muß noch eine rasantere Flugbahn und einen kräftigeren Kartätschschuß erhalten."

Der Verfasser construirt dazu einen besonderen Kammerverschluß, um starke Ladungen anwenden zu können, und einen besonderen Kartätschzünder, durch welchen die bisherigen Aufschlag-Schrapnels in vortheilhafter Weise 15 bis 22 M. vor der Mündung zum Crepiren gebracht und somit als Kartätschen wirksam werden sollen.

Es würde zu weit führen, auf die sehr verständigen Ansichten und Vorschläge hier näher einzugehen. Der Verfasser vertrat damit einen Standpunkt, der augenblicklich erst zu erhöhter Bedeutung gelangt.

Der Recensent dieser Schrift in der Allgemeinen Militair-Zeitung widersprach den Ansichten des Verfassers, indem er das 9 Cm.-Geschütz für zu schwer, die 8 Cm.-Kanone allerdings für zu wenig wirksam erklärte.

3. Die Beweglichkeit.

Das Princip der höchsten Beweglichkeit setzte sich mit der Construction des 8 Cm. Geschützes in Scene.

Trotz seiner allgemein anerkannten Vorzüge als Manövrir-Geschütz, erkannten die Vertreter der Wirkung ihm keine Existenz-Berechtigung zu, indem sie die Nothwendigkeit einer so hohen Beweglichkeit läugneten. Die Vertheidiger dieses Elements hielten dasselbe hingegen für so wichtig, daß sie nach der ungünstigen Abstimmung über dieses Geschütz in Preußen 1862 scharf hervorhoben, das Geschütz müsse gehalten und verbessert werden, sonst falle die fahrende Artillerie überhaupt. Die Allgemeine Militair-Zeitung bemerkte 1863 dazu: „Das Geschütz ist nicht ganz vorurtheilsfrei beurtheilt worden. Die älteren Artilleristen, welche die Abschaffung der Haubitzen und 12Pfdr., vielleicht der ganzen reitenden Artillerie fürchteten, haben sich gegen die 8 Cm. Kanone ausgespochen. Das Geschütz ist doch den glatten 6Pfdrn. entschieden vorzuziehen."

Wurde die Frage so gestellt: „Ist die hohe Beweglichkeit des 8 Cm. Geschützes für das Feld erwünscht oder nothwendig?", so war sie nach folgenden Gesichtspunkten zu beurtheilen.

Die Beweglichkeit des leichten Kalibers war in Preußen und auch in anderen Artillerien der des schwereren nicht unerheblich überlegen. Sollte dieser Vortheil von der Hand gewiesen werden, wenn das leichte Geschütz in der absoluten Wirkung seiner Granaten und Schrapnels der der gleichnamigen Geschosse des kurzen 12 Pfdrs. mindestens gleichkam? Man muß zugeben, die Annahme war hiernach wünschenswerth. Sie war aber auch in gewissem Grade nothwendig.

Ohne Zweifel war die Taktik viel beweglicher geworden. Sie verschmähte kein Terrain mehr zum Kampfe. Den neuen, weittragenden, schnell feuernden Gewehren gegenüber waren für die Artillerie schnellere Bewegungen öfter als bisher nöthig. Die Beweglichkeit erlangte mithin einen höheren Werth, und ein beweglicheres Geschütz hatte seine Berechtigung. Die Taktiker verlangten demnach mit Recht das Maximum der Beweglichkeit, wenn dasselbe bei ausreichender Wirkung zu haben war.

Die Gegner der größtmöglichen Beweglichkeit meinten dagegen, auch eine weniger bewegliche Artillerie werde immer rechtzeitig zur Hand sein, wenn sie nur die richtige Stellung in der ordre de bataille erhielte. Auf dem Schlachtfelde selber verböten sich schnelle Bewegungen meist von selber, in Folge der Bodenbeschaffenheit u. s. w. Auch bewege man sich da nicht meilenweit in schnellen Gangarten; zwischen den einzelnen Bewegungen lägen immer längere Pausen, so daß die Pferde neue Kräfte sammeln könnten. Hiernach sei der Werth der großen Beweglichkeit nicht zu hoch anzuschlagen, und dieselbe sei zu verwerfen, wenn dafür ein viel wirksameres Geschütz mit ausreichender Beweglichkeit geopfert werden müsse.

Die sich langsam entwickelnde Erkenntniß der von der modernen, sehr beweglichen Taktik an die Artillerie gestellten gesteigerten Anforderungen verschaffte dem Princip der großen Beweglichkeit endlich in der Annahme des 8 Cm. Geschützes den Sieg. Je mehr die Truppe die Vorzüge dieses leichten Geschützes durch die Erfahrung kennen lernte, desto günstiger wurde sie für dasselbe gestimmt. An diesem Geschütze trat es klar zu Tage, wie der Werth desselben vornehmlich von taktischen Gesichtspunkten zu beurtheilen ist. Die richtige Würdigung des Geschützes war eine unmittelbare Folge von geläuterten taktischen Anschauungen.

Fünftes Kapitel.

Die reitende Artillerie.

Weit mehr als für die Fuß-Artillerie, concentrirte sich für die reitende der Kampf in der Bewaffnungsfrage. Die Grundirrthümer, welche den naturgemäßen Gang beeinträchtigten und der reitenden Artillerie zeitweise völlig den Boden entzogen, waren die Ueberschätzung der Bedeutung des Kartätschschusses und die Annahme, ein gezogenes Geschütz sei ungeeignet für die reitende Artillerie. Das Kriterium für den Werth und den Gebrauch dieser Waffe wurde anfänglich immer noch im kühnen Heranfahren nahe an den Feind und im schnellen entscheidenden Kartätschfeuer gesucht. Man hatte sich in diese Anschauung so hineingelebt, daß gar keine rechte Diskussion über die Möglichkeit dieser artilleristischen Offensive nach Einführung der gezogenen Gewehre eröffnet wurde. In der Literatur finden sich kaum Andeutungen davon. Es war allerdings ein sehr unangenehmes Thema. Wurde der Werth des Kartätschschusses verneint, so war die reitende Artillerie nach der obigen falschen Voraussetzung in Frage gestellt.

Wie erwähnt, verlangte die Artillerie-Prüfungs-Commission Anfang 1859 für die reitende Artillerie den kurzen 12Pfdr. Dieses Verlangen wiederholte sie in mehreren Berichten 1861 und 1862. Energisch kam sie in dem Ende 1862 erstatteten Berichte über die 8 Cm. Kanone darauf zurück.

Als dann, im Anschluß an das Programm der Organisations-Commission, der kurze 12Pfdr. angenommen wurde, hatte merkwürdigerweise einmal bei der reitenden Artillerie das Princip der Wirkung den Sieg über das der Beweglichkeit davongetragen. Dieser momentane Erfolg war allerdings zum Theil durch den Umstand herbeigeführt, daß die 8 Cm. Kanone noch nicht fertig war und mit der Neubewaffnung der reitenden Artillerie nicht länger gezögert werden durfte. Die Reaktion blieb nicht lange aus. Die Kartätschoffensive wurde mehr und mehr als eine Chimäre erkannt, und die Annahme eines gezogenen Geschützes für die reitende Artillerie für nöthig erachtet. In dem aufgestellten Programm war die Annahme der 8 Cm. Kanone für die reitende Artillerie nicht absolut verworfen worden.

Als nach den Versuchen von 1861 die Brauchbarkeit dieses Geschützes für das Feld nicht mehr zweifelhaft war, nahm das Kriegs-Ministerium dasselbe in den neuen Plan für die Organisation für die Artillerie auf und stellte die Annahme desselben für die reitende Artillerie in Aussicht.

Die General-Inspection der Artillerie, die den kurzen 12Pfdr. entschieden für die reitende Artillerie als zu schwer, seine Bedienung als zu complicirt, sein Munitionsquantum als zu gering erachtete, verlangte dagegen im Januar 1862 für die reitende Artillerie den Beibehalt des 6Pfdrs.

Bei der Abstimmung der Artillerie-Offiziere Ende 1862 sprachen sich, wie oben erwähnt, 8 Stimmen für die 8 Cm. Kanone für die reitende Artillerie aus. Das war immerhin ein Anfang zur Wandelung. Dieselbe nahm mit der richtigen Erkenntniß der großen Vorzüge der erhöhten Beweglichkeit langsam zu. Aber auch andere Consequenzen wurden aus der großen Leichtigkeit der 8 Cm. Kanone gezogen. Die Gegner der reitenden Artillerie warfen die Frage auf, ob durch die fahrenden 8 Cm. Batterien die reitende Artillerie nicht ganz oder theilweise zu ersetzen sei? Diese Frage fand die allgemeinste Diskussion und wurde vielfach, besonders mit Rücksicht auf die nur illusorische Offensivkraft bejaht, die die reitende Artillerie aus dem Kartätschschuß zu schöpfen gedachte.

Folgende Urtheile hierüber traten in der Literatur auf. In der Allgemeinen Militair-Zeitung 1862, bei Besprechung der Cabinets-Ordre vom 1. Mai 1862, durch welche die veränderte Organisation der Artillerie angeordnet und die Bewaffnung der reitenden Artillerie noch offen gelassen wurde, hieß es: „Die reitende Artillerie wird durch die 8 Cm. Kanone in Frage gestellt."

In ähnlicher Weise sprach sich dieselbe Zeitung 1863 in einem Artikel aus: „Einige Worte über die reitende Artillerie." — „Auf dem Schlachtfelde kann die reitende Artillerie nicht mehr leisten, als die fahrende. Bisher war ihr Vorzug der, im Kriege größere Strecken schnell zurücklegen zu können, was nun die fahrende Artillerie auch kann; daher ist jene abzuschaffen."

Das waren Urtheile, die in weiten Kreisen erwogen wurden und an entscheidender Stelle schon früh Beachtung fanden.

Das Kriegs-Ministerium warf 1861 bei Aufstellung des Entwurfs für die neue Organisation die Frage auf, ob nach Einführung des 8 Cm. Geschützes in die Fuß-Artillerie, bei der daburch bedeutend gesteigerten Beweglichkeit, die reitende Artillerie nicht vermindert werden könne?

Die General-Inspection verneinte 1862 diese Frage, indem sie die reitende Artillerie bei der Reserve für unentbehrlich ansah.

Die reitende Artillerie sah sich bei dieser Sachlage in ihrer Existenz bedroht. So wenig sie sich gegen die Vortheile der eminenten Leichtigkeit der 8 Cm. Kanone verschließen konnte und so gerne sie das Geschütz aus diesem Grunde acceptirt hätte, so glaubte sie in ihm doch in jedem Falle einen großen Feind erblicken zu müssen, der in den fahrenden Batterien ein gefährlicher Concurrent werden konnte. Mit einer gewissen Bitterkeit wurde nun der Kampf gegen die 8 Cm. Kanone geführt. Auf's Schärfste wurde ihr ungenügender Kartätschschuß angegriffen, der des kurzen 12Pfbrs. hingegen möglichst gelobt und das Phantom der Kartätsch-Offensive hartnäckig weiter verfolgt. Namhafte höhere Offiziere traten mit ihrem ganzen Wissen und Können gegen die 8 Cm. Kanone und für den kurzen 12Pfbr. ein. Die große Menge der reitenden Artilleristen jubelte darüber. Mit den hochgespanntesten Hoffnungen zogen 1866 die meisten Batterie-Chefs der reitenden Artillerie in den Krieg. Sie gedachten den alten Nimbus der Offensive der reitenden Artillerie zu erneuen und sollten in beklagenswerther Weise enttäuscht werden.

Mit Einführung des kurzen 12Pfbrs. war die Bewaffnungsfrage der reitenden Artillerie aber nur vertagt. Bei der Vorstellung des Modell-8 Cm. Geschützes am 4. April 1864, sprach Seine Majestät der König schon aus, die Möglichkeit, die reitende Artillerie ebenfalls mit diesem Geschütz zu bewaffnen, dürfe nicht aus den Augen gelassen werden. Im Verfolg dieses Ausspruchs befahl das Kriegs-Ministerium, sobald das Material disponibel war, im Januar 1865 die Ausrüstung einer reitenden Batterie per Regiment mit 8 Cm. Geschützen zum Exerzir-Gebrauch.

Das General-Artillerie-Comité, dem die Bewaffnungsfrage zur Entscheidung vorgelegt wurde, sprach sich im März 1865 für die Bewaffnung der reitenden Artillerie mit einem leichten gezogenen

Feld-Geschütz aus. Damit wurde der Standpunkt jener, auf den Kartätschschuß basirten Offensive aufgegeben und zugleich anerkannt, daß die reitende Artillerie in Betreff der sonstigen Wirkung der Fuß-Artillerie ebenbürtig bleiben müsse.

Die General-Inspection trat diesem Beschlusse in sofern bei, als sie die gezogene 9 Cm. Kanone für die reitende Artillerie vorschlug.

Das Kriegs-Ministerium entschied sich indeß nur für eine Prüfung des 8 Cm. Geschützes. Bevor die Sache zum Austrag kam, brach der Krieg von 1866 aus, welcher die Frage auf dem Schlachtfelde entschied. Durch Allerhöchste Cabinets-Ordre vom 6. November 1866 wurde die Einführung des 8 Cm. Geschützes für die reitende Artillerie angeordnet; sie sollte mit der größten Schleunigkeit durchgeführt werden.

Auf diese Weise gewann die reitende Artillerie ihre natürliche Grundlage, d. h. ihre hohe Beweglichkeit und Manövrirfähigkeit wieder. Als ein Beweis, daß hierin ihre Stärke zu suchen sei, mögen auch die Schlußfolgerungen gelten, welche Strotha in seinem Buche über die reitende Artillerie aufstellte, nämlich: „Die beste fahrende Artillerie kann es bei der Belastung der Geschütze in ausdauernder Schnelligkeit der reitenden Artillerie nicht gleich thun; sie kann nicht so präcis und sicher manövriren, da sie mehr von der Mannschaft abhängig ist; die Bedienungs-Mannschaft gewährt ihr nicht den gleichen Schutz, daher kann sie weniger wagen."

Als Vorbedingung für die Bildung einer tüchtigen reitenden Artillerie verlangte Strotha: Trennung von der Fuß-Artillerie, Bespannung von 6 Geschützen pro Batterie im Frieden, besondere Organisation und Unterstellung unter einen besonderen Inspecteur.

Sechstes Kapitel.

Organisation, Stärke-Verhältniß der Artillerie in der Armee, Ausbildung, Vertheilung in der Ordre de bataille.

1. Die Friedens-Organisation.

Die Organisations-Veränderungen dieser Periode sind fast alle durch die Bewaffnung der Artillerie mit gezogenen Geschützen und die damit zusammenhängende Herabsetzung der Geschützzahl der Batterien von 8 auf 6 Geschütze bedingt worden.

Preußen. Die Organisations-Veränderungen, welche durch die Einführung der gezogenen Geschütze successive herbeigeführt wurden, sind schon theilweise besprochen und sollen hier im Zusammenhange angegeben werden.

Nachdem die ersten gezogenen 6Pfdr. fertig waren, wurden durch Allerhöchste Cabinets-Ordre vom 31. Januar 1860 drei 12pfdg. Batterien durch gezogene 6pfdg. à 6 Geschütze ersetzt.

Unter dem 2. Juli 1860 wurde die neue Organisation der Feld-Artillerie wie folgt befohlen.

Das Regiment wird formirt zu 3 Fuß-Abtheilungen zu 3 Batterien, (1 12pfdg., 1 gezogene 6pfdg., 1 Haubitz-Batterie) zu 8 Geschützen; 1 reitende Abtheilung zu 3 Batterien, (glatte 6Pfdr.)

Diese Formation sollte mit dem 1. Oktober 1860 eintreten.

Auf Grund der Vorschläge der Organisations-Commission vom Januar 1861 und nach Abschluß der Construction des kurzen 12Pfdrs., trat durch Allerhöchste Cabinets-Ordre vom 1. Juni 1862 folgende Organisation ein: „Das Regiment wird im Kriege formirt aus: 12 Fuß-Batterien zu 6 Geschützen, 6 reitenden Batterien zu 4 Geschützen."

Die Fuß-Batterien waren 4 gezogene 9 Cm., 4 kurze 12Pfdr. und vorläufig 3 Haubitz-Batterien, diese zu 8 Geschützen.

„Der glatte 6Pfdr. und die Haubitzen scheiden nach Abschluß der 8 Cm. Construction aus. Ebenso bleibt bis dahin vorbehalten, ob die reitende Artillerie den kurzen 12Pfdr. oder die 8 Cm. Kanone erhält. Mit Einführung der 8 Cm. Kanone tritt diese neue Formation definitiv ein."

Zu der eigenthümlichen Formation der reitenden Batterien zu 4 Geschützen ist zu bemerken, daß auf Allerhöchsten Befehl im März 1862 eine Commission aus höheren Offizieren gebildet wurde, welche berathen sollte, welche Vor- und Nachtheile es habe, die reitende Artillerie im Frieden in 3 Batterien zu 4, im Kriege in 6 Batterien zu 4 zu formiren?

In der Commission entschieden sich 4 Stimmen für die Kriegs-Formation zu 6 Geschützen, 3 Stimmen sprachen sich für die zu 4 Geschützen aus. Jene betonten, es sei durchaus nicht rathsam, die reitende Artillerie bei der Mobilmachung zu theilen und nur je 2 Geschütze zum Stamm einer Batterie zu machen. Eine Batterie von 4 Geschützen besitze überhaupt zu geringe Wirkungsfähigkeit. Die letzteren Stimmen, welche den Sieg davon trugen, hoben besonders die große Beweglichkeit und Handlichkeit einer nur zu 4 Geschützen formirten Batterie hervor.

Die General-Inspection hatte sich, Januar 1862 auch gegen die Formation der Fuß-Batterien zu 6 Geschützen ausgesprochen und dabei die schlechte taktische Gliederung einer solchen hervorgehoben.

Im Februar 1863 wurde die Bewaffnung der reitenden Artillerie mit kurzen 12Pfdrn. befohlen.

Durch Allerhöchste Cabinets-Ordre vom 28. Mai 1863 wurde die Ausführung der Cabinets-Ordre vom 1. Juli 1862 in der Weise angeordnet, daß nunmehr die drei 12pfdgn. und drei gezogenen 6pfdgn. Batterien in je 4 Batterien zu 6 Geschützen formirt wurden.

Durch Allerhöchste Cabinets-Ordre vom 16. Juni 1864 wurde dann der Ersatz der Haubitzen durch die 8 Cm. Kanone befohlen und die Organisation war nunmehr folgende:

Das Feld-Regiment besteht aus 3 Fuß-Abtheilungen, davon zwei zu 2-12pfdgn., 1-9 Cm., 1-8 Cm. Batterie; die dritte aus 2 gezogenen 9 Cm. und 2-8 Cm. Batterien; einer reitenden Abtheilungen zu drei Batterien (zu 6 Geschützen), im Kriege zu 6 Batterien (zu 4 Geschützen).

Die 1. und 2. Fuß-Abtheilung treten zu den Divisionen, die 3. zur Reserve; 2 reitende Batterien zu den Cavallerie-Divisionen.

Nachdem das definitive Ausscheiden der kurzen 12Pfdr. im Juli 865 befohlen worden, konnten noch 2 Batterien dieser Art per Regiment im März 1866, die beiden letzten aber erst nach dem Kriege mit den 8 Cm. Kanonen ausgerüstet werden.

Auch wurde durch Allerhöchste Cabinets-Ordre vom 31. März 1866 angeordnet, für den Krieg die reitende Abtheilung aus 4 Batterien zu 6 Geschützen zu formiren.

Nachdem im Winter 1866/67 auch die reitende Artillerie die 8 Cm. Kanonen erhalten, führte also das Regiment 54-8 Cm.- und 48-9 Cm.-Kanonen.

In Oesterreich bestand 1863 folgende Organisation: 12 Feld-Regimenter zu 2 Cavallerie-, 4-4pfdg. Fuß-, 2-8pfdg. Fuß-

Batterien zu 8 Geschützen und 2-4pfdg. Fuß-Batterien zu 4 Geschützen.

Das 6., 11. und 12. Regiment hatten indeß 4-4pfdg. Cavallerie-, 4-12pfdg. Fuß-Batterien zu 8 Geschützen, 1-4pfdg. Fuß-, 1-4pfdg. Cavallerie-Batterie zu 4 Geschützen.

Diese 3 Regimenter waren als geschlossene Reserve für ganze Armeen bestimmt. [19]

In Frankreich trat 1860 eine neue Organisation ein. Es bestanden 5 Regimenter zu Fuß zu 16 Batterien resp. Compagnien, 10 Regimenter fahrende Artillerie zu 10 Batterien, 4 Regimenter reitende Artillerie zu 8 Batterien, 1 Batterie Garde Fuß-Artillerie, 1 Regiment Garde, fahrende Artillerie zu 8 Batterien, 1 Regiment Garde, reitende Artillerie zu 6 Batterien.

Bei dem fahrenden Regimente waren je 2, beim Fuß-Regiment nur je eine 12Pfdr. Batterie.

In Bayern, wo 1861 die preußische gezogene 9 Cm.-Kanone angenommen und daneben nur der glatte kurze 12Pfdr. beibehalten wurde, bestanden [20] 6 gezogene 9 Cm.-, 8 kurze 12Pfdr.-Fuß-Batterien zu 8 Geschützen und 2 kurze 12Pfdr. reitende Batterien zu 6 Geschützen.

In Hannover nahm man 1861 den preußischen gezogenen 9 Cm. an. Die Organisation war 1864 folgende: Es bestanden 9 Compagnien Fuß-Artillerie und zwar 3 Batterien gezogene 9 Cm.-Kanonen, 2 Batterien leichte 12Pfdr. zu je 6, 1 Batterie 24pfdg. (15 Cm.) Haubitzen zu 8 Geschützen, 2 Compagnien reitender Artillerie zu 6 kurzen 12Pfdrn.

Württemberg. [22] Nach 1859 erhielt die reitende Artillerie den französischen 4Pfdr. (la Hitte), die leichten Fuß-Batterien erhielten 1861 die preußische 9 Cm.-Kanone; die schweren behielten den 12Pfdr. und die 15 Cm.-Haubitze.

1864 bestanden 2 reitende, 2 leichte und 2 schwere Fuß-Batterien.

Die sächsische Artillerie. [23] Sie bestand 1864 aus einem Regiment zu 8 Batterien Fuß-Artillerie und 2 reitenden Batterien. Die Batterien waren 4 gezogene 9 Cm.-Batterien zu 6 Kanonen, 3 12pfdg. Granatkanonen-Batterien zu 6 Geschützen, 1-12pfdg. Granatkanonen-Batterie zu 4 Geschützen, 2 reitende Batterien zu je 6 Granatkanonen.

Kurhessen hatte 1866 vor dem Kriege eine glatte 6pfdg.

reitende Batterie, eine gezogene 8 Cm.-Batterie (früher glatte 12pfdg.), eine gezogene 9 Cm.-Batterie, eine glatte 6pfdg. Fuß-Batterie.

Nassau hatte 1866 vor dem Kriege eine Abtheilung zu einer glatten 6pfdg. Batterie (8-6Pfdr.) und zwei gezogenen 9 Cm.-Halb-Batterien zu 4 Geschützen.

Die italienische Artillerie wurde 1864 reorganisirt und hatte an Feld-Artillerie 5 Regimenter zu 16 Batterien und 2 Depot-Batterien.

Die Batterien führten 6 Geschütze (8Pfdr. und 16Pfdr.).

Die belgische Artillerie. Sie bestand 1864 aus 6-9 Cm. und 9-8 Cm.-Fuß-Batterien und aus 4 reitenden Batterien, von denen drei noch den glatten 6Pfdr. hatten, eine 8 Cm.-Geschütze führte. — Später erhielten alle reitenden Batterien 8 Cm. Kanonen.

Bei den Divisionen waren nur 8 Cm. Batterien.

2. Das Stärke-Verhältniß der Artillerie in der Armee.

Eine bemerkenswerthe Aenderung in diesem Verhältniß trat nicht ein.

Im Kriege von 1866 erschienen in Böhmen die österreichische Armee mit 3,3 Geschützen, die preußische mit 3,1 Geschützen auf 1000 Mann der Gesammtstärke.

Im dänischen Kriege 1864 war das Verhältniß bei den drei kriegführenden Mächten ein geringeres gewesen. (Preußen 2,6, Oesterreich 1,8, Dänemark 1,8 Geschütze auf 1000 Mann.)

In der vorigen Periode war behufs Steigerung der Leistungsfähigkeit der Artillerie mehrfach das Verlangen nach Vermehrung der Zahl der schweren Geschütze laut geworden.

Die durch die gezogenen Geschütze erreichte Wirkungssteigerung befriedigte zwar jenes Verlangen, war indeß ein noch wenig klar erkanntes Moment, welches die Werthbestimmung der neuen Artillerie, im Verhältniß zur Armee augenblicklich kaum ermöglichte. Daher wurden über die nothwendige Stärke an Geschützen für die Armee sehr verschiedene Ansichten ausgesprochen.

In der Allerhöchsten Cabinets-Ordre vom 14. Juli 1861 wurde schon sehr richtig hervorgehoben, eine Verminderung der Geschützzahl einer Artillerie-Brigade sei unzulässig, vielmehr er-

17*

schiene nach Annahme eines 4Pfdrs. bei dessen großer Beweglichkeit eine Vermehrung gerechtfertigt.

Wenn durch die fast allgemeine Herabsetzung der Stärke der Batterien von 8 auf 6 Geschütze anerkannt war, daß die Feuerkraft der kleineren gezogenen Batterie, der der stärkeren glatten nicht nachstehe, so konnte andererseits daraus abgeleitet werden, daß die bisherige Zahl der Batterien genügen müsse, also die Gesammtzahl der Geschütze verringert werden könne.

Noch weiter in dieser Beziehung gingen diejenigen Urtheile, welche den gezogenen Geschützen geringen Werth zuerkannten. Sie kamen zuletzt zu dem Schluß, die Artillerie sei bei ihrer geringen Leistungsfähigkeit den gezogenen Gewehren gegenüber, möglichst zu vermindern.

In diesem Sinne wurde in der Oesterreichischen Militair-Zeitschrift[24] behauptet, man werde in Zukunft weniger Geschütze als bisher mitführen; die Artillerie werde stets eine untergeordnete Rolle spielen; glatte Geschütze könnten, wenn sie nahe herangingen, die Wirkung der gezogenen paralysiren.

In einer gegen diese Behauptung in derselben Zeitschrift erschienenen Antwort hieß es: „wenn jene Sätze wahr seien, wäre die Artillerie am Besten abzuschaffen".

Ueber dieses Thema kam es in der nächsten Periode noch zu ernsteren Erörterungen.

Die thatsächliche Beibehaltung der bisherigen Geschützzahl war mittelbar eine Verstärkung der Artillerie, welche durch die größere Leistungsfähigkeit und Beweglichkeit der neuen Systeme vollkommen gerechtfertigt war.

3. Die Ausbildung der preußischen Artillerie.

Der mehrfache Wechsel in der Formation der Regimenter und in der Bewaffnung, sowie der successive Uebergang zum gezogenen System, bereiteten der Elementar-Ausbildung ganz ungewöhnliche Schwierigkeiten.

Ein Theil der Batterien hatte seit der Formation vom März 1859 drei Mal die Geschütze zu wechseln.

Die gezogenen Geschütze mit allem Zubehör und ihrer Bedienung verlangten eine ganz neue Grundlage für den Dienst und die Ausbildung. Es bedurfte einer rationellen Ausbildung im

Schießen und neuer Grundzüge für die Abhaltung der Schießübungen.

Die Kenntniß des neuen Materials und seine rationelle Behandlung erforderten allein ein sorgfältiges Studium.

Die unangenehme Zeit des Ueberganges wurde für die Offiziere durch den Wechsel zwischen der Festungs- und Feld-Artillerie verlängert. Manche Offiziere gingen mit gezogenen Geschützen 1866 in den Krieg, ohne je vorher bei einer derartigen
Batterie gestanden zu haben.

Die Erlangung einer gewissen Gewandheit im Schießen, welche
nur durch Uebung zu erreichen ist, also Zeit erfordert, war in Zeit
von wenigen Jahren unmöglich. Diese Uebung war jetzt um so
schwieriger, da Entfernungen zur Anwendung kommen mußten,
welche weit über die bisher gebräuchlichen hinaus lagen. Man
wußte nicht, ob im Allgemeinen in der menschlichen Natur die Befähigung liege, auf so großen Entfernungen die Schüsse richtig
beobachten und corrigiren zu können.

War sie vorhanden, so mußte sie möglichst hoch ausgebildet
werden.

Alle diese Verhältnisse mußten auf den Gebrauch der Artillerie im Kriege von 1866 nachtheilig einwirken, wobei noch besonders zu berücksichtigen ist, daß zwei Batterien per Regiment
erst bei der Mobilmachung selber die gezogenen Geschütze erhielten und die eingezogenen Reserve-Mannschaften zum größten
Theile noch kein gezogenes Geschütz gesehen oder bedient hatten.

In der Ausbildung der Elementar-Taktik wurde besseres geleistet. Das schon in der vorigen Periode geweckte frische Leben
nahm in der jetzigen noch zu.

Auch für die Ausbildung auf dem Gebiete der angewandten
Taktik blieb eine aufsteigende Bewegung im Flusse. Die Artillerie
wurde immer mehr zu den Feld-Manövern herangezogen und beschäftigte sich überhaupt mehr mit der Taktik.

Für die höheren Artillerie-Offiziere wie für die niederen lag
die Klippe auf diesem Gebiete in den völlig unklaren Ansichten,
die noch über den Werth und die Verwendung der gezogenen Kanonen im Feldkriege herrschten. Man kannte die Stärken und
Eigenthümlichkeiten des neuen Instruments noch zu wenig und
wußte dasselbe zweckmäßig fast gar nicht zu gebrauchen. Vor
Allem waren die veränderten Grundsätze noch nicht erkannt, welche

in Folge der großen Schußweiten, für die Unterstützung der anderen Waffen, sowie für die Concentration des Feuers gegen bestimmte Punkte maßgebend sein mußten. Durch das Nebeneinander von gezogenen und glatten Geschützen und den steten Wechsel in der Bewaffnung wurde die Artillerie-Taktik im höchsten Grade verwickelt und verworren. Allgemeine Gebrauchsregeln waren schwer aufzustellen.

Die durchweg herrschende Ansicht, daß die gezogenen Kanonen für ihre zweckmäßige Verwendung Ruhe verlangten und vornehmlich Positions-Geschütze seien, welche vermöge ihrer großen Schußweiten selten einen Stellungswechsel vorzunehmen und die anderen Waffen nur ausnahmsweise zu begleiten hätten, wurde für den Gebrauch der Artillerie geradezu verderblich und schwächte die Wirkung der Waffe im Kriege von 1866 ganz ungemein.

Die den ganzen Zeitraum bewegende Material- und Kaliber-Frage, welche eine mächtige Herrschaft über die Artilleristen als solche ausübte, trug natürlich auch dazu bei, die Taktiker in den Hintergrund zu drängen. Es ist begreiflich, daß das „Schmieden der Waffe" alles Interesse in Anspruch nehmen mußte, bevor über den Gebrauch derselben endgültig entschieden werden konnte.

4. Die Organisation für den Krieg; Vertheilung in der Ordre de bataille.

Der Uebergang der Batterien in die Kriegs-Formation war durch die Herabsetzung der Geschützzahl von 8 auf 6 wesentlich erleichtert worden. Am grellsten tritt der Unterschied beim Vergleich einer alten 12pfdg. Batterie mit 22 Fahrzeugen mit einer gezogenen Batterie mit 16 Fahrzeugen hervor.

Durch die Zutheilung je einer geschlossenen Abtheilung zu den Divisionen blieben die Friedens-Verbände beinahe ungestört, wenn auch die noch nicht völlig ausgeschlossene Zutheilung einzelner Batterien an die Brigaden das Zersplittern der Artillerie wiederum begünstigte.

Das Zusammenhalten der Abtheilung wurde vielfach verlangt; die General-Inspection beantragte es in einer Eingabe vom Januar 1862 an das Kriegs-Ministerium. In den Zeitschriften sprachen sich viele Stimmen dafür aus.

Aber auch die vereinzelten sogenannten Brigade-Batterien

hatten noch viele Vertheidiger. Einer derselben trat in der Oester-reichischen Militair-Zeitschrift von 1865 auf.[25]

In Oesterreich hatte denn auch 1866 noch jede Brigade eine Batterie, während 5 Batterien die Corps-Reserve bildeten.

In Preußen bestand die Reserve-Artillerie immer noch mit diesem unheilvollen Namen aus 5 bis 6 Batterien. Ihre fehlerhafte Vertheilung in der Marsch-Ordnung war die Ursache, daß die Artillerie im Kriege von 1866 nur da etwas leistete, wo die betreffenden Führer es verstanden, gegen die gegebenen Vor-schriften die Artillerie möglichst weit nach vorn und früh in das Gefecht zu bringen.

Eigenthümlich war im Kriege von 1866 sowohl auf öster-reichischer wie preußischer Seite die Bildung einer gewissen Ar-mee-Reserve an Artillerie. Kam schon die eigentliche Reserve-Artillerie selten zeitgerecht zum Eingreifen, so die letztere Reserve sicher niemals.

Siebentes Kapitel.

Die Taktik.

Auf dem Gebiete der Taktik-Lehre herrschte eine fast völlige Stille. Wie erwähnt, war es allerdings sehr schwierig, augen-blicklich Regeln für die taktische Verwendung der Artillerie aufzu-stellen. Auch die beschränkten Verhältnisse des dänischen Krieges, dessen kleine Aktionen überwiegend den Charakter von Positions-Gefechten trugen, waren nicht geeignet, sichere Anhaltspunkte zu liefern.

Allein es fehlte doch nicht ganz an Urtheilen, welche mit großer Klarheit sich über die allgemeinen taktischen Verhältnisse aussprachen. Hierher gehört unter Anderem das Urtheil des Hauptmanns Himpe in dem schon erwähnten Aufsatze des Archivs 1862, in welchem einfach aus der Leistungsfähigkeit der gezogenen Geschütze folgende Schlüsse gezogen werden.

Die Infanterie muß den gezogenen Geschützen gegenüber ihre Taktik ändern, die Bedeutung der Artillerie muß steigen. Sie hat gute Wirkung bis 1800 und 1900 M. und kann auf 750—900 M.

die Entscheidung geben. In der Wahl ihrer Stellungen hat sie größere Freiheit als bisher.

Die Artillerie muß mehr selbstständig in Abtheilungen zu 2—3 Batterien gebraucht werden. Ihre Offensivkraft ist durch die großen Schußweiten gesteigert.

In den Zeitschriften befanden sich hin und wieder Aufsätze, welche die Taktik besprachen.

Mehrfach geschah dies in der Oesterreichischen Militair-Zeitschrift in deren Jahrgang 1865 unter Anderem ein Artikel erschien: „Ueber die Verwendung der Brigade- und der Massen-Artillerie, worin es hieß: „Die Verbesserung der Artillerie in Bezug auf Beweglichkeit und Wirkung begünstigen den letzteren (Massen-) Gebrauch sehr, er sei mehr zur Regel zu machen. Monhaupt's Idee, Regimenter à 4 Batterien zu formiren, sei sehr gut."

Der Grundfehler für die taktischen Anschauungen lag, wie schon erwähnt, in der Ansicht, daß die gezogenen Geschütze mit ihren großen Schußweiten im wesentlichen Positions-Geschütze und geeignet seien, auf weiten Entfernungen das Gefecht zu eröffnen und zu führen und ihre Stellung lange zu behaupten, daher weniger zu manövriren brauchten. Es entstand geradezu eine Abneigung gegen das Manövriren; man suchte den Werth in guten „Positionen"; man band sich nicht mehr an die anderen Waffen, verließ sie vielmehr, daher kein entscheidender Effekt an der rechten Stelle oder zur rechten Zeit.

Mit diesen Ansichten ging man 1866 in den Krieg, durch den sie eine eigene Illustration erfahren sollten.

Vierter Abschnitt.

Die Zeit von 1866 bis 1870.

~~~~~~~~

Der Krieg von 1866 führte zum ersten Male gezogene Ge-schütze in größerer Zahl gegen einander in den Kampf. Auf der einen Seite standen vornehmlich die österreichischen Vorderlader, das anerkannt beste Vorderladungssystem, und daneben in den kleinen deutschen Armeen die preußischen 9 Cm. Hinterlader. (In Württemberg und in dem Großherzogthum Hessen bestand noch je eine gezogene Vorderlader-Batterie, System la Hitte.) Auf der anderen Seite standen die preußischen Hinterlader.

Zu diesen gezogenen Geschützen kamen auf beiden Seiten noch glatte, und zwar bei den kleineren deutschen Artillerien fast überall kurze 12Pfdr. oder Granatkanonen, außerdem 15 Cm. Haubitzen (Hannover), glatte 6Pfdr. (Kurhessen, Nassau.)

Auf preußischer Seite waren die kurzen 12Pfdr. noch für die gesammte reitende Artillerie und einen Theil (per Regiment zwei Batterien) der Fuß-Artillerie vorhanden.

Die speciellen Zahlen-Verhältnisse der auftretenden Geschütze waren folgende:

1. In Böhmen.[1]

   a) Oesterreich: 752 gezogene Geschütze, darunter 496 4Pfdr. und 256-8Pfdr.;

   Sachsen: 24 gezogene Geschütze (24 gezogene 9Cm. Kanonen), 34 kurze 12Pfdr.;

In Summa 810 Geschütze, wovon 776 gezogene.

b) Preußen:

I. Armee: 300 Geschütze,

II. Armee: 352 Geschütze,

Elb-Armee: 144 Geschütze,

In Summa 796 Geschütze, davon 478 gezogene (198 9 Cm., 280 - 8 Cm.) und 318 glatte (kurze 12Pfdr.).

Bei Königgräz waren 130 Batterien (780 Geschütze).

2. Auf dem westlichen Kriegsschauplatze:

a) Hannover: 52 Geschütze, darunter 24 - 9 Cm. (Hinterlader),

Kurhessen: 16 Geschütze, darunter 4-9 Cm. und 4-8 Cm. Kanonen,

Bayern: 144 Geschütze, darunter 48 - 9 Cm. Kanonen,

8. Bundes-Armee-Corps 134 Geschütze, darunter 98 gezogene 9 Cm. Kanonen, 4Pfdr. und 8Pfdr.

In Summa 346 Geschütze, wovon 174 gezogene,

b) Preußen: 78 Geschütze, darunter 30 - 8 Cm., 12-9 Cm. Kanonen und 36 kurze 12Pfdr.

Es standen mithin

in Böhmen 776 gezogene Geschütze gegen 478 dergleichen, im Westen 174 gezogene Geschütze gegen 42 dergleichen auf preußischer Seite.

Die preußische Artillerie führte fast 60% gezogene und 40% glatte Geschütze. In Böhmen standen 280 gezogene Geschütze des schweren Kalibers 198 ebensolchen auf preußischer Seite gegenüber.

Diese Verhältnisse erschienen wohl geeignet, Klarheit zu bringen über den Werth des Vorderladungs-, sowie des Hinterladungs-Systems, über die etwaige Ueberlegenheit des einen über das andere; über den Kampf des Hinterladers gegen den Hinterlader, endlich über die Bedeutung der glatten Geschütze den gezogenen gegenüber und über ihre Nothwendigkeit für die entwickelte Schlacht. Seltsamer Weise sollte die erwartete Klärung der Ansichten nur zum sehr kleinen Theile erfolgen.

Zunächst seien hier die Erwartungen in Kurzem erwähnt, welche man auf das Auftreten der gezogenen Geschütze und auf den Kampf der verschiedenen Systeme gegen einander setzte.

Der Krieg in Dänemark im Jahre 1864 hatte vornehmlich im Belagerungs-Kriege, aber auch im Feldkriege, sowohl für die österreichische, wie für die preußische Artillerie die bedeutende Ueberlegenheit der gezogenen Geschütze über die glatten deutlich bewiesen und zugleich einen allgemeinen Eindruck gegeben von der Furchtbarkeit des gezogenen Geschützes. Die Erwartung, daß die Wirkung der neuen Geschütze beim Kampfe großer Artillerie-Massen in künftigen Feldschlachten als ein bedeutsamer Faktor auftreten werde, war vollkommen berechtigt. Neben der Unkenntniß über die Art und Weise, wie sich etwa ein Kampf der Infanterie gegen die gezogene Artillerie gestalten werde, war doch die Ueberzeugung vorhanden, daß die Wirksamkeit der Artillerie eine gegen früher erheblich gestiegene sein müsse. Einen besonderen Accent glaubte man dabei in Preußen auf die bessere Trefffähigkeit der Hinterlader den Vorderladern gegenüber legen zu müssen.

Auf österreichischer Seite blickte man mit Befriedigung auf den Umstand, vollständig mit gezogenen Geschützen ausgerüstet zu sein. Auf preußischer Seite bedauerte man zwar, noch so viele glatte Geschütze zu führen, versprach sich indeß von ihnen vielfach noch bei der reitenden Artillerie und für den Nahkampf eine glänzende Rolle. Sie sollten geeignet sein, den ungenügenden Kartätschschuß der gezogenen Geschütze zu ersetzen.

Das Gesammtbild der Ansichten läßt sich dahin zusammenfassen, daß man wesentlich auf Artilleriekämpfe und Entscheidung durch Artillerie hoffte. Man gab sich, wie Maresch[2]) richtig bemerkt, der Hoffnung hin, die Artillerie werde das Unglaublichste leisten; „es war die Zeit, wo der Ruf des gezogenen Geschützes besser war, als dieses selbst."

Wie ganz anders als diese Voraussetzungen gestalteten sich die Thatsachen, die Wirkungen und die Erfolge der Artillerie auf beiden Seiten.

Vor Allem kam die gänzliche Ohnmacht der glatten Geschütze im Kampfe gegen die gezogenen an den Tag. Es kam nicht ein Fall vor, in dem glatte Geschütze gegen gezogene sich hätten behaupten können. Maresch führt neben einer Anzahl hierauf bezüglicher Beispiele aus den Kriegen von 1859 und 1864, eine große Zahl derselben aus dem Kriege von 1866 an,[3]) welche

sowohl preußische, wie sächsische und bayrische Batterien betreffen.
Zu dem durch die Terrain- oder Gefechts-Verhältnisse gebotenen
Kampfe auf großen Entfernungen hatten sich die glatten Geschütze
als unfähig erwiesen. Ihr Eingreifen in das Gefecht war überhaupt ein sehr beschränktes gewesen.

So waren bei Trautenau vom Ostpreußischen Feld-Artillerie-
Regiment Nr. 1 von 10 gezogenen Batterien 9, von 6 glatten
nur eine in's Gefecht gekommen, wobei jene 796, diese nur 55
Schüsse abgegeben.

Während des ganzen Krieges hatten jene zusammen 1414,
diese nur 391 Schüsse gethan. Auf preußischer Seite waren
mehrere glatte Batterien sogar niemals zum Schusse gekommen.
Im Gefühle vollständiger Ohnmacht hatten die Batterie-Chefs
vergeblich nach Positionen gesucht, um das Feuer feindlicher gezogener Batterien auf angemessener Entfernung erwiedern zu können.
Zum Gebrauch des Kartätschschusses in der Offensive war weder
die Gelegenheit noch die Möglichkeit gewesen. In der Defensive
fand er einige Male Anwendung zur Selbstvertheidigung der
Batterien.

Die gezogenen Geschütze, die oft in langem Kampfe gegeneinander gestanden, hatten sich oft nur geringe Verluste zugefügt.
Die Erfolge waren kaum anders, als sie im Kampfe glatter Artillerien gegeneinander gewesen sein würden. Man hatte sich auf
großen, theils sehr großen Entfernungen beschossen und einander
nur in Schach gehalten. Andererseits waren mehrmals sehr große
Verluste schon beim Auffahren, sowohl auf österreichischer wie
preußischer Seite, eingetreten, (Burkersdorf, Wysokow) und dies
großentheils auf Entfernungen, auf welche die glatten Geschütze
gar nicht mehr schießen können.

Die Gegner warfen nach dem Kriege einander vor, wie wenig
man sich geschadet, wie viele Granaten blind gegangen oder wie
wenig sie bei dem tiefen Eindringen in den Erdboden geleistet.

Die österreichischen Schrapnels, auf welche große Erwartungen
gesetzt waren, sollten nach preußischen Berichten unendlich geringe
Wirkung gehabt haben, und haben nachweislich auch keine große
gehabt.

Auf preußischer Seite wurde nur zugestanden, daß die Hinterlader der Sachsen empfindlich geworden seien und auch die auf

dem westlichen Kriegs-Theater gegen einander kämpfenden Artillerien bekannten die große Wirkung der Hinterlader.

Gegen die Infanterie hatte die Artillerie sowohl im Angriff wie in der Vertheidigung nur vereinzelte Fälle von namhaften Erfolgen aufzuweisen.

Dem gegenüber stand die unerwartete und hervorragende Thatsache der Eroberung einer großen Zahl österreichischer Geschütze allein durch Infanterie, ohne besondere Mitwirkung der Artillerie und ohne nennenswerthe eigene Verluste. Gerade in der Vertheidigung, in der die gezogenen Geschütze ihre Hauptstärke entwickeln sollten, waren so viele verloren gegangen, oft bevor sie nur zum Schusse gekommen. Jedes Mal war ihr Schicksal besiegelt, sobald die Schützen auf wirksame Gewehrschußweite herangekommen waren.

Das Resumé der Thatsachen war demnach ungefähr folgendes.

Die Artillerie hatte bei Weitem nicht die — allerdings übertriebenen — Erwartungen erfüllt, welche auf ihre Thätigkeit und ihre Wirkung gesetzt worden waren. Sie hatte weder im Kampfe gegen einander, noch gegen andere Truppen bedeutende Wirkungen aufzuweisen. Nur vereinzelt waren letztere vorhanden. Weder auf größeren Entfernungen, noch im Nahkampfe hatte sie eine unmittelbare Entscheidung gegeben.

Die glatten Geschütze hatten so gut wie Nichts geleistet. Sie waren den gezogenen gegenüber machtlos gewesen und zum Nahkampfe gegen andere Waffen nur in wenigen Fällen gekommen.

Eine unerwartet große Zahl österreichischer Geschütze war von der preußischen Infanterie im unmittelbaren Kampfe erobert worden. Die Infanterie hatte überhaupt fast überall allein die Entscheidung des Gefechts herbeigeführt.

Diese Thatsachen wurden theils noch während des Krieges, theils unmittelbar nach demselben offenbar. Anzuzweifeln waren sie nicht. Die Artillerie wurde dadurch von der Höhe herabgeworfen, auf die sie vor dem Kriege gestellt worden war.

Vor Allem richteten sich die Angriffe gegen die preußische Artillerie, sowohl von Seiten der eigenen Armee, wie von Seiten der Gegner. Bevor man sich noch die Mühe gegeben, die Verhältnisse zu studiren, die Ursachen und Umstände zu erforschen, welche jenen eigenthümlichen Gegensatz, man möchte sagen die Umkehrung in den Leistungen und Erfolgen der preußischen Infanterie und Artillerie herbeigeführt hatten, brach man den Stab über letztere Waffe und scheute sich selbst nicht, die Thatsachen zu ihren Ungunsten zu übertreiben. Viele Urtheile sprachen ihr kurzweg jedweden Erfolg ab. Die Leistungen der Artillerie traten allerdings sehr in den Hintergrund gegen die der Infanterie, welche in richtiger Erkenntniß ihrer überlegenen Bewaffnung niemals gezögert hatte, die momentan erreichten Erfolge ohne Mitwirkung der Artillerie weiter auszubeuten und durch ihr, jeden Widerstand brechendes, unaufhaltsames Vorgehen der Artillerie gar keine Zeit zur Wirkung gelassen hatte. Die Ohnmächtigkeit der mit Vorderladern ausgerüsteten österreichischen Infanterie gegen die Hinterladungs-Gewehre hatte die Unterstützung der Artillerie großentheils überflüssig gemacht. Man ging nach dem Kriege vielfach sogar so weit, aus dieser letzterwähnten Thatsache den Schluß zu ziehen, daß die Artillerie auch künftighin wenig leisten werde und vielleicht ganz zu entbehren sei.

Von gegnerischer Seite erfuhr die preußische Artillerie nicht minder heftige Angriffe, welche vornehmlich in der Aufregung der Leidenschaften der Besiegten begründet waren. Waren schon die Siege Preußens an sich ausreichende Gründe für die Gegner und das Ausland, um alle nur erdenklichen Gehässigkeiten und Schmähungen in Umlauf zu setzen, so kam es doppelt gelegen, daß die Siege ohne die bisher so vielgepriesene Hinterladungs-Artillerie erfochten waren. Was lag näher, als diese herabzusetzen?

Wie tief stand sie neben der österreichischen Artillerie, welche bei Königgrätz den Kampf lange allein und mit Erfolg geführt, dann die Verfolgung gehemmt und sich dabei zum großen Theile geopfert hatte. Sie hatte auf der feindlichen Seite zweifellos die größten Erfolge aufzuweisen. Die bei Königgrätz verloren gegangenen 187 Geschütze repräsentirten, wie Maresch bemerkt, eine ganze dem Staate erhaltene Armee.

Indeß auch die österreichische Artillerie sollte ihren Ruhm nicht ungeschmälert genießen, auch sie wurde von der eigenen Armee angegriffen. Maresch weist vielfach auf diese Angriffe hin und widerlegt sie. Es ist sehr interessant, was er darüber auf Seite 232 u. ff. sagt:

„Die Gegner der gezogenen Geschütze schmiedeten aus dem allgemeinen Zurückbleiben der Artillerie hinter den gehegten hohen Erwartungen, Waffen zu neuen Angriffen gegen die gezogenen Geschütze im Allgemeinen und schöpften aus den relativ geringen

Leistungen der preußischen Artillerie neue Kraft zu Angriffen gegen das Hinterladungssystem im Besonderen. Es kam die Zeit, „wo die gezogenen Geschütze besser waren, als ihr Ruf."

Die reichhaltige Literatur, welche nach dem Kriege 1866 über diese artilleristischen Fragen entstand und mit dem Kriege von 1870/71 erst ein gewisses Ende erreichte, ist eine der eigenthümlichsten. Fast in allen Erzeugnissen der Militair-Literatur wird über die Artillerie zu Gericht gesessen. Das Seltsamste dabei ist, daß während von der überwiegenden Mehrzahl der Urtheile die Artillerie verdammt, ihr Werth auch für die Zukunft öfter bestritten wurde, die Ueberzeugung lebendig blieb, die Feld-Artillerie werde in den Schlachten der Zukunft wahrscheinlich mehr denn je eine entscheidende Rolle zu spielen berufen sein und sie auch wirklich spielen.

Diese Verhältnisse werden später im Zusammenhange besprochen werden. Zunächst sollen die weitere Entwickelung der Artillerie und die auf materiellem Gebiete eintretenden Veränderungen zur Besprechung gelangen.

Erstes Kapitel.

I. Die Entwickelung und Aenderung der Systeme.

Frankreich. Der 4Pfdr. blieb eigentlich das Einheitsgeschütz. Die französische Artillerie, die den Vorzug hatte, das erste gezogene Feld-Geschütz verwendet zu haben, hatte zugleich das am wenigsten vollkommene Geschütz und wurde bald von den jüngeren Vorderladungs-Systemen überholt. Dies wurde allerdings von ihr nicht zugestanden. Der General Changarnier sagte sogar in einer Schrift: „Die Reorganisation der französischen Armee" (1867 ins Deutsche übersetzt): „Unsere Artillerie ist der besten Artillerie Europa's ebenbürtig. Wünschenswerth sind nur noch flachere Flugbahnen und größere Trefffähigkeit." — Das war allerdings eine seltsame Einschränkung des Lobes.

Der Uebersetzer des Buches des Hauptmanns Roerdansz über die preußische 8 Cm. Kanone, Oberst d'Herbelot[4] bemerkte, er sei überzeugt, die französische Artillerie würde ihre so sicher constatirte

Ueberlegenheit bewahren. Indeß fühlte man doch, daß der 4Pfdr. allein nicht ausreiche und daher wurde 1869 ein 8Pfdr. eingeführt, von welchem aber bei Beginn des Krieges nur 120 Exemplare fertig waren. Die Röhre waren alle aus glatten 8pfdgn. hergestellt.

Rußland. In Rußland bestand 1866 erst der vierte Theil der gesammten Artillerie aus gezogenen 4Pfdrn.

Auf Grund der Erfahrungen des Krieges von 1866 wurde durch einen Ukas vom 15. März 1867 die Normal-Ausrüstung der Feld-Artillerie bestimmt.[5] Sie bestand nur aus Hinterladern. Ein Drittel der Fuß-Batterien erhielt den 9Pfdr., zwei Drittel derselben sowie die reitenden Batterien den gezogenen 4Pfdr. Um sich vom Auslande unabhängig zu machen, verzichtete man auf Gußstahl und nahm die schon längere Zeit hindurch versuchten bronzenen Röhre an. Um während der Uebergangs-Periode nicht wehrlos zu sein, wurden die noch vorhandenen glatten Vorderlader in Hinterlader verwandelt.

Schon 1869 war die neue Bewaffnung nahezu durchgeführt.

Oesterreich. Die Bewaffnung blieb unverändert.

Schweiz. Nachdem in der Schweiz 1866 neben dem Vorderlabungs-4Pfdr. ein 10 Cm. Gußstahl-Hinterlader angenommen, wurde zugleich die Construction eines solchen Rohres in Bronze versucht. Die günstigen Ergebnisse führten 1869 einen Bundes-Beschluß herbei, wonach die alten glatten bronzenen 8Pfdr. und kurzen 24pfdgn. Haubitzen in gezogene 10 Cm. Hinterlader umgewandelt werden sollten.

Als darauf der Krieg von 1870 die große Ueberlegenheit der Hinterlader darthat, empfand man die Nothwendigkeit, den in 33 Feld-Batterien vorhandenen 4Pfdr.-Vorderlader zu verbessern. Die pekuniären Verhältnisse des Landes nöthigten dazu, das vorhandene Geschütz nicht einfach zu verwerfen, sondern für die Neuconstruktion zu verwerthen. In einer sehr interessanten Arbeit des Obersten Bleuler,[6] wurde durch Rechnung dargethan, daß das bestehende Geschütz ohne Nachtheil in ein wirksameres 8,4 Cm. Hinterladungs-Geschütz umgewandelt werden könne. Die Herstellung eines solchen Geschützes wurde genehmigt. Die Versuche fanden im Winter 1870/71 statt[7] und führten zur Annahme des neuen 8,4 Cm. Geschützes, dessen Construction als eine sehr gelungene bezeichnet werden muß. (Gesammtgewicht 1600 Kil.)

Im Sommer 1871 wurde die Beschaffung von 12 Batterien beschlossen.

England. Nachdem die Construction eines Vorderladers schon vor dem Kriege von 1866 angeregt worden, wurde diese Frage durch die über die preußischen Hinterladungs-Geschütze nach dem Kriege einlaufenden ungünstigen Berichte beschleunigt und vom Ordnance select comitee die Annahme jener Construction 1867 beschlossen.

Für die indische Artillerie hatte sich nunmehr eine Neu-Construction aus Bronze als nothwendig herausgestellt, da die Armstrong-Hinterlader aus Gußstahl dem Klima nicht zu widerstehen vermochten. —

Auf Grund eingehender Erwägungen waren schon für die Construction eines leichten Feldgeschützes als Directiven aufgestellt: Geschoßgewicht 9 Pfd. englisch (7,08 Kil.), Geschwindigkeit 1400' englisch (427 M.), Kaliber 3" englisch (7,62 Cm.).

Es wurde 1868 eine Special-Commission zur Feststellung der Ausrüstung der ostindischen Feld-Artillerie eingesetzt.[8] Sie schlug einen Vorderlader nach den vorerwähnten Directiven vor. Das Totalgewicht sollte 1600 Kil. sein. Oberst Maxwell, der die Seele der ganzen Bewegung war, behauptete, es sei gar nicht ausgemacht, daß ein Hinterlader besser als ein Vorderlader schießen müsse. Man solle bei letzterem nur die Geschosse richtig centriren.

Die Bronze sei für diese Geschütze genügend haltbar, denn französische Vorderlader hätten 2000—3000 Schüsse ausgehalten.

Es fanden nun Dauerversuche und Vergleichs-Versuche zwischen den Hinterladern (12Pfbr. und 9Pfbr.) und den neuen 9Pfbr.-Vorderladern in Alberhot, Shoeburyneß und vornehmlich bei Dartmoor (1869) statt. Von den versuchten bronzenen Vorderladern hatte ein Rohr 2673, eines 1362, eines 708 und zwei nur 220 Schüsse ausgehalten, als sie für unbrauchbar erklärt wurden. Die starke Abnutzung des gezogenen Theils dokumentirte sich auch in der Abnahme der Anfangsgeschwindigkeit, welche beim neuen Rohr 1398' englisch (426 M.) betrug und nach 809 Schüssen nur 1330' (407 M.) gemessen wurde.

An Geschossen wurden versucht Segment-Granaten, gewöhnliche Granaten, Schrapnels und Kartätschen. Die Treffresultate waren für den 9 Cm. Vorderlader und 12Pfbr.-Hinterlader gleich günstig.

Die Special-Commission gab ihr Urtheil dahin ab, der Haupt-nachtheil des Hinterladers sei der complicirte Verschluß, der Vor-berlader sei für Kriegs-Zwecke geeigneter als jener; für den Dienst in England sei das schmiedeeiserne Rohr mit Stahlseele, für den Dienst in Indien das bronzene Rohr vorzuziehen. Auf dieses Urtheil hin wurde der bronzene Vorderlader 1871 definitiv einge-führt. Der Major Wolfe hatte indeß den Berichten im November 1870 ein Separatvotum beigefügt, in welchem er sich entschieden für den Hinterlader aussprach. Er meinte, es könne nur Zufall sein, daß bei den Versuchen der 12Pfbr.-Hinterlader schlechter als der 9Pfbr.-Vorderlader geschossen habe und völlig ungerechtfertigt sei es, nach einem so kurzen Vergleichs-Versuche den Hinterlader, Ange-sichts der Erfolge dieser Geschütze im französischen Kriege, aufzugeben.

Italien. Wie schon erwähnt, hatte das italienische Feld-geschütz-System sich im Kriege von 1866 als zu schwerfällig er-wiesen. Zu dem in Aussicht genommenen 9 Cm. Geschütz hatte man in dieser Beziehung nach dem Kriege gleichfalls wenig Ver-trauen. Man fiel nun in's entgegengesetzte Extrem, indem die Construction eines sehr beweglichen Systems in Angriff genommen wurde.

Der Kriegs-Minister beauftragte 1867 den Oberst Mattei, welcher schon bei Aufstellung des Modells der vorerwähnten 9 Cm. Kanone thätig gewesen war, mit der Construction eines neuen leichten Feld-Artillerie-Materials.[9] Zu seiner Unterstützung erhielt er den Major Rossi. Von beiden Offizieren erhielt das System den Namen: Mattei-Rossi. Die Constructoren erhielten in jeder Beziehung volle Freiheit. Sie sollten zwei Modelle ent-werfen, eines für 2, das andere für 4 Pferde Bespannung. Von jedem sollten 2 Geschütze mit 2 Munitions-Wagen hergestellt werden.

Die Constructeure entschieden sich für ein Kaliber von 2 ver-schiedenen Constructionen. Die schwerere sollte Reserve-Geschütz, die leichtere Divisions-Geschütz werden und zugleich ein leichteres Geschoß erhalten. Das gewählte Kaliber war 6,5 Cm. Für das zweispännige Modell wogen die Granaten 2,2 Kil.; die Ladung war $\frac{1}{3}$ kugelschwer (0,73 Kil.). Das Rohr war ein bronzener Vorderlader. Laffete und Protze waren mit Ausnahme einiger kleinen Theile aus Eisenblech gebildet. — Das ganze Geschütz wog völlig ausgerüstet 900 Kil. (mit 30 Schüssen).

Im Jahre 1868 war eine Versuchs-Batterie fertig. Nach einem 17tägigen Marsche durch das Gebirge erwies sich die Construction in vielen Punkten als zu schwach. Man überlegte, ob unter Festhaltung des Gewichts, das Kaliber noch mehr zu verringern, oder die mitgeführte Schußzahl zu vermindern sei. Auf Grund der Schieß-Versuche wurde indeß das Kaliber festgehalten, die Schußzahl aber vermindert. Auch wurde beschlossen, für das Reserve-Geschütz nunmehr kein schweres Geschoß, sondern nur mehr Munition mitzunehmen. Darauf wurden 5 Batterien zu 6 Geschützen hergestellt. Die Zweispänner erhielten 30, die Vierspänner 65 Granat-Schüsse.

Jenes Geschütz genügte schon bei den Vorversuchen so wenig, daß es nicht weiter geprüft wurde. Der Vierspänner trat im Oktober 1869 in umfassende Vergleichs-Versuche mit dem 9 Cm. Geschütz ein. Das Rohr, bronzener Vorderlader wog 300 Kil., hatte 6,5 Cm. Kaliber, die Seele war 28 Kaliber lang, die Drall-länge war 2,2 M. Die Granate wog fertig 2,2 Kil., die Spreng-ladung betrug 160 gr., die Zahl der Sprengstücke war 28—29. Der Zünder war ein Armstrong'scher Zeitzünder. Die Ladung betrug 0,7 Kil. Die Protze wog mit 65 Schuß 550 Kil., die Laffete 650 Kil. Der Munitionswagen wog 1450 Kil. und hatte 195 Schüsse. Die Anfangsgeschwindigkeit der Granate an der Mündung betrug 491,5 M. (1570′), die der 9 Cm. Granate 408 M. (1300′).

Auf 300 M. vor der Mündung waren die Geschwindigkeiten 299 M. und 254,4 M. Die Trefffähigkeit erreichte kaum die der 9 Cm. Kanone. Auf ein Pferd kam beim Transport von 4 Mann eine Zuglast von 368 Kil.

Das Schlußurtheil über das Geschütz lautete nach Beendigung der Versuche, daß weder die Beweglichkeit des Geschützes, noch seine Wirkung befriedige. Das Geschütz wurde daher nicht eingeführt, und die Artillerie behielt vorläufig die 8Pfdr. und 16Pfdr.

In Spanien wurde 1868 die 9 Cm. Kanone nach preußischem Muster angenommen.

In den kleineren deutschen Artillerien wurden nach dem Kriege von 1866 die noch vorhandenen glatten Geschütze ohne Ausnahme abgeschafft und 9 Cm. und 8 Cm. Hinterlader angenommen.

In Baiern wurde dabei die Rohrconstruction in Bronze (9 Cm. Röhre mit Keilverschluß) versucht und angenommen.

In Preußen wurde durch den Krieg gleichfalls der letzte Zweifel über die Nothwendigkeit des gänzlichen Ausscheidens der glatten Geschütze beseitigt. Die schon früher berührte, durch Allerhöchste Cabinets-Ordre vom 6. November 1866 befohlene Bewaffnung der reitenden Artillerie mit 8 Cm. Kanonen, sollte mit der größten Schleunigkeit durchgeführt werden und war schon im April 1867 beendet.

Es fand demnach überall, trotz der dagegen auftretenden Agitation, die vollständige Annahme des gezogenen Feldgeschütz-Systems statt und überall waren entweder schon 2 Kaliber angenommen, oder ein 2. in Aussicht genommen.

Die beiden Faktoren: „Wirkung und Beweglichkeit" hatten sich im neuen Systeme ihre Berechtigung erkämpft; der zwischen ihnen vorhandene unvertilgbare Gegensatz hatte seinen Ausdruck in zwei Constructionen finden müssen.

In diese Periode fallen noch sehr ausgedehnte, Seitens der preußischen Artillerie angestellte Versuche behufs Herstellung bronzener Feldgeschützröhre. Dieselben waren hervorgerufen durch das mehrfach vor dem Kriege von 1866 und während desselben vorgekommene Zerspringen von Gußstahl-8 Cm. Röhren, wodurch momentan das Vertrauen zum Gußstahl in bedenklicher Weise erschüttert wurde.

In Verbindung mit diesen Versuchen soll später die so wichtige und so vielfach erörterte Frage des Gußstahls und der Bronze im Zusammenhange besprochen werden.

II. Die Schnellfeuergeschütze (Mitrailleusen).

Im Jahre 1867 tauchten in den Zeitungen Nachrichten über ein in Frankreich eingeführtes Schnellfeuergeschütz auf, Kugelspritze, Mitrailleur oder canon à balles benannt, über dessen Wirkung Wunderdinge berichtet wurden.

Das Geschütz war im Frühjahr 1867 definitiv in Frankreich eingeführt worden. Nähere Recherchen ergaben, daß es eine neue Auflage der früheren Orgelgeschütze war. 37 Gewehrläufe waren zu einem Rohrkörper vereinigt, welcher in einer Laffete lag. Das Geschütz war ursprünglich zur Verstärkung der noch mit Vorderlabern bewaffneten Infanterie bestimmt. Nach der Ausrüstung mit Chassepots wurde es aber 1869 in Batterien zu 6 zusammengestellt, von denen je eine mit je 2—4Pfbr. Batterien zu den Infanterie-Divisionen treten sollte.

Dem preußischen Kriegs-Ministerium gingen schon bis zum Juli 1867 eine große Zahl von Projecten zur Construction ähnlicher Schnellfeuer-Geschütze zu. Im Juli 1867 erwarb es einen Mitrailleur von Montigny, der dem französischen möglichst nahe stehen sollte. Im Herbst traten dazu sogenannte aus 6 Gewehrläufen gebildete Gatling-Geschütze.

Die Artillerie-Prüfungs-Commission berichtete schon im October 1867 über ihre Versuche mit dem vorgenannten Mitrailleur und beantragte die Herstellung eines zweiten Exemplars unter Beseitigung mehrfacher hervorgetretener Mängel.

Im Juni 1868 fanden Vergleichs-Versuche mit Mitrailleurs und Gatlings statt, deren Ergebniß beide Constructionen als für das Feld nicht geeignet erscheinen ließ. Die Mitrailleusen wurden für den Festungskrieg als vielleicht geeignet erklärt. Nach weiteren Prüfungen fanden im April 1869 nochmals ausgedehnte Vergleichs-Versuche zwischen Mitrailleurs, Gatlings, Zündnadel- und Chassepotgewehren sowie zwischen gezogenen Feldgeschützen statt, welche mit Schrapnels feuerten.

Das Resultat war wiederum das Verwerfen der Schnellfeuer-Geschütze für den Feldkrieg. Dabei blieb es trotz vielfach fortgesetzter Versuche und angestellten Verbesserungen, bis 1870 der Krieg ausbrach. Wie damals diese Angelegenheit beurtheilt wurde, geht aus einem im officiellen Auftrage (Militair-Wochenblatt Nr. 62, 27. Juli 1870) veröffentlichten Aufsatze hervor: „Ueber das Wesen des französischen Mitrailleurs." Es wird darin hervorgehoben, wie die geringe Breitenstreuung der Mitrailleurs nur eine räumlich beschränkte Wirkung gebe, wie die Beobachtung der Schüsse, ebenso wie die eines einzelnen Gewehrschusses auf größeren Entfernungen kaum möglich sei, daher kein Anhalt für die richtige Elevation und die erforderlich werdenden Correcturen vorhanden sei. Demnächst wird betont, daß die Wirkungssphäre nur die der Gewehre, also der der Geschütze unterlegen sei, und daher über die betreffende Entfernung hinaus diese neuen Geschütze, den Feldgeschützen gegenüber absolut wirkungslos seien und sogar, da sie ein großes stabiles Ziel bilden, feindlichen Schützen gegenüber in schlimme Lagen kommen könnten.

Schließlich wurden die Uebelstände des complicirten Mechanismus beleuchtet und endlich der Schluß gezogen, daß die Mitrailleur-Batterie für die Offensive nicht verwendbar, für die Defensive in besonderen einzelnen Fällen von Vortheil sein könne. Auf keinen Fall könne der Mitrailleur als ein besonders die Waffenwirkung der französischen Armee erhöhendes Element angesehen werden. Der Krieg hat diese Beurtheilung fast uneingeschränkt bestätigt.

In der französischen Armee scheint man bei dem Beginn des Krieges große Hoffnungen auf die neuen Kriegsmaschinen gesetzt und vielfach in ihnen einen bedeutenden Factor für die Erringung des Sieges erblickt zu haben. — Die Wirkung wurde indeß schon beeinträchtigt durch die nicht genügende Bekanntschaft der bedienenden Mannschaften mit den Mitrailleusen.

Wo die Wirkung in der Defensive eine bedeutende gewesen ist, war dies fast immer Folge einer zufällig richtig gegriffenen Entfernung; wo diese nicht zutraf, schossen die Mitrailleusen unausgesetzt fehl und blieben wirkungslos. Gegen Artillerie haben sie sich nie auch nur kürzere Zeit behaupten können. Die moralische Wirkung, welche das eigenthümlich knatternde Geräusch des Abfeuerns der Mitrailleurs auf die Truppen ausübte, war anfangs zwar nicht unbedeutend, schwand aber mehr und mehr, als im Laufe des Feldzuges die in den meisten Fällen verfehlte Wirkung dieser Geschütze zu Tage trat.

Auf Grund dieser Thatsachen haben nach dem Kriege die höheren Führer aller Waffen sich fast ausnahmslos gegen die Einführung der Mitrailleusen ausgesprochen, indem sie dabei noch hervorhoben, daß nach Einführung eines neuen weittragenden Gewehrs der Werth der Mitrailleurs noch mehr sinken müsse, und daß es rationeller sei, die für diese Geschütze erforderlichen Kosten zur Herstellung und Vermehrung der jetzt bestehenden Geschütze zu verwenden.

In Berücksichtigung der vorstehend berührten Mängel, deren Beseitigung nicht zu erwarten ist, sowie Angesichts der in der Gewehr- und Geschützfrage bevorstehenden Fortschritte, werden die

Mitrailleusen auch in Zukunft eine bemerkenswerthe Bedeutung für den Feldkrieg nicht erlangen können.

Zweites Kapitel.

Bronze oder Gußstahl?

Mit Ausnahme einiger Artillerien (Schweden, Dänemark) war in allen anderen von jeher die Bronze das Material für die Feld-Geschützröhre gewesen. Der Vorzug dieses Materials wurde allgemein in der Sicherheit gegen das Zerspringen und in der Möglichkeit gesucht, verhältnißmäßig viel leichtere Röhre von gleichem Kaliber, als aus Eisen, herstellen zu können.

Um das Jahr 1850 wurden indeß diese Vorzüge für nicht mehr ausreichend angesehen. Die Nothwendigkeit, ein wirksames Feldgeschütz für starke Ladungen und mit möglichst geringem Rohrgewicht herzustellen, ließ ein noch haltbareres Material für erwünscht erscheinen. Man fing an die Bronze zu verwerfen. In der Allgemeinen Militair-Zeitung von 1853 hieß es: „Die Bronze genügt nicht mehr zum Geschützguß, man muß andere Legirungen finden." Dieses Urtheil war nicht vereinzelt.

Es fand sich indeß um diese Zeit als Ersatz nicht eine andere Legirung, sondern der Gußstahl, der schon in der Geschichte der Artillerie eine gewisse Vergangenheit hatte.

Decker bemerkte 1816[10]: in neuerer Zeit sei sogenannter Guß-stahl erfunden, der aber nur zu Instrumenten verwendet werde.

Im Jahre 1844 hatte eine Bochumer Fabrik der Artillerie-Prüfungs-Commission ein glattes gußstählernes Kanonenrohr von 3pfdg. oder 4pfdg. Kaliber angeboten.[11] 1845 bot Friedrich Krupp in Essen derselben Commission Röhre aus geschmiedetem Gußstahl aber nur bis zum Gewicht von 150 Kil. ungefähr, an. Es wurden darauf zwei sogenannte Doppelhaken von 1pfdg. Kaliber bestellt. Im Jahre 1847 wurde auf diese Bestellung ein 3pfdgs. Gußstahlrohr mit einem schmiedeeisernen Mantel abgeliefert. Bei den damit 1849 angestellten Versuchen sprang das Rohr erst bei Anwendung von 4,75 Kil. Ladung und 3 Kugeln Vorlage. An

dem sehr hohen Preise des Rohres scheiterte vorläufig die Fortsetzung der Versuche.

Im Jahre 1849 bot die erwähnte Bochumer Fabrik schon
6pfdg. Gußstahlröhre an.

Im Sommer 1854 fand in Braunschweig[13] ein Gewaltversuch
mit einem Kruppschen kurzen 12Pfbr. (Granatkanon-) Rohr statt,
der ebenfalls ungewöhnlich günstige Ergebnisse hatte.

Ein ähnliches Rohr von Krupp wurde 1855 bei Vincennes
geprüft. Die Seele war nach 2000 Schüssen noch wohlerhalten
und das gefällte Urtheil war: „der Gußstahl ist der Bronze weit
überlegen."

In Württemberg probirte man 1859 zwei glatte Gußstahl
12Pfbr. mit guten Ergebnissen.

Diese günstigen Erfolge des Gußstahls riefen natürlich Angriffe gegen die Bronze und große Hoffnungen in Betreff wirksamerer Feldgeschütze hervor. Von der preußischen Artillerie-Prüfungs-Commission wurde 1857 die Constructions-Zeichnung eines
glatten 12pfdg. Gußstahlrohres für 1,75—2 Kil. Ladung entworfen. Die Construction kam indeß nicht zu Stande, da inzwischen die gezogenen Geschütze diese Angelegenheit, welche jedenfalls bei Weiterentwickelung des glatten Geschütz- Systems eine
erhöhte Bedeutung gewonnen haben würde, verdrängten. Dem
Gußstahl war damit aber der Weg für seine Bedeutung im System
der gezogenen Geschütze gebahnt.

In diesem Systeme hatte die Bronze von Anfang an die verschiedensten Urtheile und Schicksale zu erfahren. Der, wenn man
will, zufällige Umstand, daß die ersten wichtigen Versuche in
Schweden mit eisernen gezogenen Geschützen geschahen, weil es dort
nur Eisen gab, hatte auf den nächsten Verlauf der Material- und
Constructionsfrage bedeutsamen Einfluß. Fast überall, wo man
diese Versuche aufnahm, geschah es mit eisernen Röhren.

Cavalli hatte unmittelbar nach den Wahrendorff'schen Versuchen 1847 den Ausspruch gethan, die Bronze sei nicht geeignet
zur Herstellung gezogener Röhre, da sie nicht Widerstand genug
gegen die Abnutzung durch die Aillettes der Geschosse biete. Dieser
Grund war plausibel genug, um a priori Anerkennung zu finden.
Ein Rückschlag dagegen trat aber bald ein, als von den in England geprüften eisernen Hinterladern einige sprangen und in Frankreich die Resultate ebenfalls nicht befriedigten. Hier war zu

gleicher Zeit ein leichtes bronzenes gezogenes Rohr geprüft worden. Nach den damit erhaltenen günstigen Resultaten blieb man in Frankreich bei der Bronze, und die übrigen Vorderladungs-Systeme nahmen später ebenfalls die Bronze als Geschützrohr-Material an, trotzdem die Urtheile darüber noch schwankten und theilweise ungünstig ausfielen.

So erschien in der Allgemeinen Militair-Zeitung von 1853 schon ein Aufsatz gegen die Bronze; ferner im Jahrgang von 1857 ein Aufsatz: „Gänzliche Abschaffung der Geschützbronze von d. B." — worin es hieß: „Bronze genügt nicht mehr zur Herstellung der Geschützröhre; es muß Gußstahl oder Gußeisen benutzt werden." —

Schmölzl sagte 1860[13]: „die Bronze ist für gezogene Geschütze nicht geeignet. Die französischen Artilleristen haben das 1859 im italienischen Feldzuge erklärt. Bei solchen Röhren kann man den Kartätschschuß nicht anwenden. Das einzig brauchbare Material ist der Gußstahl."

Die Anwendung des Kartätschschusses hatte allerdings gewisse Bedenken, die indessen später großentheils durch Annahme von Kartätschkugeln aus Zink oder aus Legirungen beseitigt wurden.

Für das Hinterladungssystem nahm die Materialfrage einen anderen eigenthümlichen Verlauf.

Die Versuche in Preußen begannen ebenfalls mit eisernen Röhren. Für diese Wahl war theilweise dasselbe Bedenken maßgebend, welches gegen die Haltbarkeit der Felder und Züge in bronzenen Röhren erhoben wurde. Insbesondere erschien eine Verletzung derselben durch Kartätschkugeln von vornherein viel bedenklicher, als bei den Vorderladern. Endlich fürchtete man die Ausbauchung des Metalls um den Ladungsraum, was erklärlich ist, da man von der Spannung und Wirkung der dort absolut abgeschlossenen Pulvergase keine Kenntniß, sondern nur Vermuthungen hatte.

Indeß schon 1855 wurde die Frage angeregt, ob nicht die Bronze zu prüfen sei. Die Frage kam noch nicht zum Austrage, da die bisherigen Versuchs-Resultate auf einen anderen Weg drängten. Sie hatten nämlich gezeigt, daß mit der Länge des gezogenen Rohres die Geschwindigkeit des Geschosses und die Treffähigkeit zunehmen. Um diese Eigenschaft möglichst auszunutzen, schlug die Artillerie-Prüfungs-Commission schon im Jahre 1855

die Herstellung sehr langer Röhre vor und um dabei nicht in
zu große Gewichts-Verhältnisse zu gerathen, wurde das haltbarste
Material, der Gußstahl vorgeschlagen, der damals sich glänzend
über die Bronze erhob. Es wurde demnach ein 9 Cm. Gußstahl-
Rohr von 3,2 M. Länge des gezogenen Theils hergestellt und in
2 Exemplaren 1856 von Krupp abgeliefert. —

Diese Röhre bildeten die Grundlage für die anzunehmende
9 Cm. Feldkanone. Da sie in den inneren Theilen nicht die
geringste Abnutzung erfuhren, mithin an Trefffähigkeit nicht ab-
nahmen, die Construction auch im Wesentlichen abgeschlossen war,
die Röhre für Feldgebrauch nur verkürzt zu werden brauchten,
andererseits im Jahre 1859 die höchste Eile für die Annahme des
gezogenen Feldgeschützes geboten war, so war damit der Gußstahl endgültig eingeführt.

Bei dem vielfach gegen die Bronze gerichteten und noch nicht
als unbegründet nachgewiesenen Vorurtheile fand der Gußstahl die
beste Beurtheilung und Aufnahme. So sagte die Allgemeine
Militair-Zeitung 1862: „Das Ideal der gezogenen Artillerie ist
ein Gußstahl-Geschütz und zwar nach Armstrong-System." Und
im Jahrgange 1863:

„Die gezogenen Hinterladungs-Geschütze müssen von Stahl
sein." Und ferner: „Es zeigt sich überall, daß die Bronze als
Material für gezogene Geschütze nicht taugt. Es ist durchaus zu
bezweifeln, ob je ein gezogenes (Hinterladungs-) Rohr aus Bronze
herzustellen ist."

Bei all' seinen Vorzügen war aber der Gußstahl sehr theuer.
In Folge dessen war nicht daran zu denken, ihn für die gesammten Festungs-Geschütze zu verwenden. Auch war es erwünscht, die
vorhandenen glatten Geschütze in gezogene umwandeln zu können.

Die Artillerie-Prüfungs-Commission schlug 1860 die Aptirung
von bronzenen Feld-12Pfdrn. vor, hauptsächlich um die Geeignet-
heit der Bronze für das gezogene System festzustellen. Um ihre
Verwendung auch für die Feldgeschützröhre zu prüfen, wurde Ende
1860 die Zeichnung eines bronzenen 9 Cm. Rohres entworfen,
welches allerdings, um das Gewicht des Stahlrohres festzuhalten
14" (366 Mm.) kürzer als dieses gemacht werden mußte und doch
noch 15 Kil. schwerer war. Zwei solcher Röhre wurden 1861 geprüft. Die mit der Verkürzung zusammenhängende Verminderung
der Trefffähigkeit ließ die Einführung nicht rathsam erscheinen.

Dagegen gaben die im Jahre 1861 mit den aptirten bronzenen 12pfdg. Röhren angestellten Versuche so vollständig befriedigende Resultate, daß für die Herstellung der Festungs-Geschütze die Bronze angenommen wurde.

Für die 9 Cm. Feldkanone blieb es vorläufig beim Stahl, der denn auch für die neu zu construirende 8 Cm. Kanone angenommen wurde, da es an Zeit gefehlt hätte, für diese erst eine geeignete Bronze-Construction praktisch zu ermitteln, und da man die Möglichkeit bezweifelte, dieses neue Geschütz, welches ein leichtes um jeden Preis werden sollte, aus Bronze genügend leicht herstellen zu können.

So blieb unbegreiflicher Weise das Vorurtheil gegen die Bronze bestehen, trotzdem dasselbe durch keine Erfahrung bestätigt und kein einziges bronzenes Feldgeschützrohr wirklich geprüft worden war. Wie fast immer in ähnlichen Fällen, sollte auch hier erst ein gewisser Nothstand die Frage zur Entscheidung bringen.

Von den 1864 angenommenen 8 Cm. Röhren mit Keilverschluß sprangen 1865 und im Kriege 1866 mehrere ohne vorherige Anzeichen und ohne nachzuweisende Fehler des Materials besessen zu haben. Eine Garantie für die Haltbarkeit des Stahls schien mithin nicht vorhanden zu sein; in jedem Moment konnten ähnliche Fälle erwartet werden.

Diese Möglichkeit übte einen sehr unangenehmen Einfluß auf die Truppe aus, welche das Vertrauen zum Geschütze verlor. Eine gründliche Untersuchung der Angelegenheit führte mit Rücksicht darauf, daß von den 9 Cm. Gußstahl-Röhren mit Kolben-Verschluß noch nie eines gesprungen, die Ursache des Zerspringens nicht auf die Beschaffenheit des Materials, sondern auf die die nicht rationelle Construction des Keillochs zurück. In Folge dessen wurde eine Aenderung der Rohr-Construction (genannt c/67) vorgenommen, bei der späterhin und auch während des Krieges 1870/71 keine Unfälle mehr vorgekommen sind.

Das Mißtrauen gegen den Stahl war indeß durch jenen theoretischen Nachweis so leicht nicht zu beseitigen. Es wuchs noch, als Berichte über die Gußstahl-Fabrikation selber durch Offiziere erstattet wurden, welche in der Krupp'schen Fabrik bei längerem Aufenthalte die Fabrikation näher kennen gelernt hatten und die Gleichmäßigkeit der Fabrikation bezweifelten, so daß jedes Rohr als ein Individuum betrachtet werden sollte, von welchem nicht ohne Weiteres auf das Verhalten anderer Röhre geschlossen werden könne.

Die General-Inspection der Artillerie, welche diese Angelegenheit pflichtmäßig von der ernstesten Seite aufzufassen hatte, hielt es für erforderlich, die Herstellung bronzener Feldgeschützröhre anzuregen und anzuordnen. Sie beauftragte die Artillerie-Prüfungs-Commission Anfang October 1866, mit der höchsten Beschleunigung die Construction eines bronzenen gezogenen 9 Cm. Rohres zu entwerfen, welches im Gewicht das Stahlrohr nicht überschreiten und in die Laffete von 1864 passen sollte.

Die Zeichnung, noch in demselben Monat vorgelegt, lehnte sich an die im Jahre 1861 versuchte an, das Rohr aber erhielt den Doppel-Keilverschluß. Diese im gezogenen Theile um 14" (366 Mm.) kürzere Construction als die des Stahlrohres wurde verworfen und darauf eine solche vorgelegt, welche beim 9 Cm. Rohre 1,93 M. (74") beim 8 Cm. Rohre 1,8 M. (70") im gezogenen Theile lang war. Außerdem wurden |2—8 Cm. Röhre von verstärkten Abmessungen, aber nur 60" (1,56 M.) lang, vorgeschlagen und genehmigt.

Die Versuche begannen Ende 1867.

Aus jedem Rohre geschahen 1500 Schuß mit Granaten und verschiedenen Ladungen und 100 Kartätschschüsse. Die Resultate waren günstig. Im Innern hatten die Röhre nur unwesentliche Veränderungen erfahren. Die äußeren Umfänge waren unverändert geblieben.

Die Trefffähigkeit hatte nicht erheblich abgenommen, und die Anschläge der Kartätschkugeln schienen demnach ohne Einfluß zu sein.

Es wurden folgende Schlüsse gezogen:

Bronze entspricht als Material zu gezogenen Feldgeschützröhren allen Anforderungen der Kriegsbrauchbarkeit. Ihrer Einführung in die Feld-Artillerie steht Nichts im Wege. Die Construction muß mit der der Stahlröhre möglichst übereinstimmen. Daher sind noch längere Versuchs-8 Cm. Röhre zu prüfen. Auch die 9 Cm. Röhre sind auf die Länge der Stahlröhre zu bringen.

Gleichzeitig wurde behufs schärferer Beurtheilung und Feststellung der richtigen Constructions-Verhältnisse vorgeschlagen, die bisher versuchten Röhre successive abzudrehen und so lange weiter zu beschießen, bis eine Erweiterung der Röhre eintreten würde und schließlich zu conſtatiren, wie das Rohr reißt oder zerſpringt und ob es dazu vorher Anzeichen liefert. Die Röhre hatten ſchon 1612 Schüſſe gethan, als dieſe Verſuche in der erſten Hälfte des Jahres 1869 zur Ausführung kamen. Die 2 8 Cm. Röhre wurden 9 reſp. 7 Mal, die 9 Cm. Röhre 12 reſp. 9 Mal abgedreht. Das Beſchießen fand bei je einem der Röhre mit den verſtärkten Ladungen von 0,55 Kil. und 0,7 Kil. ſtatt.

Die Zunahme der Rohr-Umfänge trat bei folgenden Ladungen und durch Abdrehen verminderten Rohrgewichten ein: beim 8 Cm.-Rohr von 427 Kil. bei 0,55 Kil. Ladung, bei dem von 297 Kil. bei 0,5 Kil. Ladung; beim 9 Cm. Rohr von 328 Kil. bei 0,6 Kil. Ladung, bei dem Rohr von 608 Kil. bei 0,7 Kil. Ladung.

Nachdem eine gewiſſe Ausbauchung ſtattgefunden, ſetzte dieſelbe ſich nicht weiter fort, da die Vergrößerung des Verbrennungsraums eine Steigerung der Gasſpannung nicht herbeiführte. Die Ausbauchungen erweiterten ſich erſt wieder nach dem Abdrehen der Röhre. Allmählig zeigten ſich denn an der Oberfläche ganz kleine Riſſe.

Das 8 Cm. Rohr zerriß, als es noch ein Gewicht von 93,5 Kil. hatte, und die Metallſtärke über dem Ladungsraume noch 67^h (17,5 Mm.) betrug. Nach dem 12. Schuſſe, die es in dieſem Zuſtande that, riß es oben über dem Ladungsraume auf und ein Stück von circa 12″ (314 Mm.) Länge wurde herausgeworfen.

Das 9 Cm. Rohr hatte noch 135,5 Kil. Rohrgewicht und über dem Ladungsraume 92^h (24 Mm.) Stärke, als nach dem Beſchießen mit 0,7 Kil., 0,925 Kil. und 1,1 Kil. der Kopf und ein Theil des langen Feldes des Rohres, wahrſcheinlich durch Geſchoß-Anſchläge, abgeriſſen wurde.

Aus dieſen Ergebniſſen folgerte man: Die Bronze beſitzt eine unerwartete Zähigkeit; die vorgeſchlagenen Conſtructionen bronzener 8 Cm. und 9 Cm. Röhre haben vollkommen genügende Metallſtärken; auch das Crepiren geladener Granaten im Rohre thut wenig Schaden; dem Springen der Röhre gehen deutliche Zeichen vorher.

Nach dieſen Reſultaten wurden noch einige Details der Conſtruction feſtgeſtellt und zunächſt mit Allerhöchſter Genehmigung Ende 1869 die Herſtellung einer größeren Zahl bronzener 8 Cm.

Röhre angeordnet. Dieselben sollten bis auf Weiteres nicht in die Feld-Batterien eingestellt, sondern nur für die im Frieden unbespannten Reserve-Batterien bestimmt werden.

Die vielfach diskutirten sehr günstigen Ergebnisse gaben Stoff zu den lebhaftesten Kämpfen der Ansichten für und wider Bronze. Die Behauptung, Bronze springe also nicht unvermuthet und sei noch nie gesprungen, wurde besonders in eine Anklage gegen den Stahl verwandelt. Aber sie fand auch Gegner.

So erschien ein direct dagegen gerichteter Aufsatz im 65. Bande des Archivs 1869, welcher aus der Geschichte eine Anzahl von Fällen citirt, in denen bronzene Röhre oft nach wenigen Schüssen gesprungen sind. Daraus wurde die Möglichkeit geschlossen, daß Derartiges auch in Zukunft geschehen könne.

Darauf erschien in demselben Bande des Archivs eine Entgegnung, welche zu beweisen suchte, daß das Springen nur bei unrichtiger Composition — die früher so oft angewendet sei — und bei mangelhaftem Guß eintreten könne. Da man jetzt aber in beiden Beziehungen die höchste Sorgfalt anwende, so sei ein Springen bronzener Röhre nicht mehr zu befürchten.

Im Allgemeinen wurde in der Truppe, bei dem noch nicht gehobenen Mißtrauen gegen den Gußstahl, die Einführung der Bronze mit Freuden begrüßt. Es wurde zugleich hervorgehoben, daß man vom Fabrikanten unabhängig sei und die pekuniären Vortheile dem theuern Stahl gegenüber ebenfalls in die Waagschale fallen müßten.

Während in Preußen diese Wandelung der Ansichten sich vollzog, erhoben sich in Oesterreich Bedenken gegen die Bronze. So wurde in der Allgemeinen Militair-Zeitung 1867 (Seite 72 und 318) aus Wien ungefähr Folgendes berichtet: „Die bronzenen Feldgeschütze dürften durchaus abgeschafft und durch Gußstahlröhre ersetzt werden, da Bronze für die gezogenen Röhre ungenügend und Gußstahl ihr zweifellos vorzuziehen ist.

Von den preußischen bronzenen 8 Cm. Röhren ist eine Anzahl im Kriege von 1870/71 allerdings in beschränktem Maße zur Verwendung gekommen, und haben sich dabei Mängel besonderer Art nicht herausgestellt. Dagegen haben weitere Versuche ergeben, daß die bronzenen Röhre sich verhältnißmäßig schnell ausschießen und demgemäß viel schneller an Trefffähigkeit verlieren, als Stahlröhre. Dieser Umstand in Verbindung mit der Thatsache, daß die Stahlröhre die großen Erfolge des Krieges errungen, theilweise sehr große Schußzahlen ausgehalten, ohne an Trefffähigkeit verloren zu haben und daß kein einziges Rohr zersprungen ist, hat das Vertrauen zum Gußstahl vollständig wieder hergestellt und eine gerechte Beurtheilung der Vorzüge des Materials bewirkt. Es ist nicht zu läugnen, daß bronzene Röhre unter gleichen Anstrengungen sehr erheblich gelitten, an Trefffähigkeit eingebüßt und nicht unerheblich weniger geleistet haben würden. Der Gußstahl hat daher nicht allein in Preußen, sondern in den meisten Artillerien, die bisher bronzene Röhre führten, obgesiegt.

Drittes Kapitel.

Die Munition.

1. Die Granaten.

Die Granate blieb das Hauptgeschoß, trotzdem nach dem Kriege beide Parteien behaupteten, von den Granaten des Gegners seien sehr viele blind gegangen. Mochte diese Angabe in größerem oder geringerem Maße zutreffen, die Haupt-Ursache konnte nur in der Zündvorrichtung liegen und zu einer Verbesserung derselben nöthigen, nicht aber das Geschoß als solches verwerflich machen. Jene Verbesserung ist denn auch in Preußen unausgesetzt angestrebt worden durch solidere und rationellere Construction der Zündvorrichtung.

In England, wo die Segment-Granate bisher alleiniges Geschoß war, wurden in Folge ausgedehnter Vergleichs-Versuche 1871 gewöhnliche Granaten mit Perkussions-Zündvorrichtung, sowie Schrapnels und Kartätschen angenommen.

2. Die Schrapnels.

In Oesterreich wurden mit Vorliebe die Schrapnels kultivirt, da man während des letzten Krieges mit ihnen gute Wirkungen erreicht zu haben glaubte. Im November 1870 wurde in

Oesterreich die Schrapnel-Ausrüstung auf ⅓ der Gesammt-Ausrüstung vermehrt.

In Frankreich blieb man bei dem unvollkommenen Schrapnel stehen, von dem nur eine sehr geringe Ausrüstung angenommen war.

In England war die Segment-Granate bisher zugleich als Schrapnel betrachtet worden. Bei den ausgedehnten Vergleichs-Versuchen, die im Jahre 1869 bei Dartmoor und später bei Shoeburyneß stattfanden, blieb die Wirkung jenes Geschosses gegen die der eigentlichen Schrapnels so weit zurück, daß letztere eingeführt wurden.

In Rußland bestanden noch die mit einem Perkussionszünder versehenen Aufschlag-Schrapnels, weil die Herstellung eines Zeitzünders noch nicht gelungen war.

Preußen. Trotz des im Frühjahr 1866 von der General-Inspection über die Schrapnels abgegebenen sehr ungünstigen Urtheils, wurde die Fortführung der Versuche für nöthig erachtet. Insbesondere hatte das Kriegs-Ministerium den hohen Werth dieser Geschosse bei den großen Schußweiten und der großen Treff-fähigkeit der gezogenen Geschütze hervorgehoben und auf die Anerkennung dieses Werthes durch thatsächliche Annahme der Schrapnels in mehreren fremden Artillerien, hingewiesen. Die Versuche fanden 1866 nur bei der Artillerie-Prüfungs-Commission statt und gaben so günstige Resultate, daß neue Versuche bei den Truppen 1867 angeordnet wurden, von deren Resultat die definitive Einführung abhängen sollte.

Die Resultate waren aber wieder nicht günstig. Das Gesammt-Urtheil war ungefähr folgendes: Die Verpackungs-Einrichtungen sind augenblicklich noch nicht kriegsbrauchbar (sowohl Holz wie Eisen-Verpackung). In Folge davon kommen Beschädigungen der Zünder vor, welche um so bedenklicher werden können, als die permanent im Zünder befindliche Zündpille zur Explosion kommen und die Protze in die Luft sprengen kann. Die bedeutenden Differenzen in den Brennzeiten machen eine rationelle Correctur beinahe unmöglich.

Die Truppen sprachen sich auf Grund dieser Resultate in der Mehrheit principiell gegen die Einführung der Schrapnels aus, indem sie die Ergänzung der guten Granatwirkung durch Schrapnels nicht für begründet erachteten.

Die Artillerie-Prüfungs-Commission hielt das Schrapnel, wie es damals war, für ein sehr unzuverlässiges Geschoß und betonte die über 1500 M. hinaus sehr schwierige Correctur dieses Schusses. Dennoch sprach sie nochmals (schon 1865 hatte sie es gethan) aus, für die gezogenen Geschütze sei ein Schrapnel nöthig, indem dadurch ihre Wirkung bedeutend gesteigert oder eine ihnen noch fehlende Wirkung erreicht werden könne. Jene Steigerung sei vermuthlich so bedeutend, daß die Nachtheile, die das Schrapnel sonst habe, dadurch aufgewogen würden.

Besondere Verwerthung versprach man sich von dem Gebrauch der Schrapnels gegen Truppen hinter leichten Deckungen und gegen Tirailleurs. Das Endurtheil war demnach: „Ein Schrapnel muß eingeführt werden."

Da das jetzige noch nicht kriegsbrauchbar ist, so sind die Verbesserungen mit Aufbietung aller Mittel anzustreben; die Versuche daher fortzusetzen. Als Hauptzwecke, die man erreichen müsse, seien zu nennen: Volle Sicherung des Zündmittels während des Transports gegen zufällige Entzündung; Unlösbarkeit der Theile des Zünders beim Transport; Erleichterung der Manipulationen beim Laden.

Auf Grund dieser Directiven wurden Modificationen des Richter'schen Zeitzünders construirt und die damit angestellten und mit außerordentlicher Energie 1868 und 1869 bei der Artillerie-Prüfungs-Commission betriebenen Versuche führten zu einem guten Resultat, in Folge dessen 1869 wiederum umfassende Transport- und Schieß-Versuche bei den Truppen stattfanden, welche das Resultat gaben, daß sowohl Zünder, wie Verpackungs-Einrichtungen bis auf einige Details kriegsbrauchbar seien.

Die in der Zünder-Construction vorgenommenen wesentlichen Aenderungen waren folgende: Die Zündpille wird nicht im Zünder selbst transportirt, sondern wird in einer besonderen Schraube, ähnlich der Zündschraube der Granaten, erst vor dem Laden eingeschraubt; die Detail-Construction hat den ganzen Zünder haltbarer gemacht; ein Vorstecker ist nicht vorhanden, dadurch wird das Laden vereinfacht, und die Manipulation in Uebereinstimmung mit der der Granaten gemacht.

Auf Grund dieser Schluß-Versuche wurde im Frühjahr 1870 die Einführung der Schrapnels mit modificirtem Richter'schen Zeitzünder für die gezogenen Feldgeschütze befohlen. Der rasche Ausbruch des Krieges verhinderte leider, diese Geschosse im Felde praktisch zu prüfen. Nur einige Batterien bekamen nachträglich Schrapnels, die nur vereinzelt zur Verwendung gekommen sind. Diese praktische Prüfung wäre der Schlußstein der ganzen Arbeiten gewesen.

3. Die Munitions-Ausrüstung.

In der Munitions-Ausrüstung traten Veränderungen nur durch die Vermehrung der Schrapnels oder durch die Einführung dieser Geschosse ein.

In Oesterreich wurde, wie schon erwähnt, zu Ende des Jahres 1870 die Schrapnel-Ausrüstung auf $1/3$ der Gesammt-Ausrüstung erhöht.

In Preußen war über die Stärke der Schrapnel-Ausrüstung noch keine Entscheidung getroffen, als 1870 der Krieg ausbrach. Als nach Beendigung des Krieges die Festsetzung erfolgen sollte, wurde es sehr bedauert, daß die Schrapnels im Kriege nicht in einigermaßen genügender Ausdehnung zur Verwendung gekommen waren, indem hierdurch eine Basis für die Feststellung der Schrapnel-Ausrüstung hätte gewonnen werden können, welche jetzt vollständig fehlte. — Dieser Umstand war um so bedauerlicher, als gerade in Folge der mit der Granate erreichten bedeutenden Wirkungen, die Abneigung gegen die Schrapnels wieder zugenommen hatte und von vielen Seiten das Vorhandensein eines taktischen Bedürfnisses nach dem Schrapnel geläugnet wurde.

Um die Erfahrungen des Krieges so weit als angängig in dieser Frage verwerthen zu können, wurden Seitens der General-Inspection der Artillerie die höheren Artillerie-Offiziere aufgefordert, sich über die anzunehmende Stärke der Schrapnel-Ausrüstung zu äußern und zwar vornehmlich auf Grund derjenigen Gefechtslagen, in denen die Anwendung von Schrapnels als wünschenswerth oder nothwendig erkannt worden sei, um entweder die Wirkung der Granaten zu steigern, oder sie überhaupt mit Vortheil zu ersetzen.

Alle Urtheile, mit Ausnahme von zweien, sprachen sich für eine geringe oder selbst sehr geringe Schrapnel-Ausrüstung aus, indem sie hervorhoben, daß nur wenige Fälle vorgekommen seien, in denen mit Granaten überhaupt der angestrebte Zweck nicht zu erreichen gewesen sei, oder eine Steigerung der Granatwirkung erwünscht gewesen wäre.

Die ausgezeichneten Wirkungen der Granaten wurden allseitig hervorgehoben. Zwischen den Zeilen war in den meisten Berichten zu lesen, daß wenn einfach die Frage „Schrapnel oder nicht?" gestellt worden wäre, die Mehrzahl der Urtheile gegen die Schrapnels ausgefallen sein würde. Das definitiv angenommene Verhältniß von ¼ der Gesammt-Schußzahl (in der Batterie) ist jedenfalls kein starkes, findet aber seine Berechtigung in der Erwägung, daß es vorläufig nicht gerechtfertigt ist, die anerkannt sehr wirksame und zuverlässige Granate in großer Zahl aufzugeben, so lange nicht für das Schrapnel festgestellt worden, wie die Zünder sich bei längerer Aufbewahrung halten und was die Truppe im Allgemeinen und besonders auf größeren Entfernungen mit der immerhin schwierigen Schußart zu leisten vermag.

Viertes Kapitel.

Die Ansichten über die Wirkung der gezogenen Feldkanonen und ihren Werth im Allgemeinen.

I. Die Ansichten über die Wirkung.

1. Der Granatschuß.

Der Krieg von 1866 wies für beide Theile eine Anzahl von Fällen auf, in denen die Wirkung des Granatschusses eine bedeutende gewesen war. Es ist bekannt, daß selbst einzelne wenige Granatschüsse bedeutenden physischen wie moralischen Effect gehabt hatten. Maresch deutet unter Anderem auf einige solche Fälle hin. Auch im Kampfe gegen die Artillerie hatte die preußische Granate namhafte Erfolge erzielt. In dem Artikel „Panique und Pflichttreue" der österreichischen Militair-Zeitschrift von 1866 wurden darüber genügende Angaben gemacht.

Für die verhältnißmäßig hohe Zahl vorgekommener Blindgänger fand sich eine theilweise Erklärung darin, daß vermuthlich die Nadelbolzen, welche in den Munitions-Colonnen getrennt von ben Geschossen transportirt wurden, bei der Completirung gar nicht eingesetzt worden.

Die Verbesserungsfähigkeit der Zündvorrichtungen war nicht zu läugnen. Endlich mußten die beim Schuß auf großen Entfernungen vorhandenen größeren Einfallwinkel die Wirkung der Granaten erheblich herabgedrückt haben.

Von den auf preußischer Seite vorgekommenen Verwundungen, bei denen die Ursache constatirt werden konnte, waren 79% durch Gewehrschüsse und nur 16% durch Granatsprengstücke herbeigeführt. Dieses Resultat bewirkte allerdings eine gewisse Enttäuschung. Es lag die Schlußfolgerung nahe, daß die Granatwirkung nach den Friedens-Resultaten erheblich überschätzt worden sei.

Eine schärfere Untersuchung der Ursachen, welche auf die Wirkung des Granatschusses von ungünstigem Einfluß gewesen, stellte indeß das Vertrauen zu dieser Schußart wieder her. Das zeigte sich besonders in den Kämpfen um die Einführung der Schrapnels, wobei die Entbehrlichkeit dieser Geschosse gewöhnlich mit dem Hinweis auf die gute und zuverlässige Wirkung der Granaten motivirt wurde.

Der Krieg von 1870/71 hat denn auch das in den Granatschuß gesetzte Vertrauen in unerwartetem Grade gerechtfertigt.

2. Der Schrapnelschuß.

Ueber den Werth des Schrapnelschusses hatte der Krieg keine genügende Aufklärung gegeben. Während auf preußischer Seite hie und da die Wirkung der österreichischen Schrapnels, besonders die moralische, zugegeben wurde, verneinte doch das allgemeine Urtheil eine erhebliche Wirkung dieser Schrapnels. Im gleichen Sinne sprach sich die italienische Artillerie nach dem Kriege aus.

Die österreichische Artillerie selber schien etwas enttäuscht worden zu sein. Allein sie verwarf darum die Schrapnels nicht, sondern suchte folgerichtig diese Schußart möglichst zu vervollkommnen. Der österreichische Hauptmann F. Müller[14] hielt die Ausbildung der Schrapnels für sehr wichtig, vornehmlich auf Entfernungen über 375 M. hinaus. An einer anderen Stelle[15] sagte er: „Die Schrapnels sind in Folge langer Versuche eines der gelungensten Produkte der Artillerie-Technik. Sie sind unter den Geschossen der

Feld-Artillerie mit der größten Wirkungsfähigkeit ausgestattet, und geben, wenn man die Bedingungen für den Gebrauch dieses Geschosses halbwegs erfüllt, einen äußerst verheerenden Effect.

Die Zünder leiden stets bei der Aufbewahrung, man muß wenige vorräthig halten.

Der Schrapnelschuß läßt sich als diejenige Schußart bezeichnen, welche das künftige Artillerie-Gefecht besonders charakterisiren soll."

In einem Leitfaden für die österreichische Artillerie[16] wurde gesagt, die Schrapnels müßten im Gefecht die Entscheidung herbeiführen und könnten auch die Kartätschen ersetzen.

In ähnlichem Sinne hatten sich in Preußen früher viele Stimmen ausgesprochen und jetzt traten in der schweizerischen Artillerie ähnliche Urtheile hervor, welche durch die Schrapnels die gänzliche Abschaffung der Kartätschen bewirken wollten, deren Beibehalt nur aus Pietät und Rücksicht auf die übrigen Waffen erfolgt sei.

Jedenfalls bewirkte die hinter den Erwartungen zurückgebliebene Wirkung des Granatschusses, sowie die zu Gunsten des Kartätschschusses hervorgerufene Agitation, eine dem Schrapnelschusse vortheilhafte Wandelung der Ansichten. Was jener in Folge seiner Abhängigkeit vom Terrain nicht erreicht, sollte nun mit dem hierin unabhängigen Schrapnel erzielt werden und die geringen Schußweiten des Kartätschschusses sollte das Schrapnel mit kurzer Tempirung über 450 M. wirksam erweitern.

Die in der periodischen Literatur, wie in den weiteren Kreisen der Artillerie herrschenden Ansichten waren indeß von einer Uebereinstimmung noch weit entfernt.

In der schweizerischen Artillerie, welche die Schrapnels stets cultivirt und nach Annahme der Hinterlader mit ähnlichen Schwierigkeiten der Zünderconstruction, wie die preußische Artillerie, zu kämpfen hatte, erhoben sich gleichfalls heftige Kämpfe für und wider das Schrapnel. Die schweizerische Artillerie-Zeitschrift vom Jahre 1868 enthält mehrere lesenswerthe Aufsätze über diese Verhältnisse.

In der Militair-Literatur-Zeitung 1867 wurde gesagt: „Die Schrapnels sind das Geschoß der Zukunft, selbst der Kartätschschuß wird durch sie in Frage gestellt!"

Du Vignau verlangte 1870[17] das Schrapnel als Hauptgeschoß für die Artillerie.

Einen interessanten Beitrag für die Entwickelung der Frage
lieferte ein Aufsatz des Premier-Lieutenant Wille[18]: „Ueber
den Granat- und Schrapnelschuß und die Munitions-
Ausrüstung der gezogenen Feldgeschütze."

Der Verfasser beabsichtigte nachzuweisen: wie die Wirkung
des normalen Schrapnelschusses sich zu der des normalen Granatschusses verhält; wie dies Verhältniß im Felde modificirt werden
kann; wann ausschließlich die Granate oder das Schrapnel anzuwenden sei und ob das Schrapnel die Kartätschen ersetzen könne.

Nach seinen Deduktionen ist das Ergebniß Folgendes: der
normale Schrapnelschuß ist dem normalen Granatschuß überlegen;
die Granate eignet sich im Allgemeinen mehr zum Geschoß der
Feld-Artillerie als das Schrapnel; im Allgemeinen ist das Schrapnel für die Defensive bis 2250 M. Entfernung geeignet; augenblicklich kann das Schrapnel die Kartätsche nicht ersetzen, aber
es empfiehlt sich, dasselbe für diesen Zweck zu vervollkommnen.

Demnach schlug der Verfasser eine Ausrüstung von Granaten, Schrapnels und Kartätschen vor im Verhältniß: bei der
8 Cm. Kanone = 8 : 3 : 1; bei der 9 Cm.-Kanone = 7 : 3 : 1;
also innerhalb der Batterie: 104 Granaten, 40 Schrapnels, 13
Kartätschen, oder 84 Granaten, 36 Schrapnels, 13 Kartätschen.

Eine Erwiderung auf diesen Aufsatz im 65. Bande des Archivs von 1869 verlangte dagegen: das Schrapnel muß das Hauptgeschoß für die Feld-Artillerie sein; die Granate ist Hilfsgeschoß
gegen feste Ziele und auf Entfernungen über 1500 M. hinaus,
wo die Beobachtung schwierig wird; beide Geschosse müssen einen
kombinirten Zeit- und Perkussions-Zünder haben.

Wie sehr auch in den maßgebenden Kreisen die Ansichten
über die Schrapnels auseinandergingen, ist aus einem Separat-
Votum zu erkennen, welches aus dem Schoße der Artillerie-Prüfungs-Commission zu dem Berichte über die Schrapnel-Versuche
des Jahres 1867 abgegeben wurde. Es hieß darin ungefähr wie
folgt: Bei Entscheidung der Frage: Sind Schrapnels für die Feld-
Artillerie einzuführen? kommen zwei Gesichtspunkte zur Beachtung:
die Kriegsbrauchbarkeit des Geschosses und Zünders, das taktische
Bedürfniß nach diesem Geschoß.

Augenblicklich ist das Schrapnel nicht kriegsbrauchbar. Wenn der Zünder auch verbessert werden wird, so ist es doch noch sehr fraglich, ob er nach längerer Aufbewahrung kriegsbrauchbar bleibt. Bis jetzt ist dazu nur geringe Hoffnung vorhanden. Die Herstellung eines kriegsbrauchbaren Zünders, an der bis jetzt die genialsten Erfinder gescheitert sind, muß für so ungemein schwierig und zeitraubend erklärt werden, daß bestimmte Versprechungen in dieser Richtung nicht zu machen sind.

Diese Sachlage führt zur ernstlichen Prüfung der Frage: „Liegt überhaupt das taktische Bedürfniß nach einem Schrapnel für den Feldkrieg vor und muß dieses Bedürfniß unbedingt befriedigt werden?"

Es wurde nunmehr auf Grund der sehr bedeutenden Granatwirkung nachzuweisen versucht, daß das taktische Bedürfniß nach einem Schrapnel sehr gering sei und durch das jetzige Schrapnel nicht befriedigt werde. Man solle demnach vorläufig ganz von der Einführung der Schrapnels abstehen.

Gelänge im Laufe der Zeit die Herstellung eines brauchbaren Zünders, so sei in erster Linie immer noch die Frage zu diskutiren: „Sind Shrapnels für die Feld-Artillerie wirklich ein Bedürfniß?"

Der letzte Krieg hat diese Anschauungen in gewisser Weise bestätigt, denn derselbe ist ohne Schrapnels geschlagen und wie schon besprochen worden, ist mit Rücksicht auf die Gefechtslagen eine nur geringe Schrapnel-Ausrüstung für nöthig erachtet worden.

Andererseits hat die inzwischen gelungene Zünder-Construction und die steigende Ausbildung im Schießen mit Schrapnels eine so große Steigerung der Wirkung in Aussicht gestellt, daß jeder verneinende Standpunkt dieser Schußart gegenüber aufgegeben worden und versucht werden muß, ihre Beherrschung in demselben hohen Grade zu erlangen, wie dies mit dem Granatschusse gelungen ist.

3. Der Kartätschschuß.

Trotz aller theoretischen Beweise und Seitens der reitenden Artillerie beabsichtigten Tapferkeit hatte der Krieg von 1866 die völlige Werthlosigkeit des Kartätschschusses dem gezogenen Gewehr gegenüber an den Tag gebracht. Wenn es den preußischen reitenden Batterien, die ein gutes Kartätschgeschütz führten und mit dem besten Willen in den Krieg zogen, dasselbe zur Offensive zu gebrauchen, in keinem Falle gelungen war, davon Gebrauch zu machen, noch weniger aber dadurch eine Entscheidung zu geben, so war damit nicht nur diese Frage für die Zukunft gelöst, sondern auch die Kartätschoffensive im Besonderen für die gezogenen Geschütze als ein Unding bewiesen.

Da die österreichischen Batterien bei Königgrätz nicht einmal in der Defensive die avancirende preußische Infanterie hatten zurückweisen können, so war es offenbar ganz unmöglich, gegen eine stehende Infanterie auf nahe Entfernungen heranzugehen und erfolgreich das Feuer zu eröffnen. Der Kartätschschuß konnte nur noch als letzte Nothwehr der Artillerie zur Selbstvertheidigung bis 450 M. Entfernung betrachtet und demgemäß in geringer Zahl mitgeführt werden.

Wer diese Verhältnisse mit nüchternen Augen ansah, konnte zu keinem anderen Schlusse kommen. So sagte Maresch in seinem Buche[19]: „Die Kartätsche ist höchstens noch eine Defensiv-Waffe für die Artillerie, ein äußerstes Vertheidigungsmittel, gleichviel ob sie aus gezogenen oder glatten Geschützen kommt. Die offensive Kraft des früheren Kartätschschusses ist in Folge der Einführung gezogener Handfeuerwaffen an das Schrapnel übergegangen.

In ähnlichem Sinne sprach sich Nicaise aus.[20]

Diese Auffassung wurde indeß auf das heftigste angefochten. Die Kartätschfrage sollte in dieser Periode eine beklagenswerthe Rolle spielen.

Streubel, der schon mehrfach erwähnte Gegner der gezogenen Geschütze, war kurz nach dem Kriege mit einer Angriffsschrift bei der Hand, in welcher er die mangelhaften Leistungen der Artillerie unter Anderem auf die Nichtanwendung und die Mangelhaftigkeit des Kartätschschusses beim gezogenen Geschütze zurückführte.

Die dadurch hervorgerufene Agitation war so stark, daß, dem Vernehmen nach auf Anregung von Nicht-Artilleristen, bei Wien 1868 Kartätsch-Versuche aus glatten und gezogenen Kanonen stattfanden (gezogene 4Pfdr., 8Pfdr. und glatte 6Pfdr. und 12Pfdr.).

Die Resultate[21] waren sowohl auf 225 M. wie 450 M. für die gezogenen Geschütze besser, als für die glatten.

Streubel war darüber geradezu empört. Er beleuchtete die Versuche in der Allgemeinen Militair-Zeitung und bewies mit vielen Worten, jenes Faktum sei insofern erklärlich, als das öster-reichische gezogene Geschütz eine Zwittergattung zwischen dem glatten und gezogenen Hinterladungs-Geschütz sei und relativ starke Ladungen habe. Anders sei es aber beim Hinterlader.

In einer besonderen Schrift mit dem hochtrabenden Titel: „**Mysterien der Artillerie,**" kritisch-bidaktisch-historische Ana-lyse des Kartätschschusses glatter Röhre als Grundlage der Drei-Waffen-Taktik u. s. w., versuchte er nochmals, den Kartätschschuß zu retten.

Derselbe sollte Alles sein, im Gefecht Alles leisten und die Entscheidung herbeiführen. Er sei eben nur bei dem glatten Ge-schütze wirksam, die gezogenen seien mithin zu verwerfen. Aufs Neue wurden dabei die österreichischen Kartätsch-Versuche beleuchtet und scharf kritisirt u. s. w.

Diese seltsame Ueberschätzung des Kartätschschusses, die von den Anhängern Arkolay's getheilt wurde, hatte großentheils ihre Ur-sache in den Erfahrungen des Krieges und zwar in der völligen Niederlage der österreichischen Infanterie und Artillerie gegenüber der preußischen Infanterie. Die irrthümliche Beurtheilung dieser Verhältnisse führte zu dem Schlusse, es sei eine kräftige Unter-stützung gegen solche Infanterie durchaus nothwendig und nur durch den Kartätschschuß herzustellen.

Die falsche Ansicht von dem wirkungslosen Kartätschschusse der gezogenen Geschütze führte dann zur gänzlichen Verwerfung dieser Geschütze. Ignorirt wurde dabei die Unmöglichkeit der An-wendung des Kartätschschusses Angesichts der großen Schußweiten der neuen Gewehre. Diese großen Schußweiten haben den Fern-kampf rücksichtslos in die Taktik eingeführt, so daß er nicht um-gangen werden kann. Die jetzt auf größerer Entfernung herbei-zuführende Entscheidung hat den Kartätschschuß für diesen Zweck ausgeschlossen und ihn von seiner früheren Höhe in Betreff der Offensive herabgeworfen, keine Macht kann ihn wieder zu dem machen, was er den glatten Gewehren gegenüber war. Wie er-wähnt, hat er nur noch Werth für die Selbstvertheidigung. Zu diesem Zweck ist er denn auch von der preußischen Artillerie im Kriege 1870/71 in mehr als 40 Fällen auf Entfernungen von 150—450 M. gebraucht worden.

II. Die Ansichten über den Werth der gezogenen Feldgeschütze überhaupt.

Die soeben berührten Verhältnisse führen unmittelbar auf das Gebiet des Kampfes, der noch einmal gegen die Berechtigung der gezogenen Feldgeschütze angefacht wurde.

Wenn die unrichtig beurtheilten Leistungen der Artillerie während des Krieges und die unklare Erkenntniß der Ursachen, welche jene Leistungen herabgedrückt hatten, zu einer Verurtheilung der gezogenen Geschütze führten, so war die Art und Weise der Verurtheilung eine beispiellose.

An der Spitze der ganzen Bewegung stand Streubel. Noch im Jahre 1866 veröffentlichte er unter dem Pseudonym Arkolay eine Schrift: „Die Taktik der Neuzeit vom Standpunkte des Jahrhunderts und der Wissenschaft."

In derselben überhäufte er die Artillerie und besonders die Constructoren der gezogenen Geschütze mit unerhörten Schmähungen. Neben anderen Beleidigungen nannte er die jetzt bestehenden Systeme der Feld-Artillerie das Produkt unfähiger Stümper.

Diese Schmähung von Männern, welche einen großen Theil der Arbeitssumme eines ganzen Lebens auf die Lösung einer einzigen Aufgabe verwendet hatten, mit ganzer Hingebung, voller Ueberzeugung und entschiedenem Erfolge, ist ein Zeichen der maßlosen und krankhaften Ueberhebung jener modernen, vielwissenden und wenig könnenden Individuen, die auf allen Gebieten des Lebens und der Wissenschaft so zahlreich vertreten sind, und in den dilettirenden Halbwissern nur zu zahlreiche Bewunderer finden. Der Erfolg der Arkolay'schen Schriften liefert hierzu in Betreff des militairischen Publikums eine auffallende Illustration.

Arkolay leitete aus den Erfahrungen des Krieges ab, die Feld-Artillerie habe durch ausschließliche Annahme gezogener Geschütze eigentlich als Waffe abgedankt. Der Hauptaccent für das Gefecht der Artillerie sei auf den Nahkampf nicht über 900 M. zu legen, wofür aber die gezogenen Geschütze nicht geeignet seien. Die Brauchbarkeit eines Feldgeschützes hänge überhaupt ab von seinen Leistungen auf nahen und mittleren Entfernungen. Der Fernkampf (1500—2250 M.) sei überhaupt nicht die Bestimmung der Feld-Artillerie.

Demgemäß setzte Streubel die Vorzüge der gezogenen Geschütze bedeutend herab; „jämmerliche Geschütze" nannte er sie. Den glatten Geschützen hingegen wurden für die Zwecke des Verfassers besondere Vorzüge zugesprochen; ihre Vollkugeln sollten für das Feld unentbehrlich sein.

In Bezug auf die Verwendung der Feld-Artillerie im Kriege von 1866 resümirte der Verfasser: Es fehlte die Königin der Schlachten, die Vollkugel; es fehlte der Kartätschschuß; es fehlte der Feld-Artillerie die Taktik.

Daraus wurde gefolgert: „Die Artillerie muß zu den glatten Geschützen zurückkehren und diese ausschließlich im Felde führen. Die Haubitzen sind beizubehalten. Neben der Vollkugel ist ein guter Kartätschschuß die Hauptsache. Die Artillerie darf nicht über 900 M. schießen, sie muß nahe an den Gegner heranfahren und durch Kartätschfeuer die Entscheidung herbeiführen.

Heute vermag man kaum zu glauben, daß diese Worte erst vor 6 Jahren geschrieben sind. Allein damals verfehlten sie nicht einen großen Eindruck zu machen. Die mit großer Sicherheit, mit einem Gefühl von Ueberlegenheit und mit dem Tone gewisser Unfehlbarkeit vorgetragenen Lehren machten in weiteren Kreisen Aufsehen, da sie scheinbar die Thatsachen des letzten Feldzuges hinter sich hatten. Wenn Arkolay unter den Artilleristen wenige Anhänger fand, so doch viele unter den Offizieren der anderen Waffen, welche leichter zu täuschen waren und von der Artillerie momentan keine hohe Meinung hatten.

Selbst höhere Offiziere ließen sich verleiten, ihre Meinung für Abschaffung der gezogenen Geschütze auszusprechen und sich in diesem Sinne an die entscheidenden Persönlichkeiten zu wenden. Der verstorbene General-Inspecteur der Artillerie, General von Hindersin, ist im Jahre 1868 auf diese Weise mit Rathschlägen angegangen worden.

Demnach ist es erklärlich, daß die Literatur, die anfangs mit Rücksicht auf den Ton der Arkolay'schen Schriften schwieg, endlich — wenn auch mit Widerstreben — dagegen auftrat.

Unter dem Titel: „Anti-Arkolay. Kritische Untersuchungen der Gefechtswirkung und Gefechtsthätigkeit der heutigen Feld-Artillerie" erschien 1869 eine Schrift, welche eine Widerlegung der Hauptsätze Arkolay's auf Grund von Thatsachen aus dem Feldzuge von 1866 und von Schieß-Resultaten versuchte.

Im Archiv von 1869 erschien ein Aufsatz: „Betrachtungen

des unter dem Titel: Taktik der Neuzeit vom Standpunkte des Jahrhunderts u. s. w. erschienenen Buches
von Arkolay." Diese Betrachtungen, in anständigem, aber schar-
fem Tone gehalten, beginnen mit dem Satze: „Das Arkolay'sche
Buch sei eine Kraft-Vergeudung, um einer für alle Zeit beseitig-
ten Antiquität ein Denkmal zu setzen." Darauf wurde gesagt,
„das nahe Heranfahren mit glatten Geschützen sei eine billige
Tapferkeit; die Zukunfts-Artillerie Arkolay's ein Unding. Der
Fernkampf, den er verwerfe, sei in Böhmen ganz unvermeidlich,
er sei sogar Regel gewesen, weil das Terrain es so geboten. Wie
sollte man es denn machen bei Strömen und Thälern von über
900 M. Breite?

Die Anwendung des Kartätschschusses in der Offensive sei
eine Illusion."

Ein anderer Aufsatz im Archiv von 1869: „Kritische Gedanken über die Taktik der Neuzeit von Arkolay", beleuchtete unter Belegung durch Beispiele aus dem Main-Feldzuge
die Ansichten Arkolay's ebenfalls scharf und richtig.

Aber auch Nachbeter seiner Lehrsätze fanden sich. So der
Verfasser einer Schrift: „Ansichten über den taktischen Werth
unserer heutigen Feld-Artillerie von einem preußischen Offizier 1869", welcher in sehr oberflächlicher Weise ein
Loblied für die glatten Geschütze singt.

Ferner ein Aufsatz in der Allgemeinen Militair-Zeitung von
1870: „Ein Wort über die Taktik der Artillerie". Auch
hierin wurde den glatten Geschützen das Wort geredet, weil sie
keine genaue Distanceschätzung verlangen und dennoch wirksam
seien. Der Verfasser meinte, die reitende Artillerie müsse des
Kartätschschusses wegen den glatten 6Pfdr. behalten. Die Frage
der Artillerie-Bewaffnung sei überhaupt noch nicht abgeschlossen
und sei es rathsam, das bewährte Alte, soweit als möglich an die
Stelle des nichtbewährten Neuen zu setzen.

Der Kampf schien kein Ende nehmen zu wollen und verursachte schließlich die Veröffentlichung besonderer Arbeiten, welche
auf Grund vergleichender Trefferergebnisse die Ueberlegenheit der
gezogenen Feldgeschütze über die glatten nachzuweisen versuchten.
Eine sehr gründliche Arbeit dieser Art ist das schon öfter erwähnte
Buch des Oberlieutenants Maresch: „Die gezogenen und glatten Feldgeschütze." In der Vorrede und Einleitung motivirte

der Verfasser die Nothwendigkeit seiner Arbeit mit dem Hinweise auf die über die neue Feld-Artillerie herrschenden unklaren und widersprechenden Ansichten.

Maresch geht von der Voraussetzung aus, die gezogenen Kanonen seien Universalgeschütze, weil für den Schuß und Wurf geeignet und sie könnten demnach auch die Haubitzen ersetzen.

Auf Grund sehr ausführlicher Vergleiche aller auf die Trefffähigkeit, die sonstige Wirkung und Leistungsfähigkeit der gezogenen Kanonen im Schuß und Wurf einflußreichen Verhältnisse mit denen der glatten Geschütze, weist Maresch dann Punkt für Punkt die Unterlegenheit der letzteren und ihre völlige Unbrauchbarkeit für die moderne Taktik nach.

In ähnlichem Sinne bringt Nicaise eine große Zahl von Belägen bei und gelangt er zu ähnlichen Schlüssen.

Es kann nicht die Absicht sein, hier eine Widerlegung der Arkolay'schen Schriften zu geben. Neben den vorerwähnten Schriften hat der Krieg von 1870 praktisch eine solche Widerlegung, wenigstens für die preußischen Hinterlader, auf das Vernichtendste geliefert. — Allein es soll hier ausgesprochen werden, daß man zu Zweifeln berechtigt ist, ob jene Schriften aus wirklicher Ueberzeugung oder aus anderen Motiven geschrieben worden sind. Die pikante, auf einen großen Leserkreis berechnete Schreibweise, der maßlos verletzende Ton gegen die Artillerie im Allgemeinen, lassen mit einiger Bestimmtheit vermuthen, daß nur zum kleinen Theile Ueberzeugung die Feder führte, denn im Kampfe für eine gerechte Sache bedarf es solcher Hilfsmittel nicht. Andererseits erscheint es seltsam, daß ein scharfer, denkender Kopf und kritischer Geist, als den Arkolay sich vielfach dokumentirt, nicht die Grundirrthümer seiner Lehren erkannt haben sollte, nämlich die gänzliche Verwerfung des Fernkampfes und die unglaubliche Ueberschätzung des Kartätschschusses der glatten Geschütze den gezogenen Gewehren gegenüber.

Neben diesen Angriffen, welche auf völlige Unterdrückung aller gezogenen Geschütze gerichtet waren, erhoben sich maßvollere Urtheile, die entweder die glatten Geschütze nur theilweise beibehalten oder nur von den Hinterladern Nichts wissen wollten.

Dahin gehört ein Artikel in der Allgemeinen Militair-Zeitung von 1867: „Ueber die Verwendung gezogener Feld-Batterien." Es hieß darin, die gezogenen Feldgeschütze seien nur völlig auszunutzen, wenn sie als Positions-Geschütze verwendet würden. Als Manövrirgeschütze fehle ihnen die sichere Handhabung und die Sicherheit des Feuers in allen Verhältnissen; Vorderlader seien hier besser, aber auch bei ihnen sei der Kartätschschuß nur in außergewöhnlichen Fällen anwendbar.

Der schweizerische Oberst Lecomte sprach sich auf Grund der Erfahrung des Feldzuges von 1866 dahin aus, daß zur Hälfte glatte, zur Hälfte gezogene Geschütze für die Feld-Artillerie anzunehmen seien.

Auf einem ähnlichen Wege bewegte sich ein Aufsatz im Journal de l'armée belge vom Februar 1870, welcher die Leistungen der preußischen Artillerie im Feldzuge von 1866 bespricht. Derselbe knüpfte an die Thatsache an, daß während die englische Artillerie auf Grund ungünstiger Berichte über die preußische Artillerie dem Vorderlader den Vorzug gebe, die belgische Artillerie aus den Berichten folgere, der Hinterlader habe allen Anforderungen genügt.

Der Verfasser hielt die große Trefffähigkeit der letzteren auch für einen Uebelstand, besonders beweglichen Zielen gegenüber und gelangte zu folgenden Schlüssen:

„Die preußischen Hinterlader sind den österreichischen Vorderladern nicht überlegen gewesen; die gezogenen Kanonen sind gegen directe Angriffe der Infanterie und Cavallerie nicht so wirksam wie die glatten Geschütze."

Der Verfasser hätte sich nur fragen sollen, wie es dann steht, wenn mit glatten oder gezogenen Geschützen Infanterie und Cavallerie angegriffen werden soll.

Schließlich sei noch eine Arbeit erwähnt; „Ansichten über den taktischen Werth unserer heutigen Feld-Artillerie von einem preußischen Offizier 1869." Der Verfasser, der die Leistungen der Artillerie im letzten Kriege als nicht eminente bezeichnet, beabsichtigte zu untersuchen, ob die Ursache dazu in einer zurückgegangenen Entscheidungsfähigkeit der gezogenen Geschütze oder in einer veränderten Taktik liege. Er meinte, die vorhandenen gezogenen Geschütze hätten weder den ausgesprochenen Charakter von Positions-, noch von Manövrir-Geschützen, daher könne der Taktiker nur halb mit ihnen zufrieden sein.

Mit Rücksicht auf die schwierige Distanceschätzung der gezogenen Geschütze, die großen bestrichenen Räume und den über 900 und 1020 M. hinaus wirksamen Rollschuß der glatten Geschütze wird dann geschlossen, daß die letzteren unter 1350 M. und bei häufigem Stellungswechsel den Vorzug vor den gezogenen verdienten. Ein schweres gezogenes Geschütz sei zur Entwickelung des Gefechts gut. Zum Begleiten der Truppen sei das gezogene Geschütz des Stellungswechsels wegen nicht geeignet, sondern das glatte Geschütz nöthig, welches man aber im Kriege von 1866 schon mit Vorurtheil betrachtet und von vornherein zum Tode verurtheilt habe.

Neben den gezogenen Geschützen, von denen der Verfasser ein schwereres Kaliber (8Pfdr.) mit 9 Kil. Geschoßgewicht vorschlägt, will er als Manövrir-Geschütz einen kurzen 12Pfdr.

Der in England augenblicklich herrschenden Strömung für den Vorderlader kamen die ungünstigen Berichte über die preußischen Geschütze sehr zu Statten.

Die Berichte der russischen Offiziere lauteten indeß anders und trugen zur Annahme der Hinterlader im Frühjahr 1867 wesentlich bei.

Auch in Belgien wurden die Hinterlader noch warm vertheidigt. Mehrere darauf bezügliche Aufsätze erschienen im Journal de l'armée belge von 1868.

Während die vorher erwähnten Stimmen alle Mißerfolge der Artillerie einseitig in dem Vorhandensein und in den Mängeln des gezogenen Geschützes erblickten und dasselbe daher mit Entschiedenheit verdammten, oder in sehr bedingter Weise anerkannten, erhoben andere Beobachter ihre Stimmen zu Gunsten des Geschützes. Indem sie ihrem Urtheil nicht die vor dem Kriege irrthümlich übertriebenen und nunmehr getäuschten Erwartungen zu Grunde legten, welche man von der Wirkung der Artillerie hegte, sondern in objectiver Weise auf Grund der Organisations- und Ausbildungs-Verhältnisse der Artillerie, sowie mit Rücksicht auf die Bewaffnung der Infanterie und endlich unter Beachtung der lokalen und concreten Gefechts-Verhältnisse, die Erörterungen vornahmen über das, was hätte geleistet werden können und wirklich geleistet worden war, gelangten sie zu richtigen Schlüssen. Und daraus ergab sich denn, daß nicht das Geschütz an sich, sondern neben anderen Ursachen, seine artilleristische und taktische Verwendung die Hauptschuld an dem relativ niedrigen Maße der Leistungen trug.

In diesem Sinne gelangte Rüstow in seiner Geschichte des Krieges von 1866 zu folgenden Schlüssen in Betreff der Leistungen der preußischen Artillerie:

„Die Reserve-Artillerie ist auf preußischer Seite selten, auf österreichischer häufiger gebraucht worden; das preußische Geschütz ist zu leicht; die glatten Geschütze sind gegen gezogene gar nicht mehr anwendbar; die preußische Mannschaft war zu jung, großentheils mangelhaft oder gar nicht für das gezogene Geschütz ausgebildet."

Die Allgemeine Militair-Zeitung von 1867 bemerkte, die große Ueberlegenheit der preußischen Infanterie über die österreichische sei für die Verwendung der Artillerie ungünstig gewesen und habe letztere in den Hintergrund gedrängt. Auch sei es sehr ungünstig gewesen, daß sie stets in der Offensive gewesen, die Entfernungen nicht gekannt und nur 62% gezogene Geschütze gehabt habe.

Im 65. Bande des Archivs 1869 erschien ein Aufsatz: „Warum hat unsere Feld-Artillerie in dem letzten großen Feldzuge den gehegten Erwartungen nicht entsprochen?" Der Verfasser suchte die Ursachen vornehmlich in der mangelhaften Verwendung der Artillerie, in der Zersplitterung derselben, im falschen Gebrauch der Reserve-Artillerie und in der Organisation, welche die Entwickelung einer bestimmten Taktik unmöglich gemacht habe und bei der Mobilmachung geradezu eine Auflösung der Artillerie herbeiführe.

Der Verfasser schlug demnach eine andere Organisation mit dem Hinweise vor, daß der Artillerie im nächsten Kriege eine ganz besondere Rolle zufallen müsse.

In demselben Bande des Archivs erschien eine Beleuchtung des vorerwähnten Aufsatzes, welche meinte, er beruhe auf falschen Prämissen und dann in ausführlicher Weise als die Ursachen der geringen Erfolge der Artillerie im Kriege von 1866 folgende aufstellte:

Die Taktik der gezogenen Geschütze war eine fehlerhafte, weil meist eine Ferntaktik par excellence; die glatte Artillerie ist gänzlich zurückgetreten, dadurch war die Artillerie an Zahl oft sehr schwach; unvortheilhafte Marschordnung; die höheren Offiziere haben geringes Interesse an der Mitwirkung der Artillerie genommen; die Artillerie wartete zu viel auf Befehle; die Gefahr,

Geschütze zu verlieren, verursachte Mangel an Kühnheit; mangelhafte technische Schießfertigkeit; Mängel des Geschützsystems (zu
wenig rasante Bahnen, zu viel Blindgänger); zu geringe Initiative
des Batteriechefs in Folge nicht genügend ausgebildeten Personals
auch an Offizieren; mangelhafte Bespannung (zu geringe Friedens-
Etats).

Diese Behauptungen trafen den Kern der Angelegenheit, wenn
auch einige minder begründet waren, als andere.

Wie noch gezeigt werden wird, war man sich in Preußen,
besonders an maßgebender Stelle, vollständig darüber klar und
traf die entsprechenden Anordnungen, um für die Folge diesen
Mängeln abzuhelfen und diesen Fehlern vorzubeugen.

Auch in den weiteren Kreisen der Artillerie war man bald
klar darüber, in wie weit die Verhältnisse, die man nicht hatte
beherrschen können, die Ursache zu den relativ geringen Leistungen
der Waffe gewesen waren und in wiefern man sich im taktischen
Gebrauch vergriffen hatte.

In voller Erkenntniß ihrer Pflicht arbeitete daher die preußische Artillerie nach dem Kriege unentwegt mit großem Eifer und
unermüdlicher Ausdauer. Den vorerwähnten Angriffen gegenüber
verhielt sie sich beinahe völlig passiv. Sie wußte, daß sie eine
vorzügliche Waffe besitze und dachte nicht im Entferntesten an Beibehalt eines einzigen glatten Geschützes. Die letzten mit glatten
12Pfdrn. bewaffneten Fuß- und die reitenden Batterien gaben
dieselben mit Freuden ab.

Sie wußte ferner, daß sie mit ihrer ganzen Entwickelung auf
dem rechten Wege, daß sie kein „Product von Stümpern“ sei,
aber die kaum betretene Bahn der neuen Entwickelung rastlos
weiter verfolgen müsse, um sich und ihr neues Geschütz zur Geltung zu bringen.

Sie wußte, daß sie im Felde zwar geirrt, aber ihre Schul-
digkeit gethan.

Sie war sich bewußt, daß wenn sie manchen Anforderungen
nicht genügt hatte, dies in der augenblicklichen ungünstigen Lage,
in den Mängeln der Organisation, oder in den Lücken der Bewaffnung und Ausbildung oder endlich in den Fehlern seinen
Grund hatte, welche in taktischer Beziehung begangen worden,
aber bei der Neuheit der Waffe und ihrem ersten Auftreten im
Felde wohl erklärlich waren.

Fünftes Kapitel.

Die reitende Artillerie.

Der schweren Niederlage, welche die reitende Artillerie im Feldzuge von 1866 mit ihren glatten Geschützen erlitten, ist schon mehrfach gedacht worden. Die etwa noch vorhandenen Zweifel über ihre Bewaffnung waren dadurch beseitigt. Durch die Annahme des 8 Cm. Geschützes war die bedeutsame Aenderung anerkannt, welche in der taktischen Verwendung der reitenden Artillerie auf dem Schlachtfelde einzutreten habe.

Die auf eine entscheidende Offensive berechneten schnellen Bewegungen auf dem Gefechtsfelde selber, hatten nur noch einen bedingten Werth und im Grunde genommen, konnte die reitende Artillerie nunmehr zur Entscheidung nur in gleicher Weise, wie die Fuß-Artillerie, mitwirken.

Mit dem 8 Cm. Geschütze befreundete sich die reitende Artillerie sehr bald; seine bedeutenden Vorzüge über den kurzen 12Pfdr. in Betreff der Beweglichkeit bewiesen bald, daß die Waffe durch dieses Geschütz wieder in ihr eigenstes Element versetzt worden war. Dieser Umstand bewirkte eine im Allgemeinen der reitenden Artillerie günstige Stimmung, wenigstens in Preußen.

Der damalige russische Premier-Lieutenant von Doppelmaier zog aus den Erfahrungen des Krieges den Schluß, die selbst so leichte fahrende Artillerie werde niemals die reitende Artillerie ersetzen können. Allein die schon früher mehrfach aufgestellte Behauptung, daß dies dennoch möglich sei, fand auch jetzt wieder Anhänger. Hatte nicht im letzten Kriege die fahrende Artillerie, besonders auch auf österreichischer Seite, Alles geleistet, was nothwendig war und erwartet werden konnte?

In diesem Sinne ließ sich die Allgemeine Militair-Zeitung (Seite 318) 1867 aus Wien schreiben: „Was die österreichische Artillerie vor allen Anderen auszeichnet, ist, daß sie sich niemals dazu verstanden, „reitende Artillerie" einzuführen. Früher hat die letztere Vorzüge besessen, jetzt ist sie eine überwundene Einrichtung, kostbar und unzweckmäßig. Die österreichische Artillerie thut es der besten reitenden Artillerie an Schnelligkeit und Ausdauer in der Bewegung gleich, übertrifft sie aber in der Bewegung."

Hierauf antwortete ein Aufsatz in derselben Zeitung 1868 Seite 234: „Ist die reitende Artillerie in der That jetzt überflüssig?" ungefähr Folgendes:

Die jetzigen leichten Geschütze seien gar nicht so viel leichter, als die der vorhergehenden Periode und die jetzige Fuß-Artillerie huldige dem Wahne, die reitende ersetzen zu können, weil sie auf dem Exercirplatze die Leute auf Protze und Laffete aufsitzen lasse. Darin aber liege die Sache nicht, die Fuß-Artillerie sei dann eben weniger beweglich 2c.

Hierauf erschien noch eine Erwiderung in der genannten Zeitung (Seite 251): „Noch einmal der Werth der reitenden Artillerie." Darin wurde gesagt, die Frage über die Zweckmäßigkeit der reitenden Artillerie sei längst entschieden gegen die rationelle Berechtigung dieser Waffe. Sie sei eben nicht schneller und beweglicher, als fahrende Artillerie und werde vielfach nur aus Liebhaberei beibehalten.

Im Militair-Wochenblatt von 1867 wurde in einem Artikel: „Fahrende oder Fuß- und reitende Artillerie" die letztere Waffe verworfen.

In den Militairischen Blättern erschien 1868 eine Entgegnung darauf, welche für die reitende Artillerie wohl etwas zu stark, aber mit wenig stichhaltigen Gründen eintrat. Der Krieg von 1870 schnitt diese Fehden ab und bewies die eigenthümlichen Vorzüge der reitenden Artillerie und die darauf begründete Nothwendigkeit ihrer Existenz.

Sechstes Kapitel.

Das Einheits-Geschütz.

Die Frage des Einheits-Geschützes, welche im Verlaufe der Darstellung schon öfter berührt worden ist, welche heute vielfach erörtert und in der Zukunft nicht minder eine Rolle spielen wird, hat die Entwickelung der Feld-Artillerie ununterbrochen begleitet und es erscheint zweckmäßig, sie hier im Zusammenhange zu zeichnen.

Der Gedanke, ein Einheits-Geschütz zu construiren, welches die Bedingungen der Beweglichkeit und Wirkung in befriedigender Weise gleichmäßig zu erfüllen vermöchte, ist ein so naheliegender und seine Verwirklichung müßte in jeglicher Beziehung so große Vortheile mit sich führen, daß es begreiflich ist, wenn derselbe ununterbrochen in der Artillerie lebendig geblieben ist.

Die durch die Entwickelung der Artillerie nachgewiesene stetige Vereinfachung der Artillerie-Systeme berechtigt die auf dieses Ziel gerichteten Bestrebungen. Wenn man schließlich fast allgemein bei nur 2 Kalibern angekommen ist, warum soll nicht versucht werden, den letzten Schritt zu einem einzigen zu thun?

Schon Napoleon I hatte diesen Schritt als das Ziel der Feld-Artillerie bezeichnet.

Borkenstein[22] bemerkte, es möchte die Frage einer genaueren Untersuchung bedürfen, ob es nicht zweckmäßig sei, statt des 12pfdgn., 6pfdgn. und 7pfdgn. (Haubitz-)Kalibers nur eins und zwar das 9pfdg. zu haben. Diese Frage sei indeß nur durch gründliche Versuche zu lösen. Borkenstein, entschied sich bis dahin für Beibehalt jener 3 Kaliber.

Decker[23] äußerte Folgendes: „Die Frage, ob man im Kriege mit einem Kaliber auskommen könne, ist keineswegs entschieden. Der Unterschied zwischen schwerer und leichter Artillerie wird durch die Fälle des Krieges bedingt, welche zuweilen schwere, zuweilen leichte Kaliber verlangen."

Breithaupt[24] betonte ebenfalls möglichste Einfachheit und kam auf die Mainzer Versuche mit dem kurzen 24Pfdr. zurück, durch welche bewiesen sei, daß dieses Geschütz die Feld-Haubitzen, mit Bezug auf Trefffähigkeit auch den 12Pfdr. und 6Pfdr., ersetzen könne. — Sehr wirksam müsse dieses Geschütz durch den Granat=Kartätschschuß werden und im Kartätschschusse müsse es allen Feldgeschützen bedeutend überlegen sein. Breithaupt erklärte darauf hin den kurzen 24Pfdr. als Einheits-Geschütz und entwarf, wie schon oben erwähnt, eine Construction desselben für diesen Zweck.

Napoleon III entwarf, wie wir gesehen, die Construction seiner Granatkanone in der Absicht, ein Einheits-Geschütz zu schaffen. — Die dagegen in Frankreich und noch schärfer in Deutschland erhobene Opposition ist schon erörtert worden. Vor Allem war es der Mangel des eigentlichen Wurfs, den man dem Geschütz vorwarf.

In unmittelbarer Verfolgung dieses Gedankens an ein Einheits-Geschütz wurde dann in Frankreich der gezogene 4Pfdr. als solches erklärt und streng genommen auch eingeführt, da die daneben bestehende nur geringe Zahl von 12pfdgn. Batterien mehr als Reserve-Artillerie betrachtet wurde. Es bedurfte beinahe eines ganzen Jahrzehnts, bevor man in Frankreich von jenem Gedanken zurückkam, indem 1868 nach dem Vorgange aller anderen Artillerien noch ein schweres Feldgeschütz (8Pfbr.) eingeführt wurde. Damit war anerkannt, daß der 4Pfbr. in Bezug auf Wirkung nicht allen Anforderungen des Feldkrieges genüge.

Als in Preußen und Deutschland die gezogene 9 Cm. Kanone eingeführt worden war, wurde dieses Geschütz, wie oben erwähnt, vielfach als Einheits-Geschütz begehrt. Die früher besprochene Schrift: „das preußische System gezogener 6Pfbr. als Einheits-Geschütz" war am entschiedensten und überzeugend für diesen Gedanken eingetreten.

Die Construction der gezogenen 8 Cm. Kanone beseitigte indeß diese Frage. Die große Leichtigkeit des Geschützes brachte das Princip der Beweglichkeit wieder zur Geltung. Nun erhoben sich sogar Stimmen, welche die 8 Cm. Kanone zum Einheits-Geschütz machen wollten. Im 54. Bande des Archivs 1864 sprach sich ein Aufsatz[25] dafür aus, indem er das große Gewicht und das geringe Munitionsquantum der 9 Cm. Kanone hervorhob.

Diese Idee fand indeß wenige Anhänger; gewichtige Stimmen sprachen sich dagegen aus. So erklärte der damalige Hauptmann Roerdansz in einem 1865 gehaltenen ungedruckten Vortrage über die preußischen 8 Cm. Kanonen: „Die Geschichte der Artillerie beweist zur Genüge, daß das Einheitsgeschütz ein schöner Traum bleiben wird." Roerdansz fügte allerdings hinzu, der 4Pfbr. löse augenscheinlich den 500jährigen Zwiespalt zwischen Beweglichkeit und Wirkung und könne als vorzügliches Feldgeschütz die Idee eines Einheits-Geschützes am ehesten zur Verwirklichung bringen. Die hierdurch angedeutete Möglichkeit mußte die Versuche zur Herstellung eines Einheits-Geschützes in der nächsten Zeit vermehren.

Die Erfahrungen des Krieges von 1866 wendeten indeß die Strömung wiederum zu Gunsten der 9 Cm. Kanone, als des wirksameren Geschützes. Die Ueberlegenheit der Zahl an schweren Geschützen (8Pfbrn.) bei den Oesterreichern, sowie die der 9 Cm. über die 8 Cm. Kanone hatte sich bei allen Gelegenheiten geltend und oft sogar sehr unangenehm fühlbar gemacht. Nach den Berichten der am Main-Feldzuge betheiligten Offiziere, welche leichte

Batterien geführt hatten, war jedes Mal ein großer moralischer Eindruck auf den gemeinen Mann erkennbar gewesen, wenn diese Batterien ins Gefecht mit feindlichen 9 Cm. Geschützen kamen. Viele Urtheile kamen unmittelbar, auf den Gedanken zurück, die letzteren hätten Einheits-Geschütze werden müssen. Die Erörterung dieser Frage hatte damals aber geringen Werth und konnte kein Resultat haben, weil man der vollendeten Thatsache der Einführung der 8 Cm. Kanone in erheblicher Zahl gegenüberstand.

In Rußland, wo erst 1867 das Hinterladungs-System angenommen wurde, kam es für eine kurze Zeit zur Diskussion, ob nicht die 8 Cm. Kanone als Einheits-Geschütz anzunehmen sei.

Auch in Deutschland wurde die Frage wieder aufgenommen.

Die Geschoß-Gewichte der in den meisten Artillerien eingeführten beiden Kaliber lagen im Allgemeinen zwischen 4 Kil. und 7 bis höchstes 7,5 Kil.

Wenn die 9 Cm. Kanone als zu schwer angesehen wurde, so konnten die Vertreter des Einheits-Geschützes erwidern, die mit derselben dem glatten 12Pfdr. gegenüber erreichte Wirkungssteigerung sei eine so bedeutende, daß wohl erwogen werden dürfe, ob mit der Wirkung nicht wieder etwas herabgegangen, das Geschütz also erleichtert und somit ein Einheits-Geschütz erreicht werden könne. Dies sei um so wahrscheinlicher, als schon die sehr leichte 8 Cm. Kanone das Geschoßgewicht des kurzen 12Pfdrs. habe und ihrer Gewichtsvermehrung behufs einer gewissen Vermehrung der Wirkung Nichts im Wege stände. Diese Betrachtungen mußten zur Herstellung eines Zwischenkalibers führen.

Die nun auftretenden Vertheidiger des Einheits-Geschützes lassen sich in 2 Klassen theilen.

Die eine verlangte ein leichtes, zur taktischen Verbindung mit den anderen Waffen geeignetes, Geschütz (8 Cm.) und daneben in geringer Zahl ein schweres Geschütz, womöglich vom 12pfdg. Kaliber, für besondere Zwecke als Reserve-Geschütz, wie dies ähnlich in Frankreich der Fall war.

In diesem Sinne sprach sich mehrfach der General du Vignau aus.[26] Er nannte die 8 Cm. Kanone „9Pfdr." und wollte sie besonders stark mit Schrapnels ausrüsten. Die 12Pfdr. sollten zu $1/8$ der Gesammt-Geschützzahl mitgeführt werden.

Auch Hartmann[27] hatte schon 1864 gezogene 12Pfdr. für Positions-Batterien gegen feste Ziele verlangt. Diese Idee stand

nicht vereinzelt da. Im Jahre 1866 war sogar die Mitführung
von gezogenen 12Pfdrn. ins Feld an entscheidender Stelle wirklich
erwogen worden.

Die Ausführung des Gedankens scheiterte vornehmlich an dem
großen Geschoßgewicht (14—15 Kil.), welches die Mitführung
eines nur geringen Munitionsquantums gestattet und dazu besondere Fahrzeuge erfordert haben würde.

Die andere Partei der Vertreter des Einheits-Geschützes verlangte nur ein Geschütz, aber sie spaltete sich wieder in 2 Richtungen, deren eine das 9 Cm., deren andere das 8 Cm. Geschütz
verlangte.

Für beide Richtungen sei je ein Vertreter hier angeführt.

Im 64. Bande des Archiv 1868 erschien ein Aufsatz: „Das
Einheits-Geschütz der Feld-Artillerie — kein Traum! —"

Der Gang der Schrift ist in Kurzem folgender: Es sei zu
untersuchen, ob man nicht mit einem Geschütz oder wenigstens
mit mehreren von gleichem Kaliber (Geschoßdurchmesser), aber
verschiedenem Geschoßgewicht sich begnügen könne. Letzteres sei
auch schon ein Fortschritt.

Die Taktik habe zu bestimmen, wie viele Kaliber da sein
müßten. Der Taktiker verlange von der Feld-Artillerie, daß sie
ihn nicht hindere, kein Impediment sei; daher sei für die Feld-
Artillerie nöthig:

Maximum der Manövrirfähigkeit. Die habe sowohl
die 8 Cm., wie die 9 Cm. Kanone, letztere müsse nur gut bespannt werden und an der richtigen Stelle in der Marschordnung
stehen. Maximum von Schußwirkung. Dazu sei 6 Kil.
Geschoßgewicht und eine Schußweite bis 2250 M. nöthig. Die
8 Cm. Kanone sei dazu zu leicht; die 9 Cm. Kanone etwas zu
schwer: am Besten würde der österreichische 8Pfdr. sein; aber man
müsse jetzt die 9 Cm. Kanone behalten. Maximum der Schußzahl. (40—50 Schuß.) Das 9 Cm. Geschütz habe also zu
wenig. Da aber die wirksamste Artillerie die beste Angriffs-
Artillerie sei, die 8 Cm. Kanone nach den Erfahrungen von 1866
nicht wirksam genug scheine, so solle man beim 9 Cm. Geschütz
bleiben. Um seine geringe Munitions-Ausrüstung auszugleichen,
sollten Batterien à 8 Geschütze und zwar 12 Fuß- und 3 reitende
Batterien per Regiment formirt werden und jede Division
4 Batterien erhalten. Behielte man beide Geschütze, so sei es sehr

erwünscht, einer Hälfte der Regimenter nur 9 Cm., der anderen nur 8 Cm. Geschütze zu geben.

Das Streben des Verfassers nach höchster Wirkung war jedenfalls sehr anerkennenswerth.

Hören wir nun einen Vertreter der anderen Richtung. Im 66. Bande des Archivs 1869 erschien eine sehr gründliche Arbeit, welche den Boden der reinen Speculation verließ, und die Construction eines Einheits-Geschützes thatsächlich bis in die Details entwarf. — Der Aufsatz des damaligen Premier-Lieutenant Wille ist betitelt: „Ueber das Einheitsgeschütz der Feld-Artillerie."[28]

Der Verfasser bemerkt, die ganze Entwickelung der Feld-Artillerie dränge auf Realisirung eines einheitlichen Feldgeschützes hin. — Er will untersuchen, ob dazu die 8 Cm. oder 9 Cm. Kanone besser geeignet sei. Er findet:

Die preußische 8 Cm. Kanone genügt allen Ansprüchen, die man mit Rücksicht auf die moderne Taktik an die Beweglichkeit stellen könne, was durch zwei Kriege erwiesen sei. In Bezug auf Wirkung genüge die 9 Cm. Kanone allen Ansprüchen an ein Einheits-Geschütz.

Die 8 Cm. Kanone könne indeß in der Wirkung gesteigert werden, nicht aber das 9 Cm. Geschütz in der Beweglichkeit, jene sei daher als Einheits-Geschütz vorzuziehen. Ihre Flugbahn müsse aber rasanter werden, daher sei eine Granate von 6 Pfd. 9 Lth. (fertig 3,5 Kil.), eine Ladung von 0,7 Kil. (also $1/_5$ Geschoß-schwere) anzuwenden. Die Anfangs-Geschwindigkeit würde 1450' (455 M.), das Rohrgewicht 360 Kil. sein. Die genau entworfene Rohr-Construction soll von Bronze sein, welche dem Stahl vorzuziehen ist. Die Schrapnels sollen Furchen im Bleimantel haben, um einen einfachen Brennzünder (Breithaupt'schen) benutzen zu können. Die Schußzahl in der Protze soll 50 betragen. Der Verfasser glaubte hiermit die Möglichkeit eines Einheits-Geschützes erwiesen zu haben.

Diese Vorschläge entfernen sich von denen des vorher besprochenen Artikels sehr weit.

Die Geschoß-Gewichte liegen zum Beispiel um 3,5 Kil. auseinander. Das gezogene Geschütz-System gewährt also den Bestrebungen dieser Art immer noch einen weiten Spielraum.

Der Krieg von 1870/71 brachte auch über diese Verhältnisse größere Klarheit.

Schon im Oktober 1870 erschien in der Zeitschrift für die schweizerische Artillerie ein Aufsatz, welcher auf Grund der Erfahrungen des Krieges zu dem Resultate gelangte, es seien 2 Feldkaliber nothwendig und zwar das leichtere in größerer, etwa doppelter, Zahl wie das schwere.

Siebentes Kapitel.

Organisation; Stärke-Verhältniß der Artillerie in der Armee; Ausbildung; Vertheilung in der Ordre de bataille.

1. Die Friedens-Organisation.

Die Organisations-Verhältnisse der hauptsächlichsten Artillerien waren im Jahre 1870 vor Ausbruch des Krieges Folgende:

Deutschland. Die preußisch-norddeutsche Artillerie bestand aus 12 Feld-Artillerie-Regimentern, von denen drei in den neuen Provinzen zu Ende des Jahres 1866 errichtet worden waren.

Das Regiment bestand aus 3 Fuß-Abtheilungen zu 4, und einer reitenden Abtheilung zu 3 Batterien. Die Formation der 4. reitenden Batterie unterblieb nach dem Kriege und führte somit das Regiment 90 statt früher 96 Geschütze. Davon waren 36—9 Cm. und 54—8 Cm. Kanonen.

Die sächsische Artillerie bestand aus einem Regiment zu 2 Fuß-Abtheilungen zu 4 Batterien, 2 dergleichen zu 3 Batterien, und aus 1 reitenden Abtheilung zu 2 Batterien, zusammen 16 Batterien mit 48-9 Cm. und 48-8 Cm. Kanonen.

Baden. Die badische Artillerie bestand aus 4-8 Cm., 4-9 Cm. Fuß- und 1-8 Cm. reitenden Batterie mit zusammen 30-8 Cm. und 24-9 Cm. Kanonen.

Großherzogthum Hessen. Die Artillerie bestand aus 2-9 Cm., 3-8 Cm. Fuß- und 1-8 Cm. reitenden Batterie; zusammen 24-8 Cm. und 12-9 Cm. Kanonen.

Bayern. Es bestanden 4 Feld-Artillerie-Regimenter zu je 8 Batterien und zwar 2 Regimenter zu 4-8 Cm. und 4-9 Cm. Fuß-Batterien, 2 Regimenter zu 2-8 Cm. reitenden und 6-9 Cm. Fuß-Batterien, zusammen 32 Batterien mit 72-8 Cm. und 120-9 Cm. Kanonen.

Württemberg. Es bestand ein Regiment zu 3 Abtheilungen, jede zu 2-8 Cm. und 1-9 Cm. Batterie, zusammen 9 Batterien mit 36-8 Cm. und 18-9 Cm. Geschützen.

Oesterreich. In Oesterreich trat im April 1867 eine neue Organisation ein,[29] nach welcher bestanden:

12 Regimenter zu je 4-4pfdgn. Fuß-, 3-4pfdgn. Cavallerie- und 5-8pfdgn. Fuß-Batterien, in Summa 144 Batterien zu 8 Geschützen mit 360-8Pfdrn., 504-4Pfdrn. Nach dem Handbuch für die Kaiserlich Königliche Artillerie von 1872 bestehen 156 Feld-Batterien.

In Frankreich wurden 1865/66 46 Compagnien resp. Batterien aufgehoben, im Jahre 1867 indeß davon 23 wieder errichtet und es bestanden demnach:

1 Regiment Garde fahrende Artillerie zu 6 Batterien,

1 Regiment Garde reitende Artillerie zu 6 Batterien,

15 Regimenter fahrende Artillerie zu 8 Batterien,

4 Regimenter reitende Artillerie zu 8 Batterien,

zusammen 164 Batterien (38 reitende, 94-4pfdg. fahrende, 32-12pfdg. fahrende) mit 792-4Pfdrn., 192-12Pfdrn.

Bei Ausbruch des Krieges wurde für jede Infanterie-Division eine Mitrailleusen-Batterie (zusammen 24) aufgestellt. Es rückten im Ganzen aus: 126 Fuß- und 38 reitende Batterien mit 942 Geschützen. 45 Batterien waren in der Formation begriffen.

England. Die gesammte Artillerie bildet das Royal Regiment of Artillery und zählte an Feld-Artillerie:

6 reitende Brigaden zu je 5-9pfdgn. Batterien, 8 Fuß-Brigaden, von denen 2 in England selber, je 8-12pfdg. Batterien, 6 in den Colonien je 10-12pfdg. Batterien führten. Dazu traten 3 gemischte Brigaden, bestehend aus 14 Feld- (20Pfdrn.) und 12 Festungs-Batterien; zusammen 120 Feld-Batterien zu 6 Geschützen. 180-9Pfdr., 456-12Pfdr., 84-20Pfdr.

Rußland. Die Artillerie des europäischen Rußlands bestand aus: 41 Fuß-Artillerie- und 8 reitenden Artillerie-Brigaden.

Die ersteren wurden formirt aus je 1-9pfdgn., 2-4pfdgn. und 1 Mitrailleusen-Batterie; die reitenden Brigaden aus je 2-4pfdgn.; bei der Garde aus 4-4pfdgn. Batterien.

Dazu kam die irreguläre Artillerie der Don'schen Kosaken (14 Batterien). Also zusammen 41-9pfdg., 82-4pfdg., 32 reitende 4pfdg., 41 Mitrailleusen-Batterien zu je 8 Geschützen, oder 328-9Pfdr., 912-4Pfdr. und 328 Mitrailleusen.

Belgien. In Belgien bestanden 3 Regimenter; davon 2 zu je 8 fahrenden Batterien zu 8 Geschützen und eins zu 4 reitenden Batterien zu 6 Geschützen; zusammen 152 Geschütze.

Dänemark. 2 Feld-Regimenter; das eine zu 6 Linien- und 2 Reserve-Batterien, das andere zu 3 Linien- und 1 Reserve-Batterie, also 12 Batterien mit 96 Geschützen (nur 4Pfdr.).

Schweden. 2 Fuß-Artillerie-Regimenter zu 6 fahrenden, 1 gemischtes Regiment zu 4 reitenden, und 2 Fuß-Batterien, alle zu 8 Geschützen.

Norwegen. 9 Feld- und 2 Gebirgs-Batterien zu je 8 Geschützen. Die gesammte schwedisch-norwegische Artillerie somit 224 Geschütze.

Italien. 10 Feld-Artillerie-Regimenter zu 8 Feld-Batterien und einer Depot-Batterie; alle 8Pfdr. führend, mithin 80 Feld-Batterien (worunter nur 2 reitende) und 10 Depot-Batterien mit zusammen 720-8Pfdrn. Die 16Pfdr. werden erst im Kriege zu Positions-Batterien formirt.

Spanien. 19 Feld-Artillerie-Regimenter zu 4 Batterien mit je 6 Geschützen; zusammen 456 Geschütze.

Schweiz. 1870 bestanden: 10 gezogene 10 Cm.-Hinterlader-Batterien, 30 gezogene 8 Cm.- (4Pfdr.) Vorderlader-Batterien. Daneben waren 77 sogenannte Ergänzungs-Geschütze vorhanden. Im Herbste 1870 wurde der Antrag auf Vermehrung der Artillerie gestellt und im Sommer 1871 wurden 12 neue 8,4 Cm.-Batterien beschafft.

2. Das Stärke-Verhältniß der Artillerie in der Armee.

Dieses Verhältniß war im Kriege von 1866 Folgendes:

Auf 1000 Mann der Gesammtstärke kamen an Geschützen: in der preußisch-norddeutschen Armee 3,5, in der preußischen Armee in Böhmen 3,1, auf preußischer Seite in der Schlacht bei Königgrätz fast genau 3, in der österreichischen Nord-Armee 3,1, in der bayrischen Armee 3,6, in der sächsischen Armee 4,1.

Trotz aller nach dem Kriege gegen die Artillerie gerichteten Agitationen, war doch der Gedanke vorherrschend, die Artillerie werde in den nächsten Kriegen eine hervorragende Rolle spielen und sei demgemäß eher zu vermehren, als zu vermindern.

Es fehlte indeß nicht an entgegengesetzten Ansichten. Erwähnt sei hier nur, daß man sich durch die großen, von der preußischen Infanterie allein errungenen Erfolge, sogar zu der Lehre hinreißen ließ, die Artillerie könne in Zukunft durch die Infanterie völlig unschädlich gemacht oder erobert werden und sei daher vielfach oder ganz überflüssig.

Ein Aufsatz im Archiv von 1870, welcher Untersuchungen über diesen Gegenstand anstellte, behauptete, die Artillerie sei, trotzdem sie in Zukunft eine große Rolle habe, nicht zu vermehren, wohl aber in vielen Fällen zu vermindern. Eine Verminderung sei sogar nöthig, weil die gezogenen Batterien nicht so nahe an den Feind heranbrauchten, in Folge dessen weniger Leute verlören, auch weniger Munition verbrauchten, als die glatten u. s. w. Mit Rücksicht auf diese Umstände seien per 1000 Mann 3 bis 2 Geschütze nöthig.

Der Wegfall der vierten reitenden Batterie per Regiment in Preußen einerseits, sowie der durch Abgabe von Artillerie an zu formirende Reserve- und Landwehr-Truppentheile andererseits, wurde durch eine nicht unbeträchtliche Anzahl von Reserve-Batterien gedeckt, deren Material im Frieden vollständig bereit gestellt wurde und deren Formation im Momente der Mobilmachung erfolgen sollte.

Im Kriege von 1870/71 befanden sich bei der französischen Rhein-Armee 780 Geschütze und 144 Mitrailleusen, so daß auf 1000 Mann der Gesammtstärke nur 2,3 Geschütze kamen.

Die gesammte deutsche Armee, einschließlich der ausrückenden Reserve und Landwehr-Truppentheile, führte auf 1000 Mann im Durchschnitt 3,3 Geschütze.

Bei der Armee-Eintheilung, wie sie am 1. August 1870 war, kamen auf 1000 Mann der Gesammtstärke bei der 1. Armee 3,2 Geschütze; bei der zweiten Armee 3,3 Geschütze; bei der dritten Armee 3,8 Geschütze. Also im Mittel 3,4 Geschütze.

Die wichtige Rolle und die bedeutenden Leistungen der Artillerie in diesem Kriege riefen sehr bald die Ueberzeugung hervor, daß die Artillerie in Zukunft vermehrt werden müsse.

In der Schweiz, wo bis dahin auf 1000 Mann Infanterie nur 1,76 und mit den sogenannten Ergänzungs-Geschützen 2,31 Geschütze vorhanden waren, wurde schon im Herbste 1870 beim Bundestage der Antrag auf Vermehrung der Artillerie gestellt. Oberst Rothplatz verlangte in seinem Lehrbuche 3—3$\frac{1}{2}$ Geschütze auf 1000 Mann Infanterie. Die beantragte Vermehrung trat im Sommer 1871 wirklich ein (12 neue Batterien).

Dies ist der Anfang einer Bewegung, welche durch die weiteren Erfahrungen des großen Krieges noch verstärkt, nach demselben in allen Artillerien eine nicht unerhebliche Vermehrung der Geschütze wirklich herbeiführte oder in Ueberlegung nehmen ließ.

3. Die Ausbildung der preußischen Artillerie.

Der Krieg von 1866 hatte genau die Richtungen angezeigt, in denen die Ausbildung vornehmlich gefördert werden mußte. Genaue Kenntniß des Materials, richtige Behandlung desselben, Ausbildung im Schießen und in der taktischen Verwendung der Artillerie, das waren die Ziele, die gesteckt und erreicht werden mußten.

Demgemäß wurden an entscheidender Stelle die Anordnungen getroffen, welche in den wenigen Jahren bis zum Kriege 1870 die Artillerie, wenn nicht ganz, so doch nahezu, auf die Höhe der Situation brachten.

Die Hauptverdienste um die Leitung und Förderung dieser Entwickelung hat der damalige, im vorigen Jahre so unerwartet verstorbene General-Inspecteur, General von Hindersin; Verdienste, für deren Höhe und Umfang die Leistungen der Artillerie während des Krieges beredteres Zeugniß ablegen, als wir es mit Worten vermögen, und welche Allerhöchsten Orts nach dem Kriege öffentlich anerkannt worden sind.

Zur Regelung der Detail-Ausbildung wurden die neuen Exerzir-Reglements bearbeitet und 1867 veröffentlicht. Daran schlossen sich Lehrbücher, Leitfaden, Dienst-Vorschriften.

In klarer Erkenntniß, daß das gezogene Geschütz seine vorzüglichen Eigenschaften und seine bedeutende Leistungsfähigkeit nur in der Hand von Offizieren zur Geltung bringen könne, welche möglichst große Gewandtheit und Fertigkeit im Schießen besitzen, wurde die Bildung einer Artillerie-Schieß-Schule beantragt und durchgeführt.

Dieses Institut, dessen Wirksamkeit ein nicht unbedeutender Faktor für die hohen Leistungen der Artillerie während des Krieges gewesen ist, hat die Erkenntniß allgemein gemacht, daß das Schießen eine Kunst im wahren Sinne des Wortes ist, welche gelernt sein will und gelernt werden muß.

Diese Erkenntniß hat die Bildung von Schießschulen auch in fremden Artillerien zur Folge gehabt.

Ganz besonders angelegen ließ sich die General-Inspection die taktische Ausbildung der Artillerie-Offiziere sein. In zahlreichen Erlassen wurde dieser Punkt betont und Anleitung für die Ausbildung gegeben.

Bei allen entsprechenden Uebungen sollte der Gebrauch des Geschützes im Terrain gelehrt werden. Auch die schriftlichen Arbeiten sollten sich nur auf Aufgaben des Feldkrieges erstrecken.

Die ausgedehnteste Theilnahme der Artillerie an den Feldmanövern gab den höheren Artillerie-Offizieren Gelegenheit zur eigenen praktischen Fortbildung auf taktischem Gebiete, welche noch durch den Allerhöchsten Befehl gefördert und erweitert wurde, wonach diese Offiziere auch zur Uebernahme des Commandos über gemischte Truppenkörper herangezogen wurden.

Zu erwähnen ist noch die Emanirung einer besonderen Instruction für die höheren Truppenführer, worin auch die Grundsätze für die Verwendung der Artillerie dargelegt wurden. Die Nothwendigkeit dieser Maßregel war ebenfalls aus dem Kriege von 1866 hervorgegangen. Die gegen die Artillerie gerichtete Anklage, in diesem Kriege wenig geleistet zu haben, traf mittelbar die höheren Kommandeure der gemischten Truppenkörper, welchen doch mindestens die Pflicht oblag, die von der Artillerie begangenen Fehler im Gefecht zu verhindern oder durch eigenes Eingreifen gut zu machen.

Wenn man einer Waffe volle Freiheit und Selbstständigkeit des Entschließens und Handelns gewährt, so kann darin ein dieselbe sehr ehrendes Vertrauen liegen, es kann aber auch daraus geschlossen werden, daß man sich dadurch einer unangenehmen und schwierigen Aufgabe auf nicht verbotene Weise zu entledigen suchen wolle.

4. Die Organisation für den Krieg, Vertheilung der Artillerie in der Ordre de bataille.

Die geringen Erfolge der preußischen Artillerie im Kriege von 1866 wurden nicht zum geringsten Theile ihrer fehlerhaften Vertheilung in der Ordre de bataille, sowie in der Marschord-nung zugeschrieben.

In ersterer Hinsicht tauchte vielfach die Ansicht auf, das Aufgeben der früheren Brigade-Artillerie habe die Abtrennung der Artillerie von den anderen Truppen im Gefecht befördert und das Begleiten derselben zum Angriff verhindert. Daher kamen mehrere Vorschläge auf die Zutheilung der Artillerie zu den Brigaden oder auf die Reduction der Divisions-Artillerie zurück.

Das Erstere schlug z. B. der Verfasser der schon mehrfach erwähnten Arbeit „Ansichten über den taktischen Gebrauch der heutigen Feld-Artillerie 1869" vor.

Andere Stimmen verlangten per Brigade 2 Batterien.[30]

Du Vignau sprach sich 1870 für eine Divisions-Artillerie von nur 2 Batterien aus.

Ueberwiegend war indeß die Ansicht von der Nothwendigkeit der Bildung einer starken Divisions-Artillerie, welche in Preußen schon bestand und in den anderen Armeen überall Annahme fand.

Sehr richtig motivirte dies der österreichische Hauptmann F. Müller,[31] indem er ungefähr sagte, die Artillerie habe durch das Schnellfeuer der Hinterlader einen Theil ihres Uebergewichts in der Feuerwirkung verloren. Um diese möglichst zu steigern, sei zunächst eine starke Divisions-Artillerie erforderlich. Niemals dürfe eine einzelne Batterie ins Feuer geführt werden. Müller verlangte demnach eine Divisions-Artillerie von 4 Batterien, die er stets zusammengehalten wissen wollte.

In Oesterreich war 1867 die Divisions-Artillerie zu 3 Batterien angenommen worden.

Prinz Hohenlohe[32] verwarf grundsätzlich die batterienweise Zutheilung der Artillerie an die Brigaden und verlangte eine Divisions-Artillerie von 4 Batterien, von denen bei einer isolirt fechtenden Division eine (8 Cm.) Batterie zur Avantgarde gegeben werden sollte. Für diese Vorschläge sprachen im Allgemeinen die Leistungen der Divisions-Artillerie im Kriege von 1866, welche immerhin befriedigend gewesen waren.

Anders war es mit der Reserve-Artillerie. Mit Ausnahme vielleicht eines einzigen Falles, hatte sie keinen nennenswerthen Erfolg aufzuweisen. Sie war eben noch im althergebrachten Sinne bei der wirklichen Reserve gewesen, im Sinne einer solchen betrachtet worden und daher war ihre Verwendung zur Vorbereitung oder Herbeiführung einer unmittelbaren Entscheidung wiederum ein frommer Wunsch geblieben.

Sollte sie dazu befähigt werden, so mußte sie, wie Prinz Hohenlohe sehr richtig ausführte, zum Hauptschlachtenkörper, d. h. zum Gros, gehören und mit diesem ins Gefecht treten.

Dieser Vorschlag wurde verwirklicht und dabei zugleich die bisherige Bezeichnung „Reserve-Artillerie" durch die sachgemäße „Corps-Artillerie" ersetzt.

Die wirkliche Vertheilung der Artillerie in der Ordre de bataille war im Jahre 1870 Folgende:

Preußen. Jede Division erhielt eine geschlossene Abtheilung; zu den Cavallerie-Divisionen wurden 1—2 reitende Batterien gegeben.

Die Corps-Artillerie bestand demnach aus 4 Fuß- und 1 bis 2 reitenden Batterien.

Frankreich. Die Infanterie-Division erhielt 2 fahrende und eine Mitrailleusen-Batterie; die Cavallerie-Division 1—2 reitende Batterien.

Die Corps-Geschütz-Reserve bestand aus 2-4pfdgn. und 2-12pfdgn. fahrenden Batterien und einer reitenden Batterie. Das Armee-Corps zu 3 Divisionen hatte demnach 15 Batterien (90 Geschütze).

Oesterreich. Die Infanterie-Division erhielt 2-4pfdg. und 1-8pfdg. Batterie; die Cavallerie-Division 2 bis 3-4pfdg. Cavallerie-Batterien. Die Corps-Geschütz-Reserve bestand aus 3-8pfdgn. Fuß-Batterien. Da die Armee-Corps aus 3 Infanterie-Divisionen bestehen, führten dieselben mithin 12 Batterien (96 Geschütze). Für eine Armee sollte noch eine Armee-Geschütz-Reserve aus 8—14 Batterien gebildet werden.

England. Ein Armee-Corps, ungefähr 12,000 Mann, sollte in der Regel erhalten: 2-9pfdg. reitende, 4-12pfdg. Feld- und 2-12pfdg. Reserve-Batterien (48 Geschütze).

Rußland. Die Infanterie-Division erhielt eine Fuß-Artillerie-Brigade (4 Batterien mit 32 Geschützen). Die Cavallerie-

Division 1 reitende Brigade (2 Batterien) und eine reitende Kosaken-Batterie.

Italien. Jede Infanterie-Division erhielt 3 Batterien (24 Geschütze), das Armee-Corps 3 Batterien als Corps-Geschütz-Reserve. Der noch übrig bleibende Theil der ganzen Artillerie sollte eine Armee-Geschütz-Reserve bilden.

Achtes Kapitel.

Die Taktik.

Der Krieg hatte die über die taktische Verwendung der Artillerie herrschenden irrthümlichen Ansichten, sowie die begangenen Fehler in ihrer ganzen Schärfe beleuchtet und deutliche Fingerzeige gegeben, auf welchen Wegen das Richtige zu suchen sei.

Die auf taktischem Gebiete gemachten Erfahrungen waren für die Aufstellung einer bestimmten klaren Artillerie-Taktik von ungemeiner Wichtigkeit und wurden in Preußen auf das Beste verwerthet.

Der fehlerhafte Gebrauch der Artillerie auf sehr großen Entfernungen, der die Wirkung bedeutend abgeschwächt, die Verbindung mit den anderen Waffen gelöst und deren Unterstützung unmöglich gemacht hatte, ließ zuerst die Grenzen für den wirksamen oder entscheidenden Gebrauch der Artillerie ermitteln und feststellen. Sie wurden fast allgemein auf 800—2000^x (600—1500M.) normirt. Die Einleitung des Gefechts sollte nicht über 2250 M. erfolgen. Die Entfernung unter 600 M. sollte im Allgemeinen dem Infanteriefeuer gegenüber vermieden werden.

In diesem Sinne wurden nunmehr die preußischen officiellen Vorschriften abgefaßt, und in gleicher Weise sprachen sich aus: ein Aufsatz der österreichischen Militair-Zeitschrift 1870 (Band 2, Seite 45), ferner du Vignau, sowie der Prinz Hohenlohe. Letzterer fügte hinzu, ein entscheidender Kampf von Artillerie gegen Artillerie könne nur unter 1500 M. Entfernung erwartet werden; das Feuer über 1880 M. gegen Artillerie sei nur eine hinhaltende Kanonade, während gegen größere Massen anderer Truppen noch gute Wirkung bis 2250 M. zu erwarten sei. Das Feuer auf 3000 und 3750 M. sei Munitions-Verschwendung.

Wenn die Artillerie durch Innehaltung dieser Vorschriften gezwungen werden sollte, in enger Verbindung mit den andern Waffen zu fechten, so wurde zugleich diese Fechtweise als durchaus festzuhaltender Grundsatz allgemein betont.

Während jene Beschränkungen der Gebrauchs-Entfernungen für den Artilleriekampf die Erreichung eines möglichst wirksamen und entscheidenden Feuers bezweckte, machte sich zugleich die Ueberzeugung geltend, daß die Anwendung eines concentrischen Massenfeuers in Zukunft grundsätzlich eintreten müsse.

Der Verlauf der Darstellung hat gezeigt, wie das Verlangen nach einem solchen Feuer in der Artillerie ununterbrochen lebendig gewesen, aber nie erfüllt worden war. Die Hauptursache dazu war stets das vereinzelte Auftreten der Batterien gewesen. Diese Fechtweise macht die Leitung und die zeitgerechte Concentration eines mächtigen Feuers beinahe unmöglich. Schon die Befehls-Ertheilung dazu stößt auf nicht geringe Schwierigkeiten, wie dies Prinz Hohenlohe in seiner Broschüre klar nachweist. Bei den glatten Geschützen war aber jene Concentration des Feuers von vereinzelt fechtenden Batterien, der geringen Schußweiten halber, sehr selten ausführbar.

Die gezogenen Geschütze dagegen erleichtern vermöge ihrer großen Schußweiten die Erreichung jenes Zweckes in hohem Grade. Sie gestatten, wie früher nachgewiesen worden, das Zusammenwirken des Artillerie-Feuers auf einer viel ausgedehnteren Fläche des Gefechts-Feldes und die Verlegung der Massenwirkung ohne Stellungswechsel nach vorwärts und seitwärts um bedeutend größere Distancen, als bisher.

F. Müller bemerkte mit Bezug hierauf: Die Schuß-Distancen verdienten bei den Gefechts-Dispositionen für die Artillerie eine besondere Erwähnung und die Ueberlegenheit in den großen Schußweiten müsse möglichst ausgebeutet werden. Die Erzielung der Massenwirkung forderte jetzt nur Zusammenhalten der Artillerie. Die fast in allen Artillerien angenommene Divisions-Artillerie von 24—32 Geschützen war vollständig zur Erreichung jenes Zweckes geeignet. Müller sprach sich in diesem Sinne aus. Ebenso Prinz Hohenlohe.

Als eine Curiosität sei hier ein Aufsatz der Allgemeinen Militair-Zeitung von 1868 (Nr. 19) erwähnt, in welchem, diesen Auffassungen entgegen, behauptet wurde, der Grundsatz, die Batterie als taktische Einheit zu gebrauchen, sei veraltet. Die Artillerie müsse vielmehr möglichst getrennt in kleinen Abtheilungen von 2 und 4 Geschützen verwendet werden. —

Die höchste Massenwirkung sollte durch das Auftreten der Reserve- (Corps-) Artillerie erreicht werden. Sie sollte demgemäß möglichst stark sein. In Preußen bestand sie bei dem Armee-Corps aus 4 Fuß- und 1—2 reitenden Batterien. Dazu sollten nach dem Vorschlage des Prinzen Hohenlohe noch 2 Batterien derjenigen Division treten, welche die Avantgarde und die Reserve des Corps bildet und zu jener nur 2 Batterien abzugeben hat. Es würde mithin die Corps-Artillerie, abgesehen von etwaigen Detachirungen, 42—48 Geschütze stark sein.

Als Regel für die Richtung des Feuers betonte Prinz Hohenlohe, die Artillerie müsse jederzeit auf andere Truppen schießen, wenn solche in ihrem wirksamen Schußbereich seien und sie dürfe nur dann auf feindliche Artillerie schießen, wenn keine anderen Truppen als Feuer-Object vorhanden seien. Die Entscheidung läge eben, sowohl beim Angriff, wie bei der Vertheidigung, stets im Niederwerfen der anderen Waffen, sei dieses gelungen, so sei auch die feindliche Artillerie unschädlich gemacht.

Nach Feststellung dieser Regeln für die rein artilleristische Ausbeutung der Geschütze zur Erreichung des höchsten Effects, kam es darauf an, über den günstigsten Zeitpunkt für die Eröffnung und Verstärkung des Feuers klar zu werden. Das Resultat der Erwägungen war einfach; es sei wichtig, schon im ersten Stadium des Gefechts dem Gegner an Artillerie überlegen zu sein.

In diesem Sinne sprach sich auch F. Müller aus, indem er hinzufügte, dadurch könne bei einem Offensiv-Gefechte schon die Divisions-Artillerie eine die Entscheidung direct herbeiführende Thätigkeit entwickeln. Die Durchführung dieser Absicht verlangte vor Allem eine entsprechende Vertheilung der Artillerie und zwar eine andere, als bisher, in der Marschordnung.

Prinz Hohenlohe sagte hierüber ungefähr Folgendes: Man muß die Truppen in derjenigen Ordnung marschiren lassen, in welcher man voraussichtlich über dieselben verfügen wird. Die Artillerie darf natürlich niemals ganz vorn nach dem Feinde zu marschiren.

Die der Vorhut einer einzelnen Division zugetheilte Batterie muß hinter dem vordersten Bataillon marschiren.

Die übrige Artillerie einer isolirt operirenden Division, sowie die Artillerie des Gros der Avantgarde eines Armee-Corps marschirt ganz vorn an der Tete des Gros, nur ein Bataillon oder ein Regiment vor sich. Die Reserve-Artillerie des Corps (Corps-Artillerie), welche das Gefecht des Gros vorbereiten soll, darf nicht zu weit hinten marschiren. Sie kann, wenn die Cavallerie an der Tete ist, vor dem Gros der Infanterie marschiren. Sonst marschirt sie in der Regel hinter dem ersten Infanterie-Regiment oder hinter der ersten Brigade des Gros, unter allen Umständen aber vor der Reserve-Infanterie, da sie unbedingt früher in's Gefecht treten muß, als diese.

Die Artillerie der das Gros des Corps bildenden Division marschirt stets vereinigt hinter dem ersten Bataillon oder ersten Regiment der Division.

Die Richtigkeit dieser Vorschläge, nach denen im letzten Kriege im Wesentlichen die Marschordnung geregelt worden, hat durch die Leistungen der Artillerie die vollste Bestätigung erfahren.

Vor dem Kriege fanden sie aber nicht überall Anerkennung.

In einem Aufsatze des Archivs[33] von 1870 Band 67 wurde Folgendes bemerkt: „Es ist nicht richtig, zu verlangen, wie es nach 1866 geschehen, daß die Artillerie in der Marschordnung ganz vorn sein müsse. Da man nicht weiß, auf welchem Theile des Gefechtsfeldes sie gebraucht wird, so würde sie dadurch vielleicht zu langen Flanken-Bewegungen gezwungen werden. Sind die Terrain-Verhältnisse schwierig und erschweren sie ein seitliches Heraus- und Vorbeiziehen, dann muß die Artillerie vorn sein."

Wie mußte sich nun bei der vorgeschlagenen Marschordnung die eigentliche taktische Verwendung der Artillerie gestalten?

Die Avantgarden-Artillerie sollte das Gefecht eröffnen. Demnächst sollte die Divisions-Artillerie bald zur Verstärkung herangezogen werden, um wie schon erwähnt, die Ueberlegenheit über die feindliche Artillerie herbeizuführen.

Nach Müllers Ansicht konnte hierdurch möglicherweise schon die Entscheidung gegeben werden. Erschien beim Angriffs-Gefecht der Erfolg des Angriffs möglich oder gesichert, so sollte die Artillerie auf nähere Entfernungen vorrücken, um den Gegner auf dem entscheidenden Punkte zu erschüttern oder niederzuwerfen.

Muß dann das Gros dabei eingreifen, so sollte die Corps-Artillerie frühzeitig vorgezogen werden und sich mit der Divisions-Artillerie zum Handeln im angedeuteten Sinne vereinigen.

Ueber den Zeitpunkt und die Art des Eingreifens der Corps-Artillerie machte Prinz Hohenlohe folgende sehr treffende Aeußerungen:

„Es ist Sache der Reserve-Artillerie eines Armee-Corps, die Haupt-Angriffe des Gros desselben durch ein Feuer auf entscheidende Entfernungen vorzubereiten. Da hierzu Zeit erforderlich, so wird die Reserve-Artillerie in der Regel eine ganz geraume Zeit früher in Thätigkeit treten müssen, als jenes Gros und hieraus geht hervor, daß die Reserve-Artillerie nicht zu den Reserven, sondern zu dem Hauptschlachtenkörper gehört. Rechnete man sie zu den Reserven und verwendete man sie, wie diese, im Augenblicke der letzten Entscheidung, so geht ihre ganze Wirksamkeit wegen der Kürze der Zeit verloren.

Die Reserve-Artillerie soll aber durch eine längere Zeit dauernde Wirksamkeit die Augenblicke der Entscheidung herbeiführen, gewissermaßen die günstigen Augenblicke für die Entscheidung schaffen.“ Bei den in der Anlage einfacheren Defensiv-Gefechten ist die Möglichkeit, die feindliche Artillerie mit Ueberlegenheit zu bekämpfen und zu vernichten, im höheren Maße vorhanden. Prinz Hohenlohe bemerkte dazu, die Gesammtstärke der Artillerie müsse so spät als möglich gezeigt und die Vertheidigung bis zum letzten Augenblicke mit Kartätschfeuer in Verbindung mit der Infanterie fortgesetzt werden.

Fünfter Abschnitt.

Der Krieg von 1870/71; die Erfahrungen auf dem Gebiete der Feld-Artillerie und die daraus abzuleitenden Folgerungen.

———————

Der Ausbruch des Krieges im Sommer 1870 fand die gesammte deutsche Artillerie in einer nahezu einheitlichen Organisation und Ausrüstung. Die Bewaffnung bestand durchgängig aus 8 Cm. und 9 Cm. Hinterladern. Das System wurde, wie aus den Angaben der vorigen Abschnitte ersichtlich, in seiner summarischen Leistungsfähigkeit von keinem der augenblicklich bestehenden Systeme übertroffen.

Das ihm gegenübertretende französische System hingegen war als das am wenigsten leistungsfähige zu betrachten. In der Treffähigkeit und absoluten Geschoßwirkung blieb dasselbe weit hinter dem Hinterladungs-System zurück.

Selbst das Granatgewicht des 4Pfdrs. war geringer, als das der 8 Cm. Kanone. Die mangelhaften Schrapnels vermochten diesen Mangel nicht auszugleichen, trotzdem der größte Theil der deutschen Artillerie keine Schrapnels besaß.

Die Leistungsfähigkeit des Systems wurde noch durch die relativ geringe Zahl von schweren Geschützen (8Pfdrn. und 12Pfdrn.), sowie durch den Ersatz einer größeren Geschützzahl durch Mitrailleusen herabgesetzt, welche letztere nur für gewisse Zwecke verwendbar waren.

Während in der preußisch-norddeutschen Armee das schwere Kaliber (9 Cm.) in 40% der Gesammtzahl vorhanden war und in den süddeutschen Artillerien nahezu dasselbe Verhältniß herrschte, betrug das Verhältniß der schweren Geschütze in Frankreich nur gegen 17%, wozu die Mitrailleusen in der Stärke von ungefähr 15% kamen.

In Betreff der Detail-Ausbildung von Offizieren und Mannschaften waren in den deutschen Artillerien die im Feldzuge von 1866 hervorgetretenen Mängel und Lücken als fast beseitigt anzusehen. Insbesondere war eine recht gute Schießfertigkeit vorhanden.

Ueber die taktische Ausbildung der französischen Artillerie und die Klarheit und Richtigkeit ihrer taktischen Lehren ist es schwer, ein Urtheil abzugeben. Die Waffe hat in erster Beziehung stets einen guten Ruf gehabt und galt damals als sehr manövrirfähig und ausdauernd in den Bewegungen. — Der russische Baron Sebbeler[1] fällte über die französische Artillerie folgendes Urtheil: „Die französische Artillerie manövrirte sehr schneidig und schoß gut. Aber es fehlte an Leitung des Feuers und der Massengebrauch der Artillerie war ihr fremd."

In der preußischen Artillerie war man in dieser Richtung entschieden fortgeschritten. Insbesondere waren die am Schlusse des vorigen Abschnitts besprochenen Lehren und Regeln über die taktische Verwendung der Artillerie schon so tief in Fleisch und Blut übergegangen, daß dadurch dem Auftreten der Waffe im Kriege ein bestimmter durchgehender Charakter aufgeprägt wurde.

In der Beweglichkeit war nach den Gewichts-Verhältnissen der 8 Cm. Kanone und des französischen 4Pfdrs. der feindlichen Artillerie keine Ueberlegenheit zuzuerkennen.

Die Vergleichung aller dieser Faktoren mußte die Ueberlegenheit der deutschen Artillerie und große Erfolge derselben voraussehen lassen. Dieser Ansicht neigte man sich im Allgemeinen zu, ohne sich indeß zu den übertriebenen, vor dem Kriege von 1866 herrschend gewesenen Hoffnungen hinreißen zu lassen.

In den maßgebenden Kreisen war man sich sogar klar, daß die Artillerie nothwendigerweise eine Ueberlegenheit über die feindliche entwickeln müsse, um dadurch die dem Zündnadelgewehr überlegenen Leistungen des Chassepot = Gewehres auszugleichen. Es waren die Vortheile nicht zu verkennen, welche dasselbe in seinen großen Schußweiten, trotz der sonstigen Mängel gewährte und deren möglichste Ausnutzung nach allen aus Frankreich kommenden Nachrichten in jeder Richtung, besonders aber für die Defensive und durch alle darauf berechneten taktischen Formen angestrebt wurde.

Wenn jene Eigenschaften die Franzosen für das Gewehr in einseitiger Weise und in einem Maße einnahmen, welches nach dem Ausspruche einer hohen militairischen Autorität sie die Offensive verlernen ließ, ein Ausspruch, der durch den Krieg eine beinahe absolute Bestätigung fand, so war doch zweifellos diese starke Defensive, die das Feuer auf 1500—1200$^\text{x}$ (1130—900 M.) eröffnen wollte, nur durch eine überlegene Artillerie-Wirkung zu erschüttern und zu brechen.

Das Bewaffnungs-Verhältniß theilte der deutschen Artillerie eine hohe und wichtige Aufgabe zu. Die gegen 1866 beinahe umgekehrte Sachlage gab der Artillerie die ausgedehnteste Gelegenheit, ihre Bedeutung nicht trotz, sondern wegen des Vorhandenseins gezogener Gewehre in vollem Umfange wieder an den Tag zu legen. Die Artillerie war sich ihrer Aufgabe bewußt und hatte die feste Ueberzeugung, daß sie dieselben nicht allein erfüllen müsse, sondern auch erfüllen könne.

Während die Ueberlegenheit des französischen Gewehrs sich sofort in den ersten Gefechten geltend machte, indem die diesseitige Infanterie, welche in lobenswerther, aber falsch verstandener Bravour ihre Angriffe in ähnlicher Weise wie 1866 ohne Vorbereitung und Mitwirkung der Artillerie zu machen versuchte, sehr bedeutende Verluste erlitt, trat ebenso scharf von vornherein die Ueberlegenheit der deutschen Artillerie über die feindliche hervor, eine Ueberlegenheit, welche fernerhin den Charakter der meisten Schlachten des Krieges bestimmte.

Wie hervorstechend die Leistungen der Artillerie waren und wie schnell sie allgemein erkannt wurden, ist bekannt und wird es genügen, hierfür nur zwei bezeichnende Beläge zu geben.

Im russischen Invaliden erschien schon 1870 (Nr. 205) der Aufsatz eines russischen Offiziers: „Die Gefechtsthätigkeit der Infanterie und Artillerie im preußisch-französischen Kriege", worin gesagt wurde:

„Von Anfang an zeigte sich die bedeutende Ueberlegenheit des französischen Infanterie-Gewehrs. Die preußische Infanterie wartete anfangs zu wenig die Wirkung der Artillerie ab, welche der französischen Artillerie entschieden überlegen ist. Sie setzt den Kampf, wenn die Infanterie unterliegt, oft mit Selbstaufopferung fort; es scheint, als habe sie die Taktik von 1866 vollständig gewechselt. Die Artillerie-Offiziere geben das aber nicht zu."

Während dieser Aufsatz das richtigere taktische Benehmen der Artillerie bestätigte, anerkannte ein anderes Urtheil von feindlicher Seite die Ueberlegenheit des Hinterladungssystems in rückhaltloser Weise.

In dem Buche des Generals von Palikao: „Ein Ministerium von 24 Tagen" ist ein Brief eines Generals des Mac Mahon'schen Corps abgedruckt, welcher bald nach Beginn des Krieges geschrieben, folgende Stelle enthält:

„Was aber das Schlimmste, ist, daß unsere Artillerie in beklagenswerther Weise derjenigen der Preußen, sowohl was das Kaliber, als die Zahl betrifft, nicht gewachsen ist. Unsere 4pfdgn. Geschütze, hübsche Spielzeuge in einer Ausstellung, haben nirgends auch nur einen Augenblick vor den 12Pfdrn. (es sind die 9 Cm. Kanonen gemeint), der Preußen Stand halten können; Tragfähigkeit, Sicherheit und Schnelligkeit des Schusses, alles ohne Vergleich, ist bei unseren Feinden überlegen.

Während unsere Artillerie sich nie halten konnte, verließ die preußische ihre Stellungen nur, um zu avanciren; sie schien von der unseren nie getroffen zu werden und bewegte sich mit derselben Kaltblütigkeit und derselben Präcision wie auf dem Exercirplatze." — Es kann nicht die Absicht sein, jetzt schon den Gebrauch und die Leistungen der Artillerie während des letzten Krieges, sowie die daraus hervorgehenden, für die weitere Entwickelung wichtigen Resultate in ausführlicher Weise zu besprechen, es soll vielmehr hier nur versucht werden, in wenigen Hauptzügen die Erfahrungen zu zeichnen und den Standpunkt zu skizziren, von welchem aus nach dem Kriege die Feld-Artillerie — nicht allein in Deutschland — den Fortschritt zu einem neuen Entwickelungsstadium versucht.

Die Leistungen der Artillerie in Bezug auf Wirkung und Beweglichkeit.

I. Die Schußarten.

1. Der Granatschuß.

Der Character des Artillerie-Gefechts ist auf deutscher Seite fast ausschließlich durch den Granatschuß bestimmt worden, da Schrapnels nur in einigen Artillerien vorhanden waren.

Die Schußweiten und die Wirkung. Der Granatschuß ist bei Einleitung und während der Durchführung des Kampfes oft auf erheblich größeren Entfernungen angewendet worden, als bisher angenommen oder vorgeschrieben worden war. Die Entfernungen von 3000—4000^X (2250 M. bis 3000 M.) und darüber kamen häufig vor. Eine Anzahl solcher Fälle findet sich in dem Hoffbauer'schen Buche: „Die deutsche Artillerie in den Schlachten bei Metz.[2]"

Hoffbauer leitet aus seiner Darstellung der Schlacht bei Mars la Tour ab,[3] diese großen Entfernungen seien behufs gegenseitiger Unterstützung der Flügel gegen feindliche Angriffe nicht zu vermeiden und dieses Feuer sei trotz der großen Schußweiten auch sehr wirksam gewesen. Dieser Schluß ist um so unbedenklicher anzuerkennen, als die diesseitige Artillerie selber, durch die feindliche mehrfach große Verluste auf Entfernungen von 2500^X—3500^X (1880 M. bis 2630 M.) erlitten hat.[4]

Auf den Entfernungen von 2500^X—3000^X (1880—2250 M.) ist die große Wirkung des diesseitigen Feuers gegen feindliche Infanterie, Cavallerie und Artillerie vielfach constatirt worden, besonders dann, wenn das Feuer concentrisch oder flankirend war. Auch hierzu finden sich Beläge bei Hoffbauer.[5]

Die eigentlichen Gebrauchs-Entfernungen, welche am meisten zur Anwendung gekommen sind, lagen zwischen 1500^X bis 2000^X oder 2500^X (1125 M. bis 1880 M.)[6]. Auf diesen Entfernungen wurden häufig feindliche Artillerie und Infanterie zum Abzuge oder zur Umkehr gezwungen, sowie größere Agriffe feindlicher Infanterie öfter mit großen Verlusten abgewiesen.[7]

Die Entfernungen auf denen die Entscheidung erfolgte, lagen im Allgemeinen zwischen 800^X und 1800—2000^X (600 bis 1500 M.).

Sehr bedeutende Erfolge und theils vernichtende Wirkungen wurden auf 900—1500 M. öfter erzielt.

Die meisten Offensivstöße des Gegners bei Mars la Tour wurden auf 900—1350 M. gebrochen, die hartnäckigsten derselben gelangten mitunter bis 600 M. an die Geschütze; näher kam die feindliche Infanterie nie, oder doch nur auf dem Wege der Ueberraschung heran. Die Wirkung des Artillerie-Feuers auf dieser Entfernung verursachte fast immer eine wirkliche Flucht des Gegners.[8]

In der Offensive waren die kleinsten möglichen Gebrauchs-Entfernungen 600—900 M. und zwar auch nur unter günstigen Umständen. Auf 600 M. Entfernung waren die Verluste der Artillerie durch Infanterie-Feuer in der Regel sehr bedeutend und gegen nicht erschütterte Infanterie kamen sogar auf Entfernungen von 900 bis 1400 und 1500 M. große Verluste vor, welche selbst zum Abzuge nöthigten. °

In der Defensive indeß hielt die Artillerie hartnäckig auf Entfernungen bis zu 300 M. herab aus.

Aus den vorstehenden Angaben geht die äußerst intensive Wirkung des Granatschusses klar hervor. Dieselbe erfährt noch eine bemerkenswerthe Bestätigung durch einen Gefechtsfall, in welchem es nicht gelang, vordringende Tirailleurschwärme durch wahrscheinlich auf etwas zu großer Entfernung abgegebene Kartätschwirkung abzuweisen, worauf zum Granatfeuer übergegangen wurde, welches den Feind sofort zur Umkehr zwang.

Mit der großen physischen Wirkung hing eine bedeutende moralische zusammen. Sobald an jenem Feuer die mit größter Anstrengung unternommenen Angriffe des Gegners gescheitert waren, brach mit dem Gefühle gänzlicher Ohnmacht seine moralische Kraft völlig zusammen. Durch Aussagen französischer Gefangener ist es bestätigt, daß bei Seban die Soldaten durch diese Verhältnisse in eine geradezu wahnsinnige Verzweiflung gerathen sind.

Die Wirkung des Granatschusses hat mit nur wenigen Ausnahmen für alle Gefechtslagen genügt. Diese Ausnahmen betreffen einige Fälle, in denen es nicht gelang, feindliche Tirailleurs, welche sich hinter steilen Erdbrändern festgesetzt hatten, zu vertreiben, oder wo durch hohe Bäume die Granaten in größerer Entfernung vor dem Ziele zum Crepiren kamen. In diesen Fällen würde der hohe Bogenschuß, der nicht mehr zur Anwendung gekommen ist, den Zweck wahrscheinlich auch nicht erfüllt haben und dies um so weniger, da seine Schußweiten nur beschränkte waren.

Ueber eine unverhältnißmäßig große Zahl von Blindgängern sind keine Klagen erhoben worden.

2. Der Schrapnelschuß.

Der Schrapnelschuß ist von preußischen Batterien nur in wenigen Fällen, darunter von 2 Batterien in der Schlacht am

Mont Valérien am 19. Januar 1871 angewendet worden. Ueber die dadurch erzielte Wirkung sind die Berichte einander sehr widersprechend gewesen, so daß ein bestimmtes Urtheil sich nicht hat gewinnen lassen.

Von der bayrischen Artillerie ist der Schrapnelschuß häufiger angewendet worden; nach offiziellen Mittheilungen mehrfach nur deßhalb, weil die Granaten verschossen waren.

Ueber die erreichte Wirkung liegen ebenfalls keine bestimmten Mittheilungen vor.

Die sächsische Artillerie hat die Schrapnels vielfach angewendet, aber nach ausdrücklicher Angabe officieller Berichte doch in viel geringerem Verhältniß als Granaten, so daß nach mehreren Schlachten und Gefechten wohl Mangel an diesen, niemals aber an Schrapnels vorhanden war.

Die sächsische Artillerie hat dabei mehrfach die Erfahrung gemacht, daß die Leitung und Beobachtung des Schrapnelfeuers unzuverlässig und unmöglich wurde, sobald mehrere Batterien gegen dasselbe Ziel schossen, so daß man in solchen Fällen gezwungen war, wieder zum Granatfeuer zurück zu gehen. Diese dem Schrapnelschusse wenig günstigen Thatsachen haben ihre Ursache hauptsächlich in der noch nicht genügenden Kenntniß und Beherrschung des Schrapnelschusses gehabt.

3. Der Kartätschschuß.

Der Kartätschschuß ist auf preußischer Seite in mehr als 40 Fällen zur Selbstvertheidigung zur Anwendung gekommen. In 20 Fällen ist die unmittelbare Erreichung des Gefechtszweckes nachgewiesen worden, während in den übrigen es zweifelhaft geblieben, ob der feindliche Angriff auch durch andere Umstände abgelenkt worden ist.

Das hervorragendste Beispiel der Kartätschanwendung ist in der Schlacht bei Wörth vorgekommen, wo einige Batterien gegen mehrfache Angriffe feindlicher Infanterie und Kuirassiere ihre ganze Protzausrüstung an Kartätschen mit großem Erfolge verbrauchten.

II. Die Wirkung und Beweglichkeit der einzelnen
Kaliber und des ganzen Systems.

Die rein physische Wirkung des schweren (9 Cm.) Kalibers
gegen lebende Ziele hat sich der des leichten nicht erheblich überlegen gezeigt, wie dies in der beinahe gleichen Zahl der Sprengstücke der Granaten beider Kaliber begründet ist. Dagegen hat
sich die größere moralische Wirkung der 9 Cm. Granaten zweifellos vielfach geltend gemacht und ebenso ist gegen feste Ziele ihre,
aus der größeren lebendigen Kraft hervorgehende Ueberlegenheit
zum Ausdruck gekommen. Zur richtigen Beurtheilung dieser Verhältnisse sei hier nur angedeutet, daß die Ueberlegenheit des schweren Kalibers im Granatschusse und im freien Felde theilweise auf
Faktoren beruht, welche auf dem Schießplatze und gegen Scheiben
nicht zur Anschauung zu bringen sind.

Die Wirkung des ganzen Systems ist eine völlig befriedigende
gewesen. Sie hat den Anforderungen des modernen Kampfes genügt, wobei allerdings berücksichtigt werden muß, daß das gegen-
überstehende System ein erheblich unterlegenes war. Die mehrfach durch Infanterie-Feuer auf größeren Entfernungen erlittenen
Verluste lassen nichts destoweniger eine Wirkungssteigerung für
die Zukunft wenigstens wünschenswerth, wenn nicht nothwendig
erscheinen.

In Betreff der Beweglichkeit hat unter gewöhnlichen nicht
allzuungünstigen Verhältnissen das leichte Kaliber keine besonderen
Vorzüge vor dem schweren gehabt. Bei längeren Märschen hat
sich allerdings die größere Ermüdung der Pferde bei den schweren
Batterien herausgestellt.

Unter ungünstigen Terrain- und Boden-Verhältnissen hat das
leichte Kaliber eine zweifellose Ueberlegenheit gehabt. In erhöhtem
Grade ist dieselbe in den schwierigen Verhältnissen des Krieges an
der Loire hervorgetreten.

In den hartnäckigen stehenden Gefechten und Schlachten
konnte die größere oder geringere Beweglichkeit des einen oder des
anderen Kalibers kaum zum Ausdruck kommen, da nur selten, zuweilen gar nicht Positionswechsel eintraten. Einzelne Fälle sind
allerdings vorgekommen, in denen im Gefecht selber die leichten
Batterien allein rechtzeitig zur Stelle waren, (Wörth) und zwar

in kritischen Momenten. Daraus ist die Nothwendigkeit eines leichteren Kalibers neben einem schweren nach dem Kriege wiederum abgeleitet worden.

Im Allgemeinen muß die Beweglichkeit des Systems als eine völlig genügende anerkannt werden. Der russische Baron Sebbeler gelangte aus dem Studium des Krieges zu folgendem Urtheil: „Die Artillerie zeigte sich von ungewöhnlicher Beweglichkeit, nie hielt sie den Marsch auf. Mit Leichtigkeit überwand sie die Hindernisse." —

III. Die reitende Artillerie.

Die reitende Artillerie hat die Vorzüge ihrer großen Beweglichkeit mehrere Male beim schnellen Zurücklegen längerer Wege in hervorragender Weise zur Geltung gebracht. Während bei dem schon erwähnten Character der Kämpfe schnelle Bewegungen auf dem Schlachtfelde selber seltener nothwendig wurden, war für den Anmarsch zum Gefecht oft große Schnelligkeit nöthig. Auch auf kürzeren Strecken gelangte die reitende Artillerie hierbei meist um $1/4$ oder $1/2$ Stunde, oder noch früher zum Aufmarsch; bei längeren zuweilen mehrere Meilen weiten Vormärschen trat wohl ein stundenlanger Vorsprung der reitenden Artillerie zu Tage.

Die den Cavallerie-Divisionen zugetheilten reitenden Batterien, erfüllten die schwierigen Aufgaben der schnellen weiten Märsche ebenfalls in völlig befriedigender Weise.

Die in diesen Verhältnissen begründeten eigenthümlichen Vorzüge der reitenden Artillerie sind nach dem Kriege allgemein anerkannt worden.

Die Beibehaltung der reitenden Artillerie konnte demnach keiner Diskussion mehr unterliegen.

Die taktischen Verhältnisse.

Die Vertheilung in der Marschordnung und in der Ordre de bataille fand nach den vor dem Kriege gegebenen Bestimmungen statt.

Noch während der Mobilmachung 1870 wurde in einer officiellen Mittheilung über die Kampfweise der französischen Armee, der diesseitigen Artillerie empfohlen, die Divisions-Artillerie stets vereinigt und frühzeitig in das Gefecht zu bringen und die Corps-Artillerie bald zur Hand zu haben.

Die Artillerie hat diese Grundsätze befolgt.

Sie eröffnete mit seltenen Ausnahmen stets das Gefecht und leitete fast jeden Angriff ein, wobei sie von vornherein in großer Zahl, meist abtheilungsweise, auftrat.

Wo es sich darum handelte, den Gegner zu überraschen oder festzuhalten, eilte die Artillerie unter Bedeckung von Cavallerie oft der Infanterie weit voraus und stand dann zuweilen stundenlang allein im Feuer bevor diese ins Gefecht eingriff. Gewöhnlich griff darauf bald die Corps-Artillerie ein und dadurch wurde die Verwendung der Artillerie in großen Massen zur Regel. Die Artillerie-Massen spielten nicht selten die Hauptrolle bei der Durchführung und Entscheidung des Gefechts. Sie bildeten für den Verlauf desselben und die Aktionen der Infanterie den Rahmen, besonders dann, wenn die Infanterie numerisch schwach war.

Bei dem im Allgemeinen selten, zuweilen gar nicht während der Schlacht vorkommenden Wechsel der Positionen, war jener Rahmen ein sehr fester, den die heftigsten feindlichen Angriffe nicht zu erschüttern vermochten. Mitunter gelang der deutschen Artillerie jenes Festhalten nur durch eine bis zur Selbstvernichtung fortgesetzte unerschütterliche Ausdauer. Baron Seddeler bemerkt hierüber: „die Artillerie operirte mit außerordentlicher Selbstverleugnung, sie hielt bis zur Selbstvernichtung aus!" —

In der Auswahl der Ziele und der Leitung des Feuers zeigte sich ein gutes taktisches Verständniß. Hierdurch, in Verbindung mit der Massenverwendung auf den wichtigen und entscheidenden Punkten des Schlachtfeldes, wurde stets gegen die wichtigsten Ziele ein ungemein wirksames concentrisches Feuer hergestellt. An diesem concentrirten frontal-flankirenden und echarpirenden Feuer scheiterten die ungestümsten, zuweilen mit seltener Energie unternommenen Angriffe des Gegners, ohne directe Mitwirkung der diesseitigen Infanterie.

In diesen Erfolgen spricht sich die entscheidende Rolle aus, welche die Artillerie spielte. Baron Seddeler macht mit Bezug hierauf folgende Bemerkungen: „Die Artillerie gewann eine Selbst ftänbigkeit, welche felbft die kühnften Hoffnungen der Artilleriften übertraf. Diefe Selbftftändigkeit trat befonders in der 2. Hälfte des Krieges hervor. ... Es ift kaum möglich mehr zu leiften, als die Artillerie geleiftet hat; die vielen Siege find hauptfächlich ihrer Mitwirkung zu verdanken.“

Der öfterreichifche Major Rofinich zieht bei Betrachtung der Schlacht bei Sedan[10] den Schluß:

„Gewiß ift jedoch,, daß der deutfchen Artillerie bei Sedan, wie in allen anderen Schlachten und Gefechten, der Haupt=Antheil an der Zerftörung und Befiegung der Franzofen gebührt.“

Folgerungen und die dadurch bedingten neueften Beftrebungen der Feld-Artillerien.

Die Nothwendigkeit, den Kampf oft auf Entfernungen über 2500ˣ (1900 M.) führen zu müffen, und die Möglichkeit, dabei recht bedeutende Erfolge zu erreichen, laffen es mindeftens wünfchenswerth erfcheinen, die jetzt vorhandene Leiftungsfähigkeit der Gefchütze durchweg um 400—500 M. zu erweitern und aus=zudehnen.

Wenn die Artillerie entfcheidende Wirkungen zuweilen bis zu 1500 M. Entfernung erzielte, dabei aber felbft auf letzterer Entfernung durch Infanterie-Feuer empfindliche Verlufte erlitt, fo muß es als eine gewiffe Nothwendigkeit angefehen werden, die Zone des entfcheidenden Artillerie=Feuers über diefe Grenze der Gefährdung (1500 M.) hinauszurücken, und unterhalb derfelben die Furchtbarkeit des Feuers in einem Maße zu fteigern, welches die Herbeiführung der bezweckten Entfcheidung ficherer als bisher und in kürzerer Zeit geftattet.

Man kann behaupten, daß in gleicher Weife wie für die Gewehre in den letzten Jahren die Bedeutung der Entfernungen eine andere geworden, auch für die Gefchütze diefe Modification eintreten wird.

Durch die vorher erwähnte Steigerung der Leiftungsfähigkeit der Gefchütze im Allgemeinen würden die beiden letztgenannten

Zwecke unmittelbar mit erfüllt werden. Allein wichtiger ist hierbei eine größere Intensität der Geschützwirkung im Allgemeinen und des einzelnen Schusses im Besonderen.

Diese Folgerung weist auf eine möglichste Ausbeutung des Schrapnels hin, wobei die in dieser Beziehung große Ueberlegenheit des größeren Kalibers über das kleinere zu beachten ist. Der Kartätschschuß ist zur Selbstvertheidigung der Batterien und für kritische Gefechtsmomente nicht zu entbehren.

Die als wünschenswerth bezeichnete Wirkungssteigerung würde also ein im Durchschnitt wirksameres System verlangen. Wie schon früher angedeutet, könnte dies erreicht werden durch Vermehrung der Zahl der schweren Geschütze, welcher Weg augenblicklich in der deutschen Artillerie eingeschlagen worden ist.

Der zweite Weg würde die Herstellung eines wirklich wirksameren Geschütz-Systems sein.

Sollen dabei gewisse Gewichtsgrenzen innegehalten, 8spännige Geschütze ausgeschlossen und die Rücksichten auf die reitende Artillerie beobachtet werden, so würde für das relativ leichte 8 Cm. Geschütz eine größere Gewichts-Vermehrung, mithin auch eine relativ größere Wirkungssteigerung möglich sein, als für das 9 Cm. Geschütz, welches schon nahe der Grenze eines Sechsgespanns steht.

Eine Vergrößerung der beiden Kaliber an sich, erscheint nicht erforderlich, da die für beide erreichbaren Geschoß-Gewichte nach den fast allgemein geltenden Ansichten für die Zwecke des Feldkrieges als genügend erachtet werden.

Für das leichte (8 Cm.) Geschütz wird ein Minimal-Geschoß-Gewicht von rund 4,5 Kil. für nöthig angesehen; für das schwere Kaliber ein Maximal-Geschoß-Gewicht von 7—8 Kil. als noch vortheilhaft erklärt. Ein höheres Gewicht führt entweder zu einem Geschütz von großem Gewicht oder zu einer geringen Munitions-Ausrüstung, also zu Nachtheilen, denen in der Geschoßwirkung entsprechende Vortheile nicht gegenüberstehen.

Das durch die verlangte Wirkungssteigerung herbeigeführte größere Gewicht des Systems erscheint immer noch innerhalb gewisser Grenzen zulässig, da das vorhandene System eine sehr hohe Beweglichkeit im Kriege gezeigt hat.

Die reitende Artillerie, die für gewisse Zwecke des Krieges und des Gefechts im Besonderen große Vortheile besitzt, muß zu diesem Behufe beibehalten werden und ein entsprechendes Geschütz erhalten. Dieses leichte, wenn auch weniger wirksame Geschütz wird für die Verhältnisse, in denen die reitende Artillerie ihre Vorzüge zur unbedingten Geltung bringt, stets ausreichend sein, da es sich dabei meist um Zeitgewinn, Ueberraschungen, oder um Mitführung von Artillerie unter sehr schwierigen Terrain- und Boden-Verhältnissen handeln wird, in denen es nicht darauf ankommt, das wirksamste, sondern überhaupt nur Geschütz zur Stelle zu haben. Der Gegner ist hierbei gewöhnlich in einer gleich schwierigen Lage, so daß thatsächlich das beweglichste, wenn auch relativ wenig wirksame Geschütz das beste ist, weil es eben zur Hand sein kann.

Die Hinterladungs-Geschütze haben sich als vollständig kriegsbrauchbar erwiesen, wenn auch zugegeben werden muß, daß sie eine sorgfältige Behandlung verlangen, welche in schwierigen Verhältnissen, besonders bei Kälte, nicht immer im wünschenswerthen Maße zu erreichen sein wird. Es müssen daher Verbesserungen und Anordnungen angestrebt werden, welche entweder eine weniger subtile Behandlung der Geschütze zulassen, oder die nachtheiligen Wirkungen einer nicht rationellen Behandlung abschwächen oder ganz verhindern können.

Die angewendete Vertheilung der Artillerie in der Ordre de bataille und in der Marschordnung muß als zweckentsprechend angesehen werden.

Die Ueberlegenheit, welche eine früh auftretende starke Divisions-Artillerie fast immer verschafft, hat zu Vorschlägen geführt, welche eine noch stärkere Divisions-Artillerie (6 Batterien) gefordert haben. Es ist kein Zweifel, daß durch eine starke Divisions-Artillerie dem Gefecht von vornherein eine für die Entscheidung sehr wichtige Wendung gegeben werden kann und die Artillerie hier nicht eine Hilfswaffe, ihre Wirksamkeit nicht eine rein vorbereitende ist.

Der Massengebrauch der Artillerie und die Massenwirkung durch Concentration des Feuers auf die entscheidenden Punkte und Ziele muß Regel bleiben.

Wenn schon in diesem Kriege das Feuergefecht den Charakter der Kämpfe im Wesentlichen bestimmt hat, so wird dies in künftigen Kriegen noch mehr der Fall sein und die Artillerie wird dabei noch entscheidender mitzuwirken haben.

Die Concentration des Feuers ist durch die großen Schußweiten der gezogenen Geschütze meist ohne Stellungswechsel erreichbar. Die dadurch ermöglichte gegenseitige Unterstützung der
auf einem großen Gefechts-Terrain vertheilten Artillerie hat in
Verbindung mit der intensiven Feuerwirkung die Selbstständigkeit
der Artillerie gegen früher erhöht. Die Gebrauchsweise der Artillerie wird nicht mehr so ausschließlich, wie früher, durch die
Taktik der anderen Waffen bestimmt werden. Durch jenes Zusammenwirken wird eine unmittelbare Verstärkung der Front erlangt,
welche gegnerische Angriffe bedeutend erschweren muß.

Andererseits wird durch die gegenseitige Unterstützung die Be-
reithaltung einer besonderen oder starken Reserve an Artillerie
überflüssig, und es kann endlich Artillerie aus der Gefechtslinie
zurückgezogen werden, ohne dadurch den betreffenden Punkt einer
bedenklichen Schwächung und Gefahr auszusetzen.

Nach Vorstehendem kann nicht in Abrede gestellt werden, daß
die Bedeutung der Artillerie für den Heeres-Organismus gestiegen
ist. Vertheidigungsstellungen werden durch sie, und vornehmlich
durch sie, eine ungewöhnliche Stärke erlangen, und der Angriff
auf solche Stellungen wird eine starke und sehr leistungsfähige
Artillerie erheischen.

Die vorstehenden Annahmen und Schlüsse erhalten eine Bestätigung durch die in fast allen Armeen angestrebte und theilweise schon durchgeführte Vermehrung der Artillerie, sowie durch
die fast überall hervorgetretenen Bestrebungen zur Herstellung noch
wirksamerer Geschütz-Systeme. Diese Bestrebungen sind im Allgemeinen darauf gerichtet, aus Kalibern, welche sich in den Grenzen der bisherigen bewegen, Geschosse von dem jetzigen oder etwas
vermehrtem Gewicht mit theilweise viel größerer Geschwindigkeit
zu schießen.

So schießt der englische ostindische 9Pfdr. ein Geschoß von
4,028 Kil. mit 423 M. Anfangs-Geschwindigkeit; der englische
neueste 16Pfdr. (Voderlader) ein Geschoß von 7,26 Kil. mit 412 M.
Anfangs-Geschwindigkeit; das schweizer 8,4 Cm. Geschütz 5,6 Kil.
Geschoßgewicht mit 396 M. Anfangs-Geschwindigkeit; das während des Krieges construirte französische 7 Kil. (Hinterladungs-)
Geschütz 7 Kil. Geschoß mit 395 M. Anfangs-Geschwindigkeit.

In Oesterreich sind seit 1871 bronzene Vorderlader und stäh-

22*

lerne Hinterlader mit ungefähr 6,8 Kil. Geschoßgewicht und starken Ladungen probirt worden. Aehnliche Versuche haben in Rußland stattgefunden.

In Frankreich sind Versuche in dieser Richtung im vollen Gange und in England hat Whitworth vor Kurzem Reclame mit Geschützen gemacht, deren Anfangs-Geschwindigkeiten sehr bedeutende sind.

Indem wir zur Orientirung über diese Verhältnisse auf die Tabelle IX. verweisen, welche einige Angaben darüber enthält, bemerken wir zugleich, daß die Darstellung dieses neuen Stadiums in der Entwickelung der Feld-Artillerie einer späteren Zeit vorbehalten bleiben muß. Es sei hier nur die Skizzirung ihrer Grundzüge gestattet.

Gemeinsam ist all diesen Bestrebungen die in höherem oder geringerem Maße versuchte Steigerung des Ladungsquotienten und die Vergrößerung der Geschoßlänge. Während die Ladungsquotienten bisher bei den Hinterladern zwischen $1/7$ oder $1/8$ und $1/11$ oder darunter, bei den Vorderladern im Allgemeinen zwischen $1/7$ und $1/9$ lagen, wird ihre Steigerung bei den Hinterladern bis auf $1/6$, $1/5$ sogar auf $1/3$; bei den Vorderladern auf $1/5$ bis $1/3$ versucht.

Die dadurch angestrebten und erreichten Geschwindigkeiten übertreffen die bisher gebräuchlichen mehrfach um 100 M. Um diese hohen Geschwindigkeiten durch den im höheren Verhältniß gesteigerten Luftwiderstand nicht zu schnell zu verlieren, wird eine möglichste Vermehrung der Belastung des Geschoßquerschnitts gesucht, und dies vornehmlich durch Vermehrung der Geschoßlänge. Während dieselbe bisher fast überall 2 Kaliber oder wenig mehr betrug, wird sie auf mindestens $2\frac{1}{2}$ Kaliber gebracht.

Die ganze Bewegung auf dem Gebiete der Geschütz-Construction ruht auf denselben Grundsätzen und verfolgt dieselben Ziele, welche in den letzten Jahren für die Gewehr-Construction maßgebend gewesen sind.

Das Zündnadelgewehr mit seinem relativ großen Kaliber und der geringen Anfangsgeschwindigkeit ist von den neueren Hinterladern durch Verringerung des Kalibers, vermehrte Querbelastung der Geschosse und gesteigerte Geschoß-Geschwindigkeit immer mehr überholt worden. Die Bedeutung der dadurch selbst bei einem nicht tabellos construirten Gewehr erreichten großen Schußweiten hat der Krieg völlig klar gemacht.

Den Schritt, den die neueren Gewehre gegen das Zündnadelgewehr vorwärts gethan, versuchen also die neueren Geschütze gegen die bestehenden gleichfalls zu thun, wobei die Hinterlader mehr und mehr die Vorderlader verdrängen, und der Gußstahl allmählig die Bronze ersetzt.

Die Umstände, unter denen jener Schritt, die Art, wie er zu geschehen hat und die Weite, die er haben kann, das sind die noch zu lösenden Aufgaben für die Artillerie.

Während die Grenzen für die Geschoß-Gewichte annähernd bestimmt sind, ist die Frage über die vortheilhafte Geschoßgeschwindigkeit oder über den Ladungsquotienten mehr oder minder noch eine offene. Sie ist aber die wichtigste, denn sie bestimmt einerseits die erreichbare W i r k u n g des Systems und bedingt andererseits seine Gewichts-Verhältnisse und B e w e g l i c h k e i t.

Der Hauptvortheil, den die große Geschoß-Geschwindigkeit mit sich führt, liegt in den kleineren Einfall- und Abprallwinkeln der Granaten und den dadurch bedingten flacheren und längeren Bahnen der Sprengstücke, sowie in der bedeutend gesteigerten Schrapnelwirkung, sowohl in Bezug auf Intensität als auch auf Tiefe nach der Schußrichtung.

Dem gegenüber steht das nothwendigerweise zunehmende Gewicht der Geschütze.

Wieweit jene Vortheile ohne Bedenken für die Beweglichkeit des Systems zu verfolgen sind, in dieser Frage liegt der zu lösende Knoten.

Wiederum erscheint der alte Gegensatz von „Wirkung und Beweglichkeit" vor den Schranken der urtheilenden Richter. — Derjenige, welcher den richtigsten Spruch fällen wird und die gelungenste Versöhnung beider Elemente herbeizuführen im Stande ist, wird von der Harmonie beider Elemente in Zukunft die größten Erfolge zu erwarten haben.

Die durch das Zusammenwirken verschiedener Faktoren geschaffene augenblickliche Lage, in welcher das Urtheil gesprochen werden soll, läßt sich in folgender Weise kurz charakterisiren.

Während die Feld-Artillerien im Frieden immer nach größter Beweglichkeit der Systeme streben und darin sich zu überbieten suchen, tritt in den Kriegen und nach denselben ein ganz entschiedenes Verlangen nach großer Wirkung hervor. Jede Artillerie sucht im Kriege den Gegner im Kaliber und Geschoßgewicht, kurzum in der Wirkung, zu übertreffen.

Diese Erscheinung ist schon durch frühere Kriege hervorgerufen worden und zeigt sich auch jetzt wieder.

Es läßt sich eine Erklärung für dieselbe finden.

Im Frieden tritt weniger die Wirkung als der eigentliche Zweck der Artillerie, als vielmehr die Beweglichkeit, das Mittel zum Zweck, bei allen Uebungen in den Vordergrund. Man hat keinen Gegner, an dem man die Wirkung erproben könnte, wohl aber viele Beurtheiler, welche von der Manövrirfähigkeit der Artillerie bestochen werden und derselben einen übermäßig hohen Werth beilegen. Auch der Artillerist als solcher gewöhnt sich im Laufe der Zeit daran, die Beweglichkeit als den Hauptfactor anzusehen.

Anders im Kriege. Sobald die Artillerie in eine Stellung eingerückt ist, macht die „Wirkung" mit dem ganzen Ernste der Situation ihr volles Recht geltend; das Mittel zum Zweck, die Beweglichkeit, ist vollständig vergessen. Man vergißt auch die Schwierigkeiten, die der Bewegung etwa entgegen getreten sind. Das wirksamste Geschütz ist das willkommenste; sehr unangenehm und deprimirend wirkt der Gedanke, überlegenen Geschützen gegenüber zu stehen; das artilleristische Moment beherrscht ganz allein die Lage.

Unter der überwiegenden Wucht dieser Eindrücke kehrt man aus dem Kriege zurück und stellt die Wirkung an die Spitze der Bestrebungen, bis die Friedenszeit dieses Verlangen wieder mildert.

So ist die Strömung auch jetzt. Trotzdem sich die großen Vorzüge einer hohen Beweglichkeit im Kriege oft geltend gemacht, wird vor Allem die Steigerung der Wirkung verlangt.

Es muß nun das richtige Maß derselben gefunden werden. Ebenso wie das Zündnadelgewehr durch bedeutend wirksamere Hinterlader ersetzt worden, ebenso ist das bestehende Geschütz-System als eine erste Phase in der Entwickelung der gezogenen Feld-Artillerie zu betrachten, welcher eine zweite, höher stehende, mit einem erheblich wirksameren Systeme folgen muß. Das Princip der gezogenen Waffe ist in dem jetzigen Systeme noch nicht vollständig ausgebeutet.

Wenn aus den hervorragenden Leistungen der Artillerie im letzten Kriege auf eine sehr bedeutende Rolle dieser Waffe für die nächsten Kriege geschlossen werden darf, so kann zugleich mit Bestimmtheit behauptet werden, daß die Zukunft Artilleriekämpfe von großem Umfange und kaum zu ahnender Furchtbarkeit bringen wird, in denen bei sonst gleichen Umständen der Sieg dem wirksameren Systeme zufallen muß.

Rückblick und Schlußbetrachtungen.

Wenn ein Rückblick auf die Entwickelung der Feld-Artillerie in den letzten 60 Jahren den großen Zug der in den Haupt-Elementen stattgefundenen Fortschritte darlegen soll, so wird davon abzusehen sein, die Entwickelung als eine im strengen Sinne continuirliche anzusehen. Man wird vielmehr sich darüber klar sein müssen, daß der Uebergang vom glatten zum gezogenen Geschütz-System ein Sprung ist, welcher in nur beschränkter Weise eine Vermittelung gewährt. Dieser Anschauung kann man sich nicht entziehen, sobald man untersucht, wie etwa das System der glatten Feldgeschütze sich hätte weiter entwickeln können. Wie immer diese Entwickelung hätte sein mögen, das System hätte niemals die Leistungsfähigkeit des gezogenen erreichen können, dasselbe war eben nur denkbar neben dem System der glatten Gewehre. Bei dem heutigen Standpunkte der Gewehrfrage wäre die Artillerie mit glatten Geschützen thatsächlich aus der Armee gestrichen.

Unter diesen Umständen mußte sie einfach bei Seite geworfen und etwas Neues geschaffen werden, wozu von der alten Artillerie nur wenig zu verwenden war.

Durchgehend durch die alten und neuen Systeme ist das Streben nach Vereinfachung durch Verminderung der Kaliberzahl und Geschützarten. Man ist überall bei zwei Kanonenkalibern angekommen. In dem Zahlen-Verhältniß derselben zu einander herrschen Verschiedenheiten. Wie wir gesehen, kann dadurch das Maß der Beweglichkeit in verschiedener Weise geregelt werden. Wenn daher auf ein gewisses höheres Maß von Beweglichkeit für einen Theil der Feld-Artillerie nicht verzichtet werden soll, andererseits die Annahme eines für alle Zwecke ausreichenden Einheits-Geschützes augenblicklich nicht wahrscheinlich sein dürfte, so hat es doch den Anschein, als werde im Allgemeinen das schwere Kaliber den Sieg davontragen und für den überwiegenden Theil der Artillerie zur Annahme gelangen.

Dieser Fall ist möglich, so lange das Geschützgewicht sich in den Grenzen eines nicht zu stark belasteten Sechsspänners bewegen wird und er hat Aussichten auf Verwirklichung, weil die gegen früher verringerten Kaliber Geschosse führen, deren Gewicht und Wirkung für die Zwecke des Feldkrieges vollkommen ausreicht.

Die durch die Verringerung der Kaliber erreichte Erleichterung der Systeme wird zwar in der nächsten Zukunft aller Wahrscheinlichkeit nach wieder eine Gewichtsvermehrung erfahren, aber eine erhebliche Vergrößerung der Kaliber wird kaum mehr eintreten. Es spricht hierbei das Geschoß-Gewicht mit. Wird dasselbe über eine gewisse Grenze hinaus vermehrt, so ist das ein Fehler. Die dadurch bedingte Herabsetzung der Munitions-Ausrüstung ist bedenklich. Sie ist indeß ein beliebtes Mittel zur Regulirung des Gesammtgewichts des Geschützes. Ein Blick auf die Munitions-Ausrüstung der Protzen (Tabelle VI) läßt erkennen, wie variabel diese Verhältnisse und wie verschieden die Ansichten darüber sind.

Auch in der preußischen Artillerie haben jene in den verschiedenen Systemen gewechselt. So betrug das Gesammt-Gewicht der Munition in der Protze beim 6Pfdr. c/16-300 Kil., 6Pfdr. c/42-210 Kil., 4Pfdr. c/64-215 Kil., 6Pfdr. c/64-235 Kil., 12Pfdr. c/16-156 Kil., 12Pfdr. c/42-200 Kil. In diesen Zahlen spricht sich ein Streben nach starker Munitions-Ausrüstung aus, welche thatsächlich auch so hoch ist, wie in keinem fremden Systeme, womit wiederum ein hohes Protzgewicht zusammenhängt.

Den Hauptumschwung in den Verhältnissen der Feld-Artillerie hat die Aenderung in der Geschoß-Construction herbeigeführt. — Der völlige Uebergang zu Geschossen, die als Streugeschosse zu betrachten sind und als solche wirksam werden, ist der entscheidende Faktor für die Wirksamkeit der Artillerie geworden.

Der hohe Werth, der früher dem Kartätschschusse neben der Vollkugel zugesprochen wurde, beruhte in dem mehr oder minder unklaren Bewußtsein, daß im Felde es vor Allem darauf ankomme, lebende Wesen außer Gefecht zu setzen und dazu Streugeschosse mit ihrer unter Umständen intensiven Wirkung vollkommen ausreichend seien. Mit der erhöhten Ausbildung der zerstreuten Fechtweise trat jener Gedanke mehr in den Vordergrund. Er wurde der Ausgangspunkt für das System der Kartätsch-Offensive, welches die reitende Artillerie sich construirte, und er erklärt es, daß das Schrapnel von vornherein mit großer Freude begrüßt und als die Hoffnung der Artillerie angesehen wurde.

Die weitere Consequenz dieser Anschauungen war dann, wie wir gesehen, der gänzliche oder theilweise Ersatz der Vollkugel durch Granaten bei den Granatkanonen. Hierbei schwebte ebenfalls der Gedanke vor, daß gegen lebende Ziele jene Geschosse nicht nothwendig, die Granaten ausreichend seien und in ihrer Sprengwirkung besondere Vorzüge besitzen.

Die daraus unmittelbar hervorgehende ausschließliche Annahme von Granaten für die gezogenen Geschütze, in Verbindung mit mit Aufschlagzündern hat dann das Princip der Streugeschosse radikal durchgeführt.

Die nach dem Aufschlage in gewisser Höhe über dem Erdboden krepirende Granate ist als ein Kartätschschuß zu betrachten. Es wird damit erst die eigentliche Furchtbarkeit des gezogenen Geschützes ausgebeutet, und letzteres könnte ohne jene Eigenthümlichkeit niemals die Bedeutung erlangt haben, die es hat. Um dies in ganzer Schärfe zu erkennen, vergegenwärtige man sich nur, wie etwa die Leistungen der Hinterlader im letzten Kriege gewesen sein würden, wenn sie nur Vollgeschosse, oder Granaten mit Zündern nach französischer Art gehabt hätten.

Die große Schußweite und Treffsicherheit des Geschützes haben ihren Hauptwerth erst durch die, einen großen Raum gefährdende Granatwirkung an einer bestimmten Stelle erlangt. Diese Verhältnisse, in Verbindung mit der zweifellos zu erwartenden gesteigerten Schrapnelwirkung potenziren die Wirkung des Artilleriefeuers in Bezug auf Zeit und Raum in einem Maße, welches der gleichzeitig eingetretenen Potenzirung der Gewehrwirkung entspricht, oder dieselbe noch relativ überragt. Wie im Verlaufe der Darstellung schon angedeutet worden ist, wird hierdurch ein anderes Werthverhältniß der Artillerie in der Armee bedingt.

Es sei gestattet, den in dieser Beziehung stattgefundenen Wechsel der Ansichten hier kurz zu skizziren.

Oftmals ist es versucht worden, den Werth der Artillerie an sich und im Besonderen für den Heeres-Organismus zu definiren und zu bestimmen. Man ist dabei fast immer auf die moralische und die physische Wirkung zurückgekommen, als auf die beiden Faktoren, welche beim Auftreten der Artillerie im Gefecht sich geltend machen.

Wenn nach dem Ausspruche von Clausewitz, der Krieg ein Ringen moralischer Kräfte ist, so haben auch die Elemente Bedeutung, welche durch einen mächtigen Eindruck auf die Sinne des Menschen seine moralischen Kräfte zu erschüttern vermögen.

Zu diesen Elementen gehört der Geschützkampf und die Geschützwirkung. Der Kanonendonner allein vermag kämpfende Truppen zu erhöhten Anstrengungen zu beleben; erschütterte oder weichende Gegner vollständig niederzudrücken. Das Aufhören des Geschützfeuers ist geeignet, diesseitige wankende Truppen zusammen brechen zu lassen.

Der physische Effect der Geschütze kann durch die Ausdehnung und die Intensität der erzeugten Vernichtung, eine große moralische Wirkung unmittelbar im Gefolge haben. Die Menge der Getroffenen oder die Art, in der sie verstümmelt und zerrissen worden, kann die Verschonten zum Weichen oder zur Umkehr bewegen.

Es ist zweifellos, daß in der ersten Zeit nach dem Auftreten der Artillerie in der Schlacht und noch lange Zeit hindurch, die moralische Wirkung, welche die Waffe ausübte, die physische weit überwog. Der Nimbus, der sie umgab, verlieh der Waffe und ihrer Wirksamkeit etwas Unheimliches. Dieser Eindruck ist auf den gemeinen Mann bis in die neuere Zeit derselbe geblieben.

Bezeichnend für dieses Verhältniß ist ein Ausspruch des alten Michael Miethen, welcher lautet: „Die Wirkung der Artillerie ist, den Feind in weiter Entfernung auf andere Gedanken zu bringen und Heldengemüther zu conserviren."

Scharnhorst hob hervor, daß die moralische Wirkung, welche das „Sausen der Kanonenkugeln" auf die Massen ausübe, wohl zu beachten sei.

In einem Buche über die reitende Artillerie[11] wird gesagt: „Alle Kriegsmänner wissen, daß die Kanonen mehr Wirkung durch ihren Donner thun, als durch ihre Geschosse; daher sind auch schwere Kaliber den leichten vorzuziehen."

Sehr drastisch zeichnet Decker den aus Unkenntniß hervorgehenden moralischen Eindruck der Kartätschen in folgenden Worten[12]: „Von allen Truppengattungen hat die Cavallerie gleichsam Ehrfurcht vor den Kartätschen; die Infanterie schon weniger und die Artillerie macht sich eigentlich gar Nichts aus ihnen." —

Wenn diese Art der moralischen Wirkung in einer entsprechenden physischen keinen Hintergrund hatte, so ist dieses Verhältniß durch die Wirkung der gezogenen Kanonen ein anderes geworden. Die moralische Wirkung hängt jetzt fast immer mit einer großen physischen Wirkung unmittelbar zusammen. Die Letztere ist gegen früher gestiegen und macht größere Ansprüche an die Nerven und die moralische Standhaftigkeit der Menschen, deren Fähigkeiten und Kräfte gleich geblieben sind.

Das Gefühl, oder das Bewußtsein, auf großen Entfernungen schon mit großer Wahrscheinlichkeit getroffen zu werden, die Wirkung, welche eine einzelne explodirende Granate hervorzubringen vermag, die Wunden die dadurch entstehen, — Alles das verlangt größere moralische Kraft als früher.

Das Materielle hat mehr Gewalt über das Personelle und Menschliche gewonnen.

Die thatsächliche Wirkung der Artillerie — auch in taktischer Hinsicht —, verleitet in neuerer Zeit mitunter zu einem verächtlichen Herabblicken auf die Wirkungen der glatten Artillerie. Dieselbe hat indeß große und entscheidende Leistungen genug aufzuweisen. Man denke an Groß-Beeren, Lützen, Bautzen, Friedland, Borodino u. s. w.

Gelegentlich der Schlacht bei Groß-Görschen sprach Prinz August aus, die Artillerie habe die überzeugendsten Beweise geliefert, daß sie, wenn mit Ruhe und Einsicht gebraucht, unwiderstehlich sei. Der Inhalt dieses Ausspruches, daß das Entscheidende der richtige Gebrauch sei, fand eine Bestätigung in einem Worte Napoleons I.[13]: „Die Artillerie bildet heute das wahre Geschick der Völker und Heere. In der Schlacht wie in der Belagerung besteht die Kunst jetzt darin, eine große Zahl von Schüssen gegen einen Punkt zu richten. . . . Derjenige erringt den Sieg, der geschickt und plötzlich eine unerwartete Masse Artillerie auf einem Punkte versammelt.

Im Gegensatz hierzu bemerkte General Graf Bismark[14]: „Artillerie ist bei Weitem nicht so furchtbar, als man gewöhnlich annimmt und sie verdient nicht den Respect, den die Truppen ihr so oft bezeigen."

Monhaupt warf dagegen ein, die Ursache könne dann nur in schlechter Führung und Ausbildung liegen.

Decker bemerkte[16]: „Ueber die taktische Wirksamkeit der Artillerie bestehen sehr verschiedene Ansichten. Die Einen trauen dem Geschütz zu wenig, die Anderen zu viel zu."

Mit der Einführung der Schrapnels glaubte man, diese taktische Wirksamkeit werde in ein neues Stadium treten. — Damals prophezeite, wie schon erwähnt, General Okounef: der Tag werde nicht mehr ferne sein, wo die Artillerie sich von einer Nebenwaffe zum Range einer Hauptwaffe erheben werde. —

Der Gewehr-Constructeur Delvigne trat dem mit dem Ausspruche entgegen,[16] wenn die Infanteriebewaffnung eine merkbare Vervollkommnung erführe, würde gerade das Gegentheil von dem eintreten, was Okounef wünsche. Ein weiter guttreffender Gewehrschuß werde die Hälfte der Artillerie entbehrlich machen.

In ähnlichem Sinne that 1845 Pairhans den Ausspruch, die Artillerie werde vor der Infanterie mit neuen Gewehren fortan verschwinden. Englische Urtheile meinten, daß, wenn man es dahin bringen könne, mit Gewehren bis 800 Yards richtig zu schießen, die Artillerie ihr Uebergewicht vollständig einbüßen müsse. Diese Aussprüche mußten so lange Recht behalten, als eine einseitige Wirkungssteigerung der Gewehre eintrat, und es war ein sehr kurzsichtiges Urtheil, welches das Memorial de l'artillerie (1850 Seite 526) fällte, indem es behauptete, die Rolle der (glatten) Artillerie werde in Zukunft wichtiger denn je sein.

Andererseits deuteten jene Aussprüche und ihre für die Gewehre eintretende Verwirklichung den Weg und die großen Hilfsmittel an, welche der Artillerie zur Vermehrung ihrer Stärke in gleicher Weise oder noch höherem Grade zu Gebote stehen mußten.

Die ganze Frage lief also und so ist es noch heute und so wird es auch in Zukunft sein, auf einen Kampf des Gewehrs mit dem Geschütze hinaus. Dieselben Elemente, welche die eine Waffe vorwärts bringen werden, müssen mit Variationen auch die andere heben und das Mehr an Leistung, welches der größeren „Masse" innewohnt, wird stets auf Seiten des Geschützes bleiben.

Nachdem das gezogene Geschütz in gleicher Weise den Schritt vorwärts gethan, den das gezogene Gewehr im Vergleich zum glatten gemacht hatte, und nachdem größere Klarheit über die

taktische Verwendung der Artillerie entstanden, mußte die Ueberzeugung von der Furchtbarkeit der Artillerie und ihrer erhöhten
Bedeutung in künftigen Schlachten sich mehr und mehr befestigen.

Diese Ueberzeugung wurde mit großer Schärfe ausgesprochen
in einer Schrift: „Rückblicke auf den Krieg 1866 von J. R. (ocinich)
Wien 1867", in welcher es heißt:

„Die weittragende Artillerie ist in der neuen Schlachtentaktik
vorzugsweise dazu berufen, die feindliche Hauptwaffe oder die Infanterie schon in der Ferne zu zertrümmern oder stoßunfähig zu
machen. Der Artillerie wird auch ferner ein Haupt-Antheil an
den Schlachten zufallen, und das gezogene Geschütz und Hinter-
ladungs-Gewehr werden in der Gefechts-Aufstellung und Taktik
großartige Umwälzungen herbeiführen.

Der unerreichbare Vortheil der gezogenen Artillerie besteht
darin, daß sich mittels derselben auf jedem Punkte der Schlacht-
linie ein concentrisches Feuer erzielen läßt.

Es hieß ferner in einem Aufsatze des Archivs von 1870
Band 67: „Im nächsten Kriege werden die Verhältnisse für Infanterie und Cavallerie wahrscheinlich gleich sein; der Erfolg aber
ist dem gesichert, der die Ueberlegenheit der Artillerie hat."

In einem sehr lesenswerthen Artikel der österreichischen Militair-
Zeitschrift von 1870 Band 2 (Seite 45) wurde bemerkt, daß die
Wichtigkeit des Feuergefechts und damit die der Artillerie sich
immer mehr steigere. Letztere werde in vielen Fällen das Schicksal des Tages entscheiden.

Der österreichische Artillerie-Hauptmann F. Müller charakteri-
sirte 1868 die taktische Rolle der Artillerie sehr scharf und richtig,
wie folgt:

„Der Gebrauch der Artillerie in der entscheidenden Rolle tritt
mehr als ehedem in den Vordergrund, und die Verwendung dieser
Waffe wird selbst im unterstützenden Verhältniß häufig einen
von der entscheidenden Thätigkeit wenig differirenden Character
tragen. . ."

Der letzte Krieg hat alle diese Urtheile mehr oder minder bestätigt. Die Rolle und die Bedeutung der Artillerie sind andere
geworden.

Man wird nicht mehr, wie seiner Zeit Graf Bißmark, sagen
können: die Artillerie verdiene keinen Respect seitens der anderen
Truppen.

Man ist zu der Annahme berechtigt, daß Fehler im Gebrauch der Artillerie im Gefecht gar nicht oder nur sehr selten wieder gut zu machen sein werden.

Ist die eigene Artillerie einmal unterlegen, so hat man wenig Chancen für einen Erfolg. Weder der Angriff noch die Vertheidigung hat Aussicht auf Erreichung des Zweckes, ohne die vollste kräftigste Unterstützung durch die Artillerie.

Tabelle I.

Angaben über die Artillerie-Systeme von 1815—1850.

Geschütz	Angaben Jacobi's.				Nach dem Handbuch für die Officiere der Königl. Preußischen Artillerie.			Nach Dwyer.		
	Rohr-gewicht Kil.	Bespannung, Pferde	Gesammt-Gewicht des Geschützes Kil.	Last pro Pferd Kil.	Rohr-gewicht Kil.	Gesammt-Gewicht des Geschützes Kil.	Last pro Pferd Kil.	Gesammtgewicht des Geschützes ohne Fourage u. Mannschaften Kil.	mit Mannschaften Kil.	Last pro Pferd Kil.
I. Englische Artillerie.								leichter 12Pfbr. 6 Pferde		
Mittlerer 12Pfbr.	914,5	8	2110,5	264	914,5	2290	286	1571,5	1967	328
9Pfbr.	684,5	8	1877	233	686	2094	262	—	—	—
schwerer 6Pfbr.	609,5	8	1765	221	—	—	—	—	—	—
leichter 6Pfbr.	304,5	6	1305	217	305	1415	236	1382,5	1579	263
7zöllige lange Haubitze (24pfdge.)	686	8	1965	244	685	2188	273	—	—	—
4¹/₂zöllige lange Haubitze (12pfdge.)	835,5	6	1420	237	330	1495	249	—	—	—
II. Die französische Artillerie.										
12Pfbr.	885	8	2188	267	880	2197	275	—	—	—

Geschütz									2048 Fuß-Artillerie 1830 reitende bo.	bo.
8Pfbr.	581	6	1871	312	580	1841	307	1598	—	—
16 Cm. (6zöllige) lange Haubitze	825	8	2142	268	885	2202	275	—	—	—
15 Cm. (5½zöllige) lange Haubitze	581	6	1804	301	581	1865	311	—	—	—
III. Die österreichische Artillerie.										
18Pfbr.	1163	8	2222	278	1140	—	—	—	—	—
12Pfbr.	720,5	6	1792,5	299	770	—	—	1781	1921	320
6Pfbr. orbinairer	386,5	4	1132,5	283	382	—	—	1147	1485	371
6Pfbr. Cavallerie	bo.	6	1492	249	—	—	—	1120	1537	256
7pfdge. lange Haubitze orbinaire	274,5	4	1042,5	261	270	—	—	—	—	—
7pfdge. lange Haubitze Cavallerie	bo.	6	1468	244	—	—	—	—	—	—
10pfgde. Haubitze	—	4	1263	316	415	—	—	—	—	—
IV. Die russische Artillerie.										
12Pfbr.	—	8	1755	219	810	—	—	1814	1934	242
6Pfbr.	—	4 resp. 6	1102	375 / 164	850	—	—	1156	1292 / 1484	323 / 289

Müller, Feldartillerie.

Geſchütz	Angaben Jacobi's				
	Rohrge= wicht	Beſpan= nung, Pferde	Ge= ſammt= Gewicht des Ge= ſchützes	Laſt pro Pferd	

V. Die niederländiſche Artillerie.

Geſchütz	Rohrgewicht	Beſpannung	Geſammtgewicht	Laſt pro Pferd	
12Pfdr.	890	8	2393 (2560)	299 (320)	Die eingeklam= merten Zah= len geben das Gewicht incl. Fourage und Gepäck.
6Pfdr.	475	6	1821 (1957)	303,5 (326)	
7pfdge. (15 Cm.) Hau= bitze	505	6	1867 (2003)	311 (334)	

VI. Die württembergiſche Artillerie.

Geſchütz	Rohrgewicht	Beſpannung	Geſammtgewicht	Laſt pro Pferd	
12Pfdr.	765	8	2065	258	Die eingeklam= merten Zah= len geben das Gewicht incl. 2 Mann.
6Pfdr.	396,5	6	1528 (1669)	255 (278)	
10pfdge. kurze Haubitze	—	6	1680 (1819)	280 (303)	

VII. Die großherzoglich heſſiſche Artillerie.

Geſchütz	Rohrgewicht	Beſpannung	Geſammtgewicht	Laſt pro Pferd	
12Pfdr.	808,5	6	2022	337	
6Pfdr.	409	4	1429	357	
7pfdge. Haubitze (kurze)	400,5	4	1449	362	

Geſchütz	Angaben Jacobi's			
	Rohrge-wicht	Beſpan-nung, Pferde	Ge-ſammt-Gewicht des Ge-ſchützes	Laſt pro Pferd
VIII. Die bayeriſche Artillerie.				
12Pfbr.	800	6	2219	360
6Pfbr.	408,5	6	1601	267
7pfdgé. Haubitze (leichte)	476	6	1687	281
7pfdge. Haubitze (ſchwere)	778	6	2189	365
IX. Die naſſauiſche Artillerie.				
6Pfbr.	395	6	1474	246
7pfdge. Haubitze (kurze)	283,5	6	1387	231
X. Die ſchwediſche Artillerie.				
12Pfbr.	703	8	2089 (2314)	261 (270)
6Pfbr.	318,5	6	1618 (1843)	270 (307)
24pfdge.'(7zöllige) Gra-natkanone	709	6	2016 (2291)	336 (382)
12pfdge. (4¹/₁₃öllige) Granatkanone	367	6	1614 (1839)	269 (360)

Die eingeklam-merten Zah-len geben das Gewicht incl. 3 Mann à 75 Kil.

XI. Die preußische Artillerie.

Con- struction	Geschütz	Bespan- nung, Pferde	Rohr- gewicht. Kil.	Gesammtgewicht des Geschützes ohne Futter und Mannschaften Kil.	Last pro Pferd Kil.	Gesammtgewicht mit 8 Mann incl. Ausrüstung und Futter Kil.	Last pro Pferd Kil.
1816	12Pfbr.	8	848,5 (859)	2450	306	—	—
	6Pfbr. (Fuß-)	6	421 (453)	1922	313	—	—
	6Pfbr. (reitender)	6	421	1835,5	306	—	—
	7pfdge. Haubitze	6	306,5 (329)	1892,5	315	—	—
1842	12Pfbr.	8	828,3	2149,5	266	—	—
	6Pfbr. (Fuß-)	6	400	1568,5	261	—	—
	6Pfbr. (reitender)	6	400	1580	263	—	—
	7pfdge. Haubitze	6	410,1	1638	273	●	—
1856	12Pfbr.	8	828,3	2236	279,5	2515	314
	6Pfbr. (Fuß-)	6	400	1699	282,4	1972,5	328,7
	6Pfbr. (reitender)	6	400	1699	282,4	1717,5	286,2
	7pfdge. Haubitze	6	410,1	1766	294,3	2039,5	339,9

Die eingeklammerten Zahlen sind die Gewichte der im Kriege geführten Röhre.

Das Gewicht des Mannes ist zu 75 Kil. gerechnet; das Gepäck desselben zu 10 Kil.; das Futter beim leichten Geschütz zu 18,5 Kil., beim schweren zu 24 Kil. Die Angaben sind offiziell.

Tabelle II.

Die bei den glatten Feldgeschützen gebräuchlichen Maximal-Schuß- und Wurfweiten.

	Bogenschuß beim		Rollschuß beim		Granatwurf		Kartätsch-schuß	Bemerkungen
	12Pfbr.	6Pfbr.	12Pfbr.	6Pfbr.	flacher	hoher		
England	2000*) / 1500	—	—	—	1150	1090	425	Die nebenstehenden Angaben sind fast alle dem Werke Jacobi's entnommen. Sie geben meist die Grenzen an, bis zu denen die Schuß- und Wurftafeln aufgestellt waren.
Niederlande	2000 / 1500	1600 / 1200	2000 / 1500	—	1600 / 1200	—	500—700 / 375—525	
Frankreich	1600 / 1200	1600 / 1200	—	—	1600 / 1200	1640 / 1280	800 / 600	
Württemberg	1600 / 1200	1600 / 1200	2150 / 1620	—	2090 / 1575	—	700 / 525	
Großherzogthum Hessen	1300 / 980	1200 / 900	2000 / 1500	—	1200 / 900	2100 / 1580	800 / 600	
Nassau	—	1300 / 980	—	—	2000 / 1500	—	600 / 450	
Schweden	2000 / 1500	1800 / 980	—	—	1180 / 890	1260 / 950	1000 / 750	beim 12Pfbr.
Bayern	1400 / 1050	1850 / 1020	—	—	2700 / 2080	—	600—900	(6 resp. 12Pfbr.)
Österreich	1800 / 1350	1400 / 1050	2000 / 1500	1800 / 1350	2000 / 1500	—	700 / 525	
Preußen	1800 / 1350	1600 / 1200	2200 / 1660	1800 / 1350	1500 / 1130	1900—2900 / 1430—2180	700—800 / 525—600	(6 resp. 12Pfbr.)

*) Die obenstehenden Zahlen bedeuten Schritte, die untenstehenden Meter.

Treffresultate der französischen Granatkanonen im Ver

Schuß- resp. Wurfart	Geschütz	Ladung	Ziel
Kugel-Schuß	12pfbg. Kanone	1,958 Kil.	Scheibe von 30 M. Länge, 3 M. Höhe
	8pfbg. Kanone	1,225 Kil.	
	12pfbg. Granatkanone	1,5 Kil.	
Kartätsch-Schuß	12pfbg. Granatkanone	.	Scheibe von 2 M. Höhe, 25 resp. 23 M. Breite
	leichte 12pfbg. Granatkanone	.	
	8pfbg. Kanone	1,35 Kil.	Scheibe 2 M. hoch, 30 M. lang
		1,35 Kil.	do. 1,95 M. hoch, 6,5 M. lang
	12pfbg. Kanone	2,08 Kil.	do. 2 M. hoch, 30 M. lang
		2,08 Kil.	do. 1,95 M. hoch, 65 M. lang
	15 Cm. Haubitze	1 Kil.	do. 2 M. hoch, 30 M. lang
		1 Kil.	do. 2,1 M. hoch, 10 M. lang
	16 Cm. Haubitze	1,5 Kil.	do. 2 M. hoch, 30 M. lang
		1,5 Kil.	do. 2,6 M. hoch, 10 M. lang
Granat-Schuß	16 Cm. Haubitze	1,5 Kil.	Scheibe 30 M. lang, 3 M. hoch.
		0,75 Kil.	
	15 Cm. Haubitze	1 Kil.	
		0,5 Kil.	
	12pfbg. Granatkanone	1,225 Kil.	

Anm. Die Anfangs-Geschwindigkeit wurde angegeben: für die 12pfbg. Granatka
Ladung mit Granaten zu 450 M., für die leichte 12pfbg. Granatkanone bei 1 Kil.
bung mit Granaten zu 450 M.

III.

gleich zu denen der übrigen französischen Feldgeschütze.

centen.)

Entfernung in Meter							Bemerkungen.
300	400	500	600	700	800	900	
.	.	64,2	54,4	43,4	37,5	32,1	Diese Resultate sind der Durchschnitt der bei den 4 Versuchs-Commissionen erlangten.
.	.	67,3	44,2	40,3	28,8	28,7	
.	.	69,4	54,1	46,5	39,1	33,1'	
.	9,6	13,8	7,8	.	.	.	Treffer per Schuß.
.	8,6	11	5,5	.	.	.	
11	9,5	5,5	5,5	.	.	.	per Schuß Versuchsschießen. Schießen auf ebenem Terrain.
.	.	11,5	14	13,5	10,5	.	
13	9	6,2	6	.	.	.	per Schuß Versuchsschießen. Schießen auf ebenem Terrain.
.	.	12,5	13,5	13,5	12	.	
19	16	14	12	.	.	.	per Schuß Versuchsschießen. Schießen auf ebenem Terrain.
15	8	4,5	2	1,5	.	.	
17	14	12	11	.	.	.	per Schuß Versuchsschießen. Schießen auf günstigem Terrain.
20	11	6,5	4	2	.	.	
.	.	.	.	.	38,4	36,4	Ergebnisse bei den Versuchs-Commissionen.
.	.	48	26,9	24	14,2	14,2	
.	.	.	.	.	23	17,3	
.	.	36,6	22,3	16,9	13,3	.	
.	.	67,3	70,8	43	35	33	

none bei 1,4 Kil. Ladung mit Kugeln zu 454 M., für die 12pfdg. Granatkanone bei 1 Kil. Ladung mit Kugeln zu 394 M., für die leichte 12pfdg. Granatkanone bei 1 Kil. La-

Tabelle

Treffresultate der sich

(in Pro

Schuß= und Wurfart	Geschütz	Ladung	Ziel
Kugel-Schuß	12pfdg. Kanone	.	Scheibe 14 M. lang, 2,8 M. hoch.
	6pfdg. Kanone	.	do.
	12pfdg. Granatkanone	1,9 Pfd.	do.
Granat-Schuß	12pfdg. Granatkanone	1,9 Pfd.	do.
Kartätsch-Schuß	12pfdg. Granatkanone	1,9 Pfd.	Scheibe 23 M. lang, 2,8 M. hoch
	6pfdg. Kanone	.	do.
Schrapnel-Schuß	12pfdg. Granatkanone	1,9 Pfd.	2 Scheiben wie vorstehend, 28,5 M. hintereinander
	6 Pfbr.	.	
	12pfdg. Granatkanone	1,9 Pfd.	do.
	6 Pfbr.	.	do
	12 Pfbr.	.	do.
	7½pfdg. Haubitze	.	do.
Granat-Wurf	7½pfdg. Haubitze	14 resp. 21 Loth	Rechteck 67 M. breit und 45 M. tief.
	12pfdg. Granatkanone	7 resp. 10,5 Loth	

IV.
fifchen Granatkanonen.
centen.)

Entfernung in Metern							Bemerkungen.
226	339	509	622	791	904	959	
.	.	.	85,4	62,5	43,7	43,7	
.	.	.	80,6	48,2	29,1	25	Bei den Schießübungen von 1855.
.	.	95,8	89,6	62,5	47,9	28,1	
.	.	55,5	66,6	735 M. 36,1	848 M. 8,3	1017 M. 11,1	
21,3	16	.	.	.	.	.	
14,3	8,8	.	.	.	.	.	fcharfe Treffer per Schuß.
.	.	71,7	678 M. 63,5	848 M. 39,9	.	1017 M. 26,2	
.	.	26,2	27,1	21,1	.	20,9	fummarifche Treffer } bei Ver- in beiden Scheiben } fuchen.
.	.	.	80	735 M. 50,8	848 M. 31,7	959 M. 29,8	
.	.	.	.	23,4	.	.	Scharfe Treffer bei den Schieß- übungen 1858.
.	.	.	58,2	65,9	62,6	34,1	
.	.	.	34,5	21,3	.	.	
.	.	.	40,6	.	35,8	.	excentrifche Granaten.
.	.	.	26,5	10	16,7	.	concentrifche Granaten.

Tabelle

Trefresultate des preu

(in Pro

Schuß- und Wurfart	Geschütz	Labung	Ziel
Kugel-Schuß	12 Pfdr.	3,3 Pfd.	Scheibe 14 M. lang, 2,8 M. hoch
	6 Pfdr.	1,9 Pfd.	
	kurzer 12 Pfdr.	1,9 Pfd.	
	kurzer 12 Pfdr.	1,9 Pfd.	
Granat-Schuß	kurzer 12 Pfdr.	1,9 Pfd.	do.
Kartätsch-Schuß	Feld-12 Pfdr.	3,3 Pfd.	Scheibe 30 M. lang, 1,9 M. hoch.
	6 Pfdr.	1,9 Pfd.	
	kurzer 12 Pfdr.	1,9 Pfd.	
Schrapnel-Schuß	kurzer 12 Pfdr.	1,9 Pfd.	3 Scheiben wie vorstehend.
	Feld-12 Pfdr.	1,9 Pfd.	
	Feld-6 Pfdr.	1,2 Pfd.	

V.

ßifchen kurzen 12Pfdrs.

centen.)

		Entfernung in Metern					Bemerfungen.
•	•	450	675	900	1130	•	
•	•	72,5	50	36,7	16,7	•	mit ungepolten Kugeln.
•	•	60	50	20	6,7	•	do.
•	•	76,5	63,3	36,7	13,3	•	do.
•	•	82,5	67,5	47,5	22,5	•	mit gepolten Kugeln.
•	„	83,3	66,7	53,3	36,7	1436 M. 30	Granaten mit ellipsoibaler Höhlung.
200 M.	375 M.	520 M.					
19,2	16,6	9,7	•	•	•	•	Scharfe Treffer auf günstigem Boden. Auf ungünstigem ist ber 12Pfbr. entschieden überlegen.
19,4	14,1	4,5	•	•	•	•	
22,3	14,4	3,8	•	•	•	•	
		450 M.	600 M.	666 M.	900 M.	1045 M.	
•	•	96,1	108,7	82,4	73	43,2	
•	•	•	74,8	66	52	•	
•	•	51	36	33	•	•	

Angaben über die Gewichts-Verhältni**

	Preußen		England					Frank	
	8 Cm.	9 Cm.	6Pfbr.	9Pfbr.	ostindischer **) 9Pfbr.	12Pfbr.	20Pfbr.	4Pfbr.	8Pfk.
Durchmesser der Seele zwischen den Feldern, resp. Erzeugungsdurchmesser. Cm.	7,85	9,16	6,36	7,62	7,62	7,62	9,52	8,65	10,6
Rohrgewicht incl. Verschluß Kil.	301,5	432,5	152,4	304,8	411	406	813,7	330	573
Leere Laffete Kil.	450	516,5	292	519	500	610	813	372	.
Laffete kriegsmäßig ausgerüstet mit Rohr Kil.	785,5	1018,5	.	838	951,5	1038	.	728	.
Leere Protze Kil.	452,5	458,5	267	480	.	546	559	412	.
Vollständig ausgerüstete Protze Kil.	786,5	816,5	.	750	748,8	845	.	544	.
Schußzahl in der Protze	49	34	31	34	34	34	17	44	24
Totalgewicht des Geschützes	1572 *)	1835	802	1588	1700	1883	2470	1272	1830
Bespannung, Pferde	6	6	4	6	6	6	8	4	6
Last pro Pferd (ohne Mannschaft)	262	306	200	265	283	314	309	318	306
Last pro Pferd mit aufgesessener Mannschaft	324	377	256	302	333	351	.	355	342
Dabei sitzen auf Protze und Laffete auf: Mannschaften	5	5	3	3	4	3	.	2	3

*) Die Gewichte der preußischen Geschütze wurden später durch Verstärkung einzeln...
**) Der englische ostindische 9Pfbr. ist erst im Jahre 1871 eingeführt worden.
***) Der französische 8Pfbr. wurde 1869 eingeführt.
†) Die russischen Hinterlader sind 1867 eingeführt. Weitere ausführliche Angab...
gestellt von mehreren deutschen Offizieren. Berlin 1872; ferner in dem Handbuch für k.

VI.
der gezogenen Feld-Geſchütze 1860—1870.

reich	Oeſterreich		Rußland		Italien		Schweiz	
12Pfbr.	4Pfbr.	8Pfbr.	4Pfbr.	†) 9Pfbr.	8Pfbr.	16Pfbr.	4Pfbr. Vorber- laber	10 Cm. Hinter- laber
12,13	8,08	10,04	8,67	10,67	9,58	12,12	8,43	10,48
610	263	498	309 337 (bronz.)	626	390	730	392	650
579	420	580	437	482	515	520	468	.
1223	700	1115	837	1108	904	1250	870	.
517	334	370	405	405	503	503	382	.
714	501	613	516	.	911	907	580	.
18	40	34	18	12	55	24	36	32
1937	1201	1728	1353	.	1815	2157	1450	1980
6	4* 6	6	4* 6	6	6	6	6	6
323	300 200	288	338 226	.	302	359	240	347
360,5	375 250	350	432 226	.	339	.	303	410
3	4	5	5	5	3	.	.	.

*Fuß- Cavallerie- }Batterien.
reſp. reitende.

Theile (z. B. der Räder) wieder etwas erhöht.

inden ſich in der Broſchüre: „Die Feld-Artillerie der europäiſchen Großmächte. Zuſammen-
k. Armee 1872. I. Theil. 8. Abſchnitt.

Angaben über die Geschosse der g⸱

Staat	Art der Geschoß-Führung	Kaliber	Granaten		
			Spreng-labung, Gramm.	Total-Gewicht, Kil.	Art des Zünders ⸱
Preußen	Blei-Führung ohne Spielraum	8 Cm.	166,6	4,340	Percussions-zünder
		9 Cm.	250	6,900	
Englanb	Blei-Führung ohne Spielraum	6 Pfbr.	.	.	Percussions-resp. Ringzünber
		9 Pfbr.	..	3,717	
		12 Pfbr.	290	4,734	
		20 Pfbr.	510	9,297	
	Warzen-Führung	oftinbifcher 9 Pfbr.	227	4,08	Percuffions-Zünder
Franfreich	Warzen-Führung	4 Pfbr.	200	4,335	Säulen-Brennzünber
		8 Pfbr.	400	7,36	
		12 Pfbr.	500	11,50	
Oefterreich	Leiften-Führung	4 Pfbr.	200	3,622	Percuffions-Zünder
		8 Pfbr.	438	6,580	
Rußlanb	Blei-Führung ohne Spielraum	4 Pfbr.	203	5,530	bo.
		9 Pfbr.	410	11,050	
Italien	Warzen-Führung	8 Pfbr.	300	4,50	Säulen-Brennzünba
		16 Pfbr.	500	11,13	
Schweiz	Warzen-Führung	4 Pfbr. Borderlaber	220	3,92	Percuffions-Zünder
	Blei-Führung	10 Cm. Hinterlaber	579	7,84	
	Warzen-Führung	4 Pfbr. (1861)	.	3,675	
Rieberlanbe	Warzen-Führung	4 Pfbr.	.	3,96	

*) Gewehr- ober Cavallerie-Kugeln.

VII.
zogenen Feld-Geschütze 1860—1870.

Schrapnel oder Segment-Granaten			Kartätschen		Größte Ge-brauchs-Ladung, Kil.	La-dungs-Ver-hältniß	Geschwindigkeit der Granate auf		
Zahl der Kugeln	Ge-wicht, fertig	Zünder	Zahl der Kugeln	Ge-wicht, Kil.			0 M.	1500 M.	2000 M.
90	4,6	Ringbrenn-zünder (Concuffion)	48	3,750	0,5	1/8,68	341	248	230
180	733		41	5,250	0,6	1/11,5	323	257	244
30	2,966	Combination von Percuffions- und Ringbrenn-zündern.	.	2,42	0,34	1/8,7	288	210	198
42	3,770		35	2,976	0,5	1/7,54	315	223	208
48	4,762		48	4,082	0,68	1/7	377	225	204
70	8,902	Säulen-zünder	41	6,803	1,14	1/7,8	330	230	214
63	4,31		113	4,42	0,794	1/5,1	423	.	.
85	4,718	Säulen-Brennzünder	41	4,725	0,55	1/7,27	325	220	194
100 *) resp. 140	8,750		70	8,100	0,8	1/9,2	.	.	.
150	11,790		98	11,220	1	1/11,5	307	231	210
80	3,983	Ringbrenn-zünder	56 (früher 48)	3,746	0,525	1/6,9	333	222	204
140	7,367		66	6,458	0,928	1/7,1	343	201	182
36	6,650	Percuffions-Zünder	48	4,98	0,625	1/8,84	306	255	243
71	12,773		108	12,764	1,240	1/8,9	320	258	246
.	.	.	41	6,44	0,9	1/5	387	.	.
.	.	.	41	12,75	1,2	1/9,2	330	.	.
62	4,14	Percuffions-Zünder	48	4,48	0,625	1/7,4	390	.	.
170	9,2		84	8,23	1,06	1/6,6	387	.	.
42	3,88		.	3,558	.	.	.	.	.
69	5,2		.	.	.	.	.	.	.

Tabelle VIII.

Maximal-Schußweiten der gezogenen Geschütze in Meter.

Staat	Kaliber	Granat-		Schrap-nel-Schuß	Kar-tätsch-Schuß
		Schuß	Wurf		
Preußen	8 Cm.	3800	.	2200	400
	9 Cm.	3800	.	2200	400
Oesterreich	4 Pfdr.	3390	1500	1500	300
	8 Pfdr.	3770	1500	1800	375
Frankreich	4 Pfdr.	3160	980	1500	600
	8 Pfdr.	4060	1500	1880	600
England	9 Pfdr.	2700	} 1350	.	.
	12 Pfdr.	3090		.	.
Rußland	4 Pfdr.	3390	} 1050 und 1690	1270	.
	9 Pfdr.	4440		1480	.
Italien	8 Pfdr.	3240	2480	.	} 600
	16 Pfdr.	3310	2260	.	
Schweiz	4 Pfdr.	3000	1880	1500	450
	8 Pfdr. (10 Cm.)	3750	1200	2100	450

Tabelle IX.

Staat	Geschütz	Ladung Gr.	Granat-Gewicht, Kil.	Ladungs-Quotient	Anfangs-Geschwindigkeit, M.	Geschoß-querschnitt, □ Cm.	Belastung pro □ Cm. in Gr.	Bemerkungen.
Schweiz	8,4 Cm. Hinterlader	840	5,6	$1/_{6,7}$	396	55	102	
Frankreich	7 Kil. Hinterlader	1100	7	$1/_{6,4}$	395	57	120	
England	Ostindischer 9Pfdr.	794	4,028	$1/_{5,1}$	423	45,34	88,8	Kaliber 9,14 Cm. October 1871 eingeführt.
	16Pfdr. Vorderlader	1360	7,26	$1/_{5,3}$	412	66	110	
Rußland	8,67 Cm. Hinterlader	2250	5,938	$1/_{2,65}$	510	59	100,6	Versuch.
Italien	6,6 Cm. Vorderlader	730	2,200	$1/_3$	500	34	61,8	Mattei-Rossi.
Preußen	8 Cm.	500	4,34	$1/_{8,68}$	341	49,3	88	bisherige Geschütze.
	9 Cm.	600	6,9	$1/_{11,5}$	323	65,7	105	

Anhang.

Quellen und Beläge.

~~~~~~~~

Erster Abschnitt.

1. Breithaupt: Gedanken über die Vervollkommnung der Artillerie 1826. 2. Le Bourg: Essai sur l'organisation de l'artillerie et son emploi dans la guerre de campagne 1836. Seite 52. 3. Elementar-Waffenlehre zum Gebrauch der K. K. Regiments-Vorbereitungs- und Truppen-Divisions-Schulen von F. Reiter, Artillerie-Lieutenant, 1869. 4. v. Strotha: Zur Geschichte der Königlich Preußischen 3. Artillerie-Brigade. Seite 382 und 392. 5. Handbuch für Offiziere in den angewandten Theilen der Kriegswissenschaft und zwar Handbuch der Artillerie. 3 Bände. Hannover 1806—1814. Theil I. Band 3. — Band 2 Seite 424. 6. von Decker: Die Artillerie für alle Waffen II. Seite 7. 7. Maresch: Die gezogenen und die glatten Feldgeschütze. Vergleichende Darstellung ihrer Wirksamkeit und taktischen Bedeutung 1870. Seite 15. 8. Versuch zu einem Lehrgebäude der theoretisch praktischen Artillerie-Wissenschaft 1822. 9. Pabst, Premier-Lieutenant. Lehrbuch über das Richten der Geschütze 1825. 10. Revue de technologie militaire par Delobel II. 1857. 11. Ebendaselbst I. Seite 83. 12. von Decker: Die Schrapnels, Einrichtung und Theorie der Wirkung dieses Geschosses 1842. Seite 22. Aus diesem Buche sind mehrfach die folgenden Angaben entnommen. 13. Revue de Technologie. I. 1854. 14. Ebendaselbst. Seite 101. Ausführliche Angabe der Resultate. 15. Notizen im Archiv für die Offiziere der preußischen Artillerie u. s. w. 1857. Band 42. 16. Handbuch u. s. w. I. Band 3. Seite 244. 17. Die Artillerie für alle Waffen 1816. II. Seite 123. 18. Die Taktik der drei Waffen: Infanterie, Cavallerie und Artillerie u. s. w. 1828. II. Seite 137. 19. Versuch zu einem Lehrgebäude u. s. w. II. Seite 110. 20. Die Artillerie für alle Waffen. I. Seite 90. 21. Gedanken über die Vervollkommnung der Artillerie 1826. Seite 17. — Dieses Buch ist reich an richtigen Gedanken und Vorschlägen, die vielfach heute noch zutreffend sind. 22. Ebendaselbst Seite 12. 23. Oelze: Lehrbuch der Artillerie. 24. Handbuch u. s. w. I. Band 3. Seite 244. 25. Die Artillerie für alle Waffen. I. Seite 243. 26. Gefechtslehre für die Cavallerie und reitende Artillerie 1819. Seite 109. 27. Taktik der drei Waffen. I. Seite 137. 28. Versuch zu einem

Lehrgebäude. II. Seite 127. 29. Die Artillerie für Offiziere aller Waffen 1831. 30. Taktik der reitenden Artillerie 1837. Seite 231. 31. Abhandlung über das Schießen und Werfen. Offizielles Buch. 32. v. Strotha: Zur Geschichte der Königlich Preußischen 3. Artillerie-Brigade. Seite 3. 56. 121. 139. 229. 268. 56. 33. Ebendaselbst Seite 13. 92. 94. 84. Die Artillerie für alle Waffen. Seite 253. 35. Organisation und Taktik der Artillerie 1824. II. Seite 156. 36. Versuch zu einem Lehrgebäude. II. Seite 53. 37. Die Artillerie für alle Waffen. II. Seite 103. 38. Histoire et tactique des trois armes 1845. Seite 301. 39. Vorlesungen über die Taktik 1855. Seite 76. 40. Scharnhorst, Handbuch. I. Band 2. Seite 424. 41. Die Artillerie für alle Waffen. I. Seite 253. 42. Versuch zu einem Lehrgebäude. I. Seite 58 und 113. 43. Die Artillerie für alle Waffen. I. Seite 246. 44. Taktik der drei Waffen. I. Seite 137. 45. Mémoire sur le changement qu'une artillerie bien instruite et bien employée peut produire dans le système de la grande tactique moderne. 46. Die Artillerie für alle Waffen. II. Seite 25— 27. 47. Ebendaselbst Seite 122. 48. Taktik der 3 Waffen. I. Seite 118 und 333. 49. Organisation und Taktik u. s. w. II. Seite 160. 50. Versuch zu einem Lehrgebäude. II. Seite 170 und 171. 51. Ebendaselbst. I. Vorrede Seite XXIII. 52. Die Artillerie für Offiziere aller Waffen 1831. I. Seite 3. 53. Die Taktik der drei Waffen 1828. I. Seite 120 und 129. 54. Ebendaselbst Seite 333. 55. Organisation u. s. w. II. Seite 20. 56. Handbuch. I. Band 2. Seite 201. 57. Ebendaselbst Seite 66. 58. Versuch ꝛc. I. Vorrede Seite XXIV. und Seite 199—200. 59. Handbuch für die Königlich Preußischen Offiziere. II. Seite 148. 60. Organisation u. s. w. II. Seite 166. 61. Taktik der drei Waffen. I. Seite 369. 62. Militair-Wochenblatt 1820: „Ueber den taktischen Werth der Haubitzen in den Kanonen-Batterien". 63. Essai d'un traité d'artillerie. 64. Histoire et tactique etc. 65. Organisation und Leistungen der Feld-Artillerie. 66. Neue Systeme der Feld-Artillerie. 67. Handbuch. I. Band 2. Seite 352. 68. Essai sur les affûts et voitures d'artillerie 1836. 69. Neue Systeme der Feld-Artillerie. Seite 97. 70. Die Königlich Preußische Artillerie. Seite 167 und 172. 71. Ebendaselbst Seite 177. 72. Ebendaselbst Seite 233. 73. Ebendaselbst Seite 339. 428. 498. 74. Handbuch I. Band 2. Seite 350. 75. Die Artillerie für alle Waffen. I. Seite 55. 68. 87. 76. Versuch über die reitende Artillerie von Clément. 1821 ins Deutsche übersetzt. 77. Die Taktik der drei Waffen. Seite 120. 78. Organisation und Taktik u. s. w. I. Seite 75. 79. Gedanken über Vervollkommnung ꝛc. Seite 143. 1826. 80. Taktik der drei Waffen. 1828. 81. Geschichte der Königlich Preußischen reitenden Artillerie. Seite 399. 82. Man sehe unter Anderem: „Les batteries montées etc. par un capitaine de l'ancienne artillerie à cheval 1846. 83. Militair-Literatur-Zeitung 1851. 84. H. v. Decker, Geschichtliche Rückblicke auf die Formation der preußischen Artillerie. 85. v. Strotha, Zur Geschichte der Königlich Preußischen 3. Artillerie-Brigade. Seite 389. 86. Ebendaselbst Seite 396. 87. Archiv. Jahrgang 1867. Band 62. Zur Geschichte der österreichischen Artillerie-Truppe. 88. Le Bourg, Essai sur l'organisation de l'artillerie etc. pag. 97. 105. 115. 89. Offizieller Bericht in den Akten der General-Inspection der Artillerie. 90. Mémoires de Napoleon. T. II. pag. 170. 91. Taktik der drei Waffen u. f. w. 92. Aide mémoire von 1831. 93. Archiv für die Offiziere aller Waffen 1848. 94. v. Strotha: Zur Geschichte der Königlich Preußischen 3. Artillerie-Brigade Seite 384 und 386. 95. Ebendaselbst Seite 385. 96. Ebendaselbst Seite 393. Siehe auch Seite 58 über die persönliche dienstliche Thätigkeit Monhaupts. 97. Ueber Führung und Gebrauch der Feld-Artillerie 1851. 98. Die Feld-Artillerie und ihre Organisation. 99. Le Bourg: Essai sur l'organisation etc. Seite 147. 100. Die Taktik der drei Waffen. Seite 324. 101. Organisation und Taktik der Artillerie. II. Seite 162. 102. Die Taktik der drei Waffen. Seite 324. 103. Ebendaselbst Seite 367. 104. Mémoire sur le changement etc. 105. Gebrauch der Artillerie vor dem Feinde 1835. II. Heft 2. 106. Grundzüge der Allgemeinen Artillerie-Wissenschaft 1846. Theil II.

Zweiter Abschnitt.

1. Militair-Literatur-Zeitung. Jahrgang 1837. 2. Offizielle Berichte in den Beiheften zum Militair-Wochenblatt 1849—1853. 3. Treffresultate beider Kaliber im Archiv von 1852. Band 31; von 1848 Band 24; bei Schuberg: Handbuch der Artillerie-Wissenschaft Seite 598. 600. 601; im Handbuch für österreichische Artillerie-Offiziere; bei Dwyer: Neue Systeme der Feld-Artillerie. 4. Scharnhorst, Handbuch I. Band 2. Seite 518. 5. Versuch zu einem Lehrgebäude. S. 208. 6. Resultate bei Streubel: Die 12pfdge. Granatkanone Seite 155. 7. Streubel: Die 12pfdge. Granatkanone u. f. w. 8. Ebendaselbst S. 155 u. ff. 9. Allgemeine Militair-Zeitung 1856. 10. Ebendaselbst 1858. 11. Neue Systeme der Feld-Artillerie 1856. 12. Die 12pfdge. Granatkanone 1858. 13. Grundzüge der Taktik der drei Waffen 1859. S. 52. 14. Man sehe Schmölzl: „Die gezogene Kanone, deren geschichtliche Entwickelung und gegenwärtige Vervollkommnung 1860. 15. Ausführliche Angaben hierüber in der Allgemeinen Militair-Zeitung von 1846 Nr. 139 und 140. 16. Allgemeine Militair-Zeitung 1844. 17. Constitution militaire de la France 1849. p. 228. 18. Revue de technologie militaire par Delobel. III. p. 329. 340. u. ff. 19. Constitution militaire de la France 1849. p. 228. 20. Treatise on naval gunnery. 3. Ausgabe. 21. Handbuch der Artillerie-Wissenschaft. 22. Die 12pfdge. Granatkanone 1857. 23. Grundzüge der Taktik. Seite 142. 24. Maresch: Die gezogenen und glatten Feld-Geschütze S. 104 und ff. 25. Archiv 1867. Bd. 62: „Zur Geschichte der österreichischen Artillerietruppe. Siehe auch: J. Reiter, S. 280. 26. Die Feld-Artillerie und ihre Organisation. 27. Grundzüge der Taktik. I. S. 66. 28. Neue Systeme der Feld-Artillerie. Seite 173. 29. Allgemeine Taktik nach dem gegenwärtigen Standpunkt der Kriegskunst. Seite 14. 30. 30. Hötz, Die Feld-Artillerie und ihre Organisation. Seite 82. 31. Grundzüge der Taktik der drei Waffen 1859. Seite 368. 32. Ebendaselbst S. 334.

Dritter Abschnitt.

1. Giornale d'Artigleria 1871. parte II. 2. Revue de technologie militaire 1863. T. III. p. 127. 3. Ebendaselbst 1865. T. V. S. 307. 4. Allgemeine

Waffenlehre von einem K. K. Hauptmann 1862. 5. Revue de technologie
militaire par Delobel 1863. T. III. p. 621 u. ff. 6. Nicaise. L'Artillerie
de campagne belge p. 25. 7. Das preußische System der gezogenen Feld=
geschütze in Belgien und der Zeitzünder der Armstrong=Kartätsche. 8. Die
gezogenen und die glatten Feldgeschütze. — Vergleichende Untersuchung ihrer
Wirksamkeit und taktischen Bedeutung von O. Maresch, Oberlieutenant im
K. K. 9. Feld=Artillerie=Regiment 1870. 9. L'Artillerie de campagne belge.
10. Ebendaselbst S. 66 u. ff. 11. Ebendaselbst und bei Maresch S. 186.
12. Nicaise p. 29. 13. Bormann, The shrapnel... 14. Ausführliche Re=
sultate bei Nicaise p. 31—37 und bei Maresch S. 216 u. ff. 15. Nicaise
p. 13. 16. Maresch S. 184 und 185. 17. Nicaise p. 30. 18. Die ge=
zogenen Kanonen. 19. Archiv Band 62, 1867. Geschichte der österreichischen
Artillerie=Truppe. 20. Hartmann: Artillerie=Organisation S. 55. 21. Eben=
daselbst S. 61 u. ff. 22. Ebendaselbst. 23. Ebendaselbst S. 75. 24. Jahr=
gang 1865. Band 1 und Band 2 „Moderne Taktik". 25. 1865. Band 1.
„Ueber die Verwendung der Brigade= und der Massen=Artillerie.

Vierter Abschnitt.

1. Der Feldzug von 1866 in Deutschland. Herausgegeben vom Großen
Generalstabe. Heft. Anlage 3c. 2. Die gezogenen und die glatten Feldge=
schütze. 3. Ebendaselbst Seite 114 u. ff. 4. Revue de technologie militaire
T. VI. 1867. 5. Oesterreichische Militair=Zeitschrift 1867. Band 1. Seite
199. 6. Zeitschrift für die schweizerische Artillerie 1871. Heft 6 und 7. 7. Ver=
suchs=Resultate in vorstehend genannter Zeitschrift 1871. 8. Archiv 1870.
Band 68. 9. Giornale d'Artiglieria parte II. 1871. puntata 9a. Allgemeine
Militair=Zeitung 1869. S. 288. — Zeitschrift für die schweizerische Artillerie
1869. S. 180. 10. Die Artillerie für alle Waffen. S. 60. 11. Aus den
Akten der Artillerie=Prüfungs=Commission. 12. Notizen über Versuche mit
glatten Gußstahlröhren finden sich bei Schmölzl: „Die gezogenen Kanonen
1860." 13. Ebendaselbst S. 57 u. ff. 14. Das österreichische Feld= und Ge=
birgs=Material. 15. Studie über die Taktik der Artillerie bei der neuen In=
fanterie=Bewaffnung 1868. Ein sehr werthvolles Buch, dessen Studium drin=
gend empfohlen werden muß. 16. Leitfaden für den Gebrauch der Artillerie
im Felde. Laibach 1868. 17. Welches sind die wesentlichsten Eigenschaften,
Gebrauchs=Anordnungen und Gebrauchs=Vorschriften, welche der neuen Feld=
Artillerie Noth thun u. s. w., von du Vignau 1870. 18. Archiv 1868 Band
64. 19. Die gezogenen und die glatten Feldgeschütze Seite 215 u. ff.
20. L'artillerie de campagne belge 1870. 21. Angaben: Allgemeine Mili=
tair=Zeitung 1869. S. 117. 22. Borkenstein, Lehrgebäude... II. Vorrede.
Seite 2. 23. Taktik der drei Waffen 1828. I. S. 214. 24. Allgemeiner Um=
riß für eine neue Artillerie=Organisation 1830. Darin auch viele vergleichende
Angaben über Treffergebnisse. 25. Ueber Organisation und Bewaffnung der
Feld=Artillerie. 26. Archiv 1866. Band 67. 1870 und in einer besonderen
Broschüre: „Welches sind die wesentlichsten Eigenschaften, Gebrauchs=Anord=
nungen u. s. w. 27. Artillerie=Organisation. 28. Archiv Band 66. 1869

29. Ebendaselbst Band 62. 1867. 30. Militairische Blätter 1870. Band XXIV. 31. Studie über die Taktik der Artillerie. 32. Ideen über die Verwendung der Feld-Artillerie in Verbindung mit den anderen Waffen nach der Einführung gezogener Gewehre und Geschütze 1869. 33. Bemerkungen über einige neuere Broschüren der Militair-Literatur u. s. w.

Fünfter Abschnitt.

1. Militair-Wochenblatt Nr. 100. 1872: Infanterie, Artillerie und Cavallerie im Gefecht und außerhalb des Gefechts-Feldes (1870/71). 2. Theil I. Seite 36. Theil II. Seite 33. 37. 45. 60. 75. 3. Theil II. Seite 104. 4. II. Seite 67. 5. I. Seite 22. 57. II. Seite 59. 68. 70. 74. 71. 6. I. Seite 26. 28. II. Seite 45. 105. 7. II. Seite 33. 36. 44. 59. 64. 8. I. Seite 22. 23. II. Seite 23. 24. 25. 31. 40. 57. 73. 106. 9. I. Seite 24. II. Seite 30. 39. 45. 55. 60. 78. 10. Oesterreichische Militair-Zeitschrift 1872 December-Heft. 11. Clement: Versuche über die reitende Artillerie 1821, von Hoyer ins Deutsche übersetzt. 12. Die Artillerie für alle Waffen, S. 246. 3. Memoire de St. Héléne. T. 7. 14. Taktik der Reiterei. S. 144. 15. Taktik der drei Waffen. I. Seite 322. 16. Observations sur un nouveau modèll de carabine rayé etc. Paris 1836. p. 61.

Druck von Metzger u. Wittig in Leipzig.

Druckfehler und Berichtigungen.